GERFRIED SCHIFFMANN

Die Bedeutung der ehrenamtlichen Richter bei Gerichten der allgemeinen Verwaltungsgerichtsbarkeit

Schriftenreihe der Hochschule Speyer

Band 53

Die Bedeutung der ehrenamtlichen Richter bei Gerichten der allgemeinen Verwaltungsgerichtsbarkeit

Ein Blick in Vergangenheit und Gegenwart sowie eine empirische Untersuchung in den Ländern Baden-Württemberg Bremen, Niedersachsen und Rheinland-Pfalz

Von

Dr. rer. publ. Gerfried Schiffmann
Richter

DUNCKER & HUMBLOT / BERLIN

Gedruckt 1974 bei Buchdruckerei A. Sayffaerth - E. L. Krohn, Berlin 61
Printed in Germany

ISBN 3 428 03135 0

Herrn Professor
Dr. iur. Carl Hermann Ule

Vorwort

In jüngster Zeit ist wiederholt die Frage aufgeworfen worden, ob es im Hinblick auf die Kompliziertheit des gegenwärtigen Rechtslebens und die Pluralität der sozialen Wirklichkeit noch gerechtfertigt und geboten ist, in der allgemeinen Verwaltungsgerichtsbarkeit ehrenamtliche Richter zuzuziehen. Diese Institution ist vor allem von Fritz Baur in seiner Abhandlung „Laienrichter — heute?“ (1968)[1] und Axel Görlitz in seinem Buch „Verwaltungsgerichtsbarkeit in Deutschland“ (1970)[2] grundsätzlich in Frage gestellt worden. Aus diesen Gründen hat Professor *C. H. Ule* die Frage aufgegriffen und sie im Forschungsinstitut der Hochschule für Verwaltungswissenschaften Speyer durch Jörg Rüggeberg untersuchen lassen. Dessen Ergebnisse sind in der Abhandlung „Zur Funktion der ehrenamtlichen Richter in den öffentlich-rechtlichen Gerichtsbarkeiten“ (1970)[3] veröffentlicht. Diese Arbeit zeigt die theoretisch möglichen Funktionen auf. Die empirische Überprüfung blieb offen. Ihre Durchführung wurde dem Verfasser im August 1971 von dem Forschungsinstitut auf Antrag von Professor Ule übertragen. Die vorliegende Arbeit ist das Ergebnis.

Die Untersuchung bemüht sich vor allem um die erfahrungswissenschaftliche Überprüfung der Frage, ob der Wirklichkeitsbefund über die Bedeutung der Mitwirkung ehrenamtlicher Richter bei Gerichten der allgemeinen Verwaltungsgerichtsbarkeit den rationalen Erwartungen hierüber entspricht (Teil 2). Die Arbeit gibt aber auch einen Einblick, wie der Bürger seit dem Zusammenbruch der Alten Ordnung im Jahre 1806 schrittweise Teilhabe an der Ausübung der Staatsgewalt erlangt hat. Das Schwergewicht dieser Rückschau in die Geschichte liegt in einer Darstellung der Entstehung und der Ausgestaltung der Verwaltungsgerichtsbarkeit in den deutschen Ländern seit der Errichtung der ersten Verwaltungsgerichte in Baden im Jahre 1863 bis hinein in die Gegenwart unter dem Blickwinkel der Beteiligung des Bürgers. Neben der Tätigkeit des Gesetzgebers findet das Schrifttum in Vergangenheit und Gegenwart zur Frage der Mitwirkung ehrenamtlicher Richter in der Verwaltungsgerichtsbarkeit angemessene Berücksichtigung (Teil 1). Den Abschluß der Arbeit bilden einige Reformvorstellun-

---

1 Baur S. 49.

2 Görlitz S. 304.

3 Rüggeberg S. 189.

gen zur Auswahl der ehrenamtlichen Richter und zur Besetzung der Spruchkörper der Verwaltungsgerichte (Teil 3).

Im Gegensatz zu der wissenschaftlichen Diskussion in den Vereinigten Staaten von Amerika[4] hat die deutsche Soziologie dem „Richter" erst seit dem Beginn der sechziger Jahre in größerem Umfange ihre Aufmerksamkeit gewidmet. Zunächst galt das Interesse dem *Berufsrichter*, vor allem seinem Sozialprofil. Hier sind die Darstellungen von Ralf Dahrendorf — „Bemerkungen zur sozialen Herkunft und Stellung der Richter an Oberlandesgerichten" (1960)[5] und „Zur Soziologie des Richters" (1965)[6] —, Klaus Zwingmann — „Zur Soziologie des Richters in der Bundesrepublik Deutschland" (1966)[7] —, Wolfgang Kaupen — „Die Hüter von Recht und Ordnung" (1969)[8] —, Axel Görlitz — „Verwaltungsgerichtsbarkeit in Deutschland" (1970)[9] —, Kaupen-Rasehorn — „Die Justiz zwischen Obrigkeitsstaat und Demokratie" (1971)[10] — und Rüdiger Lautmann — „Soziologie vor den Toren der Jurisprudenz" (1971)[11] — zu nennen. Einem Teil dieser Untersuchungen liegt empirisches Material zugrunde.

Über die *ehrenamtlichen Richter* wird seit Jahrzehnten geschrieben. Zentrales Thema ist ihre Geeignetheit zu der ihnen übertragenen Aufgabe. Soziologisch-empirische Untersuchungen umfassenderer Art sind jedoch erst im letzten Jahrzehnt durchgeführt worden. Auch hier war das Ausland führend. Zu nennen sind Kalven-Zeisel, der unter dem Titel „The american jury" (1966)[12] auf Grund einer Befragung eine Studie über das amerikanische Jury-System vorgelegt haben. Im Jahre 1968 hat Kálmán Kulcsár in Ungarn die Rolle der Volksbeisitzer im Prozeß der gerichtlichen Entscheidung untersucht[13]. Kulcsár hat seine Ergebnisse in einer Abhandlung unter dem Titel „Sozialer Wandel und die Mitwirkung des Laienelements in der Rechtspflege"[13] niedergelegt.

Für die Bundesrepublik Deutschland muß Zwingmann[14] im Jahre 1966 feststellen: „So sehr ihre (der ehrenamtliche Richter) Tätigkeit umstritten sein mag, so wenig gibt es exakte empirische Unterlagen..." Zwischenzeitlich hat Görlitz im Rahmen seiner Erhebung über die

---

[4] M. Weiss, Vorwort.
[5] Dahrendorf, OLG, S. 260.
[6] Dahrendorf, Richter, S. 5.
[7] Zwingmann.
[8] Kaupen.
[9] Görlitz.
[10] Kaupen - Rasehorn.
[11] Lautmann S. 44 („Der Richter als Rolle").
[12] Kalven-Zeisel.
[13] Kulcsár S. 491.
[14] Zwingmann S. 7/8.

hessischen Berufsrichter in der Verwaltungsgerichtsbarkeit[15] auch deren Einstellung zu den dortigen ehrenamtlichen Richtern befragt[16]. Im Jahre 1972 hat Ekkehard Klausa unter dem Titel „Ehrenamtliche Richter — Ihre Auswahl und Funktion, empirisch untersucht"[17], zur Typologie der ehrenamtlichen Richter eine Erhebung durchgeführt. Die Untersuchung beschränkt sich im wesentlichen auf das Land Berlin[18]. In einigen Punkten stützt sich die Arbeit auf Befragungen in Düsseldorf, Hannover, Kassel und Köln[19]. Gegenstand der Erhebung waren alle Gerichtsbarkeiten Berlins[20]. Befragt wurden Berufsrichter und ehrenamtliche Richter[21]. Ihre Auswahl erfolgte als Zufallsstichprobe[22].

Zur Bedeutung der Mitwirkung ehrenamtlicher Richter bei Gerichten der allgemeinen Verwaltungsgerichtsbarkeit insbesondere sind außer von Görlitz und Klausa bislang keine empirischen Überprüfungen vorgenommen worden. Die vorliegende Arbeit ist somit die erste, die diesem Fragenkomplex in den vier deutschen Ländern Baden-Württemberg, Bremen, Niedersachsen und Rheinland-Pfalz durch eine Befragung von ehrenamtlichen Richtern, Berufsrichtern, Rechtsanwälten und Beteiligten umfassend nachspürt. Ein aktueller Bezug ist dadurch gegeben, daß am 31. Dezember 1972 die vierte Wahlperiode der ehrenamtlichen Richter seit Inkrafttreten der Verwaltungsgerichtsordnung abgelaufen ist. —

Mein Dank gilt all denen, die zum Gelingen der Arbeit beigetragen haben. Insbesondere danke ich denjenigen, die sich der Mühe unterzogen haben, den Fragebogen ausgefüllt zurückzusenden.

Speyer, den 31. März 1973

Gerfried Schiffmann

---

15 Görlitz S. 147.
16 Görlitz S. 157, 194.
17 Klausa.
18 Klausa S. 8.
19 Klausa S. 8/9.
20 Klausa S. 9.
21 Klausa S. 8.
22 Klausa S. 13, 14.

Inhaltsverzeichnis

TEIL 1

Das Institut des ehrenamtlichen Richters in Vergangenheit und Gegenwart

Sein Werden, seine Ausgestaltung in der Gesetzgebung die Meinungen im Schrifttum*

Einleitung

Die Ausgestaltung des Instituts des ehrenamtlichen Richters bei Gerichten der allgemeinen Verwaltungsgerichtsbarkeit, die es in der Bundesrepublik Deutschland durch das Deutsche Richtergesetz vom 8. September 1961[1] und die Verwaltungsgerichtsordnung vom 21. Januar 1960[2] gefunden hat, ist das Ergebnis einer Entwicklung, die ihre Impulse — grob gesehen — zwei tiefgreifenden Einschnitten in das deutsche Staatsleben verdankt — dem Untergang der Alten Ordnung in den Jahren 1806 und 1807 und zwölf Jahren nationalsozialistischer Herrschaft in den Jahren 1933 bis 1945. Beide Ereignisse haben den demokratischen Gedanken im deutschen Volke belebt und seine Befestigung gefördert. Sie haben die Erfahrung gelehrt, daß ein von der Mitverantwortung aller Bürger getragenes Gemeinwesen am ehesten geeignet ist, eine rechtsstaatliche Ordnung zu schaffen und zu bewahren, die das Wohlergehen jedes einzelnen Bürgers gewährleistet. Dank den Reformen nach dem Jahre 1806 und dem Neubeginn im Jahre 1945 ist für die Bürger der Bundesrepublik Deutschland die Teilhabe an jeder der drei Staatsgewalten — der Gesetzgebung, der vollziehenden Gewalt und der Rechtsprechung[3], insbesondere der Verwaltungsrechtsprechung — Wirklichkeit geworden.

---

* Das Schrifttum wird nach dem Namen des Autors und, falls mehrere Werke desselben Autors herangezogen worden sind, einem unterscheidenden Zusatz zitiert. Der vollständige Titel ist aus dem Abkürzungs- und Schrifttumsverzeichnis ersichtlich.

[1] BGBl. I S. 1665.

[2] BGBl. I S. 17.

[3] Art. 20 Abs. 2 Satz 2, Art. 95 Abs. 1 GG.

Kapitel 1

Rückschau in die Geschichte

Abschnitt 1: Die Alte Ordnung zerbricht

Der Bürger erhält Anteil an der öffentlichen Verantwortung

1. Das Jahr 1806

Am 12. Juli 1806 schlossen sich die süddeutschen Königreiche *Bayern* und *Württemberg* sowie die westdeutschen Großherzogtümer *Baden* und *Hessen-Darmstadt* mit zwölf weiteren Reichsständen unter französischem Protektorat zum „Rheinbund" zusammen[4] und erklärten am 1. August 1806 ihren Austritt aus dem Reiche[5].

Dieses Ereignis bedeutete für das „Heilige Römische Reich Deutscher Nation" den Todesstoß. Kaiser Franz II. legte am 6. August 1806 die Krone des Reiches nieder[6] und vollzog damit den formellen Abschluß eines steten Niederganges.

Zwar versuchte das Königreich *Preußen,* im Sommer 1806 die norddeutschen Reichsstände in einem „Norddeutschen Bunde" zu einigen und die Kaiserwürde dem Rest des Reiches zu erhalten[7]. Dieser Versuch war jedoch zum Scheitern verurteilt. Ein deutsches Kaiserreich unter Preußens Führung widersprach der imperialen Zielsetzung Napoleons I. Der altersschwache Bau Alt-Preußens[8] war den Schlägen der französischen Armeen nicht mehr gewachsen. Der Niedergang wurde in der Doppelschlacht bei Jena und Auerstedt am 14. Oktober 1806[9] offenbar und im Tilsiter Frieden vom 9. Juli 1807[10] besiegelt. Der Staat Friedrichs des Großen befand sich in einem Zustand der Stagnation[11]. Er wurde aus-

[4] Huber, Dokumente, Bd. 1, S. 26 (Wortlaut).

[5] Huber, Dokumente, Bd. 1, S. 32 (Wortlaut).

[6] Erklärung Kaiser Franz II. vom 6. August 1806 (Wortlaut bei Huber, Dokumente, Bd. 1, S. 35).

[7] Hartung S. 162.

[8] Löwenstein S. 284.

[9] Jung S. 654.

[10] Preuß.GS. S. 153.

[11] Gneist, Verwaltung, S. 170.

schließlich von dem Beamtentum und dem Adel getragen[12]. Verwaltung und Heerwesen beherrschten ein „elender Kastengeist“[13], Schwerfälligkeit[14], Initiativelosigkeit[14] und ein Mangel an Bereitwilligkeit, eigene Verantwortung zu übernehmen[15]. Die staatliche Führung lag „in den Händen der Leerheit, Trägheit und Plattheit, beherrscht durch seichte, aufgeblasene und schlaffe Menschen“[16]. Das geistig und wirtschaftlich mächtig aufstrebende Bürgertum stand diesem Staate fremd und teilnahmslos gegenüber[17]. An seinem Schicksale nahm es kaum Anteil[18].

2. Ansätze bürgerschaftlicher Selbstverwaltung — am Beispiel Preußens

Die Niederlage beseitigte in Preußen die gröbsten Hindernisse für die dringend erforderlichen Reformen. Sie machte den Weg frei, die bislang brachliegenden „Kräfte der Nation“[19] an den Staat heranzuführen und sie als neue staatstragende Kraft zu binden. „Die Benutzung der schlafenden oder falsch geleiteten Kräfte und der zerstreut liegenden Kenntnisse“[20] sollten nach der Idee des Ministers Freiherr vom *Stein* „mit verjüngender Kraft“[19] den „Gemeingeist“[20] und den „Bürgersinn“[20] beleben.

Diese Idee ließ sich nur mit persönlich freien und unabhängigen Menschen[21] verwirklichen. Die moralische Grundhaltung des Gemeinsinns — das Tätigwerden für die Gemeinschaft im Sinne Steins[22] — konnte nur von ihrer Individualität bewußten, auf sich selbst gestellten Menschen erwartet werden[23].

Aus diesem Grunde setzte Freiherr vom Stein zunächst das „Edikt, den erleichterten Besitz und den freien Gebrauch des Grundeigentums, sowie die persönlichen Verhältnisse der Landbewohner betreffend“, vom 9. Oktober 1807[24] durch. Das Edikt vollzog die Aufhebung der alten Gesellschaftsgliederung nach Geburtsständen[25]. Die Guts-Untertänigkeit der Bauern wurde beseitigt[26]. Wesentlicher für das Reform-Werk Steins war die Aufhebung der Gebundenheit des Grundstücksverkehrs[27]

[12] Bornhak, Geschichte, S. 327.
[13] vom Stein S. 379.
[14] Gneist, Verwaltung, S. 170.
[15] Löwenstein S. 286.
[16] vom Stein S. 363.
[17] Bornhak, Geschichte, S. 327.
[18] Hartung S. 238.
[19] vom Stein S. 395.
[20] vom Stein S. 394.
[21] Bornhak, Geschichte, S. 328.
[22] Schwab S. 34.
[23] Hartung S. 240.
[24] Preuß.GS. S. 170.
[25] Hartung S. 241.
[26] §§ 10, 11, 12 d. E.
[27] § 1 Abs. 1 d. E.

und der Berufswahl[28]. Dem Adel wurde die Möglichkeit zur Tüchtigkeit in einem bürgerlichen Berufe, dem Bürger die Erlangung wirtschaftlicher Unabhängigkeit durch den Erwerb adligen Besitzes eröffnet[25].

Die nunmehr erlangte allgemeine Rechtsgleichheit[29] bot vom Stein die Basis, die von ihm angestrebte politische Selbstverwaltung durch die Heranziehung der bürgerlichen Gesellschaft — des ehemaligen Dritten Standes[30] — zu den Staatsfunktionen in die Tat umzusetzen[31].

Die Preußische *Städteordnung* vom 19. November 1808[32] war das erste Teilstück[33] der geplanten Reform. Sie eröffnete in tatsächlicher Hinsicht und als geistig-politische Konzeption eine neue Entwicklung zur Lösung des Dualismus zwischen Staat und Bürgertum[33]. Der Bürger blieb nicht mehr auf das Zahlen von Steuern beschränkt[34]. Er wurde an der Verwaltung seiner Stadt beteiligt. Die Bürgerschaft wurde „befugt", aus ihrer Mitte „Stadtverordnete" zu wählen[35]. Der Stadtverordnetenversammlung oblag die Vertretung „in allen Angelegenheiten des Gemeinwesens"[35]. Sie war das zentrale Selbstverwaltungsorgan[36]. Die Schöpfung der Preußischen Städteordnung erfüllte „das sich dringend äußernde Bedürfnis einer wirksamen Teilnahme der Bürgerschaft an der Verwaltung des Gemeinwesens" mit dem Ziel, „den Gemeinsinn zu erregen und zu erhalten"[37].

Freiherr vom Stein wurde Ende des Jahres 1808 vom preußischen König aus seinem Amt entlassen[38]. Für mehr als ein halbes Jahrhundert unterblieb eine weitergehende Beteiligung der Bürger Preußens an der Verwaltung.

Lediglich auf einem anderen Teilbereich der vollziehenden Gewalt wurde der Bürger noch zum Eintreten für die Belange der Gesamtheit herangezogen. Im Geiste der Reform-Gedanken Steins — alle Kräfte der Nation sollten mobilisiert werden[39] — reorganisierte *Scharnhorst* das preußische Heerwesen[40]. An die Stelle der ausgehobenen Armeen Alt-Preußens trat mit der Verordnung über die Aufhebung der bisherigen Exemtionen von der Kantonpflichtigkeit für die Dauer des Krieges vom

---

[28] § 2 d. E.
[29] Bornhak, Geschichte, S. 329.
[30] Forsthoff S. 438.
[31] Forsthoff S. 439.
[32] Preuß.GS. S. 324.
[33] Forsthoff S. 438.
[34] Hartung S. 238.
[35] § 48 d. StädteO.
[36] Forsthoff S. 438.
[37] Einleitg. d. StädteO.
[38] Jung S. 661.
[39] vom Stein S. 395.
[40] Löwenstein S. 285.

9. Februar 1813[41] das „staatsbürgerliche Heer“[42]. Das Adelsvorrecht auf die Offiziersstellen wurde aufgehoben[43]. Volk und Heer wurden eins[44]. Der „befeuernde Glaube“[45] an die Nation trug zum siegreichen Ausgang der Befreiungskriege 1813 bis 1814[46] bei. Ihren Abschluß fand die preußische Heeresreform durch das Gesetz über die Verpflichtung zum Kriegsdienste vom 3. September 1814[47], das „jeden Eingeborenen“ zur Verteidigung des Vaterlandes heranzog[48].

Abschnitt 2: Die Zeit der Verfassungen

Der Bürger erhält Anteil an der Gesetzgebung

Das Bürgertum ging als selbstbewußte und gestärkte Kraft aus den Befreiungskriegen hervor. Es erhob die Forderung, den Neubau des Staates durch eine Verfassung, d. h. durch die Einführung einer die Verbindung von Staat und Staatsbürger befestigenden Repräsentation abzuschließen[49]. Diesem Ziele galten in den nachfolgenden Jahrzehnten Einsatz und Anstrengungen des liberalen Bürgertums. Während vor allem den Bürgern der Staaten des Südens und Westens des am 8. Juni 1815 geschaffenen „Deutschen Bundes“[50] frühzeitig eine Beteiligung an der Gesetzgebung zugestanden wurde, bedurfte es in den norddeutschen Bundesstaaten — vor allem in Preußen — langwieriger Auseinandersetzungen.

1. Die süd- und westdeutschen Bundesstaaten

Bayern erhielt seine Verfassung am 26. Mai 1818[51], *Württemberg* am 25. September 1819[52], *Baden* am 22. August 1818[53] und *Hessen-Darmstadt* am 17. Dezember 1820[54].

Den Bayern, Badenern und Hessen wurden die Verfassungen als Gnadengeschenk ihrer Monarchen aus deren — unangetasteter[55] — sou-

---

41 Preuß.GS. S. 13.
42 L. v. Stein S. 273.
43 VO letzter Absatz.
44 L. v. Stein S. 273.
45 Scharnhorst 1797; zit. bei Löwenstein S. 285.
46 Jung S. 668.
47 Preuß.GS. S. 79.
48 § 1 d. Ges.
49 Hartung S. 248.
50 Huber, Dokumente, Bd. 1, S. 75 (Wortlaut).
51 Bay. GBl. Sp. 101.
52 Württ. RegBl. S. 633.
53 Bad.St.- u. RegBl. S. 101.
54 Stoerk-Rauchhaupt S. 189 (Wortlaut).
55 Bayern: Ziff. II § 1 d. Verfassg.; Baden: § 5 d. Verfassg.; Hessen: Art. 4 d. Verfassg.

veräner Machtvollkommenheit oktroyiert[56]. Sie sollten — vor allem in Bayern und Baden — die Anziehungskraft der — um bislang anderen Herrschaften zugehörigen Gebietsteilen erweiterten — jeweiligen Bundesstaaten erhöhen und durch die Anteilnahme des Volkes am Staatsleben dessen Zugehörigkeitsbewußtsein entwickeln und stärken[56]. An eine lokale Selbstverwaltung dachte keiner der Verfassungsgeber[57]. Insbesondere blieb die bürokratische Ordnung der Verwaltung der Kontrolle des Bürgers weiterhin entzogen[57].

Württemberg erhielt seine Verfassung als Ergebnis eines echten Verfassungsvertrages zwischen dem König und den Landständen[58]. Auch hier verblieb die Staatsgewalt beim König[59].

2. Die norddeutschen Mittel- und Kleinstaaten[60]

Im norddeutschen Raume wurden überwiegend — mit einigen Änderungen — die alten landständischen Verfassungen wiedereingeführt[60].

Im Fürstentume *Schaumburg-Lippe* geschah dies durch Verordnung vom 15. Januar 1816[61], im wiederhergestellten Königreiche *Hannover* durch Patent, die Verfassung der allgemeinen Ständeversammlung betreffend, vom 7. Dezember 1819[62]. Dem Herzogtume *Braunschweig* wurde am 25. April 1820 eine „Erneuerte Landschaftsordnung"[63] gegeben.

Als Ergebnis der Unruhen des Jahres 1830 erhielten *Braunschweig* am 12. Oktober 1832 die „Neue Landschaftsordnung"[64] und *Hannover* am 26. September 1833 ein liberales Staatsgrundgesetz[65].

Das Großherzogtum *Oldenburg* blieb weiterhin absolut regiert[66]. Es fehlte dort die für die Einführung einer Verfassung erforderliche „kräftigere Anregung aus dem Volke"[66].

3. Die königlich preußischen Staaten[67]

Die Bürger *Preußens* mußten auf ihre Verfassung warten. Sie wurde ihnen mehrfach von König Friedrich Wilhelm III. versprochen[68]. Hierbei

[56] Hartung S. 198; Widtmann S. 42 (für Bayern).
[57] Hartung S. 198.
[58] Einleitung letzter Absatz d. Verfassg.
[59] § 4 d. Verfassg.
[60] Hartung S. 203.
[61] Pölitz, Bd. 1, S. 1104 (Wortlaut).
[62] Hann.GS., Erste Abteilung, S. 135.
[63] Braunschw. VOS. S. 17.
[64] Braunschw. GVS. S. 191.
[65] Hann.GS. S. 279.
[66] Staatslexikon, Bd. 10, S. 770.
[67] Preuß.GS. 1850.
[68] Löwenstein S. 285.

blieb es bis zu dessen Tode im Jahre 1840[69]. In der Folgezeit erhielt die Verfassungsbewegung neuen Antrieb[70].

4. Die Reichsverfassung vom Jahre 1849

Das Jahr 1848 weckte in vielen Bürgern die Hoffnung auf eine Vereinigung aller Deutschen in einem Nationalstaat. Nach hartem Ringen entschloß sich die Frankfurter Nationalversammlung zu einem „kleindeutschen Bundesstaat" unter preußischer Führung. Die Verfassung dieses neuen „Deutschen Reiches" wurde am 28. März 1849 in Frankfurt am Main verkündet[71]. In das Volkshaus des Reichstages sollten direkt aus der deutschen Bevölkerung gewählte Abgeordnete einziehen[72]. In den „Grundrechten des deutschen Volkes"[73] wurde dem Bürger u. a. Rechtsschutz gegenüber der Verwaltung zugesagt. „Verwaltung und Rechtspflege sollen getrennt und einander unabhängig sein[74]." „Über alle Rechtsverletzungen (einschließlich derjenigen durch die Verwaltung) entscheiden die (ordentlichen) Gerichte[75]." Eine selbständige „Verwaltungsrechtspflege hört auf"[76]. Damit übernahm die Frankfurter Reichsverfassung die „justizstaatliche Idee"[77]. Die Mehrheit der Abgeordneten der Frankfurter Nationalversammlung[78] folgte mit dieser Entscheidung dem von dem „Ausschuß für den Verfassungsentwurf" erarbeiteten Vorschlage[79]. Ihnen erschien die Justiz als ein „Hort freiheitlicher Ideale"[80] am besten geeignet, der absolutistischen Bürokratie Grenzen zu setzen.

5. Baden 1848/1849 — Der erste Anlauf zu einer eigenständigen Verwaltungsgerichtsbarkeit

Art. X § 182 Absatz 1, 1. Halbsatz der Frankfurter Verfassung erlangte zwar keine praktische Wirksamkeit[81]. Er brachte jedoch in Baden eine verheißungsvolle Entwicklung auf dem Gebiete der Verwaltungsrechtspflege — zumindest für rund ein Jahrzehnt — zum Stillstand.

Ende des Jahres 1848 hatten der badischen Ständeversammlung der Entwurf für ein Gesetz, die Errichtung und den Geschäftskreis der Verwaltungsbehörden betreffend, und der Entwurf für ein Gesetz, die

[69] Jung S. 694.
[70] Hartung S. 251.
[71] RGBl. S. 101; Huber, Dokumente, Bd. 1, S. 304 (Wortlaut).
[72] §§ 85, 93, 94 Abs. 1 d. Verfassung; §§ 7, 14 Wahlgesetz 1849.
[73] Abschnitt VI d. Verfassung.
[74] Art. X § 181 d. Verfassung.
[75] Art. X § 182 Abs. 1, 2. Halbsatz d. Verfassung.
[76] Art. X §182 Abs. 1, 1. Halbsatz d. Verfassung.
[77] Werner S. 170.
[78] Verhandlungen der Nationalversammlung, Bd. 6, S. 4297.
[79] Verhandlungen der Nationalversammlung, Bd. 1, S. 681.
[80] Poppitz, Anfänge, S. 159.
[81] Werner S. 170.

Errichtung eines unabhängigen Verwaltungsgerichtshofes betreffend, vorgelegen[82]. Der erstere Entwurf wurde am 10. April 1849 Gesetz[83]. Ihm wurde der Satz angefügt: „Der Tag, an welchem dieses Gesetz in Wirksamkeit tritt, wird nachträglich bekannt gemacht werden[84].“ Infolge der Zeitverhältnisse unterblieb diese Bekanntmachung[85]. Von der weiteren Beratung des zweiten Entwurfs — vom 13. November 1848[86] — wurde im Hinblick auf die Frankfurter Entscheidung Abstand genommen[87].

Nach den Entwürfen bzw. dem Gesetz vom 10. April 1849 sollte die badische Verwaltungsrechtspflege wie folgt aufgebaut werden: Im ersten Rechtszuge sollte über verwaltungsrechtliche Streitigkeiten der *Kreisausschuß* entscheiden[88]. Er sollte unter dem Vorsitz des Kreishauptmannes[89] aus — grundsätzlich — sechs von der Kreisversammlung gewählten Einwohnern des Bezirks bestehen[90]. Der Kreisausschuß sollte sowohl der Entscheidung von Verwaltungsstreitigkeiten als auch der Beschlußfassung im Verwaltungsverfahren dienen[91]. Er war eines der Organe, das geschaffen werden sollte, um die Mitwirkung der Bürger an der Verwaltung einzuführen[92]. In letzter Instanz sollte der *Verwaltungsgerichtshof* entscheiden. Für ihn waren Versammlungen von fünf Mitgliedern vorgesehen[93]. Die Beteiligung von Laien war „als untunlich“ nicht geplant[93].

6. Verfassungen für Oldenburg, Bremen und Preußen

Das revolutionäre Geschehen der Jahre 1848 und 1849[94] brachte auch den Bürgern Oldenburgs[95], Bremens[96] und Preußens eine konstitutionelle staatliche Ordnung.

a) Oldenburg 1849

Oldenburg, das seit dem Wiener Kongreß aus dem Stammherzogtum Oldenburg, dem an der Nahe gelegenen Fürstentum Birkenfeld und dem ebenfalls räumlich getrennten Fürstentum Lübeck bestand[97], erhielt

[82] Schühly S. 613/614; Einzelheiten bei Hahn.
[83] Bad. RegBl. S. 205.
[84] Bad. RegBl. S. 214.
[85] Schühly S. 614.
[86] Schühly S. 613/614.
[87] Schühly S. 615.
[88] § 25 d. Ges.
[89] § 35 Abs. 1 Satz 1 d. Ges.
[90] § 11 Abs. 1 d. Ges.
[91] §§ 23 Abs. 1, 26 d. Ges.
[92] Schühly S. 614.
[93] Schühly S. 615.
[94] Jung S. 698 bis 702.
[95] Sellmann, Oldenburg, S. 23.
[96] v. Stengel-Fleischmann S. 524.
[97] Sellmann, Begründer, S. 128; Art. 1 Abs. 1 St.Grd.Ges.

sein „Staatsgrundgesetz" am 18. Februar 1849[98]. In diesem hat es sich als einer der wenigen Bundesstaaten dem Frankfurter „Paulskirchenverdikt" gegen die Verwaltungsgerichtsbarkeit angeschlossen[99].

Oldenburg tat dies aber nur „mit halbem Herzen und nicht ohne gewisse Vorbehalte"[100]. So erhielt die einschlägige Verfassungsbestimmung[101] die gemilderte Fassung:

Abs. 1: „Die Verwaltungsrechtspflege *soll* aufhören."

Abs. 2: „Über alle Rechtsverletzungen *sollen* die Gerichte entscheiden."

In dem „Revidierten Staatsgrundgesetz für das Großherzogtum Oldenburg" vom 22. November 1852[102] wurde Art. 105 Abs. 1 als Art. 96 § 2 übernommen[103], Art. 105 Abs. 2 dagegen als „irreführend" und „überflüssig" gestrichen[104]. Aber auch Art. 96 § 2 hat der Errichtung einer oldenburgischen Verwaltungsgerichtsbarkeit niemals ernstlich im Wege gestanden[105].

b) *Bremen 1849*

Der freien Hansestadt Bremen brachten die Stürme der Revolution vom Jahre 1848 die erste „Verfassung des Bremischen Staates" vom 21. März 1849[106]. Sie war zwischen der Bürgerschaft und dem Senat vereinbart[107]. Die Zeitentwicklung erzwang die revidierte Verfassung vom 21. Februar 1854[107].

c) *Preußen 1850*

Den Preußen[108] wurde die langerstrebte Verfassung durch die „Verfassungsurkunde für den Preußischen Staat" vom 31. Januar 1850[109] von ihrem König oktroyiert[110]. Im Gegensatz zu den Verfassungen der süd- und westdeutschen Bundesstaaten fehlte jedoch der ausdrückliche Hinweis, daß der König der alleinige Träger der Staatsgewalt sei[111]. „Die gesetzgebende Gewalt wird gemeinschaftlich durch den König und durch zwei Kammern — seit dem Jahre 1855 „Herrenhaus" und „Haus der Abgeordneten" benannt[112] — ausgeübt[113]." Die 350 Mitglieder des Abgeordnetenhauses wurden von Wahlmännern bestimmt, die ihrerseits

98 Oldb. GBl. Bd. 12 S. 55 u. 57.
99 Sellmann, Begründer, S. 124.
100 Sellmann, Oldenburg, S. 27.
101 Art. 105 St.Grd.Ges.
102 Oldb. GBl. Bd. 13 S. 139 u. 141.
103 Sellmann, Oldenburg, S. 29.
104 Sellmann, Oldenburg, S. 28.
105 Sellmann, Begründer, S. 125.
106 Brem. GBl. S. 37; zit. bei Bollmann S. 9; v. Stengel-Fleischmann S. 524.
107 v. Stengel-Fleischmann S. 524.
108 Art. 3 d. Verfassung.
109 Preuß.GS. S. 17.
110 Bornhak, Geschichte, S. 466.
111 Art. 43 ff. d. Verfassg.; Hartung S. 256.

von „Urwählern“ ermittelt wurden[114]. Mit der Einführung des „Konstitutionalismus“ erhielt das Bürgertum einen festen Platz innerhalb der staatlichen Gesamtordnung[115].

d) Schaumburg-Lippe

In Schaumburg-Lippe vermochte auch die Bewegung des Jahres 1848 keine Reform der Staatsordnung zu bewirken[116].

Das Fürstentum trat erst durch das Verfassungsgesetz vom 17. November 1868 in die Reihe der konstitutionellen Bundesstaaten ein[117].

Abschnitt 3: Der Ruf nach der Verwaltungsgerichtsbarkeit

Im Streben nach einer verfassungsmäßig garantierten Volksvertretung in der Gesetzgebung war das Gebiet der Verwaltung unbeachtet geblieben[118]. Es fehlte an einem Rechtsschutz des Bürgers gegenüber willkürlichem Handeln der Beamten[119]. Diesem Übel wandte sich nunmehr das Interesse zu. *Von Sarwey* entwickelte den Gedanken, daß der Bürger Träger „subjektiv-öffentlicher Rechte“ sei[120]. Diese seien schutzwürdig und müßten der Kontrolle der Rechtsprechung unterstellt werden[120]. *Bähr* forderte, die Verwaltung müsse einer Rechtsprechung unterworfen werden[121]. *Bluntschli* sah in „öffentlich-rechtlichen Gerichtshöfen“ das Ideal der Zukunft[122]. Durch die Verwaltungsrechtspflege werde die Willkür der Verwaltung vermindert, und die Freiheit gewinne, wenn die Vormundschaft der Verwaltungsbehörden sich in den Rechtsschutz der Verwaltungsgerichte umwandele[123]. *Mohl* trat ebenfalls für eine eigene Verwaltungsgerichtsbarkeit ein[124]. Es bedürfe „richterlicher Behörden“, welche dem Bürger, der sich als Untertan vom Staat verletzt fühle, ein Verfahren und einen Spruch gewährleisteten, in denen sowohl das

---

[112] § 1 Gesetz, betreffend die Abänderung der Verfassungsurkunde vom 31. Januar 1850 in Ansehung der Benennung der Kammern und der Beschlußfähigkeit der Esten Kammer, vom 30. Mai 1855 (Preuß.GS. S. 316).

[113] Art. 62 Abs. 1 d. Verfassung.

[114] Art. 69, 72 Abs. 1 d. Verfassung.

[115] Forsthoff S. 439.

[116] Hartung S. 213.

[117] Stoerk - Rauchhaupt S. 447 (Wortlaut).

[118] Schmitz S. 27.

[119] Schmitz S. 25.

[120] v. Sarwey S. 73.

[121] Bähr S. 54.

[122] Bluntschli, Staatsrecht, Bd. 2, S. 351.

[123] Bluntschli, Staats-Wörterbuch, Bd. 11, S. 72.

[124] Mohl, Polizeiwissenschaft, Bd. 1, S. 69.

private wie das öffentliche Interesse in gleicher Weise berücksichtigt würden[124]. *Gneist*[125] und *Bähr*[126] sahen als Ziel einer künftigen Reform den Ausbau des Verfassungsstaates zum *Rechtsstaat*.

Diesem Ziele folgend entstand das System der eigentlichen *Verwaltungsrechtsprechung*[127]. Zwar hatten sich im Jahre 1832 auf Anregung *Mittermaiers* beide Kammern der badischen Ständeversammlung gegen eine besondere Verwaltungsgerichtsbarkeit ausgesprochen[128]. Ebenfalls unter der Mitwirkung Mittermaiers[129] hatte sich im Jahre 1849 im Frankfurter Parlament das justizstaatliche Prinzip durchgesetzt[130]. Nach dem Jahre 1849 gewann jedoch der Gedanke einer eigenständigen Verwaltungsrechtspflege, der das administrative mit dem justizmäßigen Element versöhnen sollte, an Boden[131]. Den Durchbruch verdankt dieser Gedanke vor allem dem Wirken des in der Schweiz gebürtigen Badeners *Bluntschli*[132], dem der Württemberger *Mohl*[133] und *von Sarwey*[134] sowie dem der Preußen *Gneist*[135] und *von Brauchitsch*[136]. Selbst *Bähr*, der justizstaatlichen Tradition seines Heimatlandes Kurhessen verbunden[137], schloß sich — wenn auch „nicht ganz ohne Vorbehalt" — dem Zug der Zeit an und forderte: „Man schaffe Gerichte des öffentlichen Rechts[138]."

Die Forderung der Reformer erstreckte sich nicht nur auf die Einrichtung einer eigenständigen Verwaltungsgerichtsbarkeit an sich, sondern auch auf die *Besetzung* der zu schaffenden Gerichte. *Mohl* verneinte die Frage, ob die Verwaltungsrechtsprechung allein sachverständigen Berufsbeamten übertragen werden solle[139]. Er schrieb der Zuziehung des „popularen Elements" mehrfache Vorteile zu, insbesondere werde das Vertrauen des Volkes in die Reinheit der Rechtspflege erhöht, der schlechte Einfluß der Staatsgewalt auf die Richter erschwert und das natürliche Rechts- und Billigkeitsgefühl erhalten[140]. *Von Sarwey* sah in der Berufung ehrenamtlicher Beisitzer aus dem Volke die geeignete Fürsorge für die Unabhängigkeit der Verwaltungsjurisdiktion von der Parteiregierung und die gerechte Maßverteilung[141]. *Gneist* hielt es für

---

[125] Schmitz S. 27.
[126] Bähr S. 54.
[127] L. v. Stein S. 155.
[128] Bluntschli, Kommissionsbericht, S. 345.
[129] Verhandlungen der Nationalversammlung, Bd. 1, S. 88, 681.
[130] Werner S. 170.
[131] Görlitz S. 29.
[132] Poppitz, Anfänge, S. 36; Werner S. 171.
[133] Werner S. 170.
[134] v. Sarwey.
[135] Poppitz, Anfänge, S. 37; Schmitz S. 29; Werner S. 171.
[136] v. Sarwey S. 218.
[137] Kern, Gerichtsverfassungsrecht, S. 255; Werner S. 170.
[138] Bähr S. 71.
[139] Mohl, Encyklopädie, S.675.
[140] Mohl, Encyklopädie, S. 676.
[141] v. Sarwey S. 217.

erforderlich, vor allem bei der Bildung des unteren und mittleren Rechtszuges Laien zu berücksichtigen[142]. Die Errichtung nur beamteter Verwaltungsgerichte habe in Deutschland nie Vertrauen erworben und nirgends Halt gegen die Parteiregierungen gefunden[143]. Das Ehrenamt biete eine wirksame Garantie für gleichmäßige Entscheidungen und gegen Willkür und parteimäßige Handhabung der Amtsgewalt[144]. Es gebe seinem Träger in praktischer Übung das Bewußtsein der Staatspflichten und das verlorene Rechtsbewußtsein zurück[145]. Nach *von Brauchitsch* erweitere das Ehrenamt im Volk die Kenntnis des öffentlichen Rechts und das Interesse daran, bilde ein Gegengewicht gegen die im Verfassungsstaat drohende Parteilichkeit des Beamtentums, mache die praktischen Erfahrungen des Lebens nutzbar und bewahre vor bürokratischer Einseitigkeit[146].

Auch *Bähr* sah das Problem, den Glauben an die völlige Unparteilichkeit eines Gerichts zu wecken, das „über die Rechtsgrenze zwischen Regierungsgewalt und Regierten zu entscheiden" habe[147]. Er sah die Lösung darin, daß die „Gerichte des öffentlichen Rechts" nicht einseitig von der Staatsregierung besetzt werden dürften, es müsse vielmehr auch der Volksvertretung insoweit ein Mitwirkungsrecht eingeräumt werden[148].

Der angestrebte Schutz des Bürgers vor der Willkür der Verwaltungsbehörden fand schließlich in den sechziger Jahren des 19. Jahrhunderts in enger Anlehnung an den Neubau der inneren Verwaltung seine erste Ausprägung.

Abschnitt 4: Die Verwaltungsgerichtsbarkeit wird verwirklicht

Der Bürger erhält Anteil an der Kontrolle der Verwaltung

Im Jahre 1863 wurden in Baden die *ersten* Verwaltungsgerichte eingerichtet[149]. Dieser Entwicklung schlossen sich in den folgenden Jahrzehnten fast alle deutschen Bundesstaaten an. Hinsichtlich Instanzenzug, Aufbau, Zuständigkeit und insbesondere Besetzung boten diese Verwaltungsgerichte eine reiche Mannigfaltigkeit[150]. So bestimmte ein Teil der Bundesstaaten für die untere und die mittlere Instanz die Beiziehung

[142] Gneist, Rechtsstaat, S. 295, 300, 301; Schmitz S. 29.
[143] Gneist, KreisO, S. 199.
[144] Gneist, KreisO, S. 200.
[145] Gneist, Rechtsstaat, S. 287.
[146] v. Brauchitsch; zit. bei v. Sarwey S. 218.
[147] Bähr S. 73.
[148] Bähr S. 72.
[149] Widtmann S. 41.
[150] Apelt, Referat, S. 9; Schultzenstein, Gutachten, S. 3.

von Laienbeisitzern, einige Bundesstaaten schrieben die Laienmitwirkung auch in der höchsten Instanz vor, andere verzichteten dagegen gänzlich auf die Beteiligung des Laienelements[151].

Im einzelnen entstand folgendes Bild[152]:

1. Baden 1863

Die badische Verwaltungsgerichtsbarkeit wurde durch das Gesetz, die Organisation der inneren Verwaltung betreffend[153], ins Leben gerufen. Das Gesetz wurde am 20. Juli 1863 von den beiden Kammern der badischen Ständeversammlung verabschiedet[154] und am 5. Oktober 1863 gegeben[155]. § 1 Abs. 3 des Gesetzes lautet: „Die Rechtspflege in bestimmten Streitigkeiten über öffentliche Rechte wird in erster Instanz regelmäßig von den Bezirksräten unter dem Vorsitz eines Bezirksbeamten, und in letzter Instanz von dem Verwaltungsgerichtshof ausgeübt."

Der *Bezirksrat* — eine Neuschöpfung des Gesetzes —[156] hatte eine doppelte Funktion[157]: Zum einen bildete er — seine Hauptaufgabe —[158] die untere Instanz der Verwaltungsrechtspflege. Zum anderen hatte er die Aufgabe, die Bezirksämter in der Ausübung ihrer Verwaltungstätigkeit zu unterstützen[159]. In den Bezirksräten wurde den Bürgern die Möglichkeit eröffnet, sowohl an der Verwaltung mitzuwirken als auch die Verwaltung zu kontrollieren. Je nach der Größe des Bezirks wurden sechs bis neun „durch Kenntnisse, Tüchtigkeit und Gemeinsinn ausgezeichnete Bewohner des Amtsbezirks"[159] vom Ministerium des Innern auf die Dauer von zwei Jahren aus einer Liste ernannt, die von der Kreisversammlung für den Amtsbezirk durch freie Wahl aus dessen Einwohnern aufgestellt worden war[160]. Die Beschlußfähigkeit des Bezirksrates war bei Anwesenheit des den Vorsitz führenden Berufsbeamten und mindestens vier der berufenen Mitglieder gegeben[161].

---

[151] Schultzenstein, Gutachten, S. 6.

[152] Hierbei werden — wie auch in den übrigen Abschnitten der historischen Rückschau — diejenigen Bundesstaaten eingehender behandelt, deren Staatsgebiet in die für die Umfrage ausgewählten, gegenwärtig bestehenden Länder ganz oder teilweise eingegliedert worden ist.

[153] Bad. RegBl. S. 399.

[154] Bad. 2. Kammer, Protokolle, Bd. 325, S. 705; Bad. 1. Kammer, Protokolle, Bd. 95, S. 211.

[155] Bad. RegBl. S. 399.

[156] Rapp S. 7.

[157] Bad. 1. Kammer, Beilagenheft, Bd. 98, S. 338/339.

[158] Bad. 1. Kammer, Beilagenheft, Bd. 98, S. 343.

[159] § 2 Abs. 1 d. Ges.

[160] § 2 Abs. 3 und 4 d. Ges.

[161] § 4 Abs. 3 d. Ges.

In der Begründung des Entwurfs war u. a. ausgeführt: Die kollegialische Behandlung von Verwaltungsstreitigkeiten unter Beteiligung des „bürgerlichen Elements" habe den Vorzug der unbefangenen und allseitigen Erwägung der umstrittenen Frage[162]. Dem in einseitiger Auffassung von Rechtsbegriffen befangenen Juristen seien Männer beigegeben, die durch natürliche Einsicht, gesundes Gefühl[163] und die zur richtigen Beurteilung der tatsächlichen Grundlagen, erforderlichen Erfahrungen und Kenntnisse des öffentlichen, namentlich des gemeindlichen Lebens[162] in der Lage seien, das Vertrauen der Bevölkerung in die Redlichkeit und Unparteilichkeit des Vollzugs der Gesetze durch die Staatsbehörden wieder herzustellen[164]. In seinem zweiten Kommissionsbericht für die zweite Kammer bemerkte der Abgeordnete *Kirsner*, die den Bürgern übertragene Selbstverwaltung ihrer Bezirksinteressen bedeute, daß das Volk an den gemeinsamen vaterländischen Aufgaben teilnehme und dadurch — mit großer Wahrscheinlichkeit — eine allgemeine Schule der politischen und sozialen Bildung erringen werde[165]. Hofrat *Bluntschli* gelangte in seinem Kommissionsbericht für die erste Kammer zu der Feststellung, daß die Selbstverwaltung die politische Selbständigkeit der Bürger erheblich erhöhe und kräftige[166]. Zur Auswahl der Bezirksräte hob Bluntschli hervor, daß die Vermittlung der Kreisversammlung Gerechtigkeit, Unparteilichkeit und Geschäftstüchtigkeit der Gewählten besser garantiere als die unmittelbare Volkswahl[167], da das Ehrenamt auf die gebildeten bürgerlichen Klassen und größeren Landwirte wegen deren staatsrechtlicher, politischer und wirtschaftlicher Bildung vorzugsweise angewiesen sei[168].

Der *Verwaltungsgerichtshof* wurde in Karlsruhe errichtet[169]. Er war im Gegensatz zu den Bezirksräten als echtes Gericht[170] ohne die Zweit-Funktion einer Verwaltungsbehörde organisiert. Er entschied in „Versammlungen" von fünf — rechtsgelehrten —[171] Mitgliedern[172]. Das Laienelement fand in dieses Gremium keinen Eingang. Auf eine entsprechende Anfrage des Abgeordneten der zweiten Kammer *Lamey* wurde seitens der Regierung erwidert, einem ständigen Gericht könne man dieses Element nicht beifügen[173]. In den Beratungen des Entwurfs kam zum

[162] Bad. 2. Kammer, Beilagenheft, Bd. 330, S. 633.
[163] Bad. 2. Kammer, Beilagenheft, Bd. 330, S. 632.
[164] Bad. 2. Kammer, Beilagenheft, Bd. 330, S. 628.
[165] Bad. 2. Kammer, Beilagenheft, Bd. 333, S. 931.
[166] Bad. 1. Kammer, Beilagenheft, Bd. 98, S. 338.
[167] Bad. 1. Kammer, Beilagenheft, Bd. 98, S. 350.
[168] Bad. 1. Kammer, Beilagenheft, Bd. 98, S. 343.
[169] Jellinek, Verwaltungsrecht, S. 93.
[170] v. Sarwey S. 215.
[171] Rapp S. 9.
[172] § 15 d. Ges.
[173] Bad. 2. Kammer, Protokolle, Bd. 325, S. 439.

Ausdruck, daß in den von diesem Gericht zu entscheidenden, meist schwierig gelagerten Rechtsfragen allein die reifliche Beratung durch rechtsgelehrte Verwaltungsbeamte die Garantie für eine unparteiische, von Nebenrücksichten freie Entscheidung biete[174].

Seit dem Gesetz, den Verwaltungsgerichtshof und das verwaltungsgerichtliche Verfahren betreffend, vom 24. Februar 1880 führten die Bezirksräte im Rahmen ihrer rechtspflegerischen Aufgabe die Bezeichnung „Verwaltungsgericht"[175]. Das Gesetz, die Verwaltungsrechtspflege betreffend, vom 14. Juni 1884 faßte zusammen: „Die Verwaltungsgerichte — in erster Instanz der Bezirksrat, in zweiter Instanz der Verwaltungsgerichtshof — entscheiden ..."[176]. Beide Gesetze ließen die Besetzung der Gerichte im Hinblick auf das Laienelement unverändert[177].

2. Preußen 1872 - 1883

Die preußische Verwaltungsreform der zweiten Hälfte des 19. Jahrhunderts erstreckte sich über einen Zeitraum von über drei Jahrzehnten.

In der Verfassungsurkunde vom 31. Januar 1850 wurde den Preußen ein Gesetz zur Regelung der „Vertretung und Verwaltung der Gemeinden, Kreise, Bezirke und Provinzen" verheißen[178]. Dabei sollte insbesondere der Grundsatz beachtet werden, daß über die inneren und besonderen Angelegenheiten Versammlungen aus „gewählten Vertretern" beschließen[178].

Die Vorberatung des Regierungsentwurfs einer Kreisordnung für die Provinzen Preußen, Brandenburg, Pommern, Posen, Schlesien und Sachsen begann im Haus der Abgeordneten am 16. Oktober 1869[179]. Nach umfangreicher Umarbeitung des Entwurfs wurde die Kreisordnung am 13. Dezember 1872 erlassen[180]. Sie trat am 1. Januar 1874 in Kraft[181]. Ihr folgte am 29. Juni 1875 die Provinzialordnung für die Provinzen Preußen, Brandenburg, Pommern, Schlesien und Sachsen[182]. Sie trat am 1. Januar 1876 in Kraft[183]. Bereits am 1. Oktober 1875[184] trat das Gesetz, betreffend die Verfassung der Verwaltungsgerichte und das Verwaltungsstreitverfahren, vom 3. Juli 1875[185] in Kraft. Für das Ge-

---

[174] Rapp S. 9.
[175] Bad. GVBl. S. 29; Art. 8 d. Ges.; Rapp S. 12.
[176] Bad. GVBl. S. 197; § 2 d. Ges.
[177] Art. 1 Abs. 1 u. 2 d. Ges. 1880; § 7 Abs. 1 d. Ges. 1884.
[178] Art. 105 d. Verfassg.
[179] Preuß. Abgeordnetenhaus, Berichte, 1869, Bd. 1, S. 67.
[180] Preuß.GS. S. 661.
[181] § 199 d. Ges.
[182] Preuß. GS. S. 335.
[183] § 123 d. Ges.
[184] § 80 d. Ges.
[185] Preuß. GS. S. 375.

setz, betreffend die Zuständigkeit der Verwaltungsbehörden und der Verwaltungsgerichtsbehörden im Geltungsbereiche der Provinzialordnung vom 29. Juni 1875, vom 26. Juli 1876[186] wurde das Inkrafttreten auf den 1. Oktober 1876 bestimmt[187]. Durch das Gesetz über die Organisation der allgemeinen Landesverwaltung vom 26. Juli 1880[188], das Gesetz zur Abänderung und Ergänzung des Gesetzes, betreffend die Verfassung der Verwaltungsgerichte und das Verwaltungsstreitverfahren, vom 3. Juli 1875 und Einführung desselben in dem gesamten Umfange der Monarchie vom 2. August 1880[189] und das Gesetz über die allgemeine Landesverwaltung vom 30. Juli 1883[190] fand das Reformwerk seinen Abschluß.

Im Jahre 1884 wurden Kreisordnung und Provinzialordnung in der Provinz Hannover[191], im Jahre 1885 in der Provinz Hessen-Nassau[192], im Jahre 1886 in der Provinz Westfalen[193], im Jahre 1887 in der Rheinprovinz[194] und im Jahre 1888 in der Provinz Schleswig-Holstein[195] eingeführt[196].

Zum Zeitpunkt des Endstandes der Reform wurde die Verwaltungsgerichtsbarkeit in Preußen wie folgt ausgeübt:

---

[186] Preuß. GS. S. 297.

[187] § 172 d. Ges.

[188] Preuß. GS. S. 291.

[189] Preuß. GS. S. 315.

[190] Preuß. GS. S. 195.

[191] § 2 Abs. 2 Ges. v. 30. Juli 1883; Kreisordnung für die Provinz Hannover vom 6. Mai 1884 (Preuß. GS. S. 181); Gesetz über die Einführung der Provinzialordnung vom 29. Juni 1875 in der Provinz Hannover vom 7. Mai 1884 (Preuß. GS. S. 237).

[192] Kreisordnung für die Provinz Hessen-Nassau vom 7. Juni 1885 (Preuß. GS. S. 193); Gesetz über die Einführung der Provinzialordnung vom 29. Juni 1875 in der Provinz Hessen-Nassau vom 8. Juni 1885 (Preuß. GS. S. 242).

[193] Kreisordnung für die Provinz Westfalen vom 31. Juli 1886 (Preuß. GS. S. 217); Gesetz über die Einführung der Provinzialordnung vom 29. Juni 1875 in der Provinz Westfalen vom 1. August 1886 (Preuß. GS. S. 254).

[194] Kreisordnung für die Rheinprovinz vom 30. Mai 1887 (Preuß. GS. S. 209); Gesetz über die Einführung der Provinzialordnung vom 29. Juni 1875 in der Rheinprovinz vom 1. Juni 1887 (Preuß. GS. S. 249).

[195] Kreisordnung für die Provinz Schleswig-Holstein vom 26. Mai 1888 (Preuß. GS. S. 139); Gesetz, betreffend die Einführung der Provinzialordung vom 29. Juni 1875 in der Provinz Schleswig-Holstein, vom 27. Mai 1888 (Preuß. GS. S. 191).

[196] Die Gebiete der Provinzen Hessen-Nassau, Hannover und Schleswig-Holstein waren erst im Jahre 1866 mit Preußen vereinigt worden; Gesetz, betreffend die Vereinigung des Königsreichs Hannover, des Kurfürstentums Hessen, des Herzogtums Nassau mit der Preußischen Monarchie, vom 20. September 1866 (Preuß. GS. S. 555); Gesetz, betreffend die Vereinigung bisher Bayerischer und Großherzoglich Hessischer Gebietsteile mit der Preußischen Monarchie, vom 24. Dezember 1866 (Preuß. GS. S. 876); Gesetz, betreffend die Vereinigung der Herzogtümer Holstein und Schleswig mit der Preußischen Monarchie vom 24. Dezember 1866 (Preuß. GS. S. 875).

1. im Kreis durch den insoweit als „Verwaltungsgericht" bezeichneten Kreisausschuß[197],
2. im Stadtkreis durch den insoweit als „Verwaltungsgericht" bezeichneten Stadtausschuß[198],
3. im Regierungsbezirk und im Stadtkreis Berlin[199] durch den insoweit als „Verwaltungsgericht" bezeichneten Bezirksausschuß[200],
4. für die gesamte Monarchie durch das Oberverwaltungsgericht mit Sitz in Berlin[201].

Die preußische Verwaltungsgerichtsbarkeit verdankt ihre Ausgestaltung vor allem dem Mitglied der nationalliberalen Fraktion im preußischen Abgeordnetenhaus, *Gneist*[202], der ihre Einführung im Schrifttum vielfältig angeregt und im Abgeordnetenhaus ständig betrieben hatte[203], dem preußischen Ministerpräsidenten *von Bismarck*, der Gneist tatkräftige Unterstützung hatte zuteil werden lassen[204], sowie dem ersten Präsidenten des Oberverwaltungsgerichts, *Paul Persius*, der die Regierungsvorlagen der Kreisordnung, der Provinzialordnung und des Verwaltungsgerichtsgesetzes vom Jahre 1875 in wesentlichen Teilen gestaltet und vor beiden Häusern des Landtages als Regierungskommissar vertreten hatte[205].

Mit der Übertragung der unteren und mittleren Verwaltungsgerichtsbarkeit auf die Kreis-, Stadt- und Bezirksausschüsse wurde die Verwaltungsrechtspflege im Sinne *Gneists* geordnet; er erstrebte die Handhabung der öffentlichen Gewalt unmittelbar durch mit Ehrenbeamten verstärkte, nach Art der Gerichte kollegial zusammengesetzte Behörden in einem gerichtlichen Verfahren[206]. Der *Kreisausschuß* setzte sich aus dem Landrat — einem Berufsbeamten — als Vorsitzendem und sechs Mitgliedern zusammen, die aus der Zahl der Kreisangehörigen von der Kreisversammlung auf die Dauer von sechs Jahren gewählt wurden[207]. Der *Stadtausschuß* bestand aus dem Bürgermeister als dem Vorsitzenden und vier Mitgliedern, die im Falle des Bestehens eines Magistrats —

---

[197] §§ 2, 8 Abs. 1 Ges. v. 3. Juli 1875; § 62 Ges. v. 26. Juli 1880; §§ 2 Satz 1, 8 Abs. 1 Ges. v. 2. August 1880; § 7 Abs. 1 Ges. v. 30. Juli 1883.

[198] § 5 Ges. v. 26. Juli 1876; § 62 Ges. v. 26. Juli 1880; §§ 2 Satz 1, 8 Abs. 1 Ges. v. 2. August 1880; § 7 Abs. 1 Ges. v. 30. Juli 1883.

[199] § 2 Satz 2 Ges. v. 2. August 1880.

[200] § 187 KreisO; § 2 Ges. v. 3. Juli 1875; § 2 Satz 1 Ges. v. 2. August 1880; § 7 Abs. 1 Ges. v. 30. Juli 1883.

[201] § 2 Ges. v. 3. Juli 1875; § 2 Satz 1 Ges. v. 2. August 1880; § 7 Abs. 1 Ges. v. 30. Juli 1883.

[202] v. Elbe, Länder, S. 19.

[203] Friedrichs, Verwaltungsrechtspflege, S. 24.

[204] Friedrichs, Verwaltungsrechtspflege, S. 24; Gneist, Rechtsstaat, S. 288; Schmitz S. 40.

[205] Egidi S. 31, 32, 33 u. 34.

[206] v. Elbe, Länder, S. 20, 28.

[207] §§ 131 Abs. 1 Satz 1, 133 Abs. 1 KreisO.

einem kollegialischen Gemeindevorstand — aus dessen Mitte, ansonsten von der Stadtverordnetenversammlung auf die Dauer von sechs Jahren gewählt wurden[208]. Der *Bezirksausschuß* hatte als Besetzung den Regierungspräsidenten als Vorsitzenden, zwei ernannte Mitglieder und vier vom Provinzialausschuß gewählte Einwohner des Bezirks[209].

Mit der Schaffung unbesoldeter Ehrenämter wurde nach den Worten des Abgeordneten *Friedenthal* in seinem Bericht über den Kommissionsentwurf der Kreisordnung, den er am 16. März 1872 vor dem Haus der Abgeordneten abgegeben hat[210], eine neue Basis für den Aufbau der inneren Verwaltung gelegt[211]. Er wies darauf hin: Das gesamte Volk trete auf diese Weise in den Dienst des Staates[212]. Hierin liege die wahre Volkssouveränität[213]. Damit höre der Staat auf, für den Bürger ein „böses und feindliches Ding" und der Beamte eine „schlimm geartete Kathegorie von Mensch" zu sein, deren Bestimmung es sei, den einzelnen zu „unterdrücken"[212]. Die Selbstverwaltung allein sei zwar noch kein ausreichender Schutz vor der Willkür[214]. Erst die Einführung der Verwaltungsjustiz unter den Formen der Rechtspflege — Klagerecht, bestimmte Instanzen, bestimmtes Verfahren —[215] garantiere den Schutz des „öffentlichen Rechts — eines Grundrechts — des einzelnen"[214] und mache es auch gegen den Willen der Verwaltung erzwingbar[216]. Gneist sah in der Bildung kollegialischer Kreisverwaltungen die Abhilfe für den Mangel aller Rechtskontrollen[217]. Dieser Gesichtspunkt war auch für den Abgeordneten *Lasker* von ausschlaggebender Bedeutung, der Kreisordnung seine Zustimmung zuzusagen[218].

Während Kreis- und Stadtausschuß seit ihrer Errichtung Verwaltungsgericht und Verwaltungsbehörde zugleich waren[219], hat der Bezirksausschuß diese Doppelfunktion erst durch das Gesetz vom 30. Juli 1883 erhalten[220]. Im Gesetz vom 3. Juli 1875 war für die Mittelinstanz ein echtes Gericht vorgesehen[219]. Dieses „Bezirksverwaltungsgericht" sollte in der Besetzung mit zwei vom König ernannten rechtsgelehrten und drei auf drei Jahre aus den Einwohnern des Gerichtssprengels von der Provinzialvertretung gewählten Mitgliedern tätig werden[221].

---

208 § 6 Ges. v. 26. Juli 1876; § 30 Ges. v. 26. Juli 1880.
209 § 28 Ges. v. 30. Juli 1883.
210 Preuß. Abgeordnetenhaus, Berichte, 1871, Band 3, S. 1277.
211 Friedenthal S. 4.
212 Friedenthal S. 17.
213 Friedenthal S. 18.
214 Friedenthal S. 21.
215 Friedenthal S. 22.
216 Friedenthal S. 23.
217 Gneist, Verwaltung, S. 431.
218 Preuß. Abgeordnetenhaus, Berichte, 1871, Band 3, S. 1309.
219 Drews, Ausbau, S. 600.
220 §§ 7 Abs. 1, 153 d. Ges.; v. Elbe, Länder, S. 28.
221 §§ 2, 9 Ges. v. 3. Juli 1875.

Das *Oberverwaltungsgericht* war von vornherein ein echtes Gericht[222]. Es war nur mit rechtsgelehrten Mitgliedern besetzt, die teils aus dem Dienst der ordentlichen Gerichte, teils aus dem höheren Verwaltungsdienst herangezogen wurden[223]. Zur Fassung gültiger Entscheidungen war die Teilnahme von „wenigstens" fünf Mitgliedern erforderlich[224]. Eine Beteiligung von Laien war nicht vorgesehen. Zwar hatte *Virchow* in der Debatte des Abgeordnetenhauses vorgeschlagen, auch bei der Bildung des Oberverwaltungsgerichts die Volksvertretung zu beteiligen und „gewählte" Mitglieder zuzuziehen[225]. Die Mehrheit der Abgeordneten folgte jedoch *Laskers* Darlegung, daß der Staat sich letzten Endes doch vorbehalten müsse, „daß die Gesetze von berufsmäßigen Beamten bewacht werden und nicht gegen die Gesetze des Landes in der Ausführung verstoßen werde"[226]. Außerdem komme für diese Wahl höchstens der Landtag in Frage[226]. Dieser könne sich aber nicht genügend von dem „Parteistandpunkte" freimachen, um unbeeinflußt und unparteiisch auszuwählen[226]. *Gneist* meinte, von einer Laienbeteiligung am Oberverwaltungsgericht könne keines Falles eher die Rede sein, bevor nicht die „Verwaltungsjurisdiction" in Kreis- und Bezirksausschüssen vollständig konsolidiert sei[227].

Das Kriegsgesetz zur Vereinfachung der Verwaltung vom 13. Mai 1918[228] ließ die preußische Verwaltungsgerichtsbarkeit im wesentlichen unberührt.

3. Hessen 1874/1875

Hessen folgte Baden und Preußen im Jahre 1874 mit einer umfassenden Reorganisation der unteren und mittleren Verwaltungsbehörden[229] Leitender Gesichtspunkt der Reform war — wie in Baden und Preußen —, der Bevölkerung eine erweiterte Teilnahme an den Geschäften der Staatsverwaltung einzuräumen[230]. Diese Zielsetzung wurde in den durch das Gesetz, betreffend die innere Verwaltung und die Vertretung der Kreise und Provinzen, vom 12. Juni 1874[231] u. a. eingerichteten Kreis-[232] und Provinzialausschüssen[233] verwirklicht.

---

222 Drews, Ausbau, S. 600; v. Elbe, Länder, S. 28/29.
223 § 17 Ges. v. 3. Juli 1875.
224 § 28 Abs. 1 Ges. v. 3. Juli 1875.
225 Preuß. Abgeordnetenhaus, Berichte, 1875, Band 1, S. 147.
226 Preuß. Abgeordnetenhaus, Berichte, 1875, Band 1, S. 167.
227 Gneist, KreisO., S. 204.
228 Preuß. GS. S. 53.
229 Calker S. 130.
230 Hess. 2. Kammer, Beilagen, 1873/75, Beilage 53, S. 1.
231 Hess. RegBl. S. 251.
232 Art. 44 d. Ges.
233 Art. 94 d. Ges.

Der *Kreisausschuß* setzte sich aus dem Kreisrat — einem Einzelbeamten[234] — als Vorsitzendem und sechs weiteren Mitgliedern zusammen, die von dem Kreistage aus der Zahl der Kreisangehörigen auf die Dauer von sechs Jahren[235] gewählt wurden[236]. Der *Provinzialausschuß* bestand aus dem Provinzialdirektor als Vorsitzendem und acht weiteren Mitgliedern, die von dem Provinzialtag aus der Zahl der Angehörigen der Provinz gewählt wurden[237]. Kreisausschuß und Provinzialausschuß hatten eine doppelte Aufgabe: Sie wurden als „beschließende" Verwaltungsbehörde und als „entscheidendes" Verwaltungsgericht tätig[238]. Somit war auch für die unteren und mittleren Instanzen der hessischen Verwaltungsgerichtsbarkeit eine „enge Verflechtung" mit dem Behördensystem der inneren Verwaltung gegeben[239]. Als Abschluß des Verwaltungsrechtsweges wurde durch Gesetz, betreffend das oberste Verwaltungsgericht, vom 11. Januar 1875[240] ein *„Verwaltungsgerichtshof"*[241] mit Sitz in Darmstadt[242] errichtet. Er entschied in der Besetzung von sieben Mitgliedern mit „juristischer Bildung"[243].

Nach der Jahrhundertwende erhielt die hessische Verwaltungsgerichtsbarkeit eine neue gesetzliche Grundlage. In dem Gesetz, die Verwaltungsrechtspflege betreffend, vom 8. Juli 1911[244] wurde ausdrücklich festgestellt: „Verwaltungsgerichte sind: 1. die Kreisausschüsse, 2. die Provinzialausschüsse, 3. der Verwaltungsgerichtshof"[245] mit Sitz in Darmstadt[246]. Die Besetzung der Kreis- und Provinzialausschüsse blieb unverändert[247]. Im Verwaltungsgerichtshof entschieden statt bisher sieben nur noch fünf rechtsgelehrte Mitglieder[248].

4. Württemberg 1876

Abweichend von Baden, Preußen und Hessen schuf Württemberg seine Verwaltungsgerichtsbarkeit unabhängig von einer Reform der Verwaltung.

---

[234] Art. 77 d. Ges.; v. Sarwey S. 239.
[235] Art. 46 Abs. 1 Satz 1 d. Ges.
[236] Art. 45 Abs. 1 Satz 1 d. Ges.
[237] Art. 95 Abs. 1 Satz 1 d. Ges.
[238] Art. 48, Art. 67, Art. 98 u. a. d. Ges.; v. Sarwey S. 237, 244.
[239] Hess. 2. Kammer, Beilagen, 1873/75, Beilage 53, S. 5 u. 6; Fertig S. 17.
[240] Hess. RegBl. S. 45.
[241] Art. 1 d. Ges.
[242] Jellinek, Verwaltungsrecht, S. 93.
[243] Art. 1, 2 d. Ges.; ebenso: Art. 1, 2 Gesetz, die Bildung und Zuständigkeit des obersten Verwaltungsgerichts betreffend, vom 16. April 1879 (Hess. RegBl. S. 131).
[244] Hess. RegBl. S. 265.
[245] Art. 2 d. Ges.
[246] Art. 4 Satz 1 d. Ges.
[247] Art. 3 Abs. 1 d. Ges.; Gesetz, die Abänderung der Kreis- u. Provinzialordnung vom 12. Juni 1874 betreffend, vom 8. Juli 1911 (Hess. RegBl. S. 307).
[248] Art. 5, 8 Satz 1 d. Ges.

Das Gesetz über die Verwaltungsrechtspflege vom 16. Dezember 1876[249] bestimmte die Kreisregierungen — Verwaltungsstellen im Departement des Innern[250] — zu Verwaltungsgerichten erster Instanz[251]. Als „höchste landesgesetzliche Instanz für Verwaltungsrechtssachen" wurde ein Verwaltungsgerichtshof[252] mit Sitz in Stuttgart[253] errichtet. Die *Kreisregierungen* entschieden als Verwaltungsgerichte in der Besetzung mit drei[254], der *Verwaltungsgerichtshof* mit fünf Mitgliedern[255]. Eine Beteiligung von Laien war weder für die erste noch für die höchste Instanz vorgesehen.

Hinsichtlich des ersten Rechtszuges sollte der Ausschluß des Laienelements nur vorläufigen Charakter haben. Württemberg plante eine Reform der Bezirks- und Kreisverwaltung[256]. Im Zusammenhang mit der damit verbundenen Umorganisation sollten die Kreisregierungen durch mit Laien besetzte Bezirksräte ersetzt werden[256]. Damit könnte — wie *Hohl* in seinem Bericht vor der Kammer der Abgeordneten am 3. Juni 1874 darlegte[257] — in einfachster Weise die von anderen Gesetzgebern (Baden und Preußen) zugelassene Beteiligung des Laienelements auch an der Verwaltungsrechtsprechung Württembergs erreicht werden[258].

Die Verwaltungsreform wurde durch die Bezirksordnung vom 28. Juli 1906[259] verwirklicht. Sie schuf Bezirksräte, in denen die Bevölkerung Gelegenheit zur Mitwirkung erhielt[260]. Im Gegensatz zu den früheren Plänen hielt die Reform die Kreisregierungen jedoch aufrecht[261]. Sie blieben weiterhin — ohne Laienbeteiligung — für den Verwaltungsrechtsschutz zuständig[262].

5. Bayern 1878

Ähnlich Württemberg verzichtete Bayern darauf, die Einführung der Verwaltungsgerichtsbarkeit mit einer durchgreifenden Umgestaltung des Behördenorganismus zu verbinden[263]. Es wählte eine „einfache und billige

---

[249] Württ. RegBl. S. 485.
[250] Goez S. 39/40.
[251] Art. 6 Abs. 1 d. Ges.
[252] Art. 3 Abs. 1 d. Ges.
[253] Jellinek, Verwaltungsrecht, S. 93.
[254] Art. 7 Abs. 1 Satz 2 d. Ges.
[255] Art. 7 Abs. 1 Satz 1 d. Ges.
[256] Hohl S. 106.
[257] Hohl S. 73, 76.
[258] Hohl S. 106 (S. 116).
[259] Württ. RegBl. S. 442.
[260] Art. 37 ff. d. Ges.
[261] Württ. Abgeordnetenkammer, Beilagen, 1901/03, Beilage 194, S. 175.
[262] Thierfelder S. 253.
[263] Kahr S. 43.

Lösung“[264] und paßte die Organisation seiner Verwaltungsrechtspflege den gegebenen Verhältnissen und Bedürfnissen an[263].

Durch Gesetz, betreffend die Errichtung eines Verwaltungsgerichtshofes und das Verfahren in Verwaltungsrechtssachen, vom 8. August 1878[265] wurde der Verwaltungsrechtsschutz in erster und zweiter Instanz den Distriktsverwaltungsbehörden — die königlichen Bezirksämter und die unmittelbaren Stadtmagistrate[266] — und den Kreisregierungen Kammern des Innern übertragen[267], ohne daß diese Behörden ausdrücklich als „Verwaltungsgerichte“ bezeichnet wurden[268]. Die *Bezirksämter* und die *Kreisregierungen* Kammern des Innern entschieden durch ihre ständigen Berufsbeamten[269] — in den Bezirksämtern ein „Einzelbeamter“[270], bei den Kreisregierungen ein Senat vor drei Mitgliedern[271]. Das Laienelement war lediglich in den verwaltungsrechtlichen Senaten der Magistrate der kreisfreien Städte beteiligt[272]. Deren „verwaltungsrichterliche“ Zuständigkeit war jedoch nicht nennenswert[273]. Als „oberste Instanz in Verwaltungsrechtssachen“ wurde „für das Königreich“ ein *Verwaltungsgerichtshof* mit Sitz in München[274] errichtet[275]. Er entschied durch Senate in der Besetzung von fünf rechtsgelehrten Mitgliedern[276].

Die Zuziehung des *Laienelementes* unterblieb durch Entscheid der bayerischen Abgeordnetenkammer. Nachdem die bayerische Staatsregierung einen ersten Gesetzentwurf, die Errichtung eines „Verwaltungsgerichtshofes betreffend“, zurückgezogen hatte, legte sie der Kammer der Abgeordneten am 23. März 1869 einen *zweiten* Gesetzesentwurf vor[277]. Er sah eine zweistufige, von der aktiven Verwaltung getrennte Verwaltungsgerichtsbarkeit vor[278]. Die Verwaltungsgerichte erster Instanz sollten (in der Regel) in den unmittelbaren Städten aus dem rechtskundigen Bürgermeister und vier auf die Dauer von drei Jahren aus der Zahl der Magistratsräte, bei den königlichen Bezirksämtern aus dem Amtsvorstande und vier auf die Dauer von drei Jahren auf Grund einer von den Distriktsräten aufgestellten Liste vom König ernannten bürgerlichen

[264] Widtmann S. 47.
[265] Bayer. GVBl. S. 369.
[266] Krais S. 23.
[267] Art. 9 Abs. 1, Art. 10, Art. 45 Abs. 4 d. Ges.
[268] Jellinek, Verwaltungsrecht, S. 93.
[269] v. Sarwey S. 285.
[270] Schultzenstein, Gutachten, S. 6.
[271] Widtmann S. 47.
[272] Art. 30 Abs. 2 Satz 2 d. Ges.; Widtmann S. 48.
[273] Kahr S. 222.
[274] § 1 königl. Allerhöchste Verordnung, den Verwaltungsgerichtshof betreffend, vom 31. August 1879 (Bay. GVBl. S. 1007).
[275] Art. 1 Abs. 1, 7 Abs. 1 d. Ges.
[276] Art. 3 Abs. 1, 39 d. Ges.
[277] Krais S. 20/21.
[278] Krais S. 21.

Verwaltungsgerichts-Beisitzern bestehen[278]. Zweite und letzte Instanz sollte ein Verwaltungsgerichtshof sein[278]. Der neuerliche Regierungsentwurf wurde von der Kammer der Abgeordneten dem IV. Ausschuß zugewiesen, der den Abgeordneten *Brater* mit einem Ausschußbericht beauftragte[279]. Brater kam zu einem ablehnenden Ergebnis, dem der Ausschuß und das Plenum im Jahre 1869 zustimmten[280]. Der Bratersche Ausschußbericht vom 12. April 1869[281] hielt es u. a. für „räthlich“, die Verwaltungsrechtspflege bei den Bezirksämtern zunächst ohne bürgerliche Beisitzer zu organisieren[282]. In der Begründung wurde u. a. hervorgehoben: Das Vordringen des Bürgertums in die Beamtenstuben sei nicht unter allen Umständen als Gewinn zu begrüßen[281]. Der Bürger und Bauer, der hier zunächst in Betracht komme, dürfe einerseits mit öffentlichen Funktionen nicht überhäuft und andererseits für keine Aufgabe in Anspruch genommen werden, der er nicht gewachsen sei[283]. Welcher Zeitaufwand den bürgerlichen Beisitzern angesonnen werde, lasse sich noch nicht ermessen[284]. Ebensowenig lasse sich bestimmen, in welchem Grade die bürgerlichen Elemente in Zukunft durch die Teilnahme an der Zivil- und Strafrechtspflege, sowie an den Geschäften der Staatsverwaltung in Anspruch genommen würden[284]. Darüber hinaus erstrecke sich die Kompetenz der Verwaltungsgerichte zwar zum Teil auf Streitigkeiten, deren richtige Entscheidung durch die Mitwirkung rechtskundiger, aber im bürgerlichen Leben bewanderter Beisitzer nur gefördert werden könne[284]. Andere Fälle seien jedoch so beschaffen, daß den Beisitzern entweder das Interesse oder die rechte Befähigung an der Entscheidung mitzuwirken, oder beides fehlen werde[284]. Schließlich habe das Verwaltungsgericht in vielen Fällen über die subtilsten Rechtsfragen im Zusammenhange mit den verwickeltsten Tatfragen zu entscheiden[284]. Den rechtsunkundigen Beisitzern sei es hier einfach unmöglich, sich unvorbereitet im raschen Gange der Verhandlung ein selbständiges reifes Urteil zu bilden[284]. Sie würden aus diesem Grunde nicht selten vor die Alternative gestellt, das Votum ihres Vorsitzenden entweder blindlings anzunehmen oder blindlings zu verwerfen[284] Hierdurch würde ihre Stellung kompromittiert und ihnen verleidet[284].

Die ablehnende Haltung Braters blieb auch in den folgenden Jahrzehnten in Bayern herrschend.

In den Motiven zu dem *dritten* Gesetzentwurf vom 28. September 1877, der im Jahre 1878 Gesetzeskraft erlangte[285], wird u. a. ausgeführt, es

---

[279] Kahr S .43; Krais S. 22; Widtmann S. 45.
[280] Kahr S. 45; Krais S. 22.
[281] Kahr S. 43.
[282] Kahr S. 44.
[283] Kahr S. 43/44.
[284] Kahr S. 44.
[285] Krais S. 23.

werde von keiner Seite das Verlangen nach Einführung bürgerlicher Beisitzer geltend gemacht[286].

Kahr wies im Jahre 1879 darauf hin, daß es „außer Zweifel" stehen dürfte, daß zur Zeit in der bayerischen Bevölkerung im Großen und Ganzen kein Verlangen nach ehrenamtlicher Teilnahme an der Verwaltungsrechtspflege bestehe, daß man sie vielmehr neben den schon bestehenden zahlreichen ehrenamtlichen Funktionen als eine unerwünschte Last empfinden würde[287].

In ähnlicher Weise äußerte sich *Krais* im Jahre 1888[288]: Man müsse Bedenken tragen, dem Bürger durch fortgesetzte Belastung mit neuen öffentlichen Verrichtungen, insbesondere wenn sie seinem Berufe und seinem Interesse fern lägen, die Bekleidung derartiger Ämter überhaupt zu verleiden[288].

6. Braunschweig 1895

Es vergingen fast zwei Jahrzehnte, bis auch in Braunschweig eine Verwaltungsgerichtsbarkeit eingeführt wurde. Auf Grund des Gesetzes, betreffend die Verwaltungsrechtspflege vom 5. März 1895[289] wurde „für das Herzogtum ein *Verwaltungsgerichtshof*"[290] mit Sitz in Braunschweig[291] als erste und letzte Instanz[292] errichtet. Er war lediglich mit rechtsgelehrten Richtern besetzt[293]. Trotz der weitgehenden Anlehnung an preußische Verhältnisse sah das Gesetz vom Aufbau mehrerer gerichtlicher Instanzen ab[294]. Ihre Schaffung hätte dem kleinen Lande unverhältnismäßig hohe Kosten aufgebürdet[295]. Zum Ausgleich[295] sah das Gesetz vor, daß die Erhebung der Klage beim Verwaltungsgerichtshof nur dann zulässig sein sollte, „wenn die Streitsache zuvor im Verwaltungswege des gesetzlichen Instanzenzuges zum Austrage gebracht" worden sei[296].

7. Oldenburg 1906

In Oldenburg war bereits im Jahre 1868 der Gedanke erwogen worden, dem Beispiel Badens zu folgen und eine Verwaltungsgerichtsbarkeit zu errichten[297]. Verwirklicht wurde dieser Gedanke jedoch erst fast vierzig

[286] Kahr S. 48 u. S. 49.
[287] Kahr S. 49 Fußnote.
[288] Krais S. 9.
[289] Braunschw. GVS. S. 79.
[290] § 1 Abs. 1 Satz 1 d. Ges.
[291] Jellinek, Verwaltungsrecht, S. 93.
[292] Radkau S. 422.
[293] § 1 Abs. 1 Satz 2 d. Ges.; Radkau S. 424.
[294] Radkau S. 421.
[295] Radkau S. 422.
[296] § 8 d. Ges.
[297] Sellmann, Begründer, S. 126.

Jahre später durch das Gesetz für das Großherzogtum Oldenburg, betreffend die Verwaltungsgerichtsbarkeit, vom 9. Mai 1906[298].

Nach diesem Gesetz wurde die Verwaltungsgerichtsbarkeit durch Verwaltungsgerichte und das *Oberverwaltungsgericht* mit Sitz in Oldenburg ausgeübt[299]. Letzteres Gericht entschied in der Besetzung von drei rechtsgelehrten und zwei weiteren Mitgliedern, die aus den Einwohnern des Großherzogtums von dem Landtage auf die Dauer von sechs Jahren gewählt wurden[300]. Die *Verwaltungsgerichte* im Landesteil Oldenburg und diejenigen in den Fürstentümern Birkenfeld und Lübeck waren unterschiedlich gebildet und besetzt. In *Oldenburg* bestanden Verwaltungsgerichte für die Amtsbezirke und die Städte Erster Klasse[301]. In den Amtsbezirken setzten sie sich aus dem Amtshauptmann als Vorsitzendem und aus „geborenen"[302] Beisitzern, den übrigen Mitgliedern des Amtsvorstandes zusammen[303]. Letztere — mindestens vier — wurden vom Amtsrat aus seiner Mitte gewählt[304]. In den Städten Erster Klasse wurde das Verwaltungsgericht von dem Bürgermeister als Vorsitzendem und ebenfalls aus „geborenen"[305] Beisitzern, den übrigen Mitgliedern des Stadtmagistrats gebildet[306]. Letztere — mindestens zwei[307] — wurden vom Stadtrat gewählt[308]. In den Fürstentümern *Birkenfeld* und *Lübeck* wurde jeweils nur ein Verwaltungsgericht mit Sitz — für Birkenfeld — in Birkenfeld[309], — für Lübeck — in Eutin[309] errichtet[309]. Sie bestanden aus dem Regierungspräsidenten als Vorsitzendem, einem ernannten rechtsgelehrten Mitglied und drei aus den Einwohnern des jeweiligen Fürstentums von dem Provinzialrate gewählten Mitgliedern[310].

Die oldenburgische Verwaltungsrechtspflege verdankt ihre Ausgestaltung vom Jahre 1906 vor allem dem Birkenfelder Landtagsabgeordneten Freiherr von *Hammerstein* — ihrem Hauptbefürworter im Landtag —[311], dem ersten Präsidenten des Oberverwaltungsgerichts, *Karl Dugend*, der als Vorsitzender der ministeriellen Kommission „betreffend Verwaltungsgerichtsbarkeit" zum eigentlichen Schöpfer des oldenburgischen

---

[298] Oldb. GBl. Bd. 35 S. 693 = Birkenf. GBl. Bd. 18 S. 105 = Lüb. GBl. Bd. 24 S. 269; letztere zit. bei Sellmann, Oldenburg, S. 64.

[299] § 1 d. Ges.

[300] § 2 u. § 3 Abs. 2 Satz 1 d. Ges.

[301] § 9 Abs. 1 Satz 1 d. Ges.

[302] Sellmann, Oldenburg, S. 69.

[303] § 9 Abs. 2 d. Ges.

[304] Art. 89 § 1 Abs. 1 Satz 1 u. 2 Revidierte Gemeindeordnung für den Landesteil Oldenburg vom 15. April 1873 (Oldbg. GBl. Bd. 22 S. 551; Wortlaut bei Scheer - Niebour, Bd. 1, S. 343).

[305] Sellmann, Oldenburg, S. 69.

[306] § 9 Abs. 2 d. Ges.

[307] Art. 30 § 1 d. rev. GO.

[308] Art. 30 § 4 Abs. 1 Satz 1 d. rev. GO.

[309] § 7 Abs. 1 Satz 1 d. Ges.

[310] § 7 Abs. 1 Satz 2, Abs. 2 Satz 1, Abs. 3 Satz 1 d. Ges.

[311] Sellmann, Begründer, S. 129; Sellmann, Oldenburg, S. 55.

Verwaltungsgerichtsgesetzes geworden ist[312], dem Preußen *Schultzenstein*, der seit dem Jahre 1905 an der Ausarbeitung des Entwurfs beteiligt war[313], sowie dem Landtagsabgeordneten *Koch-Weser*, der als Berichterstatter des Verwaltungsausschusses des 30. Landtages seinen Beitrag geleistet hat[314].

Die weitgehende Beteiligung von *Laienbeisitzern* insbesondere beruhte auf dem stetigen Drängen des oldenburgischen Landtages. Er erhob bereits im Jahre 1902 die Forderung nach einer „ausgiebigen" Vertretung des Laienelements an den künftigen Verwaltungsgerichten[315]. Der Kommissionsentwurf Dugends vom April 1903 sah vor, daß den Verwaltungsgerichten auch Laienmitglieder angehören sollten[316]. Im Oberverwaltungsgericht war die Mitwirkung von Laien nur insoweit in Aussicht genommen, als es als Berufungsgericht tätig werden sollte[316]. Im übrigen wurde ihre Beteiligung für unnötig gehalten, da beim Oberverwaltungsgericht vorzugsweise lediglich über Rechtsfragen zu entscheiden sei[316]. Nach weiteren Beratungen wurden in der „landtagsreifen" Fassung des Entwurfs vom Januar 1904 beim Oberverwaltungsgericht generell zwei Laienmitglieder vorgesehen[316]. Trotzdem wurde die Beteiligung des Laienelements vom Landtag in der Sitzung vom 23. Februar 1904 als „völlig unzureichend" angesehen[317]. Insbesondere sollten die Laien bei den unteren Verwaltungsgerichten die Mehrheit sein[317]. Man hielt eine stärkere Heranziehung des Laienelements für unumgänglich, „um die praktischen Erfahrungen des Lebens nutzbar zu machen für die obrigkeitliche Verwaltung, dieselbe vor bürokratischer Einseitigkeit zu bewahren, die Unparteilichkeit der Verwaltung zu sichern und ein Gegengewicht in ihr zu bilden gegen die sich leicht entwickelnde Konzentrierung des berufsmäßigen Staatsbeamtentums"[317]. Die Staatsregierung fürchte den Einfluß der Laien viel zu sehr, sie möge sich Preußen zum Vorbild nehmen[317].

Im Jahre 1905 wurde der Preuße *Schultzenstein* zu den Arbeiten an einem neuen Regierungsentwurf hinzugezogen[318]. Er hatte in einer Abhandlung zu dem Entwurfe vom Januar 1904 kritisch Stellung genommen[319]. Insbesondere hatte er sich gegen die Mitwirkung des Laienelements beim Oberverwaltungsgericht ausgesprochen[320]. Sie gehöre nicht hin und könne leicht schädlich werden, wo dieser Gerichtshof als Revi-

---

[312] Sellmann, Begründer, S. 131; Sellmann, Oldenburg, S. 52, 55, 65, 66.
[313] Sellmann, Oldenburg, S. 59; Schultzenstein, Oldenburg, S. 329.
[314] Sellmann, Oldenburg, S. 62.
[315] Sellmann, Oldenburg, S. 55.
[316] Sellmann, Oldenburg, S. 56.
[317] Sellmann, Oldenburg, S. 57.
[318] Sellmann, Oldenburg, S. 59.
[319] Sellmann, Oldenburg, S. 59 mit Hinweis auf Schultzenstein, Oldenburg, S. 329.
[320] Schultzenstein, Oldenburg, S. 336.

sionsinstanz entscheide[320]. Sie wirke beim Oberverwaltungsgericht „überhaupt lediglich dekorativ"[320]. Insoweit blieben Schultzensteins Ratschläge ohne praktische Auswirkung.

Der neue Entwurf wurde am 7. November 1905 im Landtag behandelt[321]. Auf Grund seiner Bedenken wurde der Vorschlag des Entwurfs, die Verwaltungsgerichte im Landesteil Oldenburg mit zwei Laienbeisitzern zu besetzen, dahin abgeändert, daß sämtliche Mitglieder der Amtsvorstände bzw. Stadtmagistrate Beisitzer der Verwaltungsgerichte sein sollten[322]. Am 11. April 1906 wurde der geänderte Entwurf vom Landtag angenommen[323].

8. Die übrigen Bundesstaaten

a) Anhalt 1888

Im Herzogtum Anhalt ist die Verwaltungsgerichtsbarkeit durch das Gesetz, die Verwaltungsgerichte und das Verwaltungsstreitverfahren betreffend, vom 27. März 1888 eingeführt worden[324]. Sie wurde von Kreisverwaltungsgerichten, einem Landesverwaltungsgericht und einem Oberverwaltungsgericht mit Sitz in Dessau[325] ausgeübt[326]. Die Kreisverwaltungsgerichte waren die Kreis- und Stadtausschüsse[327]. Der *Kreisausschuß* bestand aus dem Kreisdirektor und vier von dem Kreistag auf die Dauer von sechs Jahren gewählten Kreisdeputierten[328], der *Stadtausschuß* aus dem Bürgermeister und vier vom Gemeinderat gewählten Mitgliedern[329]. Das *Landesverwaltungsgericht* war eine Kollegialabteilung der Regierung[330], die sich aus dem Regierungspräsidenten, zwei rechtsgelehrten und zwei vom Landtage gewählten Mitgliedern zusammensetzte[331]. Das *Oberverwaltungsgericht* entschied in der Besetzung von sieben Mitgliedern[332]. Unter dem Vorsitz des Staatsministers nahmen neben vier rechtsgelehrten auch zwei vom Landtage gewählte Mitglieder teil[332].

b) Lippe 1898

Das Fürstentum Lippe folgte zehn Jahre später mit dem Gesetz, die Verwaltungsgerichte und das Verwaltungsstreitverfahren betreffend,

---

[321] Sellmann, Oldenburg, S. 61.
[322] Sellmann, Oldenburg, S. 63.
[323] Sellmann, Oldenburg, S. 64.
[324] Anh. GS. S. 41.
[325] Jellinek, Verwaltungsrecht, S. 93.
[326] § 1 d. Ges.
[327] § 8 Abs. 1 d. Ges.
[328] §§ 43 Abs. 1 u. 3, 44 Abs. 1 der Kreisordnung für das Herzogtum Anhalt vom 18. Juli 1870 (Anh. GS. S. 1581).
[329] § 8 Abs. 1 Satz 2 d. Ges.
[330] v. Elbe, Länder, S. 36.
[331] § 10 Abs. 1 d. Ges.
[332] § 17 Abs. 1 d. Ges.

vom 9. Februar 1898[333]. Die „Gerichtsbarkeit in streitigen Verwaltungssachen" wurde durch Kreisverwaltungsgerichte und durch das Oberverwaltungsgericht mit Sitz in Detmold[334] ausgeübt[335]. Die beiden[336] *Kreisverwaltungsgerichte* bestanden aus einem ernannten „Beamten" als Vorsitzendem und vier durch Abgeordnete der Stadt- und Amtsgemeinden des jeweiligen Kreises auf die Dauer von sechs Jahren zu wählenden Laienbeisitzern[337]. Das *Oberverwaltungsgericht* war mit drei rechtskundigen Mitgliedern und zwei von den Kreisabgeordneten gemeinsam auf die Dauer von sechs Jahren gewählten Laien-Mitgliedern besetzt[338].

c) Sachsen 1900

Das Königreich Sachsen errichtete seine Verwaltungsgerichtsbarkeit durch das Gesetz über die Verwaltungsrechtspflege vom 19. Juli 1900[339]. Als Verwaltungsgerichte erster Instanz wurden die *Kreishauptmannschaften* — die staatlichen Mittelbehörden[340] — bestimmt[341]. Sie entschieden in der Besetzung von drei Verwaltungsbeamten ohne Laienbeteiligung[340]. Als letzte Instanz wurde ein *Oberverwaltungsgericht* mit Sitz in Dresden[342] neu errichtet[343]. Es war ausschließlich mit rechtsgelehrten Mitgliedern besetzt[344].

d) Die thüringischen Staaten

Im Gegensatz zu dem übrigen Reichsgebiet war das Gebiet Thüringens noch in der Zweiten Hälfte des 19. Jahrhunderts in eine Reihe von Kleinstaaten aufgeteilt.

Die erste verwaltungsgerichtliche Regelung wurde in dem Herzogtum *Sachsen-Meiningen* durch das Gesetz, betreffend das Verwaltungsstreitverfahren, vom 15. März 1897[345] getroffen. Die Verwaltungsgerichtsbarkeit wurde von den Kreisverwaltungsgerichten, dem Landesverwaltungsgericht und dem Oberverwaltungsgericht ausgeübt[346]. Die *Kreisverwaltungsgerichte* bestanden aus dem Kreisvorstand als Vorsitzendem und zwei von dem Kreisausschuß auf sechs Jahre gewählten Laienbeisit-

---

333 Lipp. GS. S. 281.
334 Jellinek, Verwaltungsrecht, S. 93.
335 § 1 d. Ges.
336 § 9 Abs. 2 d. Ges.
337 § 10 Abs. 1 d. Ges.
338 § 11 Abs. 1 u. 2 d. Ges.
339 Sächs. GVBl. S. 486.
340 Baring, Sachsen, S. 70.
341 § 2 Abs. 1 d. Ges.
342 § 4 Satz 1 d. Ges.
343 § 2 Abs. 1 d. Ges.
344 §§ 4 Satz 2, 5 Abs. 1 d. Ges.
345 S.-M. VOS. 23, 193 (Wortlaut bei Knauth S. 309).
346 Art. 2 Abs. 1 d. Ges.

zern[347]. Das *Landesverwaltungsgericht* setzte sich aus dem Vorstand der Ministerialabteilung des Innern und zwei rechtsgelehrten Beisitzern[348], das *Oberverwaltungsgericht* aus dem Staatsminister und vier rechtsgelehrten Beisitzern[349] zusammen.

Die Herzogtümer *Sachsen-Coburg und Gotha* folgten mit Gesetz, betreffend die Errichtung eines Verwaltungsgerichtshofes, vom 14. November 1899[350].

Die übrigen Staaten — das Großherzogtum Sachsen-Weimar-Eisenach, das Herzogtum Sachsen-Altenburg, das Fürstentum Schwarzburg-Sondershausen und das Fürstentum Schwarzburg-Rudolstadt[351] — schlossen am 15. Dezember 1910 einen Staatsvertrag[352] über die Errichtung eines gemeinschaftlichen obersten Verwaltungsgerichts mit Sitz in Jena[353], dem Sachsen-Coburg und Gotha durch Vereinbarung vom 1. April 1912 beitraten[354]. Dieses *thüringische Oberverwaltungsgericht* entschied in der Besetzung von fünf rechtsgelehrten Mitgliedern[355].

Die Organisation der unteren Instanzen blieb der Landesgesetzgebung überlassen[356].

Von dieser Möglichkeit machte nur *Schwarzburg-Sondershausen* Gebrauch[356]. Es errichtete durch Gesetz, betreffend die Verwaltungsgerichte, vom 13. Mai 1912[357] zwei Bezirksverwaltungsgerichte und ein Landesverwaltungsgericht[358]. Das *Bezirksverwaltungsgericht* hatte fünf Mitglieder — den Landrat als Vorsitzenden, einen auf sechs Jahre vom Fürsten aus den „Eingesessenen" ernannten Beisitzer und drei ebenfalls auf sechs Jahre gewählte Beisitzer[359]. Das *Landesverwaltungsgericht* war ebenfalls mit fünf Mitgliedern besetzt — dem Vorstand des Ministeriums, Abteilung des Innern, als Vorsitzendem, zwei rechtsgelehrten Beisitzern und zwei vom Landtage auf sechs Jahre gewählten Mitgliedern[360]. Die Zuziehung dieser Laienbeisitzer war auf Anregung der Landtagsdeputation beschlossen worden[361].

Im Gegensatz zu den übrigen thüringischen Staaten schlossen sich die Fürstentümer *Reuß älterer* und *jüngerer Linie* durch Staatsvertrag vom

[347] Art. 3 Abs. 2 u. 3 d. Ges.
[348] Art. 4 Abs. 1 u. 2 d. Ges.
[349] Art. 5 Abs. 1 u. 2 d. Ges.
[350] S.-C.-G. Gem. GS. Nr. 628; zit. bei Knauth S. 171/172.
[351] Knauth S. VIII u. 3.
[352] Knauth S. 3 (Wortlaut).
[353] Art. 1 d. StV.
[354] Knauth S. 77/78 (Wortlaut).
[355] Art. 4 Nr. 1, Art. 20 Nr. 1 d. StV.
[356] v. Elbe, Länder, S. 53.
[357] Sch.-S. GS. S. 401 (Wortlaut bei Knauth S. 213).
[358] §§ 2 u. 3 d. Ges.
[359] §§ 4, 5 Abs. 1 Satz 1 d. Ges.
[360] § 6 d. Ges.
[361] Knauth S. 217.

22. Januar 1911 dem Königlich Sächsischen Oberverwaltungsgericht in Dresden an[362]. Verwaltungsgerichte unterer Instanz wurden von ihnen nicht errichtet[363].

e) Lübeck 1916

Die Freie und Hansestadt Lübeck übertrug die Entscheidung von „streitigen Verwaltungssachen" durch Gesetz über die Verwaltungsgerichtsbarkeit vom 6. Dezember 1916[364] einem „*Verwaltungsgericht*" mit Sitz in Lübeck[365]. Dieses Gericht entschied in der Besetzung von drei rechtskundigen und zwei „bürgerlichen" Mitgliedern[366]. Letztere wurden auf Vorschlag des Bürgerausschusses vom Senat auf die Dauer von sechs Jahren ernannt[367].

f) Bundesstaaten ohne Verwaltungsgerichtsbarkeit

Die Freie Hansestadt Bremen, die Freie und Hansestadt Hamburg, das Großherzogtum Mecklenburg-Schwerin, das Großherzogtum Mecklenburg-Strelitz, das Fürstentum Schaumburg-Lippe und das Fürstentum Waldeck blieben bis zur Staatsumwälzung des Jahres 1918 ohne eine Verwaltungsgerichtsbarkeit[368].

Abschnitt 5: Reformvorstellungen im ausgehenden Kaiserreich

Bereits im Jahre 1878 sah K. J. *Schmitt* den damaligen Stand der Verwaltungsgerichtsbarkeit nur als ein „temporäres Übergangsstadium" an[369]. Er erhoffte „in Erkenntnis der inneren Einheit des gesamten Rechts auch die Einheit in Organisation und Verwaltung der unabhängig urteilenden Gerichte"[370]. Laien als Richter erschienen ihm in der Verwaltungsrechtspflege nicht am Platze[371]. Er war der Meinung: Das Recht sei zwar dazu bestimmt, Gemeingut aller zu sein[371]. Deshalb seien aber noch nicht alle zur Herstellung und Verwaltung dieses gemeinsamen Gutes befähigt und geeignet[371]. Gerade auf dem Gebiet des Verwaltungsrechts

---

[362] Knauth S. 331 (Wortlaut); Art. 1 d. StV.

[363] § 1 Gesetz über die Verwaltungsrechtspflege im Fürstentum Reuß älterer Linie vom 25. Juli 1912 (R. ä. L. GS. S. 68; Wortlaut bei Knauth S. 332); § 20 Gesetz über das Verwaltungs- und Verwaltungsgerichtsverfahren im Fürstentum Reuß jüngerer Linie vom 17. Juni 1912 (R. j. L. GS. 67; Wortlaut bei Knauth S. 340).

[364] Lüb. GV. S. 46.

[365] § 1 d. Ges.

[366] § 2 Abs. 1 d. Ges.

[367] § 2 Abs. 2 d. Ges.

[368] Jellinek, Verwaltungsrecht, S. 93; Jellinek, Schutz, S. 9 (für Schaumburg-Lippe); Bollmann S. 184 (für Bremen).

[369] K. J. Schmitt S. 12.

[370] K. J. Schmitt S. 138.

[371] K. J. Schmitt S. 120/121.

erfordere die „schärfste Zerlegung der Gesetze in ihre begrifflichen Elemente und eine derselben gemäße juristisch-technische Konstruktion der öffentlichen Rechtsverhältnisse“ eine Fachausbildung[371].

1. Ein „Reichsverwaltungsgericht“?

Sieben Jahre später wurde zum ersten Male für die Verwaltungsgerichtsbarkeit der Gedanke eines „höchsten Reichsgerichtes“ publiziert[372]. *Kirchenheim* sah im Jahre 1885 hierin das Idealbild „ferner Zeiten“[373]. Als Sitz erträumte er einen Ort desjenigen Staates, in dessen Grenzen zuerst die moderne Verwaltungsrechtspflege entstanden sei — z. B. im badischen Heidelberg[373].

In den folgenden Jahrzehnten blieb die Forderung nach einem zentralen Verwaltungsgericht beständig Gegenstand wissenschaftlicher Erörterung.

Im Jahre 1898 sprach sich *Friedrichs* „zur Wahrung der Einheit in der Auslegung der sich immer mehr ausdehnenden Verwaltungsgesetzgebung des Reiches“ dafür aus, „ein Reichsverwaltungsgericht von umfassender Zuständigkeit zu schaffen“[374]. Dieses Gericht sollte zum Teil mit Berufsrichtern, zum Teil mit Laien besetzt werden[375]. Letztere sollten vom Reichskanzler aus einer vom Bundesrat aufgestellten Liste auf die Dauer von sechs Jahren gewählt werden[375]. Außer für Fachsenate sollte „jeder schöffbare Mann“ wählbar sein[375]. Die Entscheidungen sollten in Senaten in der Besetzung von neun Mitgliedern — fünf rechtsgelehrten und vier gewählten — erfolgen[376].

Das Bedürfnis für ein Reichsverwaltungsgericht wurde auch von *Schultzenstein* bejaht[377]. Er beklagte im Jahre 1907 die unbefriedigende Zersplitterung der Landesverwaltungsgerichtsbarkeit[378].

Verhandlungsgegenstand des 29. und 30. *Deutschen Juristentages* der Jahre 1908 und 1910 in Danzig war u. a. das Thema: „Liegt ein Bedürfnis eines deutschen Reichsverwaltungsgerichts vor?“ Hierzu haben im Jahre 1908 Schultzenstein[379] und im Jahre 1910 Thoma[380] und Anschütz[381] Gutachten vorgelegt. *Schultzenstein* nahm auch zu der Besetzung des künftigen „Reichs-Verwaltungsgerichtshofes“ Stellung. Die Mitwirkung von Laien komme „nicht, wenigstens nicht als Regel in Frage“[382], da in der

---

[372] Friedrichs, Besonderheiten, S. 546.
[373] Kirchenheim S. 101/102.
[374] Friedrichs, Besonderheiten, S. 376.
[375] Friedrichs, Besonderheiten, S. 548.
[376] Friedrichs, Besonderheiten, S. 549.
[377] Schultzenstein, Umschau, Sp. 150.
[378] Schultzenstein, Umschau, Sp. 149, 152.
[379] Schultzenstein, Gutachten, S. 3.
[380] Thoma S. 51.
[381] Anschütz S. 489.
[382] Schultzenstein, Gutachten, S. 19.

Tätigkeit des höchsten Gerichts das Tatsächliche von dem Rechtlichen weit überwogen werde[382]. Einziger Grund für die Beiziehung von Laien „vermöchte“ allein der sein, daß dadurch das Vertrauen in die Rechtsprechung erhöht werde[383]. So sehr auf dieses Vertrauen Gewicht zu legen sei, so habe es dcch eine Beteiligung von Laien nicht zur notwendigen Voraussetzung[383]; Öffentlichkeit und Mündlichkeit seien ausschlaggebender[384]. *Thoma* machte sich die „wertvollen“ Ausführungen Schultzensteins über die Besetzung des Reichsverwaltungsgerichts „ausschließlich mit Berufsbeamten“ zu eigen[385]. *Anschütz* sah im Hinblick auf das Gutachten Schultzensteins ebenfalls davon ab, auf die Besetzung des Reichsverwaltungsgerichts einzugehen[386]. Die Beschlußfassung der öffentlichrechtlichen Abteilung blieb zurückhaltend[387]. Die Darlegung Schultzensteins, mit der Errichtung eines Reichs-Verwaltungsgerichtshofes solle gewartet werden, bis der Unterbau miterstellt werden könne[388], tat ihre Wirkung. Schultzenstein sah Preußen dazu berufen, den übrigen Bundesstaaten mit gutem Beispiel voranzugehen und eine Verwaltungsgerichtsbarkeit herzustellen, die allen anderen Bundesstaaten zum Vorbild dienen könne[389]. Erst die damit erreichte tatsächliche Gleichheit der Landesverwaltungsgerichtsbarkeiten sei die geeignete Basis für einen Reichs-Verwaltungsgerichtshof[389].

2. Preußen

In *Preußen* hatten Abgeordnetenhaus und Herrenhaus im Frühjahr 1908 u. a. die Reform der allgemeinen Landesverwaltung beschlossen[390]. Hierbei sollten auch Organisation und Verfahren der Verwaltungsgerichtsbarkeit einer Prüfung unterzogen werden[390]. Ende des Jahres 1913 wurde der Entwurf einer Novelle zu dem Gesetz vom 30. Juli 1883 dem Herrenhaus zugeleitet[391]. Sie wurde nicht verabschiedet. Einen neuen Anlauf brachte das Kriegsjahr 1917. Durch königliche Kabinettsordre vom 19. Januar 1917[392] wurde der damalige Unterstaatssekretär *Drews* mit der Ausarbeitung von Vorschlägen für eine Verwaltungsreform beauftragt[393]. Er sollte eine Grundlage für die Vereinfachung und Verbilligung aller Staatsverwaltungen vorlegen[392]. Drews schloß seine Denkschrift am 29. Juli 1917 ab[394]. Seine Vorschläge erstreckten sich auch auf

[383] Schultzenstein, Gutachten, S. 19/20.
[384] Schultzenstein, Gutachten, S. 22.
[385] Thoma S. 54.
[386] Anschütz S. 489.
[387] Vierhaus S. 564.
[388] Schultzenstein, Gutachten, S. 34/35.
[389] Schultzenstein, Gutachten, S. 35; Schultzenstein, Umschau, Sp. 152.
[390] Schultzenstein, Gutachten, S. 35.
[391] Schultzenstein, Novelle, Sp. 256.
[392] Drews, Grundzüge, S. 1.
[393] v. Elbe, Entwicklungslinien, S. 237.
[394] Drews, Grundzüge, Vorbemerkung.

eine Neuordnung der Verwaltungsgerichtsbarkeit[395]. Drews hielt eine „scharfe Trennung“ zwischen Beschluß- und Verwaltungsstreitverfahren für geboten und sah in der Schaffung „echter“ Verwaltungsgerichte auch in den unteren Instanzen die erste Voraussetzung für eine Entlastung des preußischen Oberverwaltungsgerichts[396]. An die Stelle der Stadt-, Kreis- und Bezirksausschüsse sollten hinsichtlich der Streitsachen im ersten Rechtszuge unabhängige „Verwaltungsgerichte“ und im zweiten Rechtszuge „Provinzial-Verwaltungsgerichte“ treten[397]. Die Mitwirkung des Laienelements auf dem Gebiete der Verwaltungsrechtsprechung hielt Drews für „entbehrlich“ — „so sehr es auch im Zuge der Zeit liegt, die richterlichen Kollegien mit Laien zu durchsetzen“[398] —, da im Gegensatz zur Strafjustiz die Verwaltungsgerichte überwiegend mit reinen Rechtsfragen befaßt seien[398]. „Grundsätzliche Bedeutung“ maß Drews der Frage der Laienmitwirkung jedoch nicht zu[393]. Bei der von ihm in Vorschlag zu bringenden Organisation sei ihre Einbeziehung leicht möglich[399]. So könne das Verwaltungsgericht — für das Drews die Besetzung mit einem rechtsgelehrten Verwaltungsrichter vorschlug —, „wenn Laien dabei sein sollen“, nach dem Muster der Schöffengerichte unter Mitwirkung von zwei Schöffen eingerichtet werden[400].

Die politische und militärische Anspannung der Jahre 1917 und 1918 ließ die Durchführung einer Reform der Verwaltungsgerichtsbarkeit nicht mehr zu. Drews' Denkschrift wurde erst im Jahre 1919 veröffentlicht[401].

Abschnitt 6: Die Republik von Weimar

Der Laienrichter in der Verwaltungsgerichtsbarkeit bleibt im Gespräch

Artikel 107 der — Weimarer — Reichsverfassung vom 11. August 1919[402] bestimmte: „Im Reich und in den Ländern müssen nach Maßgabe der Gesetze Verwaltungsgerichte ... bestehen.“ Diese Weisung des Verfassungsgebers[403] hat weitere Länder veranlaßt, Verwaltungsgerichtsgesetze zu erlassen. Länder mit bereits bestehendem Verwaltungsrechtsschutz setzten ihr Bemühen um eine Reform des überkommenen Bestandes fort. Das Streben nach einer reichsweiten Vereinheitlichung der deut-

[395] Drews, Grundzüge, S. 27 ff.
[396] Drews, Grundzüge, S. 23, 28.
[397] Drews, Grundzüge, S. 29.
[398] Drews, Grundzüge, S. 28.
[399] Drews, Grundzüge, S. 28, 29.
[400] Drews, Grundzüge, S. 30.
[401] Drews, Grundzüge.
[402] RGBl. S. 1383.
[403] Anschütz - Thoma, Staatsrecht, S. 516.

schen Verwaltungsgerichtsbarkeit, insbesondere nach der Schaffung eines Reichsverwaltungsgerichtes fand neuen Auftrieb[404].

1. Die Länder

a) Baden

In Baden setzte sich im Januar 1921 *Glockner* für eine Neuregelung der Verwaltungsgerichtsbarkeit ein[405]. Er empfahl, die verwaltungsgerichtliche Tätigkeit der Bezirksräte in Wegfall kommen und den Verwaltungsgerichtshof in erster und, soweit ein Rechtsmittel an das Reichsverwaltungsgericht nicht gegeben sei, auch in letzter Instanz entscheiden zu lassen[406]. Der verwaltungsgerichtlichen Klage sollte eine „Verwaltungsentscheidung" des Bezirksrates vorangehen[406]. Eine Heranziehung von Laien zu diesem einzigen Landesverwaltungsgericht hielt er nicht für zweckmäßig, da dieses Gericht auf die Prüfung von Rechtsfragen zu beschränken sei[406].

b) Hamburg 1921

Die Freie und Hansestadt Hamburg schuf ihre Verwaltungsrechtspflege durch Gesetz über Verwaltungsgerichtsbarkeit vom 2. November 1921[407] in organischer Verbindung mit der Ziviljustiz[408]. Das *Verwaltungsgericht* erster Instanz[409] bestand aus dem vom Senat aus den Berufsrichtern des Landgerichts ernannten Vorsitzenden[410] und zwei[411] von der Bürgerschaft auf die Dauer von drei Jahren gewählten Laienbeisitzern[412]. Das *Oberverwaltungsgericht*[413] entschied in der Besetzung von drei vom Senat aus den Mitgliedern des Hanseatischen Oberlandesgerichts ernannten und zwei von der Bürgerschaft auf die Dauer von ebenfalls drei Jahren gewählten „bürgerlichen" Beisitzern[414].

c) Mecklenburg-Schwerin 1922

Mecklenburg-Schwerin erließ am 3. März 1922 ein Gesetz über die Verwaltungsgerichtsbarkeit[415]. Sie wurde in erster Instanz für jeden Amtsbezirk von einem Amtsverwaltungsgericht und für jeden selbstän-

---

[404] v. Elbe, Länder, S. 60.
[405] Glockner S. 5.
[406] Glockner S. 6.
[407] Hgb. GVBl. S. 585.
[408] § 1 Abs. 3 d. Ges.; v. Elbe, Länder, S. 56.
[409] § 1 Abs. 1 d. Ges.
[410] § 2 Abs. 2 Satz 1 d. Ges.
[411] § 4 Abs. 1 Satz 1 d. Ges.
[412] § 2 Abs. 3 d. Ges.
[413] § 1 Abs. 1 d. Ges.
[414] § 5 d. Ges.
[415] M.-Sch. RegBl. S. 211.

digen Stadtbezirk von einem Stadtverwaltungsgericht, in zweiter Instanz von dem Landesverwaltungsgericht mit Sitz in Schwerin ausgeübt[416]. Die *Amts-* und *Stadtverwaltungsgerichte* waren mit einem rechtsgelehrten Vorsitzenden und zwei von der Amts- bzw. Stadtverordnetenversammlung auf die Dauer von drei Jahren gewählten Laienbeisitzern[417], das *Landesverwaltungsgericht* mit drei beamteten Mitgliedern und zwei vom Landesverwaltungsrat auf die Dauer von ebenfalls drei Jahren gewählten Laienmitgliedern besetzt[418].

d) Mecklenburg-Strelitz 1922

Im Freistaat Mecklenburg-Strelitz wurde die Verwaltungsrechtspflege durch das Gesetz über das Verwaltungsstreitverfahren vom 17. August 1922 eingeführt[419]. Es bestanden drei Bezirksverwaltungsgerichte und ein Landesverwaltungsgericht mit Sitz in Neustrelitz[420]. Die *Bezirksverwaltungsgerichte* entschieden in der Besetzung von einem rechtsgelehrten Vorsitzenden und zwei Laienbeisitzern[421], das *Landesverwaltungsgericht* in der Besetzung von zwei rechtsgelehrten Mitgliedern und drei Laienmitgliedern[422]. Die Laienrichter beider Instanzen wurden auf die Dauer von jeweils sechs Jahren von dem Landtage gewählt[423].

e) Thüringen

Am 1. Mai 1920 wurde das *Land* Thüringen gegründet[424]. Damit gehörten auch die Gebiete von Sachsen-Meiningen und der beiden Reuß dem Gerichtsbezirk des Thüringischen Oberverwaltungsgerichts an, während Sachsen-Coburg infolge seines Anschlusses an Bayern ausschied[425].

Durch das Gesetz über die Verwaltungsgerichtsbarkeit vom 30. Mai *1923*[426] erhielt die thüringische Verwaltungsrechtspflege eine einheitliche Rechtsgrundlage[427]. Neben das Oberverwaltungsgericht in Jena traten als erste Instanz drei *Bezirksverwaltungsgerichte*[428]. Letztere setzten sich aus einem rechtsgelehrten Vorsitzenden und zwölf von den Kreisräten und Stadträten auf die Dauer von drei Jahren gewählten „Laienrich-

---

416 §§ 1, 2 Abs. 1 d. Ges.
417 §§ 2 Abs. 2, 3 Abs. 1 Satz 2, 4 Abs. 1 Satz 1 d. Ges.
418 §§ 7 Satz 1, 8 Abs. 1 Satz 1, 10 Satz 1 d. Ges.
419 M.-St. Amtl. Anz. S. 473.
420 § 1 Abs. 1 d. Ges.
421 § 2 d. Ges.
422 § 3 d. Ges.
423 §§ 2 Abs. 1, 3 Abs. 2 d. Ges.
424 § 1 Gesetz, betreffend das Land Thüringen, vom 30. April 1920 (RGBl. S. 841).
425 Loening S. 155.
426 Thür. GS. S. 393.
427 v. Elbe, Länder, S. 54.
428 § 1 Abs. 1 d. Ges.; Knauth - Wagner § 10 Anm. 4 (S. 32).

tern“ zusammen[429]. Von den Laienrichtern wurden abwechselnd jeweils zwei zu den Sitzungen zugezogen[430]. Das *Oberverwaltungsgericht* entschied nunmehr in der Besetzung von drei Berufsrichtern und zwei vom Landtag auf die Dauer von drei Jahren gewählten Laienrichtern[431].

Durch das Notgesetz zur Vereinfachung der Verwaltung vom 27. März *1924*[432] traten an die Stelle der Bezirksverwaltungsgerichte für jeden Stadt- und Landkreis je ein *Kreisverwaltungsgericht*[433]. Sie entschieden in der Besetzung von einem rechtsgelehrten Vorsitzenden und zwei von den Kreisräten und Stadträten gewählten Laienrichtern[434]. Die Zusammensetzung des *Oberverwaltungsgerichts* in Jena[435] wurde auf drei rechtsgelehrte Mitglieder verringert[436].

Dieser Aufbau der thüringischen Verwaltungsgerichtsbarkeit blieb auch nach dem Inkrafttreten der Landesverwaltungsordnung für Thüringen vom 10. Juni *1926*[437] unverändert bestehen[438].

Eine neuerliche Änderung trat erst durch die Verordnung zur Änderung der Landesverwaltungsordnung vom 5. Juni *1930*[439] ein. Die Kreisverwaltungsgerichte wurden durch ein einziges *Landesverwaltungsgericht* ersetzt[440]. Es entschied in der Besetzung von einem rechtsgelehrten Vorsitzenden und zwei Laienrichtern[441]. Letztere waren die Mitglieder des Landesausschusses[442].

f) Bremen 1924

Der bremische Freistaat bestand aus den Städten Bremen, Bremerhaven und Vegesack sowie Landgebiet[443]. Er erließ am 6. Januar 1924 das Gesetz über die Verwaltungsgerichtsbarkeit[444]. Nach diesem wurde die Verwaltungsrechtspflege in der „Freien Hansestadt Bremen“[445] durch ein einziges, unabhängiges „*Verwaltungsgericht*“ mit Sitz in der Stadt Bremen ausgeübt[446]. Das Verwaltungsgericht entschied grundsätzlich in der

---

[429] §§ 4, 5 Satz 2, 7 Abs. 1 d. Ges.
[430] § 9 Abs. 1 Satz 1 d. Ges.; Knauth - Wagner § 11 Anm. 3 (S. 33).
[431] §§ 21 Abs. 1 Satz 1, 22 Abs. 1 d. Ges.
[432] Thür. GS. S. 195.
[433] §§ 1, 3 Abs. 1 d. Ges.
[434] §§ 4, 7 Abs. 1, 10 Abs. 1 d. Ges.
[435] § 1 d. Ges.
[436] §§ 18, 22 Abs. 1 d. Ges.
[437] Thür. GS. S. 177.
[438] §§ 10 Abs. 1, 11 Abs. 1, 3 u. 4, 12 Abs. 1 Satz 2, 13, 20 Abs. 1 u. 3 Satz 1 d. Ges.
[439] Thür. GS. S. 79.
[440] Art. III § 10 n. F. d. VO.
[441] Art. III § 19a Abs. 1 Satz 1 u. Abs. 2 Satz 2 d. VO.
[442] Art. III § 19a Abs. 1 Satz 2 d. VO.
[443] § 1 Abs. 1 Verfassung der Freien Hansestadt Bremen vom 18. Mai 1920 (Brem. GBl. S. 183).
[444] Brem. GBl. S. 23.
[445] § 1 d. Verfassg.
[446] § 1 d. Ges.

Besetzung von drei rechtsgelehrten und zwei Laienmitgliedern[447]. Lediglich „soweit bisher die Rekursbehörde des Senats in Gewerbesachen zuständig war", entschied nunmehr das Verwaltungsgericht durch einen rechtsgelehrten Vorsitzenden und zwei Laienbeisitzern[448]. Die Laienmitglieder wurden durch einen Ausschuß der Bürgerschaft für die Dauer von drei Jahren gewählt[449]. Wählbar war nur, wer Mitglied einer bremischen Verwaltungsbehörde oder Berufskammer war oder gewesen war[450]. Von diesem Personenkreis wurde erwartet, daß in ihm „ein weitgehendes Verständnis für die besonderen verwaltungsrechtlichen Fragen vorhanden" sei[451]. Die Bürgerschaft war zugleich — eine bremische, in der Verfassung verankerte Besonderheit[452] — an der Bestellung der rechtsgelehrten Mitglieder des Verwaltungsgerichts beteiligt. Diese wurden vom Senat auf Grund einer Wahl durch einen Ausschuß ernannt, der aus je zwei Mitgliedern des Senats und der Bürgerschaft sowie aus zwei rechtsgelehrten Mitgliedern des Verwaltungsgerichts bestand[453].

Die Vorlage des bremischen Senats „wegen Einrichtung einer besonderen Verwaltungsgerichtsbarkeit" war in der bremischen Bürgerschaft von allen Seiten „mit Freuden" begrüßt worden[454]. Nach Abschluß der Ausschußberatungen bestand lediglich in zwei Fragen Uneinigkeit: Der Errichtung einer Berufungsinstanz und der Besetzung der Gerichte[455]. Diese Meinungsverschiedenheiten waren im wesentlichen der Gegenstand der Aussprache der Bürgerschaft vom 21. Dezember 1923[456]. Hinsichtlich eines Verzichts auf Schaffung einer Berufungsinstanz wurde Einigkeit erzielt[457]. Er erschien angesichts der kleinen Bremer Verhältnisse[458] und aus finanziellen Gründen[459] notwendig. Als Korrektiv sollte diese eine Instanz „ganz besonders gut" besetzt werden[460]. Diese Besetzung blieb umstritten.

Die „bürgerliche Mehrheit"[458] sah die Gewähr für eine gute Rechtspflege in der Besetzung von drei Juristen und zwei Laien[460]. Die „linke Seite des Hauses"[461] beantragte, das Verwaltungsgericht mit nur zwei rechtsgelehrten aber drei Laienmitgliedern zu besetzen[458]. Sie begrün-

---

[447] §§ 2 Abs. 1 u. 2 Satz 2, 6 Abs. 1 Satz 1 d. Ges.
[448] §§ 2 Abs. 1 u. 2 Satz 2, 6 Abs. 2 d. Ges.
[449] § 2 Abs. 3 Satz 1, 1. Halbsatz d. Ges.
[450] § 2 Abs. 3 Satz 5 d. Ges.
[451] Brem. Bürgerschaft, Verhandlungen, 1923, S. 690.
[452] § 69 d. Verfassg.
[453] § 2 Abs. 2 Satz 1 d. Ges.
[454] Brem. Bürgerschaft, Verhandlungen, 1923, S. 686, 687.
[455] Brem. Bürgerschaft, Verhandlungen, 1923, S. 686, 688.
[456] Brem. Bürgerschaft, Verhandlungen, 1923, S. 686 ff.
[457] Brem. Bürgerschaft, Verhandlungen, 1923, S. 687, 688.
[458] Brem. Bürgerschaft, Verhandlungen, 1923, S. 688.
[459] Brem. Bürgerschaft, Verhandlungen, 1923, S. 687, 689, 691.
[460] Brem. Bürgerschaft, Verhandlungen, 1923, S. 687.
[461] Brem. Bürgerschaft, Verhandlungen, 1923, S. 686.

dete: In den breitesten Volksschichten bestehe ein Mißtrauen gegen die Rechtspflege[462]. Die Justiz sei politisch rechtsgerichtet eingestellt[463]. Erziehung und Lebensweise der Richter bedingten „Klassengerichte“[463]. Deren „Klassenurteile“ hätten das Vertrauen zur Rechtspflege erschüttert[463]. Es könne nur durch eine verstärkte Heranziehung des Laienelements wiederhergestellt werden[463]. Erst sie gewährleiste Unparteilichkeit[463]. Der Glaube im Volke an das Recht werde gestärkt[464]. Zwei befähigte Juristen, unterstützt durch das „gesunde Rechtsempfinden“ dreier Laienrichter, seien durchaus in der Lage, auch in einer schwierigen Rechtsfrage eine Entscheidung zu treffen[463].

Die „bürgerliche Mehrheit“ widersetzte sich dem Antrage. Sie trug vor: Wenigstens auf dem Gebiet der Verwaltungsgerichtsbarkeit sei ein Mißtrauen gegen die Berufsrichter unbegründet[464]. Die Stimmung des Volkes gegen die Richter sei die Frucht jahrzehntelanger Agitation[465]. Die Vorherrschaft des juristischen Elements sei zum einen geboten, um die schwierigen Rechtsfragen des Verwaltungsrechtes sachgemäß zu lösen[466]. Dieses weite Gebiet sei weder durch Literatur noch durch Kommentare erschöpft[467]. Es komme gerade deshalb entscheidend auf die Kenntnisse der Juristen an[467]. Schließlich müsse sich innerhalb der Juristen eine Mehrheit bilden können, damit den Laien eine klare Leitlinie vorgeschlagen werden könne[467]. Zum anderen dürfe die Bedeutung der Verwaltungsgerichtsbarkeit für die Verwaltung nicht unberücksichtigt bleiben[468]. Das Verwaltungsgericht solle nicht nur dazu dienen, die Rechtsansprüche einzelner Personen zu befriedigen[468]. Es solle auch eine Sicherheit für eine gleichmäßige und richtige Rechtsanwendung der Verwaltung geben[468]. Dies sei aber nur möglich, wenn die Besetzung des Gerichts gute und gleichmäßige Entscheidungen gewährleiste[468]. Bei einem Übergewicht der Laien seien die Entscheidungen dem Ergebnis einer „Zufallsabstimmung“ überlassen[467].

In der Einzelberatung wurde der Antrag der „linken Seite“ mit 51 gegen 45 Stimmen abgelehnt[469].

g) Württemberg 1924

In Württemberg wurde im Jahre 1924 der gerichtliche Verwaltungsrechtsschutz auf *einen* Rechtszug — den Verwaltungsgerichtshof — verringert. Durch Verordnung über die Aufhebung der Kreisregierungen

---

[462] Brem. Bürgerschaft, Verhandlungen, 1923, S. 689, 691.
[463] Brem. Bürgerschaft, Verhandlungen, 1923, S. 688.
[464] Brem. Bürgerschaft, Verhandlungen, 1923, S. 689.
[465] Brem. Bürgerschaft, Verhandlungen, 1923, S. 690.
[466] Brem. Bürgerschaft, Verhandlungen, 1923, S. 687, 690, 691.
[467] Brem. Bürgerschaft, Verhandlungen, 1923, S. 691.
[468] Brem. Bürgerschaft, Verhandlungen, 1923, S. 690.
[469] Brem. Bürgerschaft, Verhandlungen, 1923, S. 692.

vom 10. März 1924 wurden diese Behörden beseitigt[470]. Ihre Geschäfte als Verwaltungsgerichte erster Instanz wurden keiner anderen Behörde zugewiesen[471]. An die Stelle einer gerichtlichen trat eine Entscheidung im Verwaltungswege[471].

Diese Entwicklung fand ihre Ausprägung in dem württembergischen Entwurf eines Verwaltungsverfahrensgesetzes vom Jahre 1931[472]. Der Verwaltungsrechtsweg wurde dort als 5. Abschnitt eingefügt[473]. Als einziges Organ der Verwaltungsrechtspflege war ein „Verwaltungsgerichtshof" vorgesehen[474]. Er sollte „verhandeln und beschließen" in einer Besetzung von fünf rechtsgelehrten Mitgliedern[475]. Dieser Entwurf wurde jedoch nicht verabschiedet.

h) Preußen

In Preußen blieb die geplante Verwaltungsreform auch nach der „Staatsumwälzung" im Gespräch[476]. Im Jahre 1924 setzte sich *Drews* für eine „dem preußischen Geiste entsprechende, dem Gedanken des Rechtsstaates verbundene" Fortentwicklung der Verwaltungsgerichtsbarkeit ein[477]. Ein Rechtsstaat im vollen Sinne verlange die „echte" Gerichtseigenschaft seiner Verwaltungsrechtspflege und die Verstärkung ihres Einflußbereichs[478]. Drews konkretisierte die Vorschläge seiner Denkschrift vom Jahre 1919 dahin, daß in den Land- und Stadtkreisen ein „Kreis- bzw. Stadtverwaltungsgericht" als erste Instanz und in den Provinzen ein „Provinzialverwaltungsgericht" als Mittelinstanz errichtet werden sollte[479]. Das Kreisverwaltungsgericht sei mit einem rechtsgelehrten Verwaltungsrichter und zwei vom Kreistag gewählten „Verwaltungsschöffen"[480], das Provinzialverwaltungsgericht mit drei rechtsgelehrten Verwaltungsrichtern und ebenfalls zwei „Verwaltungsschöffen" zu besetzen[481]. Gründe für die Beteiligung von Laien im ersten und zweiten Rechtszug gab Drews nicht an.

Im Jahre 1928 griff *Holtz* die Vorschläge der Drewsschen Denkschrift auf und sprach sich dafür aus, die Verwaltungsgerichtsbarkeit in deren Sinne zu organisieren, „ohne daß Laienmitglieder mitzuwirken brauch-

[470] Württ. RegBl. S. 120; § 1 d. VO.
[471] § 13 VO, betreffend die Überweisung der Geschäfte der Kreisregierungen an andere Behörden, vom 26. März 1924 (Württ. RegBl. S. 173); v. Elbe, Länder, S. 44.
[472] Entwurf Württemberg S. 645.
[473] Entwurf Württemberg S. 645, 656.
[474] Art. 38 Abs. 1 d. E.
[475] Art. 39, 41 d. E.
[476] v. Elbe, Entwicklungslinien, S. 197 ff., S. 248.
[477] Drews, Ausbau, S. 603.
[478] Drews, Ausbau, S. 590, 603.
[479] Drews, Ausbau, S. 603, 604.
[480] Drews, Ausbau, S. 603.
[481] Drews, Ausbau, S. 605.

ten"[482]. Eine Begründung für die Ablehnung des Laienelements wurde von Holtz nicht mitgeteilt.

Letzten Endes vermochten jedoch weder die Veränderungen nach dem Ersten Weltkriege noch der Einsatz von Drews und Holtz eine Neuordnung der preußischen Verwaltungsgerichtsbarkeit zu bewirken[483].

i) Oldenburg 1927

Auf Anregung des Landtages des Freistaates Oldenburg erarbeitete das dortige Oberverwaltungsgericht im Jahre 1927 den Entwurf eines Gesetzes, betreffend die Ausdehnung der Verwaltungsgerichtsbarkeit[484]. Ihm wurde durch die Mitwirkung der Laienmitglieder des Oberverwaltungsgerichts ein „besonderes, allgemein-politisches Gewicht" zuteil[485]. Das Bemühen verlief jedoch infolge der Mehrheitsverhältnisse im Landtag und der Ungewißheit, welche Stellung das Reichsverwaltungsgericht erhalten werde, im Sande[486].

k) Waldeck

Von dem Freistaat Waldeck wurden im Jahre 1922 der Landesteil Pyrmont in die preußische Provinz Hannover[487] und im Jahre 1928 mit Wirkung vom 1. April 1929 das Hauptland in die preußische Provinz Hessen-Nassau eingegliedert[488].

l) Schaumburg-Lippe

Zwar verhieß § 43 der Verfassung von Schaumburg-Lippe vom 24. Februar 1922 die gesetzliche Einführung besonderer Gerichte für die Durchführung des Verwaltungsstreitverfahrens[489]. Dieses Versprechen blieb jedoch unerfüllt[490].

m) Das Saargebiet 1920

Auf Grund des Friedensvertrages von Versailles vom 28. Juni 1919[491] war aus einem Teil des preußischen Regierungsbezirks Trier[492] und einem

---

[482] Holtz, Verwaltungsreform, S. 205.

[483] v. Elbe, Entwicklungslinien, S. 248.

[484] Sellmann, Oldenburg, S. 80.

[485] Sellmann, Oldenburg, S. 81.

[486] Sellmann, Paulskirche, S. 845 Fußn. 7.

[487] § 3 d. Staatsvertrages zwischen Preußen und Waldeck-Pyrmont über die Vereinigung des Gebietsteiles Pyrmont mit Preußen vom 29. November 1921 (Preuß. GS. S. 41); Anlage zu dem Gesetz über die Vereinigung des zu Waldeck-Pyrmont gehörigen Gebietsteils Pyrmont mit dem Freistaat Preußen vom 22. Februar 1922 (Preuß. GS. S. 37).

[488] Art. 2 § 4 Abs. 1 d. Staatsvertrages zwischen Preußen und Waldeck über die Vereinigung Waldecks mit Preußen vom 23. März 1928 (Preuß. GS. S. 179); Anlage zu dem Gesetz über die Vereinigung des Freistaates Waldeck mit dem Freistaat Preußen vom 25. Juli 1928 (Preuß. GS. S. 179).

[489] Jellinek, Schutz, S. 24.

[490] Apelt, Referat, S. 9; Jellinek, Schutz, S. 16.

[491] RGBl. S. 687, 688.

[492] Glaser S. 10.

kleinen Teil des bayerischen Kreises Pfalz[493] das „Saarbeckengebiet" neugeschaffen worden[494]. Die Regierungsgewalt lag bei einer „Regierungskommission"[495] mit Sitz in Saarbrücken[496]. Den bisherigen deutschen Gewalthabern war jede Einflußnahme verschlossen[497]. Damit erwuchs die Notwendigkeit, auch für die Verwaltungsrechtspflege eine eigenständige Organisation zu schaffen[498]. Dies geschah durch die Verordnung, betreffend die Errichtung von Verwaltungsgerichten für das Saargebiet, vom 28. Juli 1920[499]. Nach deren Inkrafttreten war die Verwaltungsgerichtsbarkeit an der Saar wie folgt aufgebaut: Auf der untersten Stufe blieben im preußischen Gebietsteil die *Kreisausschüsse* bzw. der *Stadtausschuß* von Saarbrücken[500], im bayerischen Gebietsteil die Bezirksämter als Verwaltungsgerichte bestehen[501]. Die Laienmitglieder der Kreis- und Stadtausschüsse wurden von den aus den „Saareinwohnern" gewählten Kreistagen gewählt[501]. Die Bezirksämter blieben weiterhin ohne Laienbeteiligung[502].

An die Stelle des preußischen Bezirksausschusses und des bayerischen Senats der Kammer des Innern der Kreisregierung wurde für das gesamte „Saargebiet" als „Verwaltungsgericht erster Instanz" ein *„Verwaltungsausschuß"* mit Sitz in Saarbrücken eingerichtet[503]. Er wies je eine Abteilung für die preußischen und die bayerischen Gebietsteile auf[504]. Jede Abteilung entschied in der Besetzung von mindestens fünf Mitgliedern[505]. Unter diesen mußten sich in allen Fällen mindestens zwei rechtskundige Mitglieder befinden[506]. Die übrigen wurden für die preußische Abteilung durch die Kreisausschüsse und den Stadtausschuß der Stadt Saarbrücken, für die bayerische Abteilung durch die Bezirksausschüsse der Bezirkstage aus der Zahl der kreiswahlberechigten Einwohner des Saargebietes auf die Dauer von drei Jahren gewählt[507].

Als oberste Instanz wurde ein *Oberverwaltungsgericht* mit Sitz in Saarlouis[508] eingerichtet[509]. Es war lediglich mit rechtskundigen Mitgliedern besetzt[510]. Das Laienelement fehlte gänzlich[511].

---

[493] Glaser S. 14.
[494] Art. 45 ff. d. FVtrgs.; Glaser S. 1.
[495] Glaser S. 2.
[496] Glaser S. 20.
[497] Art. 49 Abs. 1 d. FVtrgs.
[498] Glaser S. 14/15.
[499] Saarl. ABl. S. 47.
[500] Glaser S. 18.
[501] Glaser S. 17.
[502] Glaser S. 18.
[503] Art. 1 d. VO.
[504] Art. 8 Abs. 1 d. VO.
[505] Art. 11 Abs. 1 d. VO.
[506] Art. 11 Abs. 1 d. VO.
[507] Art. 4 Abs. 1, 5 Abs. 1 d. VO.
[508] Glaser S. 21.
[509] Art. 15 d. VO.
[510] Glaser S. 21.

Die Laienbeteiligung im Verwaltungsausschuß wurde von *Glaser* — einem Ministerialrat bei der Regierungskommission[512] — im Jahre 1934 kritisch beurteilt. Er vertrat die Auffassung: Einem mit unabhängigen Berufsrichtern besetzten Verwaltungsgericht sei entschieden der Vorzug zu geben[513]. Die Heranziehung von Laien komme zwar der demokratischen Idee der Mitwirkung des Volkes am Staatsleben entgegen[513]. Es dürfe jedoch nicht außer acht gelassen werden, daß den Laien überwiegend die Sachkunde fehle und sie, die aus den verschiedensten Kreisen der Bevölkerung entstammten, oftmals noch mehr dem Einflusse politischer, religiöser und wirtschaftlicher Anschauungen ausgesetzt sein können, als der juristisch geschulte und mit voller richterlicher Unabhängigkeit ausgestattete Berufsbeamte[513]. Insbesondere bei Fragen von politischer Bedeutung — wie sie oft von Verwaltungsgerichten zu entscheiden seien — bestehe die Gefahr, daß sich der Druck der öffentlichen Meinung auf den von den gewählten Vertretungen der Selbstverwaltung berufenen Ehrenbeamten auswirke[513].

2. Das Reich

Nach dem Inkrafttreten der Weimarer Reichsverfassung bemühte sich die Reichsregierung, das seit langem angesprochene *Reichsverwaltungsgericht* zu errichten.

Bereits im Jahre *1919* wurde der „Vorentwurf“ eines Gesetzes über das Reichsverwaltungsgericht erarbeitet[514]. Ihm folgte im Jahre *1921* ein „Vorläufiger Entwurf“[515]. Am 15. Juli *1922* legte der Reichsminister des Innern dem Reichsrat den Entwurf eines Gesetzes über das Reichsverwaltungsgericht vor[516].

Vorläufiger und endgültiger Entwurf stimmten darin überein, daß die Senate des künftigen Reichsverwaltungsgerichts in der Besetzung von fünf rechtsgelehrten Mitgliedern entscheiden sollten[517].

Die Beiziehung von Laien zur Rechtsprechung des Reichsverwaltungsgerichts war bewußt „nicht in Aussicht“ genommen worden[518]. Aufgabe dieses höchsten Verwaltungsgerichtes sei — wie die Begründung des vorläufigen Entwurfes ausführt — die Lösung sehr verschiedener Rechtsfragen aus einem weitgesteckten Zuständigkeitsbereich[518]. Zur Erfüllung dieser Aufgabe sei u. a. eine gute juristische Vorbildung erforderlich,

---

511 Glaser S. 25.
512 Glaser.
513 Glaser S. 25.
514 Gulden S. 16; Hübener S. 339.
515 Vorl. Entwurf, Druck.
516 Reichsrat, Drucksachen, 1922 Nr. 187 (Entwurf 1922) S. 1.
517 §§ 2 Abs. 2, 11 Abs. 1 d. vorl. E.; §§ 2 Abs. 2, 11 Abs. 1 Satz 1 d. endg. E.
518 Vorl. Entwurf S. 22 (Begründung zu § 2 Abs. 2 d. vorl. E.).

die zur Gewinnung eines Überblicks und eines selbständigen Urteils über das Verwaltungsrecht des Reiches und seine Anwendung durch die verschiedenartigen Gerichtshöfe des Reiches und der Länder befähige[519].

Die Einrichtung der übrigen Rechtszüge der Verwaltungsgerichtsbarkeit überließen die Entwürfe den Landesgesetzgebern[520]. Der endgültige Entwurf forderte lediglich, daß mindestens ein Rechtszug vor den Verwaltungsgerichten der Länder eröffnet sein müsse[521]. Dieses Gericht müsse mit mindestens drei rechtsgelehrten Richtern besetzt sein[522]. Die Entscheidung, ob die Landesverwaltungsgerichte neben den Berufsrichtern auch Laienrichter umfassen sollten, blieb dem Landesrecht überlassen[523].

Dem Vorentwurf vom Jahre 1919 hatte *Drews* im Jahre *1920* mit einem „Gegenentwurf" erwidert[524]. Sein Entwurf einer „Reichsverwaltungsgerichtsordnung" enthielt neben Vorschriften über das Reichsverwaltungsgericht „Allgemeine Vorschriften"[524]. Die „Verwaltungsgerichte der Länder"[525] sollten sich grundsätzlich aus rechtsgelehrten Mitgliedern zusammensetzen[526]. „Über die weitere Besetzung mit Laienmitgliedern" könne die Landesgesetzgebung bestimmen[527]. Soweit Verwaltungsgerichten der Länder die endgültige Entscheidung überlassen sei, dürften dagegen Laien nicht mitwirken[528]. Ebenso sollte das Reichsverwaltungsgericht nur mit rechtsgelehrten Mitgliedern besetzt werden[529].

Infolge der Verschärfung der finanziellen Lage des Reiches wurde der Entwurf 1922 nicht weiter verfolgt[530].

In den folgenden Jahren wurde erwogen, an Stelle eines selbständigen Reichsverwaltungsgerichts dem Reichsgericht Verwaltungssenate anzugliedern[530]. Ein entsprechender Entwurf wurde dem Reichsrat im März *1926* vorgelegt[530]. Er blieb jedoch ebenfalls unausgeführt[530].

Als Ergebnis der Länderkonferenz vom Januar 1928 über die Frage einer Reform der Verwaltung in Reich und Ländern sagte die Reichsregierung u. a. zu, neue Vorschläge für das Reichsverwaltungsgericht zu machen[530]. Dies geschah durch den Entwurf eines Gesetzes über das Reichsverwaltungsgericht vom 26. August *1930*[531]. Die Senate dieses Ge-

---

[519] Vorl. Entwurf S. 21 (Begründung zu § 2 Abs. 2 d. vorl. E.).
[520] Vorl. Entwurf S. 17.
[521] § 29 d. endg. E.
[522] § 30 mit § 2 Abs. 2 Nr. 2 d. endg. E.
[523] Vorl. Entwurf S. 35 (Begründung zu § 27 d. vorl. E.).
[524] Dultzig S. 253 (Wortlaut).
[525] § 4 d. E.
[526] §§ 5, 6 Abs. 1 Satz 1 u. 2 d. E.
[527] § 6 Abs. 1 Satz 3 d. E.
[528] § 6 Abs. 2 Satz 3 d. E.
[529] § 21 d. E.
[530] Reichsrat, Drucksachen, 1930 Nr. 155 (Entwurf 1930) S. 10 (Begründung).
[531] Entwurf 1930 S. 1.

richts sollten in der Besetzung von „wenigstens" fünf Mitgliedern entscheiden[532]. Im Interesse einer „sachgemäßen Rechtsprechung" sollten die Richter des Reichsverwaltungsgerichts „gründliche Rechtskenntnisse" haben und mit der „Arbeitsweise der Verwaltung vertraut" sein[533]. Die Beteiligung von Laien war nicht vorgesehen. Für die Errichtung von Landesverwaltungsgerichten gab der Entwurf lediglich Rahmenbestimmungen[534]. Nach diesen sollten die Länder verpflichtet sein, mindestens einen Rechtszug vor den Landesverwaltungsgerichten zu eröffnen[535]. Diese sollten mit mindestens zwei rechtsgelehrten Richtern besetzt sein[536]. Die Zuziehung weiterer Berufsrichter und insbesondere die Entscheidung, ob neben den Berufsrichtern auch Laienrichter mitwirken sollten, blieb dem Landesgesetzgeber überlassen[537].

Auch dieser letzte Entwurf der Weimarer Zeit wurde nicht Gesetz.

3. Die Mitwirkung von Laien in der Verwaltungsgerichtsbarkeit im Spiegel der Meinungen

Max *Weber* hat in seinen Aufzeichnungen aus den Jahren 1911 bis 1913[538] u. a. — mit Blickrichtung auf die damalige deutsche Geschworenenbank — zu dem Laienelement in der Rechtspflege kritisch Stellung genommen[539]. Er hat vermerkt: Von Geschworenen werde in weitem Umfange eine „irrationale Kadijustiz" geübt[540]. Diese komme dem Empfinden der nicht fachjuristisch geschulten Laien, insbesondere den Instinkten der „nichtpriviligierten Klassen" entgegen, die materiale Gerechtigkeit verlangten[541]. Die Auslese sei Gegenstand des Klassenkampfes[542]. Die weitgehend übliche Heranziehung der „abkömmlichen" Honoratiorenschichten — obwohl vorwiegend „plebejischer Art" — werde namentlich von den Arbeitern als die „Klassenjustiz" begünstigend verabscheut, die Beteiligung von Arbeitern umgekehrt von den „besitzenden Klassen" abgelehnt[542]. Um der stärkeren Interessengebundenheit der Laien und deren irrationalem Orakel entgegenzuwirken, reagiere die juristische Fachschulung mit dem Anspruch, die Laien beim Judizieren der Kontrolle der Fachmänner zu unterstellen[542]. In diesen gemischten Kollegien seien die Laien aber aller Erfahrung nach den Fachjuristen an Einfluß unterlegen[542]. Ihre Anwesenheit habe praktisch meist nur die Be-

---

[532] § 5 d. E.
[533] Entwurf 1930 S. 12 (Begründung zu § 2 d. E.).
[534] Entwurf 1930 S. 23 (Begründung zu § 28 d. E.).
[535] § 28 Nr. 1 d. E.
[536] § 28 Nr. 2 lit. a) d. E.
[537] Entwurf 1930 S. 23 (Begründung zu § 28 Ziff. 2 a d. E.).
[538] Weber S. 16.
[539] Weber S. 343 ff.
[540] Weber S. 343.
[541] Weber S. 343/344.
[542] Weber S. 344.

deutung einer Art von Publizitätszwang für die Erwägungen der Fachjuristen[542].

Letztere — die Berufsrichterschaft — waren in den Jahren nach der „Staatsumwälzung“ des Herbstes 1918 in zunehmendem Maße schweren Angriffen ausgesetzt[543]. Von den Vorwürfen aus der Zeit des Kaiserreiches — vor allem Weltfremdheit, Formalismus, Bürokratismus und Klassenjustiz[544] — blieben vor allem die Schlagworte „Weltfremdheit“ und „Klassenjustiz“ zugkräftig[545]. Hinzu kam der Vorwurf der „Republikfeindlichkeit“[546]. Mit dem Schlagwort „Klassenjustiz“ verband sich insbesondere die Vorstellung, daß es sich bei der Richterschaft um eine gleichartige, von den Belangen und der Denkweise der herrschenden Klasse beeinflußte, parteiliche Schicht handle, von der es keine Brücke zum Proletariat gebe[546]. Um der u. a. hieraus erwachsenen „Vertrauenskrise“ zwischen Volk und Justiz[547] entgegenzuwirken, wurde die weitestgehende Zuziehung von Laien zur Rechtsprechung eine mit Nachdruck vertretene Forderung[548].

Obwohl die Länder Anhalt, Baden, Hessen, Lippe, Lübeck, Oldenburg, Sachsen-Meiningen, Schwarzburg-Sondershausen und das größte Land des Reiches, Preußen, die Beteiligung von Laien an der verwaltungsgerichtlichen Rechtsprechung bereits vor dem Jahre 1918 gesetzlich bestimmt hatten, blieb das Für und Wider der Mitwirkung von Laien im Bereich der Verwaltungsgerichtsbarkeit auch in den Jahren der Weimarer Republik Gegenstand wissenschaftlicher Erörterung. Anregung gaben insbesondere die Diskussion um die Errichtung eines Reichsverwaltungsgerichts und das Streben nach Reform und Vereinheitlichung der landesgesetzlichen Regelungen.

Bredt betonte im Jahre 1920, daß der Wert — insbesondere des geplanten Reichsverwaltungsgerichts — von einer unparteiischen Besetzung abhänge[549]; eine solche werde nur durch die — ausschließliche — Heranziehung rechtsgelehrter Mitglieder gewährleistet[549].

Schultzenstein hatte im Jahre 1918 die große Bedeutung der Beteiligung von Laien an der Verwaltungsgerichtsbarkeit hervorgehoben[550]. Er hatte insbesondere daraufhingewiesen: Ihrer Mitwirkung sei es wesentlich zu verdanken, daß vor allem zu der preußischen Verwaltungsrechtspflege großes Vertrauen bestehe und sie schnell volkstümlich geworden und beständig geblieben sei[550]. Namentlich bei Streitigkeiten, die einen

---

543 Kern, Geschichte, S. 186.
544 Schultzenstein, Laientum, S. 83.
545 Kleineberg Sp. 597 (für „Weltfremdheit“); Schiffer, Justiz, S. 16 (für „Klassenjustiz“).
546 Kern, Geschichte, S. 186.
547 Schiffer, Justiz, S. 13.
548 Kern, Geschichte, S. 187.
549 Bredt S. 202.
550 Schultzenstein, Laientum, S. 83.

politischen oder ähnlichen Beigeschmack haben können, werde die Unabhängigkeit der Laien weniger bezweifelt, als diejenige der Berufsrichter, die zwar nach dem Gesetz unabhängig, aber doch Beamte und Angehörige bestimmter Gesellschaftsklassen seien[551]. Die Teilnahme von Laien habe auch zum Ziele, die allgemein menschlichen Anschauungen und praktischen Auffassungen, Kenntnisse und Erfahrungen des täglichen Lebens und das geschäfts- und fachkundige oder wirtschaftliche Wissen von Nichtberufsrichtern für die Rechtsprechung nutzbar und diese dadurch gerechter, weniger förmlich, mehr sachlich und gemeinverständlicher zu machen[551].

Im Jahre 1922 vertrat *Schultzenstein* dagegen die Meinung: Laien könnten „wenig nützen, aber auch nicht gerade schaden"[552]. Zur Stärkung des Vertrauens der Bevölkerung in die Verwaltungsgerichtsbarkeit seien sie aber ganz erwünscht[552].

Die Frage der Beteiligung von Laien an der Rechtsprechung über öffentlich-rechtliche Gegenstände wurde auch auf der *Tagung* der deutschen *Staatsrechtslehrer* zu Leipzig am 10. und 11. März 1925 angesprochen.

In seinem Bericht zu dem Beratungsgegenstand „Der Schutz des öffentlichen Rechts durch ordentliche und durch Verwaltungsgerichte (Fortschritte, Rückschritte und Entwicklungstendenzen seit der Revolution)" führte *Walter Jellinek* u. a. aus, daß sich „viel für, aber auch manches gegen die Laienbeteiligung" sagen lasse[553]. Im großen und ganzen sei seine Mitwirkung „unerheblich"[553]. Bei schwierigen, dem Gefühl unzugänglichen Rechtsfragen werde der „Laienschöffe" versagen[553]. Seine Hauptaufgabe könnte es sein, vom einzelnen als Bindeglied zwischen ihm und dem noch als Obrigkeit angesehenen Gericht empfunden zu werden[554]. Seine Beteiligung sei aber unbedingt „schädlich", wenn durch ihn die Parteipolitik in das Gericht gebracht werden sollte und auch nur der Verdacht der Politisierung der Rechtsprechung wachgerufen werde[555].

Auch *Lassar* schenkte — in seinem Mitbericht — der Möglichkeit ernsteste Beachtung, daß die Laien zu Partei- oder Interessenvertretern werden könnten[556]. Er führte aus: Die Einflußnahme von Fraktionen, Parteien und wirtschaftlichen Verbänden auf die Auswahl der Beisitzer könne die Quelle sehr starker Gefahren werden[556]. Werde diesen Gefahren vorgebeugt — was auch innerhalb eines parlamentarischen Systems möglich sei —, so diene die Beteiligung der Laien an der Rechtsprechung

[551] Schultzenstein, Laientum, S. 81.
[552] Schultzenstein, in Danziger Juristische Zeitung, 1922, S. 3; zit. bei Lassar S. 27/28.
[553] Jellinek, Schutz, S. 27.
[554] Jellinek, Schutz, S. 28.
[555] Jellinek, Schutz, S. 27 u. 28.
[556] Lassar S. 87.

dem Einklang von Volksrecht und Juristenrecht[556]. Der Laie führe als Träger der gesellschaftlichen Anschauungen, als Sachkenner und vor allem als lebendiges Organ des allgemeinen Rechtsbewußtseins der Bürokratie immer neue Ströme gesellschaftlichen Lebens zu[556]. Aus diesen Gründen sollten Laien in der Unter- und Mittelinstanz berücksichtigt werden[556]. An den obersten Gerichten sei die Beteiligung von Laien dagegen nicht sehr „diskutabel"[556].

In der Aussprache ergab sich eine überwiegende Meinung für die Beteiligung von Laien. Von *Köhler* sah in ihr „eine moralische Unterstützung" der Berufsrichter[557]. *Bühler* meinte, die Mitwirkung von Laien in den unteren Instanzen müsse im Interesse der Stärkung des Vertrauens des Publikums beibehalten werden, auch wenn die Laien nicht viel nützten[558]. Ebenso sah *Hensel* die Rechtfertigung der Laienbeteiligung gerade darin, daß die Laienvertreter vom Vertrauen der Bevölkerung getragen seien[559]. Auch *Rosenthal* hielt die Mitwirkung von Laien aus politischen Gründen für erforderlich, um dem in weiten Kreisen bestehenden Mißtrauen gegen die Gerichte zu begegnen[560]. *Perels,* der die Laienmitwirkung an sich für wünschenswert hielt, hob die Gefahr der Politisierung hervor[561]. Er verwies auf die große Bedeutung der Art der Laienauswahl[561]. Auch *Koellreutter* schien eine Politisierung der Laien ihrer Beteiligung ungünstig[562]. Ebenso warnte *Waldecker,* daß eine Auswahl der Laienbeisitzer nur unter politischen Gesichtspunkten sich „katastrophal" auswirken müsse[563]. Aus diesem Grunde sprach sich *Stier-Somlo* für eine sorgfältigere Siebung der „nicht wohl entbehrlichen" Laienrichter aus, damit sachkundigere, nicht in Rechtssachen politisch eingestellte Personen in die Gerichte hereinkommen könnten[564]. Lediglich *Apelt* meinte, die Beteiligung von Laien sei nicht allzu wichtig, sie seien bei der Rechtskontrolle entbehrlich[565].

Während *Beling* im Jahre 1928 — insbesondere im Hinblick auf das Strafverfahren — meinte, „das Volk zerbricht durch die Auslieferung der Justiz an die Laienrichter seine eigenen Gesetzestafeln"[566], trat *Apelt* im Jahre 1929 im Rahmen seiner Vorschläge für eine Ausgestaltung eines reichseinheitlichen Systems des Verwaltungsrechtsschutzes nunmehr für eine Beteiligung von Laien ein[567]. Er hob hervor: Dies sei eine Frage po-

---

[557] v. Köhler S. 119.
[558] Bühler S. 112.
[559] Hensel S. 117.
[560] Rosenthal S. 113.
[561] Perels S. 113.
[562] Koellreutter, Aussprache, S. 110.
[563] Waldecker S. 107.
[564] Stier - Somlo S. 109.
[565] Apelt, Aussprache, S. 111.
[566] Beling; zit. bei Baur S. 54.
[567] Apelt, Referat, S. 21, 30.

litischer Zweckmäßigkeit[568]. Zwar würde ein Gericht aus unabhängigen, rechtlich bestmöglich geschulten Berufsrichtern wohl den besten, den zuverlässigsten und dabei schnellsten und billigsten Rechtsschutz verbürgen[568]. Demgegenüber müsse jedoch in Rechnung gestellt werden, daß die Zuziehung von Laien zum einen dem Gerichte in den Augen der Bevölkerung ein gewisses Vertrauen zu gewinnen pflege, zum andern dem Berufsrichter die lebendige Fühlung mit der Allgemeinheit erleichtere und so einen gewissen Schutz gegen bürokratische Einflüsse bedeute[568]. Aus diesen Gründen sei zu empfehlen, zu den Verwaltungsgerichten der unteren Instanzen Laienrichter zuzuziehen[568]. Diese müßten aber ein bestimmtes Maß an Verwaltungserfahrung besitzen[568]. Ansonsten sei ihre Mitwirkung ohne allen Wert[568]. Zu Laienrichtern seien deshalb nur Personen zu bestellen, die in der öffentlichen Verwaltung eine bestimmte Zeit — etwa drei Jahre lang — tätig gewesen seien[568]. In Verfolg dieser Vorstellungen schlug Apelt vor, die Kammern der Verwaltungsgerichte niederer Ordnung mit drei rechtsgelehrten Berufsbeamten und zwei sachkundigen Laienmitgliedern[569], die Senate des obersten Verwaltungsgerichts mit fünf ausschließlich rechtsgelehrten Berufsbeamten zu besetzen[570].

Im Jahre 1931 sprach sich *Rottmann* ebenfalls dagegen aus, Laien an der Rechtsprechung des obersten Verwaltungsgerichtshofes zu beteiligen[571]. Es sei „unerfindlich", was Laien bei der Entscheidung von regelmäßig schwierigen Rechtsfragen tun sollten[572].

Zu erwähnen bleibt schließlich *Kern,* der sich im Jahre 1932 für die Zuziehung von Laienrichtern eingesetzt hat[572]. Er wies darauf hin: Es entspreche dem demokratischen Gedanken, das Volk an allen Aufgaben des Staates einschließlich der Rechtsprechung zu beteiligen[572]. Das Volk übernehme damit einen Teil der Verantwortung für die Rechtspflege, schaffe ein Gleichgewicht zu dem als innerlich vom Staat abhängig beargwöhnten beamteten Richter und gewinne die Kenntnis des Rechts und das Verständnis für die Aufgaben der Rechtspflege[572]. Damit wachse das Vertrauen in die Rechtspflege[572].

Während das deutsche Schrifttum letztlich die vertrauenfördernde Bedeutung des Laienelements betonte, stellte das *österreichische* Schrifttum die Gefahr der parteipolitischen Beeinflussung der Rechtsprechung in den Vordergrund seiner Erwägungen.

Merkl wandte sich im Jahre 1923 gegen ein „parteipolitisch durchsetztes" öffentliches Leben in Verwaltung und Justiz[573]. Er vertrat die

---

568 Apelt, Referat, S. 31.
569 Apelt, Referat, S. 31/32.
570 Apelt, Referat, S. 30.
571 Rottmann S. 46.
572 Kern, in Anschütz - Thoma, S. 487.
573 Merkl S. 92.

Auffassung: Eine „gemischt demokratisch-autokratische" Staatsform sei das beste[574]. Die Gefahr liege in der Kumulierung parteipolitischer Gesetzgebung, Verwaltung und Justiz[575]. Die Vorzüge der Berufsverwaltung vor der Laienverwaltung seien größere Sachlichkeit, höhere Unparteilichkeit und reinere Rechtlichkeit[576]. Bei dem Laien seien Rechtsgefühl und Staatssinn häufig so schwach entwickelt, daß er namentlich parteipolitische Interessen gewichtiger erachte, als diejenigen der die Allgemeinheit repräsentierenden Staats- und Rechtsordnung[577].

Kelsen sagte es im Jahre 1929 noch deutlicher: „Die Einflußsphäre der politischen Partei ist die Legislative, nicht die Exekutive[578]." Die Gesetzmäßigkeit der Vollziehung, d. h. des demokratisch gewonnenen Volkswillens könne nur durch ein autokratisch-bürokratisches System[579] unter der Kontrolle der Verwaltungsgerichtsbarkeit[580] gewahrt werden. Das zur Verwirklichung der Demokratie unumgängliche Prinzip der Legalität schließe jede demokratisierte und daher parteipolitischen Einflüssen zugängliche Gesetzesvollziehung der Gerichte wie der Verwaltungsbehörden aus[581].

Abschnitt 7: Der „völkische Führerstaat"

Das vorläufige Ende der Laienmitwirkung in der Verwaltungsgerichtsbarkeit

Der Nationalsozialismus verstand sich als „völkische" Weltanschauung[582]. Er erstrebte den Zusammenschluß der staatlich geformten Gemeinschaft „artgleicher" deutscher Menschen über die formale Gemeinsamkeit des Rechtes hinaus zu einer substanzhaften Einheit des Denkens und des Empfindens, zu einer der deutschen Art gemäßen „Volksgemeinschaft"[583]. Diese Einheit sollte durch die „integrative Kraft" des Führertums[584] auf dem Boden des „altgermanischen Gefolgschaftsverhältnisses"[585] geschaffen und gesichert werden. Diesem ideologischen Ansatzpunkt folgend wurde die Person des Führers mit der Verfassung identifiziert[586], sein Wille zum Gesetz erklärt[587] und für alle Lebensbereiche

[574] Merkl S. 77.
[575] Merkl S. 76.
[576] Merkl S. 30.
[577] Merkl S. 72 u. 74.
[578] Kelsen S. 77.
[579] Kelsen S. 73.
[580] Kelsen S. 75.
[581] Kelsen S. 75 u. 76.
[582] Reuß, Zukunft, S. 222.
[583] Göring S. 234; Reuß, Zukunft, S. 222.
[584] Reuß, Zukunft, S. 231.
[585] Göring S. 234.
[586] Hartung S. 350.

das auf wechselseitiger Treue zwischen Führer und Gefolgschaft[588] aufbauende „Führerprinzip“ maßgebend[589]. Diese Verfassungsordnung hat in dem Beschluß des Großdeutschen Reichstages vom 26. April 1942[590] ihren Niederschlag gefunden. Der Beschluß lautet: „Der Führer muß — ohne an bestehende Rechtsvorschriften gebunden zu sein — in seiner Eigenschaft als Führer der Nation, als Oberster Befehlshaber der Wehrmacht, als Regierungschef und Inhaber der vollziehenden Gewalt, als *oberster Gerichtsherr* und als Führer der Partei jederzeit in der Lage sein, nötigenfalls jeden Deutschen ... mit allen ihm geeignet erscheinenden Mitteln zur Erfüllung seiner Pflichten anzuhalten und bei Verletzung dieser Pflichten nach gewissenhafter Prüfung ohne Rücksicht auf sogenannte wohlerworbene Rechte mit der ihm gebührenden Sühne zu belegen, ihn im besonderen ohne Einleitung vorgeschriebener Verfahren aus seinem Amte zu entfernen.“

1. Der Gesetzgeber

Der nationalsozialistische Gesetzgeber ließ die überkommene Verwaltungsgerichtsbarkeit der deutschen Länder als Institution unangetastet[591]. Er nahm ihr jedoch in zunehmendem Maße die Bedeutung.

Der erste Schlag traf die mit *Laienmitgliedern* besetzten Verwaltungsgerichte der unteren und mittleren Instanzen. Für sie wurde unmittelbar nach der „Machtergreifung“ eine grundlegende Änderung getroffen: Die Art und Weise der Gewinnung der Laienmitglieder. Durch das vorläufige Gesetz zur Gleichschaltung der Länder mit dem Reich vom 31. März 1933[592] wurden — mit Ausnahme Preußens —[593] die gemeindlichen Selbstverwaltungskörper aufgelöst[594]. Sie waren bis zum 30. April 1933[595] — ohne Wahl — „nach der Zahl der gültigen Stimmen, die bei der Wahl zum Deutschen Reichstag am 5. März 1933 im Gebiet der Wahlkörperschaft — mit Ausnahme der Stimmen auf Vorschläge der kommunistischen Parteien — abgegeben worden sind“, neu zu bilden[596]. Die neuen gemeindlichen Selbstverwaltungskörper „galten“ mit dem 5. März 1933 als auf vier Jahre gewählt[597].

Das Land *Baden* — beispielsweise — folgte diesem reichsgesetzlichen Auftrag[598] hinsichtlich der Neubildung der Bezirksräte durch das (erste)

[587] Göring S. 236; Georg Schmidt, Problem, S. 148.
[588] Göring S. 234.
[589] Reuß, Zukunft, S. 231; Stuckart S. 161.
[590] RGBl. I S. 247.
[591] Widtmann S. 57 (für Bayern).
[592] RGBl. I S. 153.
[593] § 17 Satz 1 d. Ges.
[594] § 12 Abs. 1 d. Ges.
[595] § 16 d. Ges.
[596] § 12 Abs. 2 d. Ges.
[597] § 15 d. Ges.
[598] §§ 1, 16 d. Ges.

Durchführungsgesetz vom 4. April 1933[599]. Mit badischem Gesetz über die Verlängerung der Amtsdauer der Bezirksräte vom 6. März 1937 wurde die mit dem 4. März 1937 ablaufende Amtsdauer der Bezirksräte bis auf weiteres verlängert[600]. Für ausscheidende Bezirksräte wurde bestimmt, daß die Ersatzräte von dem Minister des Innern im Einvernehmen mit dem Kreisleiter der NSDAP berufen werden sollten[601]. Durch Gesetz über die Landkreisselbstverwaltung vom 24. Juni 1939[602] wurden dem Landrat sechs bis zehn „Kreisräte“ zur beratenden Mitwirkung zur Seite gestellt[603]. Diese wurden „zur Sicherung des Einklangs der Kreisverwaltung mit der Partei“ durch den Beauftragten der NSDAP im Einvernehmen mit der Aufsichtsbehörde „berufen“[604]. Die Kreisräte bildeten gleichzeitig den Bezirksrat beim Landrat[605]. Der so besetzte Bezirksrat blieb weiterhin als Verwaltungsgericht erster Rechtsstufe bestehen[606].

Für das Land *Preußen* traf das Gesetz über die Anpassung der Landesverwaltung an die Grundsätze des nationalsozialistischen Staates vom 15. Dezember 1933[607] eine gesonderte Regelung. Zunächst wurde bestimmt, daß die Bezirks-, Kreis- und Stadtausschüsse in ihrer Eigenschaft als Vewaltungsgerichte die Bezeichnung „Bezirks-, Kreis- und Stadtverwaltungsgerichte“ führen sollten[608]. Des weiteren wurde angeordnet, daß an die Stelle der gewählten Gerichtsmitglieder nunmehr „ernannte“ Mitglieder (Mitglieder auf Zeit) zu treten hätten[609]. Deren Amtszeit war auf vier Jahre bemessen[610].

Der Ausbruch des Zweiten Weltkrieges am 1. September 1939[611] brachte weitere, einschneidende Maßnahmen.

Am 28. August 1939 erging der Erlaß des Führers und Reichskanzlers über die Vereinfachung der Verwaltung[612]. Im Zuge der „lückenlosen Mobilmachung“[613] zur „Verteidigung von Volk und Reich“[614] wurde u. a. bestimmt, daß an die Stelle der Anfechtung einer Verfügung im verwaltungsgerichtlichen Verfahren die Anfechtung im Beschwerdewege trete[615]. Die Beschwerdebehörden konnten das verwaltungsgerichtliche Ver-

---

599 Bad. GVBl. S. 55; § 2 d. Ges.
600 Bad. GVBl. S. 43; § 1 Abs. 1 d. Ges.
601 § 1 Abs. 2 d. Ges.
602 Bad. GVBl. S. 93.
603 § 16 Abs. 1 Satz 1 d. Ges.
604 §§ 15 Abs. 1, 16 Abs. 1 Satz 2 d. Ges.
605 § 27 Abs. 1 d. Ges.
606 § 27 Abs. 2 Satz 2 d. Ges.; Rapp S. 16.
607 Preuß. GS. S. 479.
608 § 2 d. Ges.
609 § 4 Abs. 1 Satz 1 d. Ges.
610 § 4 Abs. 1 Satz 4 d. Ges.
611 Jung S. 878.
612 RGBl. I S. 1535.
613 Poppitz, Krieg, S. 9.
614 Vorrede d. Erl.
615 IV Abs. 2 Satz 1 d. Erl.

fahren statt der Beschwerde im Hinblick auf die grundsätzliche Bedeutung oder die besonderen Umstände des Einzelfalles ihrerseits zulassen[616].

Die Zweite Verordnung über die Vereinfachung der Verwaltung vom 6. November 1939[617] setzte der Mitwirkung von Laienrichtern an der nationalsozialistischen Verwaltungsrechtspflege ein Ende. Die Stadt- und Kreisverwaltungsgerichte Preußens sowie die entsprechenden Verwaltungsgerichte der außerpreußischen Länder wurden ersatzlos aufgehoben[618]. Für die Kreisverwaltungsgerichte trat diese Bestimmung am 10. November 1939 in Kraft[619]. Für die Stadtverwaltungsgerichte wurde die Aufhebung am 1. Dezember 1941 in Kraft gesetzt[620]. Die Verwaltungsgerichte der höheren Rechtsstufen blieben zwar bestehen[621]. Ihre Besetzung wurde jedoch auf „drei aus dem Richterstande oder dem höheren Verwaltungsdienste entnommene Mitglieder" verringert[621]. Damit hatten auch die von der „Gleichschaltung" des Jahres 1933 noch unberührten Laienbeisitzer des Oberverwaltungsgerichts *Oldenburg* auszuscheiden[622]. Bei der Verabschiedung gab Präsident Dugend der Hoffnung Ausdruck, „mit den Ausgeschiedenen nach dem Kriege die frühere Zusammenarbeit wieder fortsetzen" zu können[622], ein Zeichen dafür, daß ihm an der Mitwirkung des Laienelements ernstlich gelegen war[622].

2. Das Schrifttum

Während der nationalsozialistische Gesetzgeber die Verwaltungsgerichtsbarkeit als Institution bestehen ließ, erhob sich im nationalsozialistischen Schrifttum der dreißiger Jahre eine heftige Auseinandersetzung über deren Beibehaltung. Als Kontrahenten sind u. a. Bahmann[623], Holtz[624], Koellreutter[625], Reuß[626], Sommer[627] und Stuckart[628] zu nennen. Dieser Streit wurde erst im Jahre 1941 zugunsten der Verwaltungsgerichtsbarkeit durch die Errichtung des „*Reichsverwaltungsgerichts*" entschieden[629]. Dieses Gericht wurde durch Erlaß des Führers und Reichskanzlers vom 3. April 1941[630] errichtet, „um die Verwaltung durch Ver-

---

[616] IV Abs. 2 Satz 2 d. Erl.
[617] RGBl. I S. 2168.
[618] Art. I § 1 Satz 1 d. VO.
[619] Art. III § 10 Abs. 1 d. VO.
[620] VO d. RMin. d. Inn. v. 19. Nov. 1941 (RGBl. I S. 720).
[621] Art. I § 2 d. VO.
[622] Sellmann, Oldenburg, S. 85.
[623] Bahmann S. 51.
[624] Holtz, Problem, S. 290.
[625] Koellreutter, Verfassungsschutz, S. 302; Koellreutter, Wesen, S. 483.
[626] Reuß, Zukunft, S. 213.
[627] Sommer S. 425.
[628] Stuckart S. 161.
[629] Koellreutter, Recht, S. 228.
[630] RGBl. I S. 201.

einigung oberster Verwaltungsgerichte zu vereinfachen und damit zugleich die zumal in Kriegszeiten gebotenen Ersparnisse an Personal und Verwaltungskosten zu erzielen"[631]. In dieser „obersten Spruchbehörde der Verwaltungsgerichtsbarkeit"[632] mit Sitz in Berlin[633] wurden neben sechs weiteren verwaltungsrechtlichen Spruchstellen das preußische Oberverwaltungsgericht und der Verwaltungsgerichtshof in Wien vereinigt[634]. Das Reichsverwaltungsgericht blieb der einzige Spruchkörper, der von der seit Jahrzehnten geplanten Neuordnung der Verwaltungsgerichtsbarkeit auf Reichsebene verwirklicht wurde. Seine Spruchtätigkeit wurde lediglich durch rechtsgelehrte Mitglieder ausgeübt[635]. Die Senate blieben nach den Vorschriften der bisher selbständigen Spruchstellen besetzt[636]. „Im übrigen ‚entschieden' die Senate bis auf weiteres in der Besetzung von drei Mitgliedern[637]."

Die Frage, ob das Laienelement in den unteren Rechtszügen einer nationalsozialistisch ausgerichteten Reichsverwaltungsgerichtsbarkeit vertreten gewesen wäre, muß offen bleiben.

Für die Straf- und die Zivilgerichtsbarkeit hat sich *Rothenberger* für die Beibehaltung des Laienelementes ausgesprochen[638]. Er sah in diesem die wichtigste Erkenntnisquelle des Rechts — das „gesunde Volksempfinden"[639]. Dieses werde dann am klarsten und lebendigsten wirken, wenn eine ständige Verbundenheit der Rechtspflege mit dem Volke durch die Beteiligung von Laien als „Gehilfen des geschulten Richters" sichergestellt sei[639]. Die von Rothenberger den Laien zugeschriebene Bedeutung hätte sich auch für eine Zuziehung von Laien in der Verwaltungsgerichtsbarkeit anführen lassen.

Holtz[640] und *Koellreutter*[641] hielten es zwar für wesentlich, die „Volksgenossen" zur bewußten Mitarbeit in der völkischen Staatsverwaltung heranzuziehen. Die Verwaltungsgerichtsbarkeit im besonderen wurde von ihnen jedoch nicht angesprochen.

Demgegenüber haben Frank[642], Herold[643], Reuß[644], Schelcher[645], Georg Schmidt[646] und Franz Scholz[647] ausdrücklich zu der Beteiligung von Laien

---

[631] Einleitung d. Erl.
[632] § 3 Abs. 1 Satz 1 d. Erl.
[633] § 3 Abs. 2 d. Erl.
[634] § 1 d. Erl.
[635] § 4 Abs. 2 d. Erl.
[636] § 2 Satz 1 Erste VO zur Durchführung und Ergänzung des Erlasses des Führers und Reichskanzlers über die Errichtung des Reichsverwaltungsgerichts, vom 29. April 1941 (RGBl. I S. 224).
[637] § 2 Satz 2 d. VO.
[638] Rothenberger S. 42, 122, 141.
[639] Rothenberger S. 42.
[640] Holtz, Laienelement, S. 415.
[641] Koellreutter, Öffentl. Amt, S. 786.
[642] Frank S. 117.
[643] Herold S. 74.

an der künftigen reichseinheitlichen Verwaltungsrechtspflege Stellung genommen.

Reuß bekannte sich zu den Reformvorstellungen Drews[648] und forderte, daß die Gerichtseigenschaft der künftigen Verwaltungsrechtspflege klar und scharf entwickelt werden müsse[649]. Zur Frage der Beteiligung von Laien vertrat er die Meinung: Sie sei „nicht zu empfehlen“[650]. Die Behauptung, der Laie sei ein Mittler des Vertrauens zwischen Volk und Gericht, sei eine „Selbsttäuschung“, eine „völlig unpsychologische Anbiederung der Juristen an das Volk“[651]. Selbst in den seltenen Fällen, in denen die Laien zur tatsächlichen Seite eines Streitstoffes etwas Förderliches zu sagen wissen sollten, sei ihnen doch nicht zuzumuten, sich zu den streitigen Rechtsfragen zu äußern[652].

Scholz hat einen eigenen „Entwurf einer Reichsverwaltungsgerichtsordnung“ vorgelegt[653]. Er schlug Bezirks- und Gauverwaltungsgerichte sowie ein Reichsverwaltungsgericht vor[654]. Von der Beteiligung „ehrenamtlicher Mitglieder“[655] sah sein Entwurf bewußt ab[656]. Er begründete dies: Ihre Mitwirkung sei, soweit sie die Gerichtsmehrheit darstellten, „untragbar“, im übrigen sei sie „entbehrlich“[657]. Zwar sei die Zuziehung der Reichsbürger zur Mitwirkung im öffentlichen Leben „gewiß erstrebenswert“[658]. Die Verwaltungsrechtspflege müsse jedoch dem berufsmäßigen Richter vorbehalten werden. Nur er besitze die erforderlichen Eigenschaften: „Rechtskenntnis, Unparteilichkeit, Erfahrung und dadurch gestärktes Rechtsgefühl, sowie Kenntnis der Notwendigkeiten der öffentlichen Verwaltung“[658]. Daß ein Laienrichter gerade auf dem Sachgebiet, aus dem die jeweilige Streitfrage erwachse, infolge größerer Lebensnähe Erfahrungen habe, sei reiner Zufall, da eine Auswahl für jedes spezielle Sachgebiet äußerst umständlich sei[659]. Selbst wenn dies jedoch gelänge, so sei die Zuziehung von Sachverständigen das geeignetere Mittel[660]; bei einem Laienrichter könne eine unsachliche Einstellung nicht ausge-

---

644 Reuß, Verwaltungsgerichtsbarkeit, S. 651.
645 Schelcher S. 577/578.
646 Georg Schmidt, Reich, S. 412.
647 F. Scholz S. 156.
648 Reuß, Kostenwesen, S. 3338 Fußn. 9.
649 Reuß, Zukunft, S. 251.
650 Reuß, Verwaltungsgerichtsbarkeit, S. 651.
651 Reuß, Verwaltungsgerichtsbarkeit, S. 652.
652 Reuß, Verwaltungsgerichtsbarkeit, S. 651.
653 F. Scholz.
654 F. Scholz S. 192, § 50 d. E.
655 F. Scholz S. 156.
656 F. Scholz S. 192, § 52 d. E.; S. 193, §§ 53, 54 d. E.
657 F. Scholz S. 159.
658 F. Scholz S. 158.
659 F. Scholz S. 157, 159.
660 F. Scholz S. 159.

schlossen werden[661]. Darüber hinaus bedeute die Teilnahme von Laienrichtern in jedem Falle eine erhebliche Belastung des Verfahrens; mündliche Verhandlungen mit breiten Vorträgen und ungeheuer schleppende Urteilsberatungen — insbesondere im Hinblick auf die Rechtsfragen — seien nicht zu vermeiden[661]. Schließlich hält Scholz die liberalistische Vorstellung, daß der Laienrichter die Verwaltungsrechtspflege in den Augen der Bürger vertrauenswürdiger mache, in der „heutigen Zeit" für nicht mehr zeitgemäß[662]. Der „Hort des Rechts" sei der vom Staate ausgebildete und von seinem Vertrauen getragene, rechtskundige Richter[663].

Schelcher glaubte mit einer zweistufigen Verwaltungsgerichtsbarkeit auskommen zu können — neben einem Reichsverwaltungsgericht sollten bei den Regierungspräsidenten Verwaltungsgerichte des ersten Rechtszuges eingerichtet werden[664]. Nur bei „entsprechendem Arbeitsanfall" könnte ein weiterer Rechtszug — ein Oberverwaltungsgericht bei der Gauverwaltung — eingeschoben werden[665]. Zwar verneint Schelcher für das Gebiet der Verwaltungsgerichtsbarkeit ein allgemeines Bedürfnis nach Laienrichtern[666]. Er räumt jedoch ein: Die Zuziehung solcher Personen könne bei den Verwaltungsgerichten des ersten Rechtszuges von Nutzen sein, falls diese Personen Kenntnis und Erfahrung in der praktischen Verwaltung hätten[666]. Die Mitwirkung verwaltungsunerfahrener Laien dürfe dagegen im allgemeinen „wetrlos" sein[666]. Lediglich in Verwaltungsstrafsachen sei deren Heranziehung — ähnlich den Schöffen — zu erwägen[666]. Hier liege die eigentliche Bedeutung der Laienrichter — die Beurteilung allgemein menschlicher, die Persönlichkeit des einzelnen betreffender Fragen[666]. Die Zahl der Laienrichter solle diejenige der Berufsrichter nicht übersteigen, da andernfalls die geschäftliche Leistungsfähigkeit des einzelnen Spruchkollegiums nicht gewährleistet sei[667].

Herold und *Schmidt* wollten die Verwaltungsgerichtsbarkeit auf Gauverwaltungsgerichte und ein Reichsverwaltungsgericht beschränken[668]. Schmidt meinte sogar, daß man auch ohne die Gauverwaltungsgerichte auskommen könne[669]. Dem Laienrichtertum wollten weder Herold noch Schmidt einen Platz einräumen[670]. Sie waren der Auffassung: Die von ihnen vorgeschlagenen Spruchkörper seien vorwiegend für die Entscheidung rechtlich schwierig gelagerter Fälle vorgesehen[670]. Hierbei sei die Mitwirkung von Laien problematisch[671]. Sie könnten lediglich durch

661 F. Scholz S. 157.
662 F. Scholz S. 156, 158.
663 F. Scholz S. 158.
664 Schelcher S. 576.
665 Schelcher S. 574.
666 Schelcher S. 577.
667 Schelcher S. 577/578.
668 Herold S. 64; Georg Schmidt, Reich, S. 411.
669 Georg Schmidt, Reich, S. 411.
670 Herold S. 74; Georg Schmidt, Reich, S. 412.
671 Herold S. 74.

besondere „Sachkunde“ beitragen[672]. Für die allgemeine Verwaltungsrechtspflege sei es jedoch „unmöglich“, die jeweils besonders sachkundigen Leute zu finden[672].

Auch *Frank* sprach sich für einen zweistufigen Aufbau der verwaltungsgerichtlichen Organisation aus[673]. Seine Vorstellung ging dahin: Unter einem „Reichsverwaltungsgericht“ sollten „Landesverwaltungsgerichte“ aufgebaut werden[673]. Letzteren Gerichten sollten Laien beigegeben werden[673]. Die Mitwirkung von Laienrichtern sichere dem Gericht ein stärkeres Vertrauen im Volke[673]. Das Volk nehme mit Recht an, daß die Laienrichter den Berufsrichtern die Anschauungen der in anderen Berufen tätigen Volksgenossen vermittele und sie davor bewahre, vom grünen Tisch aus zu entscheiden[673]. Mit ein oder zwei Laienrichtern sei diese „Volksverbundenheit der Gerichte“ gesichert[673]. Eine Notwendigkeit, die Zahl der Laienrichter so groß zu machen, daß sie die Berufsrichter überstimmen könnten, bestehe im nationalsozialistischen Staate nicht[673]. In der obersten Rechtsstufe sei die Beteiligung von Laien dagegen unangebracht[673]. Die dortigen Untersuchungen seien regelmäßig so umfangreich und schwierig, insbesondere vielfach derart rechtstheoretisch abgestellt, daß sie an Zeit, Geduld und Arbeitskraft des Laien übermäßige Anforderungen stellen würden[673].

Abschnitt 8: Zusammenbruch und Neubeginn

Der Bürger kehrt in die Verantwortung am Staat zurück

Mit Erklärung vom 5. Juni 1945 übernahmen die Regierungen Frankreichs, Großbritanniens, der Sowjetunion und der Vereinigten Staaten von Amerika die höchste Autorität hinsichtlich Deutschlands[674]. Das Reichsgebiet wurde von den Armeen der alliierten Gewalthaber besetzt und am 17. Juli 1945 in vier Besatzungszonen — eine amerikanische, eine französische, eine britische und eine sowjetische Zone — aufgeteilt[675]. Das gleiche Schicksal — Aufteilung in vier Sektoren — erlitt die Reichshauptstadt Berlin[676]. Der Staat *Preußen*, seine Zentralregierung und alle nachgeordneten Behörden wurden durch Gesetz Nr. 46 des Kontrollrates in Deutschland vom 25. Februar 1947 aufgelöst[677].

Die „höchste gesetzgebende, rechtsprechende und vollziehende Machtbefugnis und Gewalt“ wurde zunächst von den *Militärregierungen* der

---

[672] Georg Schmidt S. 412.
[673] Frank S. 117.
[674] Brandl S. 319 (Wortlaut).
[675] Jung S. 954; Feststellung (der Siegermächte) über die Besatzungszonen in Deutschland vom 5. Juni 1945 (Wortlaut bei Huber, Quellen, Bd. 2, S. 161).
[676] Jung S. 955.
[677] Journal off. S. 582.

jeweiligen Zonen und Sektoren ausgeübt[678]. Unter ihrem Einfluß und auf Grund ihrer Initiative begann sich das staatliche Leben in Deutschland wieder zu regen. Zwölf Jahre gläubigen Befehlsempfanges hatten es nicht vermocht, die Bereitschaft des deutschen Bürgers, Verantwortung im staatlichen Bereich zu übernehmen, auszulöschen. Unter dem Eindruck des gerade Erlebten wurde die Wiederherstellung der Rechtsstaatlichkeit zu einem vordringlichen Anliegen. Diesem Ziel galt auch der Wiederaufbau einer *Verwaltungsgerichtsbarkeit.*

Die Verwaltungsgerichte der Länder sowie das Reichsverwaltungsgericht waren durch Gesetz Nr. 2 der Militärregierung für Deutschland[679] „zeitweilig" geschlossen worden[680]. Sie durften ihre Tätigkeit erst wieder aufnehmen, „wenn und soweit dies in schriftlichen Anordnungen der Militärregierung besimmt" werde[681]. Für alle vier Besatzungszonen und Berlin wurde durch Gesetz Nr. 36 des Kontrollrats vom 10. Oktober 1946[682] angeordnet, daß zur „Entscheidung von Verwaltungssachen" Verwaltungsgerichte wieder zu errichten seien[683]. Verfassung, Zuständigkeit und Verfahren sollten von den Zonenbefehlshabern, in Berlin von der Alliierten Kommandantura, festgesetzt werden[684]. Gleichzeitig wurden der Vereinfachungs-Erlaß vom 28. August 1939, die Zweite Vereinfachungs-Verordnung vom 6. November 1939 und der Erlaß über das Reichsverwaltungsgericht vom 3. April 1941 aufgehoben[685].

Der Wiederaufbau der Verwaltungsgerichtsbarkeit verlief in den einzelnen Besatzungszonen und den Sektoren von Berlin unterschiedlich.

1. Die amerikanische Zone

Durch Proklamation Nr. 2 des Obersten Befehlshabers der amerikanischen Streitkräfte, General Eisenhower, vom 19. September 1945[686] wurden in der amerikanischen Zone drei Länder geschaffen[687]: *„Bayern"*, *„Württemberg-Baden"* — aus den nördlichen Teilen der bisherigen Länder Württemberg und Baden[688] — und *„Groß-Hessen"* — aus dem rechtsrheinischen Gebiet des bisherigen Landes Hessen-Darmstadt und dem überwiegenden Teil der preußischen Provinz Hessen-Nassau[688] —.

---

[678] Ziff. II S. 1 u. 2 der Proklamation Nr. 1 des Obersten Befehlshabers der Alliierten Streitkräfte, D. D. Eisenhower (ABl. Milt.Reg. amerik. Z. S. 1).
[679] ABl. Milt.Reg. amerik. Z. S. 7.
[680] Art. I Nr. 1 d. Ges.
[681] Art. IV Nr. 7 d. Ges.
[682] ABl. Kontrollrat Nr. 11 S. 183.
[683] Art. I d. Ges. Nr. 36.
[684] Art. II d. Ges. Nr. 36.
[685] Art. V d. Ges. Nr. 36.
[686] ABl. Milt.Reg. amerik. Z. S. 2.
[687] Art. 1 d. Pr.
[688] Heupel S. 73.

Im Sommer 1945 bestellte die amerikanische Militärregierung einen Gesetzgebungsausschuß unter dem Vorsitz des Heidelberger Professors Walter *Jellinek*[689]. In der badischen Tradition verwurzelt[690], wurde er zum Schöpfer des sogenannten *Heidelberger Entwurfs*[691]. Dieser Entwurf wurde am 6. August 1946 vom Länderrat der amerikanischen Zone angenommen[692] und unter der Bezeichnung „Gesetz über die Verwaltungsgerichtsbarkeit“ (Süddeutsches VGG) in den Ländern Bayern[693], Württemberg-Baden[694] und „Groß-Hessen“[695] im Wege der Landesgesetzgebung in Kraft gesetzt[696].

Durch Gesetz über die Verwaltungsgerichtsbarkeit vom 5. August 1947[697] folgte das nordwestdeutsche Land *Bremen*. Die Freie Hansestadt Bremen und der preußische[698] Stadtkreis Wesermünde — heute „Stadt Bremerhaven“ — waren durch Verordnung Nr. 76 der britischen Militärregierung vom Jahre 1946[699] mit Wirkung vom 1. Januar 1947 zum vierten deutschen Lande der amerikanischen Zone erklärt worden[700]. Mit der Übernahme des süddeutschen Verwaltungsgerichtsgesetzes wurde das bremische Gesetz über die Verwaltungsgerichtsbarkeit vom 1. Februar 1946[701] aufgehoben[702]. In diesem Gesetz hatte Bremen sein „Verwaltungsgericht“ wieder errichtet[703]. Es entschied in der Besetzung von drei Berufsrichtern und zwei auf vier Jahre gewählten ehrenamtlichen Beisitzern[704].

Das süddeutsche Verwaltungsgerichtsgesetz bestimmte — insoweit für alle vier Länder übereinstimmend — die Errichtung unabhängiger Verwaltungsgerichte sowie eines Verwaltungsgerichtshofes[705]. Die *Verwaltungsgerichte* entschieden in der Besetzung von drei „beamteten“ und zwei „ehrenamtlichen“ Mitgliedern[706]. Letztere wurden für die Dauer von vier Jahren gewählt[707]. Der *Verwaltungsgerichtshof* — in Bayern

---

689 Jellinek, Zone, S. 269; Klinger S. 2.
690 Walz S. 116.
691 Forsthoff 8., S. 487; Klinger S. 2; Sellmann, Oldenburg, S. 98.
692 Forsthoff 8., S. 487; Klinger S. 2.
693 Bayer. Gesetz Nr. 39 v. 25. September 1946 (Bay. GVBl. S. 281).
694 W.-B. Gesetz Nr. 110 v. 16. Oktober 1946 (W.-B. RegBl. S. 221).
695 Hess. Gesetz über die Verwaltungsgerichtsbarkeit vom 31. Oktober 1946 (Hess. GVBl. S. 194) in der Fassung des Änderungsgesetzes vom 30. Juni 1949 (Hess. GVBl. S. 79, S. 137).
696 Forsthoff 8., S. 487; Klinger S. 2.
697 Brem. GBl. S. 171.
698 Art. III d. VO Nr. 76.
699 ABl. Milt.Reg. brit. KG Nr. 16 S. 411.
700 Einleitung u. Art. II u. IV d. VO Nr. 76.
701 Brem. GBl. S. 17.
702 § 135 Abs. 1 südd. VGG brem. Fassung.
703 § 1 d. Ges.
704 §§ 4 Abs. 1 Satz 1, 7 Satz 1 d. Ges.
705 § 1 Abs. 1 d. Ges.
706 § 15 Abs. 1 Satz 1 d. Ges.
707 § 13 Satz 1 d. Ges.

mit Sitz in München[708], in Württemberg-Baden mit Sitz in Stuttgart[709], in Hessen mit Sitz in Kassel[710] und in Bremen mit Sitz in Bremen[711] — faßte seine Entscheidungen in der Besetzung von fünf rechtsgelehrten Mitgliedern[712].

2. Die französische Zone

Durch Verfügung Nr. 76, betreffend die Wiedereröffnung der Verwaltungsgerichte im französischen Besatzungsgebiet, vom 23. Juli 1946[713] wurde in den neu geordneten Ländern Baden, Württemberg, Hessen-Pfalz und Rheinland-Hessen-Nassau die Verwaltungsrechtspflege wieder eingerichtet[714]. Zusammensetzung, Zuständigkeit und Verfahren sollten sich nach den vor dem 30. Januar 1933 in Kraft befindlichen Bestimmungen richten[715].

a) Württemberg-Hohenzollern

Für das aus dem südlichen und westlichen Teile des bisherigen Landes Württemberg und dem preußischen Regierungsbezirk — dem ehemaligen Fürstentum — Hohenzollern gebildeten Land „*Württemberg-Hohenzollern*"[716] erließ das „Direktorium des Staatssekretariats"[717] am 19. August 1946 eine Rechtsanordnung über die Verwaltungsrechtspflege[718]. Nach dieser wurde die Verwaltungsgerichtsbarkeit in erster und letzter Instanz durch den *Verwaltungsgerichtshof* ausgeübt[719]. Er entschied in der Besetzung von drei rechtsgelehrten Mitgliedern[720].

b) Rheinland-Pfalz

Im französisch besetzten Mittelwesten wurden der bayerische Landesteil Pfalz und die linksrheinische Provinz Rheinhessen des Landes Hessen-Darmstadt zu dem — südlichen — Oberregierungspräsidium *Hessen-Pfalz* mit Sitz in Neustadt an der Haardt (heute Neustadt an der Weinstraße)[721], der südliche Teil der preußischen Rheinprovinz mitsamt

---

[708] § 1 Abs. 2 Satz 1 d. Ges.: Art. 1 Abs. 1 VO Nr. 85 zur Ausführung des VGG v. 27. September 1946 (Bay. GVBl. S. 291).

[709] § 1 Abs. 2 Satz 1 d. Ges.; Nr. 1 Abs. 2 Satz 1 VO Nr. 147 zur Ausführung des VGG vom 11. Februar 1947 (W.-B. RegBl. S. 2).

[710] § 1 Abs. 2 Satz 1 d. Ges.: Art. 1 Nr. 1 Erste VO zur Ausführung des VGG v. 25. März 1947 (Hess. GVBl. S. 32).

[711] § 1 Abs. 2 Satz 1 d. Ges. brem. Fassg.

[712] §§ 3 Abs. 1, 6 Abs. 1 d. Ges.

[713] Journal off. S. 256.

[714] Art. 1 d. Vfgg.

[715] Art. 2 d. Vfgg.

[716] Heupel S. 74.

[717] W.-H. ABl. 1945 S. 1.

[718] W.-H. ABl. S. 224.

[719] § 1 d. RAO.

[720] §§ 2 Abs. 1, 7 Abs. 1 Satz 1 d. RAO.

[721] Vgl. Journal off. 1946 S. 291; OPr. H.-Pf. AMitt. 1945 S. 1; Mayer/Ule S. 23, 24.

dem seit dem Jahre 1937 preußischen, ehemals oldenburgischen Landesteil Birkenfeld[722] und der Regierungsbezirk Montabaur der preußischen Provinz Hessen-Nassau zu dem — nördlichen — Oberpräsidium *Rheinland-Hessen-Nassau* mit Sitz in Koblenz[723] zusammengefaßt. Aus den Gebieten beider Oberpräsidien wurde durch Verordnung Nr. 57 des Oberkommandierenden der französischen Zone, General Koenig, vom 30. August 1946 ein „rhein-pfälzisches Land" — das Land *Rheinland-Pfalz* — mit der Hauptstadt Mainz geschaffen[724].

Im *nördlichen* Landesteil wurden durch Präsidialerlaß des Oberpräsidenten von Rheinland-Hessen-Nassau vom 30. März 1946 zunächst die *Bezirksverwaltungsgerichte* wieder eröffnet[725]. Sie entschieden in der Besetzung mit „mindestens" drei rechtsgelehrten Richtern[726]. Durch weiteren Präsidialerlaß vom 2. Juni 1946 wurde für den Bereich von Rheinland-Hessen-Nassau als höchste Instanz ein *Landesverwaltungsgericht* eingerichtet[727]. Es entschied in der Besetzung mit ebenfalls drei rechtsgelehrten Richtern[728].

Im *südlichen* Landesteil wurde die Verwaltungsgerichtsbarkeit durch Rundverfügung des Oberregierungspräsidenten von Hessen-Pfalz vom 11. September 1946 wieder eingeführt[729]. Für das Gebiet von Hessen-Pfalz wurden Kreisverwaltungsgerichte, Bezirksverwaltungsgerichte[730] und das „Oberverwaltungsgericht Hessen-Pfalz" mit Sitz in Neustadt an der Weinstraße[731] errichtet. Als *Kreisverwaltungsgerichte* wurden die Kreisverwaltungsbehörden (Landräte und Oberbürgermeister) bestimmt[732]. Die *Bezirksverwaltungsgerichte* wurden bei den Regierungspräsidien für die Pfalz und für Rheinhessen gebildet[733]. Sie waren mit drei rechtsgelehrten Mitgliedern besetzt[734]. Das *Oberverwaltungsgericht* entschied in der Besetzung von fünf rechtsgelehrten Mitgliedern[735].

Durch Landesverordnung der Landesregierung Rheinland-Pfalz über Vereinfachungsmaßnahmen auf dem Gebiet der Verwaltungsgerichtsbarkeit vom 18. März 1947[736] wurde die Verwaltungsrechtspflege des nörd-

---

[722] § 8 Abs. 1 Gesetz über Groß-Hamburg und andere Gebietsbereinigungen vom 26. Januar 1937 (RGBl. I S. 91).

[723] Vgl. Journal off. 1946 S. 291; OPr. R.-H.-N. ABl. 1946 S. 1; Mayer/Ule S. 23, 24.

[724] Journal off. S. 291; R.-Pf. VO Bl. 1947 S. 2.

[725] OPr. R.-H.-N. ABl. S. 18; § 1 d. Erl.

[726] §§ 2 Satz 2, 3 Abs. 1 d. Erl.

[727] OPr. R.-H.-N. ABl. S. 95; § 1 Abs. 1 d. Erl.

[728] § 2 Abs. 2 Satz 2, 3 Satz 1 d. Erl.

[729] OPr. H.-Pf. AMitt. S. 519.

[730] § 2 d. RV.

[731] §§ 2, 5 Abs. 1 Satz 1 d. RV.

[732] § 3 d. RV.

[733] § 4 Abs. 1 Satz 1 d. RV.

[734] § 4 Abs. 1 Satz 2 d. RV.

[735] § 5 Abs. 1 Satz 2 u. 3 d. RV.

[736] R.-Pf. VOBl. S. 138.

lichen und des südlichen Landesteiles einander angenähert. Die Kreisverwaltungsgerichte und das Oberverwaltungsgericht des Bereichs Hessen-Pfalz wurden aufgehoben[737]. Die Verwaltungsgerichtsbarkeit wurde nunmehr in erster Instanz durch die *Bezirksverwaltungsgerichte* und das Verwaltungsgericht Pfalz, in zweiter Instanz durch das *Landesverwaltungsgericht* ausgeübt[738].

Die Mitwirkung des Laienelements war allen bisherigen Regelungen fremd.

Eine umfassende und zeitgerechte *Neuordnung* der Verwaltungsrechtspflege wurde Rheinland-Pfalz erst durch das Landesgesetz über die Verwaltungsgerichtsbarkeit vom 14. April 1950[739] zuteil. Als Verwaltungsgerichte wurden Bezirksverwaltungsgerichte und das Landesverwaltungsgericht[740] — seit dem 20. Februar 1954 „Oberverwaltungsgericht Rheinland-Pfalz"[741] — mit Sitz in Koblenz[742] errichtet. Die *Bezirksverwaltungsgerichte* entschieden in der Besetzung mit zwei beamteten Mitgliedern und einem auf die Dauer von vier Jahren gewählten ehrenamtlichen Mitglied[743]. Das *Landesverwaltungsgericht* war mit drei beamteten und zwei ehrenamtlichen Mitgliedern besetzt[744]. Die Mitwirkung von Laienbeisitzern auch beim Landesverwaltungsgericht bedeutete eine grundsätzliche Neuerung gegenüber dem früheren Rechtszustand[745].

Der Entwurf vom Juli 1948[746] ging hinsichtlich der Beteiligung von Laien „eigene Wege"[747]. Er bestimmte für Bezirks- und Landesverwaltungsgericht eine Besetzung von jeweils drei rechtsgelehrten Mitgliedern[748]. Die Zuziehung von Laienbeisitzern könnte für „einzelne Zuständigkeitsgebiete" gesetzlich vorgeschrieben werden[749]. Die Begründung führte aus: Da es sich bei den meisten Streitigkeiten auf dem Gebiet der Verwaltungsgerichtsbarkeit um die Entscheidung „reiner Rechtsfragen" handele, sei es lediglich für Spezialgebiete zweckmäßig, die Möglichkeit der Beiziehung von Laien zuzulassen[750]. Diese auf „Laien mit fachtechnischen Kenntnissen"[750] beschränkte Zulassung des Laienelements fand

---

[737] §§ 1 u. 2 d. LVO.
[738] § 3 Abs. 1 d. LVO.
[739] R.-Pf. GVBl. I S. 103.
[740] § 1 Abs. 2 d. Ges.
[741] Art. II Abs. 1 Ziff. III Erstes Landesgesetz zur Änderung und Ergänzung des VGG vom 12. Februar 1954 (R.-Pf. GVBl. S. 21).
[742] § 3 Erste LVO zur Durchführung des VGG vom 20. September 1950 (R.-Pf. GVBl. S. 273).
[743] §§ 6 Abs. 1 Satz 1, 9 Abs. 1 Satz 1 d. Ges.
[744] § 9 Abs. 1 Satz 2 d. Ges.
[745] Schunck - De Clerck, §§ 3, 4 Anm. 1.
[746] R.-Pf. LT, Drucksachen, 1. Wahlp., Nr. 434, S. 635 ff.
[747] R.-Pf. LT, Drucksachen, 1. Wahlp., Nr. 434, S. 651.
[748] R-Pf. LT, Drucksachen, 1. Wahlp., Nr. 434, § 7 Abs. 1 d. E.
[749] R-Pf. LT, Drucksachen, 1. Wahlp., Nr. 434, § 7 Abs. 3 d. E.
[750] R.-Pf. LT, Drucksachen, 1. Wahlp., Nr. 434, S. 652.

jedoch keine Zustimmung. Bereits der zum Gutachter des Entwurfs bestellte Mainzer Professor Schätzel meinte in seiner Stellungnahme vom 15. September 1948[751]: „Es dürfte in der heutigen Zeit viel dafür sprechen, daß Laienrichter in allen Fällen hinzugezogen werden[752].“ Er verweist auf die guten Erfahrungen der preußischen Verwaltungsgerichte[752]. Hinsichtlich des Landesverwaltungsgerichts bezweifelt er dagegen den Nutzen der Zuziehung von Laienrichtern[753].

In der Sitzung des Rechtsausschusses vom 30. September 1948[754] wandten sich die Ausschußmitglieder „entschieden“ dagegen, daß die Mitwirkung von Laien, insbesondere in der ersten Instanz nicht ohne weiteres im Entwurf vorgesehen sei[755]. In der Rechtsausschußsitzung vom 4. Januar 1949[756] gelangten die Mitglieder zu der Auffassung, daß bei dem Bezirksverwaltungsgericht Laien in der Weise zugezogen werden sollten, daß das Gericht neben drei Berufsrichtern mit zwei Laienrichtern besetzt werde[757]. In der Sitzung des Hauptausschusses vom 17. März 1949[758] wurde „einhellig“ die Zuziehung des Laienelements gefordert[759]. Auf Vorschlag des Vorsitzenden — des Abgeordneten Dr. Ritterspacher — nahm der Ausschuß zu § 7 des Entwurfes folgendes „einstimmig“ an: „In der ersten Instanz zwei Berufsrichter und drei Laienrichter; in der oberen Instanz drei Berufsrichter und zwei Laienrichter[759].“ Nach erneuter Beratung im Hauptausschuß am 18. August 1949[760] wurde wiederum über die Besetzung abgestimmt[761]. Die Mehrheit entschied sich dafür, das Gericht des ersten Rechtszuges mit zwei Berufsrichtern und einem Laienrichter, das Gericht des zweiten Rechtszuges mit drei Berufsrichtern und zwei Laienrichtern zu besetzen[761]. Dieser Vorschlag wurde Gesetz.

Neben dieser grundsätzlich gültigen Regelung der Besetzung der rheinland-pfälzischen Verwaltungsgerichte wurde auch der Gedanke, für bestimmte Sachgebiete *fachkundige* Laienbeisitzer zuzuziehen, verwirklicht.

Bereits seit dem Landesgesetz über den Aufbau in den Gemeinden *(Aufbaugesetz)* vom 1. August 1949[762] entschieden die Verwaltungsgerichte die sich aus diesem Gesetz ergebenden Streitigkeiten „in der ordentlichen Besetzung unter Zuziehung von zwei sachverständigen Bei-

---

[751] R.-Pf. LT, Aktenstück Nr. 434 S. 50.
[752] R.-Pf. LT, Aktenstück Nr. 434 S. 47.
[753] R.-Pf. LT, Aktenstück Nr. 434 S. 46.
[754] R.-Pf. LT, Aktenstück Nr. 434 S. 98.
[755] R.-Pf. LT, Aktenstück Nr. 434 S. 96.
[756] R.-Pf. LT, Aktenstück Nr. 434 S. 121.
[757] R.-Pf. LT, Aktenstück Nr. 434 S. 118 Rs.
[758] R.-Pf. LT, Aktenstück Nr. 434 S. 140.
[759] R.-Pf. LT, Aktenstück Nr. 434 S. 140 Rs.
[760] R.-Pf. LT, Aktenstück Nr. 434 S. 161.
[761] R.-Pf. LT, Aktenstück Nr. 434 S. 155 Rs.
[762] R.-Pf. GVBl. I S. 317.

sitzern"[763]. Diese ehrenamtlichen Mitglieder wurden von dem Minister für Wiederaufbau benannt[763]. Mit dem Inkrafttreten des Bundesbaugesetzes vom 23. Juni 1960[764] wurde das Aufbaugesetz aufgehoben[765] und zugleich die verwaltungsgerichtliche Sonderbesetzung beseitigt.

Durch das Landesgesetz über das Rechtsmittelverfahren in Umlegungs-, Feld- und Flurbereinigungssachen vom 14. März 1951[766] wurde beim Landesverwaltungsgericht ein Senat für *Flurbereinigung* gebildet[767]. Dieser Senat war wie die übrigen mit drei beamteten und zwei ehrenamtlichen Mitgliedern besetzt[768]. Letztere wurden jedoch von den Landwirtschaftskammern vorgeschlagen[769]. Mit dem Inkrafttreten des bundeseinheitlichen Flurbereinigungsgesetzes vom 14. Juli 1953[770] trat die Landesregelung außer Kraft[771]. Der Senat für Flurbereinigung — das Flurbereinigungsgericht[772] — entscheidet nunmehr in der Besetzung von zwei Richtern und drei Beisitzern[773]. Einer der Beisitzer muß zum höheren Dienst der Flurbereinigungsbehörden befähigt sein[774]. Die anderen müssen Inhaber eines landwirtschaftlichen Betriebes sein und besondere Erfahrungen in der landwirtschaftlichen Betriebswirtschaft haben[775].

Für die nach dem *Personalvertretungsgesetz* für Rheinland-Pfalz vom 31. Juli 1958[776] zu treffenden Entscheidungen wurden bei den Bezirksverwaltungsgerichten Fachkammern und bei dem Oberverwaltungsgericht ein Fachsenat gebildet[777]. Die Fachkammern werden mit einem richterlichen Vorsitzenden und zwei ehrenamtlichen Beisitzern[778], der Fachsenat mit drei richterlichen und zwei ehrenamtlichen Mitgliedern tätig[779]. Die ehrenamtlichen Beisitzer müssen Landesbedienstete sein[780].

c) Baden

Als letztes Land des französischen Besatzungsgebietes ordnete das aus dem südlichen Teile des bisherigen Landes Baden gebildete Land „*Ba-*

[763] § 70 Abs. 2 d. Ges.
[764] BGBl. I S. 341.
[765] § 186 Abs. 1 Satz 2 Nr. 52 BBauG.
[766] R.-Pf. GVBl. S. 47.
[767] § 1 Satz 1 d. Ges.
[768] § 2 Satz 1 d. Ges.
[769] § 2 Satz 3 d. Ges.
[770] BGBl. I S. 591.
[771] § 155 Abs. 1 d. B-Ges.
[772] § 138 Abs. 1 Satz 1 d. B-Ges.
[773] § 139 Abs. 1 Satz 2 d. B-Ges.
[774] § 139 Abs. 2 Satz 2 d. B-Ges.
[775] § 139 Abs. 3 Satz 1 d. B-Ges.
[776] R.-Pf. GVBl. S. 135.
[777] § 102 Abs. 1 d. Ges.
[778] § 102 Abs. 3 d. Ges.
[779] § 102 Abs. 4 d. Ges.
[780] § 102 Abs. 2 Satz 2 d. Ges.

den"[781] seine Verwaltungsrechtspflege. Es errichtete durch die Landesverordnung über den Aufbau der Verwaltungsgerichtsbarkeit vom 30. März 1947[782] drei Verwaltungsgerichte erster Rechtsstufe und als Gericht zweiter Rechtsstufe den Verwaltungsgerichtshof in Freiburg[783]. Die *Verwaltungsgerichte* entschieden in der Besetzung von einem rechtsgelehrten Vorsitzenden und zwei von den Kreisversammlungen gewählten Mitgliedern[784]. Der *Verwaltungsgerichtshof* entschied in der Besetzung von drei rechtsgelehrten Mitgliedern[785].

d) Lindau

Zur französisch besetzten Zone gehörte auch der bayerische Kreis Lindau (Bodensee)[786]. Er erhielt einen landesähnlichen Status unter einem Kreispräsidenten[786].

Die Verwaltungsrechtspflege wurde durch Rechtsanordnung vom 21. Juni 1948[787] zunächst in Angelegenheiten des Wohnungsgesetzes eingeführt[788]. Das „*Wohnungsgericht*"[789] entschied in der Besetzung von drei Mitgliedern[790]. Den Vorsitz hatte ein amtierender Richter eines ordentlichen Gerichts zu führen[791]. Für die übrigen Mitglieder war Rechtskunde nicht vorgeschrieben[792]. Sie wurden jedoch ebenfalls ernannt[792].

Durch Rechtsanordnung über die Bildung eines Verwaltungsgerichts vom 25. September 1948 wurde das Wohnungsgericht zu einem Gericht für Verwaltungsrechts-Streitigkeiten mit Sitz in Lindau erweitert[793]. Gleichzeitig wurden die Mitglieder des „*Verwaltungsgerichts*" ernannt[794]. Sie waren ausnahmslos rechtskundig[794].

Mit der Rechtsanordnung über die Verwaltungsgerichtsbarkeit im Bayerischen Kreis Lindau vom 9. März 1949[795] erhielt die Lindauer Verwaltungsrechtspflege eine umfassende eigenständige Rechtsgrundlage. Das *Verwaltungsgericht* entschied weiterhin in der Besetzung von einem Vorsitzenden und zwei Beisitzern[796]. Für sämtliche Mitglieder war nunmehr eine rechtswissenschaftliche Vorbildung vorgeschrieben[797].

---

[781] Heupel S. 74.
[782] Bad. ABl. S. 89.
[783] § 1 d. LVO.
[784] § 9 d. LVO.
[785] § 8 d. LVO.
[786] Heupel S. 74/75.
[787] Lind. ABl. Nr. 47 Reg.-Nr. 579/48.
[788] § 1 Abs. 1 d. RAO.
[789] § 2 d. RAO.
[790] § 7 Abs. 1 Satz 1 d. RAO.
[791] §§ 3 Abs. 2, 7 Abs. 1 Satz 2 d. RAO.
[792] § 3 Abs. 2 d. RAO.
[793] Lind. ABl. Nr. 74 Reg.-Nr. 2834/48.
[794] Vgl. die Rechtsanordnung.
[795] Lind. ABl. Nr. 12 Reg.-Nr. 317/49 mit Hinweis auf die Veröffentlichung in einer Sondernummer des Lind. ABl.

3. Die britische Zone

a) Gebietsweise Regelungen

Im britischen Kontrollgebiet wurden auf Veranlassung der dortigen Militärregierung zunächst die früheren Verwaltungsgerichte zu neuem Leben erweckt[798].

In *Hamburg* geschah dies durch die Verordnung über die Wiederaufnahme der Tätigkeit der Verwaltungsgerichte vom 18. März 1946[799]. Das *Verwaltungsgericht* und das *Oberverwaltungsgericht* für die Hansestadt Hamburg nahm ihre Tätigkeit am 1. April 1946 wieder auf[800]. Auf die Einrichtung fand das Gesetz über Verwaltungsgerichtsbarkeit vom 2. November 1921 Anwendung[801].

Für die preußische *Nord-Rheinprovinz* erließ der dortige Oberpräsident am 29. März 1946 die Verordnung über die Wiederaufnahme der Tätigkeit der Verwaltungsgerichte[802]. Ihr zufolge wurden die *Bezirksverwaltungsgerichte* für die Regierungsbezirke Aachen, Köln und Düsseldorf am 1. April 1946 wieder tätig[803]. Die Gerichte wurden mit zwei Berufsrichtern und drei Laienbeisitzern besetzt[804]. Die Wahl der Laienbeisitzer war vorgesehen[805].

Das Land[806] *Schleswig-Holstein* erließ am 10. Juli 1946 ein Gesetz über die Wiedereinrichtung der Verwaltungsgerichte[807]. In Nachfolge des früheren Bezirksverwaltungsgerichts für den Regierungsbezirk Schleswig wurde ein Landesverwaltungsgericht mit Amtssitz in Schleswig[808] errichtet[809]. Es nahm seine Tätigkeit am 11. Juli 1946 auf[810]. Es folgten am 1. Januar 1947 die *Stadt-* und *Kreisverwaltungsgerichte*[810]. Sie waren mit einem Berufsrichter und zwei ehrenamtlichen Beisitzern besetzt[811]. Das *Landesverwaltungsgericht* wurde in der Besetzung mit zwei Berufsrichtern und drei ehrenamtlichen Beisitzern tätig[812]. Die ehrenamtlichen Beisitzer wurden auf höchstens sechs Jahre gewählt[813].

---

796 § 6 Abs. 2 d. RAO 49.
797 § 3 d. RAO. 49.
798 Klinger S. 3.
799 Hbg. GVBl. S. 31.
800 § 1 d. VO.
801 § 2 Abs. 1 d. VO.
802 M.- u. VOBl. d. OPr. d. Nord-Rheinprovinz S. 161.
803 § 1 d. VO.
804 § 4 Satz 3 d. VO.
805 § 7 d. VO.
806 VO Nr. 46 nebst Anhang (ABl. Milt. Reg. brit. KG Nr. 13 S. 305).
807 Schl.-H. ABl. S. 54.
808 § 6 Abs. 2 Satz 1 d. Ges.
809 §§ 1 Abs. 3, 2 Abs. 1 d. Ges.
810 § 1 Abs. 3 d. Ges.
811 § 6 Abs. 3 d. Ges.
812 § 6 Abs. 1 Satz 1 d. Ges.
813 §§ 10, 11 d. Ges.

Der Oberpräsident der preußischen Provinz *Westfalen* verordnete die Wiederaufnahme der Tätigkeit der Verwaltungsgerichte am 2. August 1946[814]. Die *Bezirksverwaltungsgerichte* für die Regierungsbezirke Münster, Minden und Arnsberg nahmen ihre Tätigkeit am 7. August 1946 wieder auf[815]. Jede Kammer der Gerichte war mit zwei Berufsrichtern und drei Laienbeisitzern besetzt[816]. Letztere wurden auf die Dauer von drei Jahren gewählt[817].

Für das Land[818] *Hannover,* dem im Jahre 1937 die bis dahin hamburgische Stadt Cuxhaven eingegliedert worden war[819], erließ der Oberpräsident von Hannover am 17. August 1946 eine Verordnung über die Wiederaufnahme der Tätigkeit der Verwaltungsgerichte[820]. Ihr zufolge wurden die *Bezirksverwaltungsgerichte* für die Regierungsbezirke Hannover, Hildesheim, Lüneburg, Stade, Osnabrück und Aurich am 15. September 1946 wieder tätig[821]. Jedes der Gerichte war mit zwei Berufsrichtern und drei Laienbeisitzern besetzt[822]. Letztere wurden auf die Dauer von drei Jahren gewählt[823].

Im Lande *Oldenburg,* auf das im Jahre 1937 der bis dahin preußische Stadtkreis Wilhelmshaven übergegangen war[824], erging am 26. August 1946 eine Verordnung des Staatsministeriums über die Wiederaufnahme der Tätigkeit der Verwaltungsgerichte[825]. Sie bestimmte den Wiederbeginn der Verwaltungsgerichtsbarkeit auf den 17. September 1946[826]. Sie wurde für jeden Stadt- und Landkreis durch Kreisverwaltungsgerichte[827] und das Oberverwaltungsgericht[828] mit Sitz in Oldenburg[829] ausgeübt. Die *Kreisverwaltungsgerichte* bestanden aus einem rechtsgelehrten Vorsitzenden und zwei von den Kreistagen auf die Dauer von zwei Jahren gewählten Laienmitgliedern[830]. Das *Oberverwaltungsgericht* war mit drei rechtsgelehrten Mitgliedern und zwei vom Landtage aus den Einwohnern des Landes gewählten Laienmitgliedern besetzt[831].

---

[814] M.- u. VOBl. d. OPr. d. Provinz Westfalen S. 73.
[815] § 1 Satz 1 d. VO.
[816] § 4 Satz 3 d. VO.
[817] § 7 Satz 2 d. VO.
[818] VO Nr. 46 nebst Anhang (ABl. Milt. Reg. brit. KG Nr. 13 S. 305).
[819] § 1 Abs. 2 lit. c Gesetz über Groß-Hamburg und andere Gebietsbereinigungen vom 26. Januar 1937 (RGBl. I S. 91).
[820] Nds. ABl. S. 59.
[821] § 1 d. VO.
[822] § 4 Satz 3 d. VO.
[823] § 7 Satz 1 d. VO.
[824] § 7 Abs. 1 Gesetz über Groß-Hamburg und andere Gebietsbereinigungen vom 26. Januar 1937 (RGBl. I S. 91).
[825] Oldb. GBl. Bd. 53 S. 37.
[826] § 1 d. VO.
[827] §§ 2, 3 Abs. 1 d. VO.
[828] § 2 d. VO.
[829] § 8 Abs. 1 Satz 2 d. VO.
[830] §§ 3 Abs. 2 u. 3, 4 d. VO.
[831] § 8 d. VO.

Das Land *Lippe* übertrug seine Verwaltungsgerichtsbarkeit durch Verordnung über die Gerichtsbarkeit in Verwaltungssachen und Angelegenheiten des öffentlichen Rechts vom 6. Februar 1947[832] dem *Verwaltungsgericht* des Regierungsbezirks Minden[833]. Es entschied in der Besetzung von zwei rechtsgelehrten Mitgliedern und drei auf die Dauer von drei Jahren von dem lippischen Landtag gewählten Laienmitgliedern[834].

Im Lande *Braunschweig* wurde die Wiederaufnahme der Verwaltungsgerichtsbarkeit durch die Verordnung des Gebietsbeauftragten der Militärregierung Nr. 2[835] bestimmt. Sie trat am 1. Oktober 1947 in Kraft[836]. Die Verwaltungsrechtspflege oblag wiederum dem *Verwaltungsgerichtshof*[837]. Seine Zusammensetzung bestimmte sich — grundsätzlich — nach dem vor dem 29. Januar 1933 im Lande Braunschweig gültigen Rechte[838].

Bemerkenswert ist, daß die Verknüpfung der unteren Instanzen der Verwaltungsgerichtsbarkeit und der unteren Stufe der Verwaltung — wie sie vormals vor allem in Preußen und Oldenburg bestanden hatte —, nicht wieder hergestellt wurde[839].

b) Die einheitliche Regelung

In den Jahren 1946 und 1947 vereinigte die britische Militärregierung die Länder und die preußischen Provinzen ihres Kontrollgebietes zu vier neuen Ländern. Aus den Ländern Braunschweig, Hannover, Oldenburg und Schaumburg-Lippe wurde mit Wirkung vom 1. November 1946 das Land „*Niedersachsen*"[840] mit der Hauptstadt Hannover[841], aus dem Lande Lippe, der preußischen Provinz Westfalen und dem nördlichen Teil der preußischen Rheinprovinz mit Wirkung vom 23. August 1946/21. Januar 1947 das Land „*Nordrhein-Westfalen*"[842] gebildet. Die preußische Provinz Schleswig-Holstein, der im Jahre 1937 die Freie und Hansestadt Lübeck[843] und der oldenburgische Landesteil Lübeck[844] eingegliedert worden waren, wurde zum „Land" *Schleswig-Holstein*[845]. Die Freie und Hansestadt *Hamburg* blieb ohne weiteres als viertes Land bestehen[846].

[832] N.-W. GVBl. S. 45.
[833] Art. I Nr. 1 d. VO.
[834] Art. II Nr. 2 d. VO.
[835] Nds. ABl. S. 223.
[836] Art. XI Nr. 19 d. VO.
[837] Art. I d. VO.
[838] Art. II Nr. 2 d. VO.
[839] Klinger S. 4.
[840] Verordnung Nr. 55 nebst Anlage (ABl. Milt. Reg. brit. KG Nr. 15 S. 341) und Ergänzungs-Verordnung Nr. 70 (ABl. Milt. Reg. brit. KG Nr. 16 S. 408).
[841] Art. II d. VO Nr. 55.
[842] Verordnung Nr. 46 nebst Anhang (ABl. Milt. Reg. brit. KG Nr. 13 S. 305) und Verordnung Nr. 77 (ABl. Milt. Reg. brit. KG Nr. 16 S. 411).
[843] § 6 Gesetz über Groß-Hamburg und andere Gebietsbereinigungen vom 26. Januar 1937 (RGBl. I S. 91).
[844] § 8 Abs. 2 d. vorstehenden Ges.
[845] Verordnung Nr. 46 mit Anhang (ABl. Milt. Reg. brit. KG Nr. 13 S. 305).
[846] Neuaufbau 3 II 1 F.

Im Juni 1947 ging die britische Militärregierung daran, die Verwaltungsgerichtsbarkeit ihrer Zone umfassend zu reformieren[847]. Sie gründete den „Beratenden Ausschuß für öffentliches Recht" unter dem Vorsitz des hanseatischen Gerichtspräsidenten Ruscheweyh[848]. Das Ergebnis der Beratungen — der sog. *Herforder Entwurf*[849] — konnte als Verordnung Nr. 165 der britischen Militärregierung über die Verwaltungsgerichtsbarkeit in der britischen Zone[850] am 15. September 1948 in Kraft treten[851]. Dieser Zeitpunkt bedeutete für die früheren Länder und Provinzen der britischen Zone das Ende einer eigenständigen Verwaltungsgerichtsbarkeit[852].

Die Verordnung Nr. 165 zeigte zum Teil erhebliche Abweichungen von den süddeutschen Gesetzen[853]. Die Verwaltungsrechtspflege wurde in jedem Lande der britischen Zone durch Landesverwaltungsgerichte und ein Oberverwaltungsgericht ausgeübt[854]. Während die Besetzung der Kammern der *Landesverwaltungsgerichte* mit zwei Berufsrichtern und drei ehrenamtlichen Mitgliedern bindend vorgeschrieben war[855] stand es den Landesgesetzgebern frei, in den Senaten der *Oberverwaltungsgerichte* neben drei Berufsrichtern zwei ehrenamtliche Mitglieder mitwirken zu lassen[856]. Alle vier Länder der britischen Zone haben von dieser Möglichkeit Gebrauch gemacht[857].

4. Die westlichen Sektoren Berlins

a) Im *amerikanischen* Sektor wurde die Verwaltungsrechtspflege durch Befehl der Militärregierung über die Wiedererrichtung der Verwaltungsgerichtsbarkeit mit Wirkung vom 19. November 1945 wieder aufgenommen[858]. Für jeden Verwaltungsbezirk wurde als Gericht erster Instanz ein

[847] Klinger S. 5.
[848] Forsthoff 8., S. 488; Klinger S. 5/6.
[849] Sellmann, Oldenburg, S. 99.
[850] VOBl. BZ S. 263.
[851] § 120 d. VO.
[852] §§ 109, 110 d. VO; Sellmann, Oldenburg, S. 99.
[853] Klinger S. 6.
[854] § 2 d. VO.
[855] § 3 Abs. 2 d. VO.
[856] § 4 Abs. 3 Satz 1 d. VO.
[857] a) Nordrhein-Westfalen: § 1 Ausführungsgesetz zu der VO Nr. 165 vom 18. März 1949 (N.-W. GVBl. S. 196);

b) Niedersachsen: § 2 Gesetz über die Errichtung eines Oberverwaltungsgerichts für das Land Niedersachsen, die Mitwirkung ehrenamtlicher Mitglieder bei der Rechtsprechung des Oberverwaltungsgerichts und über die Wahl von Vertrauensleuten vom 28. März 1949 (Nds. GVBl. S. 68);

c) Schleswig-Holstein: § 1 Gesetz zur Regelung einiger Fragen der Verwaltungsgerichtsbarkeit vom 31. Mai 1949 (Schl.-H. GVBl. S. 115);

d) Hamburg: § 4 Abs. 1 Gesetz über die Errichtung des Landesverwaltungsgerichts Hamburg, über das Hamburgische Oberverwaltungsgericht sowie über die Wahl der ehrenamtlichen Mitglieder vom 16. Mai 1950 (Hbg. GVBl. S. 107).

[858] Baring, Berlin, S. 265; E. Scholz S. 604 (Wortlaut S. 605).

Stadtverwaltungsgericht[859], für den gesamten Sektor als Gericht zweiter Instanz ein Bezirksverwaltungsgericht[860] mit Sitz in Berlin-Zehlendorf[861] errichtet. *Stadt-* und *Bezirksverwaltungsgericht* entschieden durch jeweils einen rechtsgelehrten Einzelrichter[862]. Eine Regelung hinsichtlich der — im Grundsatz geplanten — Heranziehung von Laienbeisitzern erfolgte nicht[863].

b) Im *britischen* Sektor wurde durch die Verordnung der Militärregierung über die Wiedereröffnung von Verwaltungsgerichten — sie wurde am 15. Dezember 1945 durch Plakatanschlag veröffentlicht[864] — als Gericht erster und letzter Instanz das *Bezirksverwaltungsgericht - Britischer Sektor* errichtet[865]. Es entschied in Kammern, die mit drei rechtsgelehrten Mitgliedern besetzt waren[866].

c) Die *französische* Militärregierung traf für ihren Sektor *keine* Regelung[867].

5. Das Saarland

Auch nach dem Zweiten Weltkrieg entwickelte das Land an der Saar unter französischem Einfluß eine Eigenständigkeit[868].

Am 10. Juli 1951 wurde das Gesetz über die Verwaltungsgerichtsbarkeit erlassen[869]. Es bestimmte die Errichtung eines *Verwaltungsgerichts* und eines *Oberverwaltungsgerichts*[870]. Beide Gerichte entschieden in der Besetzung mit drei rechtsgelehrten Mitgliedern ohne Laienbeteiligung[871].

6. Die sowjetische Zone und der sowjetische Sektor von Berlin Der gegenwärtige Stand in der Deutschen Demokratischen Republik

a) Die sowjetische Besatzungszone

Die sowjetische Besatzungszone umfaßte — im wesentlichen — die bisherigen Länder Thüringen, Sachsen, Anhalt und Mecklenburg[872] sowie die ehemals preußischen Provinzen Pommern (westlich der Oder), Bran-

---

859 Nr. 2 Satz 1 d. Befehls.
860 Nr. 2 Satz 2 d. Befehls.
861 E. Scholz S. 605.
862 Nr. 1 u. Nr. 7 d. Befehls.
863 Schneider S. 244; E. Scholz S. 605.
864 Baring, Berlin, S. 265 (Im Amtsblatt der Militärregierung britischer Sektor wurde die Verordnung erst im Jahre 1948 in Nr. 2 S. 54 bekanntgemacht.).
865 Foitzik S. 607; Schneider S. 249.
866 Foitzik S. 608; Schneider S. 249.
867 Baring, Berlin, S. 265; Schulz - Lücke S. 3.
868 Mayer/Ule S. 23; Heupel S. 69.
869 Saarl. ABl. S. 1075.
870 § 1 Abs. 2 d. Ges.
871 §§ 5 Abs. 1 Satz 2, 7 Abs. 1 d. Ges.
872 Geschaffen durch §§ 1, 3 Gesetz über die Vereinigung von Mecklenburg-Strelitz mit Mecklenburg-Schwerin vom 15. Dezember 1933 (RGBl. I S. 1065).

denburg (westlich der Oder) und Sachsen[873]. Sie wurden um die Jahreswende 1946/1947 zu fünf Ländern neugeordnet: *Thüringen, Sachsen, Sachsen-Anhalt, Brandenburg* und *Mecklenburg*[874]. In den Verfassungen aller fünf Länder wurde der Schutz der Bürger gegen Anordnungen und Verfügungen der Verwaltungsbehörden den Verwaltungsgerichten übertragen[875].

Im Lande *Thüringen* war die Verwaltungsrechtsprechung bereits am 22. Juni 1946 wiederaufgenommen worden[876]. Das Gesetz zur Anpassung der Landesverwaltungsordnung (in der Fassung vom 22. Juli 1930 [Thür. GS. S. 123])[877] an den neuen Staatsaufbau des Landes Thüringen vom 26. November 1945[878] bestimmte das Oberverwaltungsgericht als einzige[879], „endgültig entscheidende Spruchbehörde für Verwaltungsstreitsachen“[880]. Der Sitz verblieb in Jena[881]. Der Senat entschied in „Verwaltungsstreitsachen“ in der Besetzung von drei oder — auf Anordnung des Vorsitzenden oder auf Beschluß des Gerichts — fünf rechtsgelehrten Richtern, in „anderen Verwaltungssachen“ in der Besetzung von drei rechtsgelehrten Richtern und zwei Laienmitgliedern[882]. Die Laienbeisitzer wurden von dem Präsidenten des Landes Thüringen auf die Dauer von drei Jahren berufen[883].

In den übrigen Ländern wurde die Wiederherstellung der Verwaltungsgerichtsbarkeit durch Befehl Nr. 173 der Sowjetischen Militär-Administration in Deutschland vom 8. Juli 1947 auf Grund des Kontrollratsgesetzes Nr. 36 vom 10. Oktober 1946[884] angeordnet[885]. In Ausführung des Befehls erließen *Mecklenburg* am 18. September 1947[886], *Brandenburg* am 12. Oktober 1947[887] und *Sachsen* am 30. Oktober 1947[888] Gesetze über

[873] Heupel S. 72.
[874] Vgl. Nr. 1 Befehl Nr. 180 des Obersten Chefs der Sowjetischen Militär-Administration in Deutschland vom 21. Juli 1947 (Sachs.-A. GBl. I S. 127); Art. 2 Gesetz über die Bildung einer Provisorischen Länderkammer der DDR vom 7. Oktober 1949 (DDR-GBl. S. 3); Heupel S. 72.
[875] a) Thüringen: Art. 49 Verfassung vom 20. Dez. 1946 (Thür. RegBl. I 1947 S. 1);
b) Sachsen: Art. 67 Verfassung vom 28. Febr. 1947 (Sächs. Sammlg. S. 103);
c) Sachsen-Anhalt: Art. 67 Verfassung vom 10. Januar 1947 (Sachs.-A. GBl. I S. 9);
d) Brandenburg: Art. 43 Verfassung vom 6. Febr. 1947 (Brdbg. GVBl. I S. 4);
e) Mecklenburg: Art. 68 Verfassung vom 16. Jan. 1947 (Meckl. RegBl. S. 1).
[876] Loening S. 163.
[877] Abschnitt I d. Ges.
[878] Thür. RegBl. I 1946 S. 53.
[879] Art. 2 Nr. 1 (§ 10 n.F.), Nr. 2 (§ 19a gestrichen) d. Ges.
[880] Art. 2 Nr. 1 (§ 10 n.F.) d. Ges.
[881] Art. 2 Nr. 3 (§ 20 Abs. 1 Satz 1 n.F.) d. Ges.
[882] Art. 2 Nr. 3 (§ 20 Abs. 3 n.F.), Nr. 5 (§ 22 Abs. 1 n.F.) d. Ges.
[883] Art. 2 Nr. 5 (§ 22 Abs. 2 n.F.) d. Ges.
[884] ABl. Kontrollrat Nr. 11 S. 183.
[885] Meyer S. 562.
[886] Meckl. RegBl. S. 250.
[887] Brdbg. GVBl. I S. 27.

die Verwaltungsgerichtsbarkeit. *Sachsen-Anhalt* folgte durch Ausführungsgesetz zum Kontrollratsgesetz Nr. 36 vom 16. Juni 1950[889].

Außer in *Thüringen* wurden jedoch nur in *Mecklenburg* und *Brandenburg* Verwaltungsgerichte eingesetzt[890]. In *Sachsen* wurde lediglich der Präsident des Verwaltungsgerichts ernannt[890]. Das Gesetz von *Sachsen-Anhalt* blieb unausgeführt[890].

Nach einer Neuordnung der Verwaltungsrechtspflege in Thüringen durch das Gesetz über die Verwaltungsgerichtsbarkeit vom 7. Oktober 1948[891] bestand in den Ländern Thüringen, Sachsen, Brandenburg und Mecklenburg weitgehende Übereinstimmung in der *Organisation*[892]. Die Verwaltungsgerichtsbarkeit war einstufig[892]. Das Landesverwaltungsgericht Thüringen[893] mit Sitz in Jena[894], das — geplante — Landesverwaltungsgericht Sachsen[895] mit Sitz in Dresden[896], der brandenburgische Verwaltungsgerichtshof[897] mit Sitz in Potsdam[896] und der mecklenburgische Verwaltungsgerichtshof[898] mit Sitz in Schwerin[896] entschieden in Senaten, die mit einem Senatspräsidenten als Vorsitzendem, einem Verwaltungsgerichtsrat und drei Laienmitgliedern — „Verwaltungsrichtern", „Schöffen", „weiteren Beisitzern" — besetzt waren[899]. Alle Mitglieder der vier Verwaltungsgerichte wurden von den Landtagen gewählt[900] — in Brandenburg ausdrücklich für die Dauer der Legislaturperiode, in Mecklenburg auf die Dauer von fünf Jahren.

b) *Der sowjetische Sektor von Berlin*

Der sowjetische Sektor von Berlin erhielt *kein* Verwaltungsgericht[901].

c) *Die Deutsche Demokratische Republik*

Im Gründungsjahr der Bundesrepublik Deutschland[902] wurden die Länder der sowjetischen Besatzungszone zur *Deutschen Demokratischen Republik* zusammengefaßt. Art. 138 Abs. 1 der ersten Verfassung vom

[888] Sächs. Sammlg. S. 509.
[889] Sachs.-A. GBl. S. 243 (zitiert bei Suermann S. 361).
[890] Baring, Mitteldeutschland, S. 46 Fußnote 3; Suermann S. 361.
[891] Thür. RegBl. I S. 103.
[892] Meyer S. 563.
[893] § 1 Abs. 1 Satz 1 d. thür. Ges.
[894] § 1 Abs. 1 Satz 2 d. thür. Ges.
[895] § 1 Abs. 1 d. sächs. Ges.
[896] Meyer S. 563 Fußnote 9.
[897] § 1 Abs. 1 d. brdbg. Ges.
[898] § 1 Abs. 1 d. meckl. Ges.
[899] § 2 Abs. 2 Satz 1 d. thür. Ges.; § 2 Abs. 1 Satz 2 d. sächs. Ges.; § 2 Abs. 2 Satz 1 d. brdbg. Ges.; § 2 Abs. 1 Satz 2 d. meckl. Ges.
[900] § 3 Abs. 1 Satz 1 d. thür. Ges.; § 3 Abs. 1 Satz 1 d. sächs. Ges.; § 4 Abs. 1 Satz 1 d. brdbg. Ges.; § 3 Abs. 1 Satz 1 d. meckl. Ges.
[901] Baring, Berlin, S. 265.
[902] Vgl. Abschnitt 9 Nr. 1.

7. Oktober 1949[903] bestimmte: „Dem Schutz der Bürger gegen rechtswidrige Maßnahmen der Verwaltung dienen die Kontrolle durch die Volksvertretungen und die Verwaltungsgerichtsbarkeit.“ Absatz 2 der Bestimmung legte fest: „Aufbau und Zuständigkeit der Verwaltungsgerichte werden durch Gesetz geregelt.“

Die derart angesprochene Vereinheitlichung der Verwaltungsgerichtsbarkeit in der Deutschen Demokratischen Republik wurde jedoch nicht verwirklicht. Es wurden im Gegenteil die bestehenden Verwaltungsgerichte geschlossen. Dies geschah im August und September 1952 im Zuge des Vollzuges des Gesetzes über die weitere Demokratisierung des Aufbaus und der Arbeitsweise der staatlichen Organe in den Ländern der Deutschen Demokratischen Republik vom 23. Juli 1952[904] durch interne Weisungen des Ministeriums des Innern, ohne daß die Länder-Gesetze über die Verwaltungsgerichtsbarkeit ausdrücklich aufgehoben wurden[905]. Folgerichtig läßt die *zweite* Verfassung der Deutschen Demokratischen Republik vom 6. April 1968[906] die Verwaltungsgerichtsbarkeit unerwähnt[907].

Seit Herbst 1952 gibt es in der Deutschen Demokratischen Republik keine *richterliche* Kontrolle von Maßnahmen der Verwaltungsbehörden mehr[908]. Es bestehen weder Verwaltungsgerichte[909], noch ist insoweit der Rechtsweg zu den ordentlichen Gerichten gegeben[908].

Abschnitt 9: Größere Einheiten entstehen

Bund, Berlin (West), Baden-Württemberg

1. Der Bundesstaat

Im Frühjahr 1949 gestatteten die Gewalthaber der amerikanischen, britischen und französischen Zone den von ihnen besetzten Ländern den staatlichen Zusammenschluß. Mit dem Grundgesetz vom 23. Mai 1949[910] wurde die *Bundesrepublik Deutschland* gegründet. In dem Genehmigungsschreiben der Militärgouverneure zum Grundgesetz vom 12. Mai 1949[911] wird mit „beachtlichem Interesse“ zur Kenntnis genommen, daß das Grundgesetz „sehr glücklich deutsche demokratische Überlieferung mit den Begriffen repräsentativer Regierung und einer Herr-

---

903 DDR-GBl. S. 4, 5.
904 DDR-GBl. S. 613.
905 Baring, Mitteldeutschland, S. 46 Fußnote 3.
906 DDR-GBl. I S. 199.
907 Art. 103 bis 105; Suermann S. 360.
908 Suermann S. 360.
909 Ulbricht S. 646; Suermann S. 360.
910 BGBl. S. 1.
911 VOBl. BZ S. 416.

schaft des Rechts, wie sie in der Welt als Erfordernis für das Leben eines freien Volkes anerkannt worden sind", verbinde[912].

Mit der Gründung des Bundesstaates[913] erwuchs die Notwendigkeit, u. a. ein oberstes Bundesgericht für die Verwaltungsgerichtsbarkeit zu errichten[914]. Diesem Erfordernis trug das Gesetz über das *Bundesverwaltungsgericht* vom 23. September 1952[915] Rechnung. Es erhielt seinen Sitz in Berlin[916]. Die Senate waren mit fünf rechtsgelehrten Bundesrichtern besetzt[917]. Die Zuziehung von Laien war nicht vorgesehen. In der Begründung zu § 2 Abs. 2 des Entwurfs vom 25. Januar 1951 wird hierzu ausgeführt: „Es sollen nur Berufsrichter bei der Entscheidung mitwirken, wie es dem Wesen eines höchsten Gerichtshofes entspricht[918]."

2. Berlin (West)[919]

Durch Erklärung über die Grundsätze der Beziehungen der Stadt Groß-Berlin zu der Alliierten Kommandantur vom 14. Mai 1949[920] wurde auch eine Vereinigung des amerikanischen, britischen und französischen Sektors von *Berlin* mit — unter Vorbehalten — voller gesetzgeberischer, vollziehender und gerichtlicher Gewalt möglich. Am 1. September 1950 wurde die „Verfassung von Berlin" erlassen[921].

Durch das Gesetz über die Verwaltungsgerichtsbarkeit vom 8. Januar 1951[922] wurde für das gesamte Gebiet von Westberlin eine einheitliche Verwaltungsrechtspflege begründet.

Es wurden ein Verwaltungsgericht[923] und ein Oberverwaltungsgericht[924] errichtet. Die Kammern des *Verwaltungsgerichts* entschieden in der Besetzung von zwei Berufsrichtern und drei „ehrenamtlichen Mitgliedern"[925]. Die Senate des *Oberverwaltungsgerichts* waren mit drei Berufsrichtern und zwei ehrenamtlichen Mitgliedern besetzt[926]. Letztere wurden auf die Dauer von drei Jahren gewählt[927].

---

[912] Nr. 1 d. Schrbns.
[913] Art. 20 Abs. 1 GG.
[914] Art. 95 Abs. 1 GG.
[915] BGBl. I S. 625.
[916] § 1 d. Ges.
[917] §§ 2 Abs. 2, 3 Abs. 2 d. Ges.
[918] Bundestag, Drucksachen, Band 8, Nr. 1844, S. 25.
[919] Zu der Frage, ob West-Berlin ein Land der Bundesrepublik Deutschland ist, soll durch die gleichgeordnete Behandlung beider Einheiten in Nr. 1 und 2 keine Aussage gemacht werden. Zum Stand der Meinungen vgl. BVerfGE Bd. 7 S. 1 ff. (7) — „Berlin ist ein Land der Bundesrepublik Deutschland." —, Leibholz - Rinck, Einl. Anm. 52 ff., und Merten S. 91.
[920] Berl. VOBl. I S. 151.
[921] Berl. VOBl. I S. 433.
[922] Berl. VOBl. I S. 46.
[923] § 1 Abs. 2 Satz 1 d. Ges. i. Vbdg. m. § 1 Abs. 1 Erste VO zur Durchführung des VGG vom 2. März 1951 (Berl. VOBl. I S. 261).
[924] § 1 Abs. 2 Satz 1 d. Ges.
[925] § 2 Abs. 2 Satz 1 d. Ges.

3. Baden-Württemberg

Auf Grund einer Volksabstimmung vom 9. Dezember 1951 wurden die südwestdeutschen Länder Württemberg-Baden, Württemberg-Hohenzollern und Baden zu einem „Südweststaat", dem Lande *Baden-Württemberg* vereinigt[928]. Die Verwaltungsrechtspflege des neuen Landes erhielt durch das Gesetz über die Neuordnung der Verwaltungsgerichtsbarkeit vom 12. Mai 1958[929] derart eine einheitliche Regelung, daß das württemberg-badische Gesetz Nr. 110 als „Gesetz über die Verwaltungsgerichtsbarkeit in Baden-Württemberg" mit einigen Änderungen übernommen wurde[930]. Für das gesamte Land wurde die Errichtung von Verwaltungsgerichten und einem Verwaltungsgerichtshof mit Sitz in Mannheim[931] bestimmt[932]. Die Kammern der *Verwaltungsgerichte* waren nunmehr mit zwei Berufsrichtern und zwei — auf die Dauer von vier Jahren gewählten —[933] ehrenamtlichen Mitgliedern[934], die Senate des *Verwaltungsgerichtshofes* mit nunmehr — in der Regel — drei Berufsrichtern besetzt[935].

Abschnitt 10: Die Verwaltungsgerichtsbarkeit wird bundeseinheitlich

1. Der Bund

Anfang der fünfziger Jahre bestand in jedem deutschen Lande eine eigenständige, unabhängige Verwaltungsgerichtsbarkeit. Sie war in den Verfassungen der meisten Länder verankert[936]. Ihre unterschiedliche

---

[926] § 3 Abs. 2 Satz 1 d. Ges.

[927] § 14 Abs. 1 d. Ges.

[928] Rapp S. 21.

[929] B.-W. GBl. S. 131.

[930] Art. 2 d. NeuOGes.

[931] Art. 1 Abs. 3 d. NeuOGes.

[932] Art. 1 Abs. 2 d. NeuOGes.

[933] Art. 3 § 13 Satz 1 d. NeuOGes.

[934] Art. 3 § 15 Abs. 2 Satz 1 d. NeuOGes.

[935] Art. 3 § 6 Abs. 2 Satz 1 d. NeuOGes.

[936] a) Bayern: Verfassung vom 2. Dezember 1946 (Bay. GVBl. S. 333); Art. 93 d. Verfassg.
b) Württemberg-Hohenzollern: Verfassung vom 20. Mai 1947 (W.-H. RegBl. S. 1); Art. 63 d. Verfassg.
c) Baden: Verfassung vom 19. Mai 1947 (Bad. ABl. S. 101); Art. 109 Abs. 1 d. Verfassg.
d) Württemberg-Baden: Verfassung vom 28. November 1946 (W.-B. RegBl. S. 277); Art. 90 d. Verfassg.
e) Baden-Württemberg: Verfassung vom 11. November 1953 (B.-W. GBl. S. 173); Art. 67 Abs. 2 d. Verfassg.
f) Rheinland-Pfalz: Verfassung vom 18. Mai 1947 (R.-Pf. VOBl. S. 209); Art. 122 Abs. 1, 124 d. Verfassg.

Ausgestaltung — u. a. im Hinblick auf die Besetzung der Verwaltungsgerichte — legte es jedoch nahe, eine bundeseinheitliche Regelung herbeizuführen. Sie erfolgte durch die Verwaltungsgerichtsordnung vom 21. Januar 1960[937].

Sie bestimmt den dreistufigen Aufbau[938]. In den Ländern werden Verwaltungsgerichte und jeweils ein Oberverwaltungsgericht — wahlweise als Verwaltungsgerichtshof zu bezeichnen —[939], im Bunde das Bundesverwaltungsgericht mit Sitz in Berlin errichtet[938]. Das *Verwaltungsgericht* entscheidet durch Kammern in der Besetzung von drei (Berufs)richtern und zwei „ehrenamtlichen Richtern“[940], das *Oberverwaltungsgericht* durch Senate — nach Wahl der Landesgesetzgeber — in der Besetzung von drei Richtern, von fünf Richtern oder von drei Richtern und zwei ehrenamtlichen Richtern[941], das *Bundesverwaltungsgericht* durch Senate in der Besetzung von fünf Richtern ohne die Mitwirkung von Laienrichtern[942].

Die abweichende Besetzung der Flurbereinigungsgerichte und der Fachkammern und Fachsenate für Personalvertretungsangelegenheiten blieben durch die Verwaltungsgerichtsordnung unberührt[943].

Bereits der Entwurf einer Verwaltungsgerichtsordnung[944] sah die Mitwirkung ehrenamtlicher Richter in dem ersten Rechtszuge mit der Begründung vor, daß „ihre Zweckmäßigkeit allgemein anerkannt sei“[944]. Die Mitwirkung von Laien beim Oberverwaltungsgericht erschien dem Entwurf dagegen nicht geboten, da dessen Entscheidungen vorwiegend reine Rechtsfragen zum Gegenstand hätten[944]. Gegen diesen Vorschlag, der für einen Teil der deutschen Länder die Abschaffung des Laienelements im Oberverwaltungsgericht bedeutet hätte, wandten sich vor

---

g) Nordrhein-Westfalen: Verfassung vom 18. Juni 1950 (N.-W. GVBl. S. 127); Art. 74 d. Verfassg.

h) Niedersachsen: Vorläufige Verfassung vom 13. April 1951 (Nds. GVBl. S. 103); Art. 41 Abs. 2 d. Verfassg.

i) Bremen: Verfassung vom 21. Oktober 1947 (Brem. GBl. S. 251); Art. 141 Satz 1 d. Verfassg.

k) Berlin (West): Verfassung vom 1. September 1950 (Berl.VOBl. I S. 433); Art. 71 d. Verfassg.

[937] BGBl. I S. 17.

[938] § 2 d. Ges.

[939] § 184 d. Ges.

[940] § 5 Abs. 3 Satz 1 d. Ges.; die „ehrenamtlichen Richter“ führten bis zum Inkrafttreten des Gesetzes zur Änderung der Bezeichnungen der Richter und ehrenamtlichen Richter und der Präsidialverfassung der Gerichte vom 26. Mai 1972 (BGBl. I S. 841) am 1. Oktober 1972 die Bezeichnung „ehrenamtlicher *Verwaltungsrichter*“ (§ 4 Abs. 3 Satz 1 VwGO a.F.).

[941] § 9 Abs. 3 d. Ges.

[942] § 10 Abs. 3 d. Ges.

[943] § 190 Abs. 1 Nr. 4 (Flurbereinigungsgesetz vom 14. Juli 1953 [BGBl. I S. 591)], Nr. 5 (Personalvertretungsgesetz [Bund] vom 5. August 1955 [BGBl. I S. 477]) VwGO.

[944] Bundestag, Drucksachen, Band 55, Nr. 55, S. 27.

allem die Mitglieder des Bundestages Schmitt-Vockenhausen[945], Arndt[946], Dr. Schmidt (Frankfurt am Main)[947] und Jahn[948], alle von der Fraktion der SPD. Sie machten geltend: Die ehrenamtlichen Richter könnten auch in der zweiten Instanz eine wichtige Funktion erfüllen. Die Mitwirkung der Öffentlichkeit an der Gerichtsbarkeit sei in der Demokratie ein entscheidendes Anliegen[945]. Der Laienrichter sei ein „Stück politischer Hygiene“[947]. Das Volk erhalte das Gefühl: „Wir sind nicht nur Objekt der Wahrsprüche, wir wirken mit, wir sind dabei[947].“ Hierdurch erhalte die Verwaltungsgerichtsbarkeit in der Öffentlichkeit das notwendige Ansehen[945], das Vertrauen und die Glaubwürdigkeit[946]. Das Erlebnis der Rechtsprechung werde zu einer eigenen Angelegenheit des Volks[946]. Demgegenüber erklärte ein Sprecher der Fraktion der CDU/CSU, Kanka, das Laienelement im Oberverwaltungsgericht sei „absolut überflüssig“[949]. Die Mitglieder des Bundestages Kempfler[950] und Kühlthau[951], beide CDU/CSU, sprachen sich ebenfalls gegen die Beteiligung von ehrenamtlichen Richtern beim Oberverwaltungsgericht aus. Sie trugen vor: Dieses Gericht sei überwiegend zur Entscheidung von i. d. R. komplizierten Rechtsfragen berufen[950, 951]. Hierbei sei der Laienrichter überfordert[950, 951]. Sein Hauptbetätigungsfeld sei die Würdigung des Sachverhalts auf Grund von Erfahrung, Praxis und gesundem Menschenverstand[950]. Der Meinungsstreit wurde schließlich durch den Vorschlag des Vermittlungsausschusses — den Ländern die Besetzung der Oberverwaltungsgerichte zu überlassen — erledigt[952]. Eine Grundsatz- und Rahmengesetzgebung des Bundes — wie sie der gesetzgewordene § 9 Abs. 3 VwGO beinhaltet — gewähre nach Meinung des Abgeordneten Arndt (SPD) der „Eigenart und Tradition eine jeden Landes“ genügend Raum[953].

2. Die Länder

Die Länder *Baden-Württemberg, Rheinland-Pfalz* und *Niedersachsen* sowie *Berlin* haben in ihren Ausführungsgesetzen zur Verwaltungsgerichtsordnung an der bislang durch Landesgesetz geübten Besetzung der oberen Verwaltungsgerichte festgehalten. Die Senate des „Verwaltungsgerichtshofes Baden-Württemberg“ mit Sitz in Mannheim bleiben weiterhin lediglich mit drei Berufsrichtern besetzt[954]. Das „Oberver-

---

[945] Bundestag, Verhandlungen, Band 44, S. 4577.
[946] Bundestag, Verhandlungen, Band 44, S. 4821.
[947] Bundestag, Verhandlungen, Band 44, S. 4833.
[948] Bundestag, Verhandlungen, Band 45, S. 5186.
[949] Bundestag, Verhandlungen, Band 44, S. 4832.
[950] Bundestag, Verhandlungen, Band 44, S. 4578.
[951] Bundestag, Verhandlungen, Band 44, S. 4830.
[952] Bundestag, Drucksachen, Band 65, Nr. 1487, S. 2.
[953] Bundestag, Verhandlungen, Band 45, S. 5186.
[954] Gesetz zur Ausführung der Verwaltungsgerichtsordnung v. 22. März 1960 (B.-W. GVBl. S. 94); § 1 Abs. 1 Satz 1 u. 2 d. Ges.

waltungsgericht Rheinland-Pfalz" mit Sitz in Koblenz[955], das „Oberverwaltungsgericht für die Länder Niedersachsen und Schleswig-Holstein" mit Sitz in Lüneburg[956] und das „Oberverwaltungsgericht Berlin"[957] entscheiden auch künftig durch Senate in der Besetzung von drei Richtern und zwei ehrenamtlichen Richtern. In der Begründung des Entwurfs des rheinland-pfälzischen Ausführungsgesetzes wird zu dessen späterem § 23 Abs. 1 Satz 2 kurz und bündig festgestellt: „Die Senate des Oberverwaltungsgerichts entscheiden auch nach Inkrafttreten der Verwaltungsgerichtsordnung wie zuvor[958]."

Demgegenüber wich das Bundesland *Bremen* in seinem Gesetz zur Ausführung der Verwaltungsgerichtsordnung vom 15. März 1960[959] von dem bisherigen bremischen Rechtsstand ab. An die Stelle des „Verwaltungsgerichtshofes" trat ein „Oberverwaltungsgericht"[960] ebenfalls mit Sitz in Bremen[961]. Seine Senate entscheiden in der Regelbesetzung der Verwaltungsgerichtsordnung[962] — mit nurmehr drei Berufsrichtern. Die Heranziehung von ehrenamtlichen Richtern ist für die höchste Landesinstanz Bremens nicht vorgesehen[962].

Kurz gestreift sei die landesgesetzliche Regelung der Besetzung der oberen Verwaltungsgerichte in den übrigen Bundesländern. Die Senate des „*Bayerischen* Verwaltungsgerichtshofes" mit Sitz in München entscheiden in der Besetzung mit fünf Richtern[963]. Ehrenamtliche Richter wirken nicht mit[964]. Die Senate des „*Hessischen* Verwaltungsgerichtshofes" mit Sitz in Kassel[965], die Senate des „Oberverwaltungsgerichts für das Land *Nordrhein-Westfalen*" mit Sitz in Münster[966], sowie die Senate des „*Hamburgischen* Oberverwaltungsgerichts"[967] entscheiden in der Besetzung mit drei Richtern und zwei ehrenamtlichen Richtern. Das „Oberverwaltungsgericht des *Saarlandes*" mit Sitz in Saarlouis entscheidet in der Regelbesetzung der Verwaltungsgerichtsordnung — mit drei

[955] Landesgesetz zur Ausführung der Verwaltungsgerichtsordnung v. 26. Juli 1960 (R.-Pf. GVBl. S. 145); §§ 1 Abs. 2, 23 Abs. 1 Satz 2, 1. Halbsatz d. Ges.

[956] Niedersächsisches Ausführungsgesetz zur Verwaltungsgerichtsordnung v. 12. April 1960 (Nds. GVBl. S. 21); §§ 1 Abs. 3, 4 d. Ges.

[957] Gesetz zurAusführung der Verwaltungsgerichtsordnung v. 22. März 1960 (Berl. GVBl. S. 269); §§ 1, 2 Abs. 1 Satz 1 d. Ges.

[958] R.-Pf. LT, Drucksachen, 4. Wahlp., Nr. 137, S. 841.

[959] Brem. GBl. S. 25.

[960] Art. 1 Satz 1 d. Ges.

[961] Art. 1 Satz 2 d. Ges.

[962] § 9 Abs. 3, 1. Halbsatz VwGO i. Vbdg. m. d. AusfGes.

[963] Gesetz zur Ausführung der Verwaltungsgerichtsordnung v. 28. November 1960 (Bay. GVBl. S. 266); Art. 1 Abs. 1 Satz 1 u. 2, Art. 5 Abs. 1 Satz 1 d. Ges.

[964] Art. 5 Abs. 2 d. Ges.

[965] Hessisches Gesetz zur Ausführung der Verwaltungsgerichtsordnung v. 6. Februar 1962 (Hess. GVBl. S. 13); §§ 1 Abs. 1 Satz 1 u. 2, 13 Abs. 1 d. Ges.

[966] Gesetz zur Ausführung der Verwaltungsgerichtsordnung v. 26. März 1960 (N.-W. GVBl. S. 47); §§ 1 Abs. 1, 10 Abs. 1 Satz 1 d. Ges.

[967] Gesetz zur Ausführung der Verwaltungsgerichtsordnung v. 21. Januar 1960 (Hbg. GVBl. S. 291); §§ 1 Abs. 1, 3 Abs. 2 Satz 1 d. Ges.

Berufsrichtern[968]. Das Land *Schleswig-Holstein* hat sein Oberverwaltungsgericht — besetzt mit drei Richtern und zwei ehrenamtlichen Richtern — mit demjenigen des Landes Niedersachsen vereinigt[969].

Abschnitt 11: Der „ehrenamtliche Richter" erhält eine allgemeine Rechtsgrundlage

Durch das Deutsche Richtergesetz vom 8. September 1961[970] hat das Institut des *ehrenamtlichen Richters* allgemein einen gesetzlichen Platz neben dem des Berufsrichters erhalten[971]. Ihm wurde erstmals eine allen Gerichtsbarkeiten mit Laienbeteiligung — wenn auch nur in den Grundzügen — gemeinsame Rechtsgrundlage gegeben[971]. Mit Ausnahme der ehrenamtlichen Richter bei den Strafgerichten, denen die traditionelle Bezeichnung „Schöffe" belassen wurde, führen seit dem 1. Oktober 1972[972] nunmehr alle Laienrichter im Rahmen ihrer gerichtlichen Tätigkeit die Bezeichnung „ehrenamtliche Richter"[973].

Während der Entwurf des Deutschen Richtergesetzes noch von „ehrenamtlichen Beisitzern" sprach[974], hat der Rechtsausschuß des Deutschen Bundestages in seinem Bericht vom 9. Juni 1961 das Wort „Beisitzer" durch das Wort „Richter" ersetzt[975]. Mit der Wortwahl „ehrenamtlicher Richter" hat die Beteiligung von Laien an der Rechtspflege die Wertung erfahren, die „nach deutschem Herkommen"[974] einem „Vertreter des Volkes"[974] gebührt.

---

[968] Saarländisches Ausführungsgesetz zur Verwaltungsgerichtsordnung v. 5. Juli 1960 (Saarl. ABl. S. 558); §§ 1 Abs. 2 u. 3, 24 Satz 1 d. Ges.

[969] Ausführungsgesetz zur Verwaltungsgerichtsordnung v. 29. März 1960 (Schl.-H. GVBl. S. 86); §§ 1 Abs. 2, 3 Abs. 2 d. Ges.

[970] BGBl. I S. 1665.

[971] §§ 1, 44, 45, 45a d. Ges.

[972] Art. XIII §§ 5 Abs. 1 Gesetz zur Änderung der Bezeichnungen der Richter und ehrenamtlichen Richter und der Präsidialverfassung der Gerichte vom 26. Mai 1972 (BGBl. I S. 841).

[973] § 45a DRiG.

[974] Bundestag, Drucksachen, Band 58, Nr. 516.

[975] Bundestag, Drucksachen, Band 74, Nr. 2785.

Kapitel 2

Der ehrenamtliche Richter bei Gerichten der allgemeinen Verwaltungsgerichtsbarkeit[1]

Seine rechtliche Ausgestaltung nach dem Deutschen Richtergesetz und der Verwaltungsgerichtsordnung

Abschnitt 1: Die persönlichen Voraussetzungen

Der ehrenamtliche Richter „muß" Deutscher sein[2].

Er „soll" das dreißigste Lebensjahr vollendet haben[3].

Sein Wohnsitz „soll" während des letzten Jahres vor seiner Wahl innerhalb des Gerichtsbezirks gewesen sein[3].

Personen, denen die in § 21 Nr. 1, 2 und 4 VwGO näher beschriebenen Fähigkeiten fehlen oder die einer Vermögensbeschränkung unterliegen (Nr. 3), sind von dem Amt ausgeschlossen.

Mitglieder der gesetzgebenden Gewalten[4], Mitglieder der regierenden Gewalten[4], berufsmäßige Bedienstete der vollziehenden Gewalten[5] und Amtsträger der rechtsprechenden Gewalten[6] in Bund und Ländern sowie freiberufliche Organe der Rechtspflege[7] können nicht als ehrenamtliche Richter berufen werden. Es widerspricht auch dem Grundgedanken des Gesetzes, Verwaltungsjuristen im Ruhestand — wie in der nordrhein-westfälischen Verwaltungsgerichtsbarkeit üblich —[8] heranzuziehen, da es auf die Mitwirkung des fachlich nicht ausgebildeten Bürgers ankommt[9]. Demgegenüber können Personen gewählt werden, die bereits in anderen Funktionen im öffentlichen Dienst ehrenamtlich tätig sind — so z. B. ehrenamtliche Bürgermeister, Gemeinderäte u. ä.[10].

---

[1] § 23 Abs. 1 Nr. 3 VwGO.
[2] § 20 Satz 1 VwGO.
[3] § 20 Satz 2 VwGO.
[4] § 22 Nr. 1 VwGO.
[5] § 22 Nr. 3, 4, 4a VwGO.
[6] § 22 Nr. 2 VwGO.
[7] § 22 Nr. 5 VwGO.
[8] Baring, Verwaltungsgerichtsbarkeit, S. 690; Ule, bei Bahls, S. 101.
[9] Ule, Verwaltungsprozeßrecht, S. 56; Peters, bei Bahls, S. 102.
[10] § 22 Nr. 3 VwGO.

Abschnitt 2: Die Gewinnung

Die ehrenamtlichen Richter werden auf die Dauer von vier Jahren gewählt[11].

Die Wahl erfolgt durch einen Ausschuß, der bei jedem Verwaltungsgericht bestellt wird[12] und der aus dem Präsidenten des Gerichts als Vorsitzendem, einem von der Landesregierung bestimmten Verwaltungsbeamten und sieben aus der Einwohnerschaft des Gerichtsbezirks gewählten Vertrauensleuten besteht[13]. Ausgewählt wird aus Vorschlagslisten, die die Kreise und kreisfreien Städte aufstellen[14].

Die Erwählten sind grundsätzlich verpflichtet, das Ehrenamt zu übernehmen. Zur Ablehnung berechtigen lediglich bestimmte in § 23 Abs. 1 VwGO aufgezählte Berufe und Tätigkeiten, die Vollendung des fünfundsechzigsten Lebensjahres[15], sowie insbesondere achtjährige Tätigkeit als ehrenamtlicher Richter[16].

Zu den einzelnen Sitzungen der Kammern der Verwaltungsgerichte und der Senate der Oberverwaltungsgerichte[17] werden die Erwählten auf Grund von Listen herangezogen, die das Präsidium des jeweiligen Gerichts vor Beginn des Geschäftsjahres erstellt[18]. Jede Liste muß mindestens zwölf Namen enthalten[19].

Abschnitt 3: Die Rechtsstellung

Die ehrenamtlichen Richter sind — im gleichen Maße wie die Berufsrichter — unabhängig und nur an Gesetz und Recht gebunden[20].

Sie sind während ihrer Amtszeit grundsätzlich unabsetzbar[21].

Sie üben ein nichtbeamtetes Ehrenamt aus[22].

Die ehrenamtlichen Richter erhalten keine feste Besoldung. Ihnen wird vielmehr für die jeweilige Dienstleistung eine Entschädigung gezahlt[23].

Sie führen die Bezeichnung „ehrenamtlicher Richter“[24].

[11] § 25 VwGO.
[12] § 26 Abs. 1 VwGO.
[13] § 26 Abs. 2 VwGO.
[14] § 28 VwGO.
[15] § 23 Abs. 1 Nr. 6 VwGO.
[16] § 23 Abs. 1 Nr. 3 VwGO.
[17] § 34 VwGO.
[18] § 30 Abs. 1 Satz 1 VwGO.
[19] § 30 Abs. 1 Satz 2 VwGO.
[20] § 45 Abs. 1 Satz 1 DRiG; Art. 97 Abs. 1, 20 Abs. 3 GG.
[21] § 44 Abs. 2 DRiG.
[22] Ule, Verwaltungsprozeßrecht, S. 59.
[23] § 32 VwGO u. Gesetz über die Entschädigung ehrenamtlicher Richter i. d. Fassung vom 1. Oktober 1969 (BGBl. I S. 1753).
[24] § 45a DRiG.

Abschnitt 4: Die Tätigkeit

Die gesetzlichen Rechte und Pflichten

Der ehrenamtliche Richter nimmt in den Kammern der Verwaltungsgerichte und den Senaten der Oberverwaltungsgerichte neben den Berufsrichtern an den mündlichen Verhandlungen und an den einer mündlichen Verhandlung nachfolgenden Beratungen und Abstimmungen teil[25].

Er wird bei seiner ersten Dienstleistung in öffentlicher Sitzung vereidigt[26].

Er wirkt an Beschlüssen, die während der mündlichen Verhandlung zu fassen sind[27], und an der Urteilsfindung mit[25].

Er ist unter den gleichen Voraussetzungen von der Ausübung seines Amtes ausgeschlossen wie ein Berufsrichter[28]. Das gleiche gilt für eine Ablehnung[28].

Dem ehrenamtlichen Richter stehen im Rahmen seines gesetzlichen Tätigkeitsbereichs die „gleichen Rechte" wie dem Berufsrichter zu[29].

Er hat das Recht, in der mündlichen Verhandlung Fragen an die Beteiligten[30], an die Zeugen[31] und an die Sachverständigen[31] zu stellen.

In der Beratung nimmt er gleichberechtigt an dem Meinungsaustausch teil[32]. Er stimmt zwar vor den Berufsrichtern[33]. Seine Stimme hat jedoch das gleiche Gewicht[32].

Den Rechten stehen Pflichten gegenüber.

Der ehrenamtliche Richter darf sich seiner Aufgabe nicht entziehen[34]. Er muß sich insbesondere zu den Sitzungen rechtzeitig einfinden[34].

Er hat seine Tätigkeit getreu der Verfassung und den Gesetzen zu erfüllen[35]. Er hat nach bestem Wissen und Gewissen ohne Ansehen der Person — unparteiisch — zu urteilen und nur der Wahrheit und Gerechtigkeit zu dienen[35].

Er darf die Abstimmung über eine Frage nicht deshalb verweigern, weil er bei der vorhergehenden Abstimmung in der Minderheit geblieben ist[36].

---

[25] § 19 VwGO.
[26] § 31 Abs. 1 Satz 1 VwGO.
[27] § 5 Abs. 3 Satz 2 VwGO.
[28] § 54 VwGO.
[29] § 19 VwGO.
[30] § 104 Abs. 2 Satz 1 VwGO.
[31] § 98 VwGO mit §§ 396 Abs. 3, 402 ZPO.
[32] § 19 VwGO.
[33] § 55 VwGO mit § 197 Satz 2 GVG.
[34] Aus § 33 Abs. 1 VwGO.
[35] § 45 Abs. 1 Satz 2 DRiG.
[36] § 55 VwGO mit § 195 GVG.

Das Beratungsgeheimnis hat der ehrenamtliche Richter ebenfalls zu wahren[37].

Entzieht sich der ehrenamtliche Richter seinen Pflichten, findet er sich insbesondere ohne genügende Entschuldigung nicht rechtzeitig ein, so muß er mit einer Ordnungsstrafe und Verurteilung in die verursachten Kosten rechnen[38].

Verletzt der ehrenamtliche Richter seine Amtspflichten gröblich — dies ist z. B. gegeben, wenn er Dritten über den Hergang der Beratung berichtet[39] —, so „ist" er von seinem Amt zu entbinden[40]. Die Entscheidung wird von einem Senat des Oberverwaltungsgerichts durch unanfechtbaren Beschluß getroffen[41].

---

[37] § 45 Abs. 3 (§ 43) DRiG.

[38] § 33 Abs. 1 VwGO.

[39] Eyermann-Fröhler § 24 Anm. 3.

[40] § 24 Abs. 1 Nr. 2 VwGO.

[41] § 24 Abs. 3 VwGO.

Kapitel 3

Der ehrenamtliche Richter bei Gerichten der allgemeinen Verwaltungsgerichtsbarkeit im Streit der Meinungen

1. Vorbemerkung

„Ihr (der Laienrichter) außerordentlicher, vielleicht ihr erheblichster Vorzug besteht nämlich darin, daß sie von einem der schlimmsten Feinde der Gerechtigkeit, der Routine oder Schablone frei sind. Ihnen sind die Fälle immer Einzelfälle und nicht Typen, Menschenschicksale und nicht Aktenstücke. Ihr Empfinden für sie ist noch individuell, frisch, unverbraucht, noch nicht durch Gewöhnung abgestumpft, vom Aktenstaub überdeckt: Demokratie ist nicht bloß Feind der Autokratie, sondern auch der Bürokratie, wie bereits der Demokrat und Richter Waldeck betonte. Die natürliche Einstellung des Laien, die ihn von der kunstvollen Methodik des Juristen unterscheidet, ist nun wieder der naturrechtlichen Anschauung verwandt, die der Feind und Besieger des männermordenden Positivismus ist. Gegen ihn bäumt sich, zunächst rein instinktiv, das ursprüngliche Rechtsgefühl des Laienrichters auf, dem es nicht in den Kopf will, daß er sein gutes Gewissen dem Gesetz opfern soll. Er setzt seine Aufgabe, Recht zu sprechen, der Verpflichtung gleich, Gerechtigkeit zu üben, und wo das gesetzte Recht mit seinem Rechtsgefühl in Widerspruch tritt, glaubt er, letzterem den Vorzug geben zu müssen, und tröstet sich mit der etwas verschwommenen Vorstellung, daß die Laien nicht wie die Juristen ‚an den Buchstaben des Gesetzes' gefesselt seien[1]." Diesen leidenschaftlichen Appell für das Laienrichtertum im allgemeinen schrieb im Jahre 1949 Eugen *Schiffer*[2], selbst Jurist[3], in den ersten Jahren der Weimarer Republik zeitweise Reichsjustizminister[4], von 1945 bis 1948 Chef der deutschen Justizverwaltung der — damaligen — sowjetischen Besatzungszone[3], ein Liberaler[5], dem „Karl Marx viel gegeben" hat[5], einer der „Alten"[6], in denen

---

[1] Schiffer, Justiz, S. 290/291.

[2] Schiffer, Justiz.

[3] Meyer S. 562.

[4] Heiber S. 73 u. 78.

[5] Schiffer, Leben, S. 243.

[6] Vogelsang S. 163.

ein „starkes Stück Kontinuität“[6] auf dem „festen Boden“ des Rechtsstaates[7] sichtbar geworden ist.

Geblieben ist aber auch die Kritik an der Institution des ehrenamtlichen Richters. Insbesondere ist in jüngster Zeit wiederholt die Frage aufgeworfen worden, ob es im Hinblick auf die Kompliziertheit des gegenwärtigen Rechtslebens und die Pluralität der sozialen Wirklichkeit noch gerechtfertigt und geboten sei, in der *allgemeinen Verwaltungsgerichtsbarkeit* ehrenamtliche Richter beizuziehen.

Bereits die Bundestagsdebatte über die Verwaltungsgerichtsordnung vom Jahre 1959 ließ die Gegensätze erkennen[8]. Während über die Besetzung der Verwaltungsgerichte des ersten Rechtszuges mit Laienrichtern Einigkeit bestand, konnte der Streit um die Besetzung der Oberverwaltungsgerichte mit ehrenamtlichen Richtern zwar mit einem Kompromiß, nicht jedoch durch eine bundeseinheitliche Regelung beigelegt werden[9].

2. Die Meinungen

Es lassen sich vier Gruppierungen erkennen:

A. Diejenige Gruppe, die die Mitwirkung ehrenamtlicher Richter bei Gerichten der allgemeinen Verwaltungsgerichtsbarkeit für den ersten Rechtszug befürwortet, sie für den zweiten Rechtszug jedoch ablehnt,

B. diejenigen, die dafür eintreten, von einer Beteiligung ehrenamtlicher Richter überhaupt abzusehen,

C. diejenige Gruppe, die die Mitwirkung ehrenamtlicher Richter auf das Bundesverwaltungsgericht ausdehnen will, und schließlich

D. diejenigen, die die Heranziehung ehrenamtlicher Richter begrüßen, ohne die Regelung ihrer Beteiligung in der Verwaltungsgerichtsordnung als solche anzusprechen.

Zu A.: Die *erste Meinung* wird außer von den Mitgliedern des Bundestages Kanka, Kempfler und Kühlthau, insbesondere von Haueisen und Meyer-Hentschel vertreten.

Haueisen schließt aus der Heranziehung von ehrenamtlichen Richtern auch in den Senaten der Oberverwaltungsgerichte, daß die Überlegung, welchen Gewinn die Mitwirkung ehrenamtlicher Richter für die Güte der Rechtsprechung der Oberverwaltungsgerichte bedeuten könnte, hinter dem Bedürfnis, die Rechtsprechung „im Volke zu verankern“ zurücktreten mußte[10].

---

[7] Schiffer, Leben, S. 254.
[8] Bundestag, Verhandlungen, Band 44, S. 4577 ff. u. S. 4821 ff.
[9] § 9 Abs. 3 VwGO.
[10] Haueisen S. 165.

Kempfler[11] und *Kühlthau*[12] sehen keinen Gewinn; die Laienrichter seien bei der Entscheidung über die meist sehr komplizierten rechtlichen Probleme überfordert.

Diesen Gesichtspunkt führt auch *Meyer-Hentschel* ins Feld[13]. Darüber hinaus sieht er in der Beteiligung ehrenamtlicher Richter am Oberverwaltungsgericht in den allermeisten Fällen eher eine Belastung als einen Vorteil[14]. Er vertritt die Auffassung: Die ehrenamtlichen Richter könnten nur hin und wieder „konstruktive Gedanken" beisteuern[14]. Dagegen gehe im allgemeinen sehr viel Zeit damit verloren, den Laienrichtern Dinge zu erläutern, die für die Berufsrichter völlig selbstverständlich seien[13, 14].

Kanka schließlich steht auf dem Standpunkt, daß die Demokratisierung in vielleicht vollkommenerer Weise als durch das Laienelement dadurch gewährleistet sei, daß der Zugang zum Amt des Berufsrichters auch den breiten Schichten des Volkes eröffnet sei[15].

Zu B.: Für die *zweite Meinung* treten vor allem Baring, Baur, Görlitz, Paul und Ridder, sowie im Ergebnis auch Eyermann ein.

Görlitz sieht in dem Laienrichtertum einen „Anachronismus"[16]. Er vertritt den Standpunkt: Der Zweck dieser Einrichtung, die „gesellschaftliche Kontrolle judikativer Macht" im Sinne einer „politischen Gegenkraft" dem Berufsrichtertum gegenüber und in Form einer „institutionalisierten Öffentlichkeit" sei gegenwärtig unerfüllbar[16]. Die Laienrichter seien eine Außenseitergruppe, die am Entscheidungsprozeß praktisch nicht teilnähmen[16]. Infolge der Aktenmäßigkeit des Verwaltungsstreitverfahrens und der Kompliziertheit des Rechtssystems sei nur noch der hauptberufliche Richter in der Lage, kontinuierlich die notwendigen Informationen aufzunehmen und zu verarbeiten[16].

Nach *Baring* würde der völlige Verzicht auf das Laienelement keine Lücke reißen und keine Einbuße spürbar werden lassen[17]. Er ist der Meinung: Das politische Anliegen und die soziale Wirklichkeit, die zur Beiziehung von Laienbeisitzern in der Verwaltungsjustiz geführt und sie gerechtfertigt hätten, bestünden nicht mehr[18]. Die Beteiligung von Laien bedeutet im Gegenteil einen Schwund des Vertrauens in die Gerichte[18].

Paul glaubt, daß rechtsstaatliche Gründe die Mitwirkung von Laienrichtern heute nicht mehr erforderlich machten, da die Gefahr staat-

---

[11] Bundestag, Verhandlungen, Band 44, S. 4578.
[12] Bundestag, Verhandlungen, Band 44, S. 4830.
[13] Meyer - Hentschel, bei Bahls, S. 99.
[14] Meyer - Hentschel, Verwaltungsarchiv, S. 151.
[15] Bundestag, Verhandlungen, Band 44, S. 4831.
[16] Görlitz S. 306.
[17] Baring, Verwaltungsgerichtsbarkeit, S. 693.
[18] Baring, Verwaltungsgerichtsbarkeit, S. 694.

licher Eingriffe in die Richtertätigkeit nicht mehr gegeben sei[19]; der fachkundigste Beisitzer sei der „gelernte Richter“[19].

Ridder sieht das Laienrichtertum als der heutigen Zeit nicht mehr „adäquat“ an[20]. Er erläutert seine Auffassung: Diese aus politischen Gründen seit jeher „äußerst fragwürdige“ Einrichtung müsse jetzt aus rein sachlichen Erwägungen noch kritischer beurteilt werden[20]. Es mache einen wesentlichen Teil der Existenzberechtigung des Berufsrichters in der modernen Demokratie aus, daß in ihm, der sein Rechtsgewissen stellvertretend für das Rechtsgewissen vieler befragen müsse, der gesunde Menschenverstand des Laien zum „artificial (= kunstvoll) reason of the law“ gesteigert und sublimiert sei[21].

Baur kommt ebenfalls zu einem negativen Urteil über die Einrichtung des Laienrichtertums[22]. Er führt aus: Diese Einrichtung gelte heute als ein „tabu“, das man als eine historisch überkommene Institution „mitschleppe“, ohne sich Gedanken zu machen, ob sie heute noch passe[23]. Zunächst sei es zweifelhaft, ob das Laienrichtertum in der Bevölkerung heute noch die für eine demokratische Legitimation erforderliche Resonanz finde[24]. Das Tätigwerden eines der „Seinen“ sei für den Beteiligten nicht entscheidend[25]. Ihm gehe es allein um „sein Recht“[25]. Ebensowenig sei die Zuziehung von Laien geeignet, Kritik an der Rechtsprechung zu verhindern; sie solle dies auch nicht[26]. Was den Laien selbst anbetreffe, stelle bereits die Feststellung des Sachverhalts erhebliche Anforderungen an Aufnahmefähigkeit und Gedächtnis[27]. Von ihm werde eine „Umstellung“ erwartet, die für ihn schlechterdings nicht vollziehbar sei, da er aus Berufen komme, die ganz andere geistige und körperliche Fähigkeiten voraussetzten[27]. Auch „Sachkunde, Lebensnähe und Lebenserfahrung“ des Laienrichters seien infolge des umfassenden Zuständigkeitsbereichs der allgemeinen Verwaltungsgerichtsbarkeit nicht sinnvoll nutzbar zu machen[28]. Außerdem unterliege der Laienrichter viel eher gefühlsmäßigen Reaktionen als der — anerzogen — gefühlsneutrale Berufsrichter[29]. Bei dem Laien bestehe die Gefahr, daß durch nebensächliche Dinge — etwa das Erscheinungsbild und das Verhalten der Beteiligten, insbesondere eine Entgleisung — bewußt oder unbewußt Vorurteile erzeugt würden, die zu einer sachlich nicht gerechtfertigten, gefühlsbetonten Stimmabgabe führen könnten[29].

[19] Paul, bei Bahls, S. 100.
[20] Ridder S. 115 Fußn. 54.
[21] Ridder S. 116 Fußn. 54 (Forts.).
[22] Baur S. 64.
[23] Baur S. 49.
[24] Baur S. 52.
[25] Baur S. 58.
[26] Baur S. 60.
[27] Baur S. 62/63.
[28] Baur S. 55/56, 58.
[29] Baur S. 63.

Schließlich sei die richterliche Unabhängigkeit des Laien im Sinne seiner inneren Entscheidungsfreiheit heute besonders gefährdet[30]. Er sei der bewußten oder unbewußten Meinungsinfiltration seitens der Träger gesellschaftlicher, politischer[31] und wirtschaftlicher[31] Macht und der von den Massenmedien gesteuerten „öffentlichen Meinung" schutzlos ausgeliefert[32]. So seien einige Fernsehsendungen genügend, um generelle Sympathien oder Antipathien zu erzeugen[32]. Das ursprüngliche und unverbildete Rechtsgefühl werde manipuliert[33]. Nur eine Aufgabe könne einen ernstlich diskutierbaren Ansatzpunkt für die Heranziehung von Laienrichtern hergeben: Der ehrenamtliche Richter könne — möglicherweise — dem Berufsrichter die mannigfachen sittlichen Anschauungen und Strömungen einer in ihrer Grundhaltung atomisierten, sog. pluralistischen Gesellschaft nahebringen, also verhindern, daß das Wertbewußtsein einer durch Herkommen und Ausbildung einheitlich geprägten „Kaste" allein maßgeblich bleibe[34]. Gerade im Hinblick auf die mannigfachen Strömungen bestehe jedoch die Gefahr, daß auch der beteiligte Laie nur einen — einseitigen — Ausschnitt repräsentiere[34]. Im Ergebnis seien die gewohnten Begründungen für die Beibehaltung des Laienrichtertums teils antiquiert, teils verstaubt, teils gingen sie am Kern der Dinge vorbei[35]. Dem Anspruch der Beteiligten auf „ihr Recht" könnte nur durch vollwertige Richter genügt werden[35].

Eyermann schließlich stellt das Laienrichtertum zwar nicht völlig in Frage — ihm sei „gewiß Wert nicht abzusprechen"[36]. Er meint aber: Dieser Wert werde „weithin überschätzt"[36]. Ein etwaiges Fachwissen des Laienrichters sei oft nur ein „scheinbarer Vorteil"[36]. Das Gericht komme in der Regel trotzdem nicht umhin, im Wege einer Beweisaufnahme Sachverständige zu hören[36]. Bei widersprechenden Gutachten, sei „naturgemäß" damit zu rechnen, daß der Fachmann unter den Laienrichtern — ohne abzuwägen — an der von ihm vielleicht in einem langen Berufsleben als richtig vertretenen Meinung „unerschütterlich" festhalte[36]. Der „vielbemühte" gesunde Menschenverstand bedeute ebenfalls keinen Vorteil; er sei zu sehr mit Emotionen beladen[36]. Gewinne er die Überhand, seien Rechtsunsicherheit[37] und Rechtszersplitterung die Folge[36]. Sie auszugleichen, verlängere die Dauer der Prozesse und vermehre den Leerlauf der Gerichte[36]. Bereits das alte Rom sei um einer einheitlichen Rechtsprechung willen zum beamteten Richter übergegangen[37].

---

[30] Baur S. 53.
[31] Baur S. 55.
[32] Baur S. 53.
[33] Baur S. 54.
[34] Baur S. 61/62.
[35] Baur S. 64.
[36] Eyermann S. 55.
[37] Eyermann S. 56.

Zu C.: Die von der *dritten Gruppe* erstrebte Ausweitung der Laienbeteiligung ist von Peters in die Diskussion gebracht worden. Sie wird von Martens und Ule unterstützt, von Meyer-Hentschel und Schubert dagegen abgelehnt.

Peters geht davon aus, daß die Abschaffung der ehrenamtlichen Richter zu der derzeitigen gesellschaftspolitischen Entwicklung im Widerspruch stehe und damit politisch indiskutabel sei[38]. Er ist der Auffassung: Die Verwaltungsrechtspflege müsse „transparenter" werden[39]. Dieses Ziel zu erreichen, sei die Mitwirkung von Laienrichtern unerläßlich[39]. Wenn Laien an der Beratung teilnähmen, sei der Berufsrichter geradezu gezwungen, einerseits sich gründlich auf die Beratung vorzubereiten und andererseits sich so auszudrücken, daß auch eine fachlich nicht geschulte Person imstande sei, seiner Gedankenführung zu folgen[39]. Dies gebe zu der Erwartung Anlaß, daß auch die schriftliche Abfassung des Urteils verständlicher werde[39]. Vorstehender Gewinn für die Verwaltungsrechtsprechung sei nicht nur für den ersten und den zweiten Rechtszug sondern auch für den dritten und letzten Rechtszug — das Bundesverwaltungsgericht — erstrebenswert[39]. Es könne keiner Instanz zum Nachteil gereichen, wenn die von den Berufsrichtern gefundenen rechtlichen Argumente in der Diskussion mit den ehrenamtlichen Richtern durch deren Argumente ergänzt oder sogar ersetzt würden[40]. Gerade die Richter der letzten Instanz, die nicht mehr durch eine große Anzahl von Streitverfahren die Fülle der Fallgestaltungen erfahren könnten, benötigten die Mitwirkung der Laienrichter besonders[40].

Martens befürwortet die Mitwirkung ehrenamtlicher Richter in der Revisionsinstanz mit der Begründung, daß deren Beteiligung die Möglichkeit schaffe, Argumente aus der Laiensphäre für die Revisionsentscheidung nutzbar zu machen[41].

Auch *Ule* spricht sich für die Beteiligung ehrenamtlicher Richter an der Rechtsprechung des Bundesverwaltungsgerichts aus[42]. Er verweist darauf, daß die Aufgabe der ehrenamtlichen Richter darin liege, daß sich die Berufsrichter zu prüfen hätten, ob sie in der Lage seien, den Richtern aus dem Volke die Entscheidung verständlich zu machen[42].

Demgegenüber erklärt *Meyer-Hentschel,* daß seiner Meinung nach die Laienrichter bereits beim Oberverwaltungsgericht überfordert seien[43]. Dies gelte um so mehr für das Bundesverwaltungsgericht[43].

---

[38] Peters S. 67.
[39] Peters, bei Bahls, S. 101/102.
[40] Peters S. 69.
[41] Martens, bei Bahls, S. 99.
[42] Ule, bei Bahls, S. 101.
[43] Meyer - Hentschel, bei Bahls, S. 99.

Auch *Schubert* lehnt die Zuziehung ehrenamtlicher Richter in der Revisionsinstanz ab[44]. Dies bedeute — seiner Meinung nach — zum einen eine unerwünschte Vergrößerung der Gerichtsbesetzung zum anderen eine weitere Verlangsamung der Erledigung[44]. Außerdem besitze der Laienrichter nicht den erforderlichen Sachverstand, um die vorgetragenen Rechtsfragen kritisch zu prüfen und damit einen konstruktiven Beitrag zur Rechtsfindung zu leisten[44].

Zu D.: Der größere Teil der Vertreter der *vierten Gruppe* beschränkt sich zur Begründung seiner Meinung auf allgemein gehaltene Argumente, die teils traditionell, teils zeitgemäß formuliert werden. Eine kleinere Gruppe dagegen — vor allem Peters, Rüggeberg und Ule — legt ein gegenwartsbezogenes Funktionsverständnis[45] dar, das auf konkret faßbaren Vorstellungen von der Mitwirkung ehrenamtlicher Richter aufbaut.

Es lassen sich folgende Gesichtspunkte analysieren:

a) Der ehrenamtliche Richter als *demokratisches Element*.

Die Mitwirkung ehrenamtlicher Richter an der Verwaltungsrechtspflege sei in der Demokratie „selbstverständlich" (Kern[46]), sie sei eine „demokratische Forderung" (von der Heydte[47]), sie bedeute die „Demokratisierung der Justiz" (Bull[48]), sie sei demokratisch (Berra[49]). Die Mitwirkung des nicht juristisch vorgebildeten Bürgers entspreche dem Wesen einer demokratischen Verfassung (Bundesverwaltungsgericht, Urt. v. 13. Juni 1959[50]), sie sei das Mittel zur Schaffung eines demokratischen Elements in der Rechtspflege (Ule[51]). Die unmittelbare Vertretung des Volkes im Gericht sei ein Ausfluß des demokratischen Gedankens (Gerner u. a.[52]); das Volk dürfe nicht nur Objekt der Rechtspflege sein, es müsse vielmehr deren Subjekt werden (Bundessozialgericht, Urt. v. 28. Mai 1965[53]). Knöpfle warnt davor, das demokratische Element zur bloßen Selbstrechtfertigung herabzuwürdigen[54].

b) Der ehrenamtliche Richter fördert *Kenntnisse* und *Verständnis*.

Der Laienrichter sei das „lebendige Bindeglied" zwischen Volk und Justiz (Amelunxen[55]). Durch die unmittelbare Teilnahme des Volkes

[44] Schubert, bei Bahls, S. 96.
[45] Rüggeberg S. 202.
[46] Kern, Gerichtsverfassungsrecht, S. 115.
[47] v. d. Heydte S. 501.
[48] Bull S. 65.
[49] Berra S. 140.
[50] BVerwGE Bd. 8, S. 350 ff. (355).
[51] Ule, bei Bahls, S. 101.
[52] Gerner - Decker - Kauffmann § 1 Anm. 14.
[53] BSozGE Bd. 23, S. 105 ff. (109).
[54] Knöpfle, bei Bahls, S. 101.
[55] Amelunxen S. 54.

an der Rechtspflege werde das demokratische Leben befruchtet (Radbruch[56]); sie bringe die Kenntnis des Rechts in weite Volkskreise und fördere deren Verständnis für Aufgabe und Notwendigkeit der Rechtsprechung (Kern[57]). Insbesondere der letztere Beitrag — Förderung des Verständnisses für das Wesen der Rechtspflege in der Öffentlichkeit — sei von entscheidender Bedeutung (Meyer-Hentschel[58]). Die Mitwirkung von Laien lasse dem Bürger die Rechtsprechung „eher zugänglich" erscheinen (Wassermann[59]).

c) Der ehrenamtliche Richter begründet *Vertrauen.*

Durch die Mitwirkung der Laienrichter werde die Öffentlichkeit bis hinein in das Beratungszimmer ausgedehnt (Kern[60]). Ihr werde die Möglichkeit gegeben, einen Einblick in die Sorgfalt der Justizarbeit zu erhalten (Seidel[61]). Diese „Volksnähe" stärke das Vertrauen des Bürgers in die Rechtspflege (von der Groeben[62], Kern[60], Seidel[61]); dies sei vor allem ihr Zweck (Speyerer Entwurf[63]). Durch das aus eigener Anschauung gewonnene Verständnis für das Wesen der Rechtspflege werde das Vertrauen der Öffentlichkeit vertieft (Meyer-Hentschel[64]). Derjenige, der durch die gerichtliche Entscheidung betroffen werde, erhalte das subjektive Gefühl, daß das Erkenntnis richtig sei, da es von Männern und Frauen mitgetragen werde, die seinem eigenen Lebenskreis angehörten (Ule[65]).

d) Der ehrenamtliche Richter weckt *Mitverantwortung.*

Die aktive Beteiligung des Volkes erziehe zu staatsbürgerlichem Denken (Kern[66]). Sie erwecke die bürgerliche Mitverantwortung (von der Groeben[67]). Sie beeinflusse die Neigung und den Willen der Bürger, für gerichtliche Entscheidungen Mitverantwortung zu übernehmen, in einem günstigen Sinne (Ule[68]). Damit erwachse der „mündige, an den öffentlichen Dingen interessierte und für sie mitverantwortliche Bürger" (Jahn[69]). Die Wahl in ein Ehrenamt werde nicht mehr so sehr als lästig als vielmehr als ehrenvoll empfunden (Hanswerner Müller[70]).

---

[56] Radbruch S. 176.
[57] Kern, Gerichtsverfassungsrecht, S. 115.
[58] Meyer - Hentschel, bei Kemper, S. 367.
[59] Wassermann S. 65.
[60] Kern, Gerichtsverfassungsrecht, S. 115.
[61] Seidel S. 144.
[62] v. d. Groeben S. 244.
[63] Speyerer Entwurf S. 164.
[64] Meyer - Hentschel, bei Kemper, S. 367.
[65] Ule, Demokratie, S. 681.
[66] Kern, Gerichtsverfassungsrecht, S. 115.
[67] v. d. Groeben S. 241.
[68] Ule, Demokratie, S. 681.
[69] Jahn S. 4.
[70] Hanswerner Müller S. 338.

e) Der ehrenamtliche Richter vermittelt *Sachverstand.*

Die Mitwirkung von Laienrichtern könne das Informationsniveau der Berufsrichter ergänzen (Rüggeberg[71]). Sie könne ihm das Wissen um die sozialen Hintergründe und die Interessenlagen vermitteln[72]. Der Berufsrichter bedürfe der „Insider — Information" des durch sein „Zu-Hause-Sein" in bestimmten Lebensräumen, durch seine soziale Herkunft und — unter Umständen — durch seine Berufserfahrung mit dem zur Beurteilung anstehenden sozialen Spannungsfeld vertrauteren Laien[73].

f) Der ehrenamtliche Richter gleicht *Einseitigkeit* aus.

Die Laienbeteiligung diene der unmittelbaren Überwachung der Justiz (Berra[74]). Sie solle die Macht der „Richterbürokratie" beschränken und verhindern, daß die Auffassung nur einer Bevölkerungsgruppe — der Berufsrichter — in der Entscheidung zum Ausdruck komme (Radbruch[75]). Das „Sozialprofil" der Richtenden bleibe auf das Urteil nicht ohne Einfluß (Wassermann[76]). Der deutsche Berufsrichter unterliege auf Grund seiner Herkunft aus bestimmten Schichten einem „sozialen Befangenheitsbann"[77]. Bei ihm bestehe die unbewußte Gefahr der Parteinahme[78] auf Grund gesellschaftlicher und milieubedingter, d. h. lokaler, landsmannschaftlicher und konfessioneller Voreingenommenheit[79]. Der Richterstand sei ziemlich homogen (Brüggemann[80]). Er gehöre zum gehobenen akademischen Mittelstand und trage alle Zeichen einer beamtenförmigen Existenz[80]. Im wesentlichen wende sich ein bestimmter Menschentyp[80] dem richterlichen Dienst zu (Kaupen[81]). Dieser Typus sei wenig beweglich[81], er habe kein umfangreiches und differenziertes Verhaltensrepertoire[82]. Dies beruhe darauf, daß sich seine Erziehung im Elternhaus, d. h. seine sozial-kulturellen Beziehungen zur Herkunftsfamilie[83], auf die Einhaltung bestimmter, vorgegebener (traditioneller) Verhaltensregeln und an festen Ordnungsmaßstäben ausgerichtet habe[84]. Eine derartige Erziehung biete die geeignete Voraussetzung zur Beschäftigung mit dem Recht als einem „statisch-reaktiv konzipierten Herrschaftsinstrument"[85]. Hinzu komme, daß Ausbildung, Auswahl und

[71] Rüggeberg S. 211.
[72] Rüggeberg S. 213.
[73] Rüggeberg S. 210, 211, 217.
[74] Berra S. 140.
[75] Radbruch S. 175.
[76] Wassermann S. 83.
[77] Wassermann S. 64, 65.
[78] Wassermann S. 64.
[79] Wassermann S. 84.
[80] Brüggemann, Richterstand, S. 25, 26.
[81] Kaupen S. 188.
[82] Kaupen S. 187.
[83] Kaupen S. 63.
[84] Kaupen S. 141.
[85] Kaupen S. 218.

„Justizapparat“ einem „subalternen, obrigkeitlichen Bewußtsein“ entgegenkomme (Kaupen-Rasehorn[86]). Im Interesse einer „dynamisch-aktiv gestaltenden“ Rechtsprechung müsse diese von allen Gruppen der Bevölkerung getragen werden (Kaupen[87]). Die einseitige Sozialstruktur der Berufsrichterschaft und damit die Gefahr standesideologischer Einflüsse müsse durch die Heranziehung von Laienrichtern ausgeglichen und neutralisiert werden (Rüggeberg[88]). Dies setze allerdings voraus, daß die ehrenamtlichen Richter im wesentlichen andere Schichten repräsentierten als die Berufsrichter[89].

g) Der ehrenamtliche Richter erzwingt *Verständlichkeit.*

Der Laienrichter habe eine spezifisch *eigenständige* Funktion neben dem Berufsrichter (Rüggeberg[90]). Das Verfahren werde durch seine Mitwirkung gründlicher, feierlicher, anschaulicher und verständlicher (Kern[91]). Der Berufsrichter unterliege der ständigen Kontrolle seitens der Laienbeisitzer (Brüggemann[92]). Die Beteiligung ehrenamtlicher Richter zwinge den Berufsrichter, sich gründlich auf die Beratung vorzubereiten und sich verständlich auszudrücken (Peters[93]), insbesondere seine Argumente für oder gegen eine bestimmte Entscheidung so vorzubringen, daß sie auch von einem rechtsunkundigen Laien verstanden werden (Ule[94]). Der Berufsrichter müsse sich mit den von den Laien beigesteuerten Gedanken auseinandersetzen (Brüggemann[95]) und sich mit diesen abstimmen (von der Groeben[96]). Damit seien Verständlichkeit und Überzeugungskraft der Argumente des Berufsrichters bereits vor dem Urteilserlaß einer Kontrolle unterworfen (Rüggeberg[97]). Diese Mitwirkung ehrenamtlicher Richter bedeute die vorweggenommene kritische Stimme des Volkes (Ule[98]) — die vorweggenommene öffentliche Meinung (Ule[99]), d. h. der Berufsrichter müsse sich bereits in der Beratung damit auseinandersetzen, wie die getroffene Entscheidung bei vernünftigen Leuten ohne Sachkenntnis und Sachkunde aufgenommen werde (Ule[98]). Voraussetzung hierfür sei, daß der Berufsrichter den Laienrichter sachgerecht an die Entscheidung heranführe, ihn mit dem Prozeßstoff bekannt mache und in ihm die Überzeugung wecke, daß

[86] Kaupen - Rasehorn S. 46.
[87] Kaupen S. 218.
[88] Rüggeberg S. 213, 217.
[89] Rüggeberg S. 212.
[90] Rüggeberg S. 203.
[91] Kern, Gerichtsverfassungsrecht, S. 115.
[92] Brüggemann, Gewalt, S. 132.
[93] Peters, bei Bahls, S. 101/102.
[94] Ule, Demokratie, S. 681.
[95] Brüggemann, Gewalt, S. 132.
[96] v. d. Groeben S. 244.
[97] Rüggeberg S. 213.
[98] Ule, bei Bahls, S. 101; Ule, Demokratie, S. 681.
[99] Ule, Demokratie, S. 681.

er in gleicher Weise wie der Berufsrichter eigenverantwortlich zur Teilnahme an der Entscheidungsfindung berufen sei (Meyer-Hentschel[100]).

3. Zusammenfassung

Abschließend lassen sich die wesentlichsten Begründungen zugunsten und zulasten der Beteiligung ehrenamtlicher Richter bei Gerichten der allgemeinen Verwaltungsgerichtsbarkeit wie folgt zusammenfassen.

Zugunsten ihrer Mitwirkung wird ausgeführt:

1. Sie sei ein Beitrag zur Demokratisierung der Rechtsprechung.
2. Sie wecke im Volk Verständnis für die Tätigkeit der Verwaltungsgerichte.
3. Sie stärke das Vertrauen des Bürgers in die Verwaltungsrechtspflege.
4. Sie fördere im Volk die Kenntnis des Verwaltungsrechts.
5. Sie begründe eine Neigung des Bürgers, im öffentlichen Leben Verantwortung zu übernehmen.
6. Sie ergänze das Informationsniveau der Berufsrichter.
7. Sie gleiche eine — etwaige — einseitige Sozialstruktur der Berufsrichter aus.
8. Sie zwinge die Berufsrichter, Verständlichkeit und Überzeugungskraft ihrer Argumente vor Erlaß der Entscheidung zu überprüfen.

Gegen die Beteiligung ehrenamtlicher Richter wird vorgebracht:

1. Sie bedeute einen ins Gewicht fallenden zusätzlichen Zeitaufwand.
2. Die ehrenamtlichen Richter seien hinsichtlich Aufnahmefähigkeit und Gedächtnis überfordert.
3. Sie seien der rechtlichen Problematik nicht gewachsen.
4. Bei ihrer Entscheidung habe das „gesunde Rechtsempfinden“ Vorrang vor dem Gesetz.
5. Sie ließen sich von gefühlsbedingten Reaktionen leiten.
6. Sie könnten sich einer Einflußnahme seitens der Massenmedien und seitens Trägern politischer, gesellschaftlicher, wirtschaftlicher o. ä. Macht sowie einem „Druck der Straße“ nicht erwehren.

---

[100] Meyer - Hentschel, bei Kemper, S. 367.

TEIL 2

Das Institut des ehrenamtlichen Richters in der erfahrungswissenschaftlichen Überprüfung

Einleitung

Der Rückblick in die Geschichte hat gezeigt, daß die Landesgesetzgeber bei der Einführung der Verwaltungsgerichtsbarkeit zwei unterschiedliche Wege eingeschlagen haben, die neugeschaffenen Verwaltungsgerichte zu besetzen. Im Norden und Nordwesten des heutigen Bundesgebietes — in den fünf westlichen Provinzen des ehemaligen Preußen, in Oldenburg und Lippe sowie den Hansestädten Bremen, Hamburg und Lübeck — im Mittelwesten —, in Hessen-Darmstadt — und im Südwesten — in Baden — wurden — in unterschiedlichem Umfange — Laienbeisitzer beigezogen. Die süddeutschen Länder Bayern und Württemberg sowie der norddeutsche Kleinstaat Braunschweig haben dagegen von einer Beteiligung des Laienelements abgesehen. In der Folgezeit hat keiner der Landesgesetzgeber die einmal getroffene Entscheidung revidiert. Erst als nach dem Zusammenbruch des Jahres 1945 in den neugegründeten Ländern der drei westlichen Besatzungszonen die Verwaltungsgerichtsbarkeit wiedereingerichtet wurde, erfaßte die gesetzgeberische Aktivität auch die Besetzung der neu zu errichtenden Verwaltungsgerichte. Am Ende einer Vielzahl von Übergangsregelungen standen — im wesentlichen — drei unterschiedliche Konzeptionen — im Norden galt — mit Ausnahme Bremens — die Verordnung Nr. 165, im Mittelwesten das rheinland-pfälzische Verwaltungsgerichtsgesetz und im Süden sowie in Bremen das süddeutsche Verwaltungsgerichtsgesetz. Allen drei Regelungen war — ebenso wie derjenigen für Berlin (West) — gemeinsam, daß nunmehr alle Verwaltungsgerichte des ersten Rechtszuges mit Laienbeisitzern besetzt waren. Diesen Bestand hat die bundeseinheitliche Verwaltungsgerichtsordnung vom 21. Januar 1960 übernommen und auf das Saarland ausgedehnt.

Hat die Einrichtung des ehrenamtlichen Richters bei Gerichten der allgemeinen Verwaltungsgerichtsbarkeit in den Jahrzehnten seit ihrer ersten gesetzlichen Einführung in Baden vor über einem Jahrhundert nicht nur keine Einbuße erlitten, hat sie vielmehr seit über einem Jahrzehnt in allen Ländern der Bundesrepublik Deutschland Eingang gefunden, so mag diese Entwicklung ein Indiz für die Bedeutung dieser Institution sein. Bei seiner Bewertung darf jedoch nicht außer Betracht bleiben, daß die Auseinandersetzungen über den Wert der Beteiligung des Laienelements im Schrifttum nie aufgehört, insbesondere in den letzten Jahren an Heftigkeit zugenommen hat.

Entscheidend ist, ob die Mitwirkung ehrenamtlicher Richter in ihrer derzeitigen gesetzlichen Ausgestaltung zum gegenwärtigen Zeitpunkt den Vorstellungen, die an ihren Nutzen vernünftigerweise geknüpft werden können, gerecht zu werden vermag. Dieser Frage galt die nachfolgend dargelegte Untersuchung.

Kapitel 1

Die Vorbereitung der Befragung

Abschnitt 1: Die theoretische Grundlage der Befragung

Eine empirische Überprüfung bedarf eines Gefüges theoretisch erarbeiteter Erwartungen, deren Übereinstimmung mit den gewonnenen Ergebnissen untersucht werden soll[1]. So hatten der geplanten Befragung rationale Überlegungen dahin vorauszugehen, worin die Bedeutung der Mitwirkung ehrenamtlicher Richter bei Gerichten der allgemeinen Verwaltungsgerichtsbarkeit liegen könnte. Der mögliche Beitrag ehrenamtlicher Richter ließ sich auf drei Ansätze mit unterschiedlicher Zielrichtung verkürzen.

Die Bedeutung der Mitwirkung ehrenamtlicher Richter könnte in einem Beitrag

1. zur „Demokratisierung der Verwaltungsgerichtsbarkeit",
2. zur Entscheidungsbildung der Verwaltungsgerichte und
3. zur Überwindung der Unsicherheit der Bürger im öffentlich-rechtlichen Bereich liegen[2].

Abschnitt 2: Die Adressaten der Befragung

1. Die Länder

Mit der Befragung sollte ein möglichst aussagekräftiger Wirklichkeitsbefund ermittelt werden. Aus diesem Grunde wurden für die Untersuchung ein südwestdeutscher Flächenstaat — *Baden-Württemberg* —, ein mittelwestdeutscher Flächenstaat — *Rheinland-Pfalz* —, ein norddeutscher Flächenstaat — *Niedersachsen* — und ein Stadtstaat — *Bremen*

---

[1] Häcker S. 148.

[2] Um den Zusammenhang zwischen rationaler Erwartung und empirischem Ergebnis zu wahren, wurde an dieser Stelle von einer detaillierten Darstellung der vorgenannten Ansätze sowie von einer Wiedergabe der sich hieraus ergebenden Forschungsfragen abgesehen. Rationale Überlegungen und Forschungsfragen sind der Auswertung des Ergebnisses der Befragung eingefügt; vgl. Kapitel 3 Abschnitt 3.

— ausgewählt. Diese vier Länder der Bundesrepublik Deutschland schienen nach ihrer unterschiedlichen Entstehungsgeschichte, ihrer landsmannschaftlichen Zusammensetzung, ihren durch Lage, Fläche, Bevölkerungszahl und Wirtschaftsstruktur bedingten Verschiedenheiten sowie insbesondere nach ihren unterschiedlichen Traditionen in der Verwaltungsgerichtsbarkeit besonders geeignet, ein repräsentatives Bild abzugeben.

2. Die Personen

Eine wirklichkeitsnahe Aussage läßt sich nur auf Grund vielfältiger Beobachtungen aus unterschiedlichen Standorten gewinnen. Aus diesem Grunde genügte es nicht, allein den „Betroffenen“ — den *ehrenamtlichen Richter* — zu befragen. Es war vielmehr erforderlich, auch diejenigen Personen zu hören, die mit dem ehrenamtlichen Richter im Rahmen seiner verwaltungsgerichtlichen Tätigkeit zusammentreffen: Den *Berufsrichter*, den *Rechtsanwalt* und den *Beteiligten*. Der Berufsrichter muß sich auf die Gegenwart des ehrenamtlichen Richters einstellen und sich mit ihm auseinandersetzen. Dies bietet ihm Gelegenheit, eine eigene Meinung zu bilden. Der Rechtsanwalt muß den ehrenamtlichen Richter in seine prozeßtaktischen Überlegungen einbeziehen. Seine Kenntnis vom Verfahrensablauf und seine berufliche Schulung geben ihm die Möglichkeit, zu einer nicht nur oberflächlichen Beurteilung zu gelangen. Der Beteiligte schließlich steht dem „Gerichtsmechanismus“ zwar überwiegend fremd und verständnislos gegenüber. Gerade diese „Rechtsfremdheit“ gibt seinen laienhaften Eindrücken jedoch Gewicht. Der Beteiligte beobachtet und empfindet unberührt von vorbildungsbedingter Einseitigkeit, standesideologischer Enge und taktischer Ausrichtung.

Abschnitt 3: Die Methode der Befragung

1. Die Art und Weise[3]

Umfang und Weiträumigkeit der Befragung — vier Personengruppen in vier Ländern — legten den *schriftlichen* Weg nahe. Ihm wohnt zwar im Verhältnis zum mündlichen Interview die Gefahr einer geringeren Rücklaufquote inne. Die schriftliche Befragung hat dagegen den wesentlich geringeren Aufwand an Kosten und Zeit für sich. Außerdem sind Interviewfehler ausgeschlossen.

Um vergleichbare Antworten und quantifizierbare Ergebnisse zu erlangen, wurde für jede Personengruppe ein *standardisierter Fragebogen* entworfen:

---

[3] Vgl. Mayntz S. 104.

Fragebogen 1 für die ehrenamtlichen Richter,
Fragebogen 2 für die Berufsrichter,
Fragebogen 3 für die Rechtsanwälte und
Fragebogen 4 für die Beteiligten.

Diese Fragebogen kamen in jedem der vier ausgewählten Länder mit gleichem Inhalte zum Versand. Besonderheiten wurden lediglich für die Beteiligten vor dem Verwaltungsgerichtshof Baden-Württemberg und dem Oberverwaltungsgericht Bremen notwendig. Die reine Berufsrichterbesetzung dieser Gerichte machte es erforderlich, Fragebogen 4 insoweit eine angepaßte Fassung zu geben — Fragebogen 5.

2. Die Fragestellung

Die Befragung erfolgte überwiegend in Form der *„geschlossenen"* Frage[4]. Sie gibt dem Befragten mehrere Antworten zur Auswahl vor[4]. Er erhält dadurch die Möglichkeit, diejenige Antwort auszuwählen, die seiner Auffassung entspricht oder ihr zumindest besonders nahe kommt[5]. Das einfache Ankreuzen der vorgefertigten Antwort enthebt den Befragten der Mühe, nach einer passenden Antwort suchen und diese formulieren zu müssen[4]. Damit wurde zum einen versucht, der weithin verbreiteten Abneigung gegenüber Fragebogen entgegen zu wirken. Zum anderen geschah dies im Interesse einer rationellen Auswertung[6]. Es wurde nicht verkannt, daß vorgegebenen Antworten die Gefahr innewohnt, nicht das gesamte Spektrum der möglichen Ansichten zu erfassen, und damit ein einseitiges Ergebnis zu zeitigen. Dem wurde nach Kräften entgegengewirkt. Zum einen wurden die Fragestellungen in einem breiten Kreis diskutiert, kritisiert und durch vielfältige Anregungen optimal ausgestaltet. Zum anderen wurden dort *„offene"* Fragen[7] gestellt, wo gerade der individuellen Meinungsäußerung entscheidende Bedeutung beizumessen war. Auch bei dieser Fragestellung wurde der Rahmen der Beantwortungsmöglichkeiten derart eingeengt, daß der Zusammenhang zwischen Antwort und Forschungsprojekt gewahrt blieb[8].

Bei der Formulierung sowohl der offenen als auch der geschlossenen Fragen konnte die *„direkte"* Frage nur selten angewandt werden. Diese Frageart, die den Gesichtspunkt, den aufzuhellen die Befragung beabsichtigt, bereits in der Antwort zu Tage treten läßt, konnte vor allem dort Verwendung finden, wo objektiv nachprüfbare Tatsachen — etwa die persönliche Anwesenheit der Beteiligten in der mündlichen Ver-

4 Mayntz S. 108.
5 Görlitz S. 151.
6 Mayntz S. 109.
7 Mayntz S. 108.
8 Mayntz S. 106; v. Stackelberg S. 173.

handlung — in Frage standen. Waren dagegen Meinungen, Emotionen, Vorurteile, Überzeugungen u. ä. der Befragten zu ergründen, war überwiegend die *„indirekte“* Frage am Platze. Die meisten Menschen sträuben sich bewußt oder unbewußt, ihre „ehrliche“ Meinung zu einem, insbesondere als „heiß“ empfundenen Thema preiszugeben. Viele Menschen sind sich ihrer wahren inneren Einstellung nicht einmal bewußt[9]. Gerade die Institution des ehrenamtlichen Richters ist — wie früher aufgezeigt — mit Emotionen und Vorurteilen belastet. Um hier der realen Funktion nachzuspüren, war es erforderlich, durch die überlagernden, „fremdbedingten“ Schichten hindurch das individuelle „Ich“ anzusprechen. Dieser Zielsetzung dienten Fragen, deren Gestaltung dem Befragten sowohl den eigentlichen Zweck der Erhebung als auch das tatsächlich geleistete persönliche Engagement nicht zum Bewußtsein kommen ließen. Durch die Fragestellung wurde ein tatsächlich fehlender Abstand suggeriert, der Frage die Direktheit genommen[10] und sie gewissermaßen „objektiviert“[10]. Damit sollte die aufrichtige und unbefangene Beantwortung[10] herausgefordert und gesichert werden. Ließ sich trotzdem ein Einfließen von Emotionen nicht ausschließen, wurde dasselbe Thema durch unterschiedlich gestaltete Fragen mehrfach angesprochen. Hier versprach erst die Gesamtheit der Antworten, Aufschluß über die unmanipulierte Einstellung des Befragten zu erbringen[11].

Eine noch so geschickt formulierte Frage ist vielfach nur geeignet, einen *Teilaspekt* des Gesamtkomplexes zu erhellen. Aus diesem Grunde war es erforderlich, dieselbe Themenstellung zum einen aus mehreren Richtungen abzufragen, zum anderen die ähnliche Frage mehreren unterschiedlich beteiligten Personen — so Berufsrichtern und Rechtsanwälten usw. — vorzulegen.

3. Der Aufbau der Fragebogen[12, 13]

Alle Fragebogen sind im wesentlichen nach dem *gleichen* Schema aufgebaut. Die Fragen sind derart aneinandergereiht, wie die befragten Gegenstände im Ablauf eines Verwaltungsprozesses aufeinanderfolgen. Dieses Erlebnis, das von allen Befragten — mehr oder minder — geteilt wird, schien der geeignete Anknüpfungspunkt. Er versprach zum einen, die Erinnerung zu wecken. Zum anderen ließ er erwarten, daß aus der relativen Übereinstimmung der Situation für alle vier befragten Personengruppen am ehesten vergleichbare Ergebnisse zu erzielen seien.

[9] Görlitz S. 149.

[10] Weisker S. 183.

[11] Görlitz S. 198.

[12] Vgl. Mayntz S. 111 ff.

[13] Vgl. König S. 115 ff.

Fragen von *grundsätzlicher* Bedeutung, insbesondere im Hinblick auf die Grundeinstellung des jeweiligen Befragten wurden innerhalb der Fragebogen verteilt. Dabei wurde jedoch — so weit wie möglich — der räumliche Zusammenhang mit verwandten Fragenkomplexen gewahrt. Mit dieser Verteilung sollte eine Massierung „heißer" Fragen und damit die Gefahr, daß der Befragte den Fragebogen insgesamt unbeantwortet lassen werde, vermieden werden.

Die Fragen zu *sozialen Daten* — Alter, berufliche Tätigkeit usw. — wurden nach Gegenstand und Intensität auf ein Mindestmaß beschränkt. Auch hier stand die Sorge im Vordergrund, den Befragten nicht zu verstimmen. Als Standort wurde nicht — wie in der empirischen Soziologie weithin üblich[14] — das Ende der Fragebogen gewählt. Die diesbezüglichen Fragen wurden vielmehr an einer Stelle innerhalb der Fragebogen eingefügt, an der es ratsam schien, den Befragten durch einen Themenwechsel zu erneuter Aufmerksamkeit zu veranlassen. Diese Entscheidung ließ sich im Hinblick auf die geringe Intensität der Fragen rechtfertigen.

Die *Länge* der Fragebogen wurde so knapp gehalten, wie dies von der Sache her vertretbar war. Die Befragten sollten weder abgeschreckt noch ermüdet werden.

Schließlich wurde Wert darauf gelegt, die Fragen klar und allgemeinverständlich zu formulieren[15].

Abschnitt 4: Die Fragebogen

Die rational gewonnenen Forschungsfragen wurden unter Berücksichtigung der vorstehend dargelegten methodischen Gesichtspunkte *operationalisiert*[16].

Der Fragebogen für die ehrenamtlichen Richter[17] erhielt mit dreiunddreißig — teils untergegliederten — Fragen den umfangreichsten Fragenkatalog. Den Berufsrichtern[18] wurden neunzehn, den Rechtsanwälten[19] siebzehn, den Beteiligten vor Verwaltungsgerichten mit ehrenamtlichen Richtern[20] vierzehn und den Beteiligten vor dem Verwaltungsgerichtshof Baden-Württemberg und dem Oberverwaltungsgericht Bremen[21] nur acht — ebenfalls teilweise untergegliederte — Fragen gestellt.

[14] Mayntz S. 114.
[15] Mayntz S. 107; v. Stackelberg S. 174.
[16] Mayntz S. 106.
[17] Anhang I Fragebogen 1.
[18] Anhang I Fragebogen 2.
[19] Anhang I Fragebogen 3.
[20] Anhang I Fragebogen 4.
[21] Anhang I Fragebogen 5.

Kapitel 2

Die Durchführung der Befragung

Vorbemerkung

Im Hinblick auf das kontroverse Meinungsbild, die politische Bedeutung des untersuchten Gegenstandes und insbesondere die künftige Zusammenarbeit zwischen Berufsrichtern und ehrenamtlichen Richtern sowie Rechtsanwälten schien es wünschenswert, den Befragten ein Höchstmaß an *Anonymität* zu gewährleisten. Dieser Gesichtspunkt hat die Art und Weise der Auswahl des Personenkreises, der befragt werden sollte, und diejenige des Ablaufs der Befragung wesentlich beeinflußt. Insbesondere ließ sich dieses Ziel nur durch arbeitsteilige Zusammenarbeit zwischen den vier Präsidenten der obersten Verwaltungsgerichte der ausgewählten Länder und dem Forschungsinstitut erreichen.

Abschnitt 1: Die Auswahl

Die Personengruppen *„ehrenamtliche Richter“* und *„Berufsrichter“* wurden in allen vier Ländern in ihrer Gesamtheit in die Befragung einbezogen. Voraussetzung war lediglich, daß sie im Zeitpunkt der Befragung noch in der Verwaltungsgerichtsbarkeit tätig waren.

Bei den übrigen beiden Personengruppen wurden die Auswahlkriterien von dem Forschungsinstitut bestimmt. Die Auswahl selbst blieb den Präsidenten überlassen.

In der Personengruppe *„Rechtsanwälte“* mußte eine Auslese getroffen werden. Hier war die eigene Anschauung von der Verwaltungsgerichtsbarkeit vorauszusetzen. Aus diesem Grunde wurden nur Rechtsanwälte einbezogen, die im Laufe des Jahres 1971 und der ersten Monate des Jahres 1972 nicht nur ausnahmsweise vor den Verwaltungsgerichten der ausgewählten Länder aufgetreten sind.

Die Befragung der *Beteiligten* vor Verwaltungsgerichten mit ehrenamtlichen Richtern wurde in den Ländern Baden-Württemberg, Niedersachsen und Rheinland-Pfalz auf vierzig, in dem kleinen Lande Bremen auf dreißig Personen beschränkt. Von den Beteiligten vor dem Verwaltungsgerichtshof Baden-Württemberg und dem Oberverwaltungsgericht Bremen wurden nur je zehn Personen befragt. Diese geringe Anzahl wurde auf Wunsch der Präsidenten festgesetzt, die den Eindruck vermeiden wollten, daß die Beteiligung an einem Verwaltungsprozeß seitens der Gerichte Dritten offenbart werde. Neben der zahlenmäßigen Beschränkung wurde die Auswahl auf natürliche Personen — seien es Privatleute, seien es Geschäftsinhaber — eingegrenzt. Hiermit schien ein persönlicher Eindruck von einer verwaltungsgerichtlichen Verhandlung am ehesten gesichert. Schließlich wurde als dritte eine zeitliche Grenze gesetzt. Die Beteiligten sollten zunächst aus denjenigen Eingängen des Jahres 1971 herausgezogen werden, die nach streitiger Verhandlung durch Sachurteil entschieden worden sind. Erst hilfsweise sollten frühere Eingänge berücksichtigt werden. Es wurde nicht verkannt, daß eine weitere Eingrenzung nach den Anforderungen der mathematisch-statistischen Stichprobentheorie[1] möglich gewesen wäre. Hiervon wurde jedoch aus zwei Gründen abgesehen. Zum einen hätte dies einen unverhältnismäßigen Aufwand bedeutet; um insgesamt 170 Anschriften zu ermitteln, wäre es erforderlich gewesen, in jedem der vier Länder eine unterschiedliche Anzahl von Verwaltungsgerichten mit einer wiederum abweichenden Anzahl von Spruchkörpern angemessen zu berücksichtigen. Zum anderen hätte auch diese vierte Begrenzung dem Ergebnis der Befragung der Beteiligten den in Anbetracht der geringen Anzahl nur bedingt repräsentativen Charakter nicht zu nehmen vermocht. So schien es vertretbar, die Stichprobe dem Zusammenwirken von Gerichtspräsidenten, Geschäftsleitern und Registerführern zu überlassen. Dies war um so eher möglich, als den Aktenstücken kein Hinweis auf die Einstellung der Beteiligten zu der Mitwirkung ehrenamtlicher Richter zu entnehmen war.

Abschnitt 2: Der Ablauf

Die Präsidenten teilten dem Forschungsinstitut die Anzahl der in ihrem Lande für die Befragung ausgewählten Personen mit. Ihnen wurde daraufhin eine entsprechende Anzahl der Fragebogen 1 bis 5 übersandt. Jedem Fragebogen war ein Freiumschlag mit der Anschrift der Hochschule und ein einheitliches Begleitschreiben[2] beigefügt, das dem Empfänger Grund, Ziel und Ablauf der Befragung darlegen sollte.

Anhand der von den Verwaltungsgerichten erstellten Anschriftenlisten wurden die Fragebogen sodann von den Gerichten an den ausgewählten Personenkreis verschickt. Die Präsidenten waren gebeten,

---

[1] Mayntz S. 70.

[2] Anhang II.

ihrerseits ein befürwortendes Begleitschreiben beizufügen. Dies ist in Baden-Württemberg und in Rheinland-Pfalz geschehen[3].

Die Befragten konnten den Fragebogen dem Forschungsinstitut unmittelbar zurücksenden.

Durch diese Verfahrensweise war sichergestellt, daß — ohne Willen der Befragten — weder dem Forschungsinstitute die ausgewählten Namen und Anschriften bekannt geworden sind, noch die Präsidenten Einsicht in die beantworteten Fragebogen nehmen konnten. Dem Forschungsinstitute war aber auch jede Möglichkeit genommen, die Rücksendung der Fragebogen bei den Befragten zu erinnern.

Abschnitt 3: Der Zeitraum

Die Fragebogen wurden in den Monaten April und Mai 1972 an die Befragten versandt. In Bremen geschah dies am 2., in Niedersachsen am 10. und 12. Mai 1972.

Der Rücklauf war im wesentlichen Ende Juli 1972 beendet. Der letzte Fragebogen ist am 30. November 1972 zurückgesandt worden.

[3] Anhang III, IV.

Kapitel 3

Das Ergebnis der Befragung in Zahlen, Analyse und Wertung

Abschnitt 1: Versand und Rücklauf

Insgesamt wurden 1 714 Fragebogen versandt. 1 150 Fragebogen sind beantwortet zurückgekommen.

Nach Ländern und Personengruppen aufgegliedert ergibt sich folgendes Bild:

a) = versandt b) = beantwortet		B-W[1]	Br[2]	Nds[3]	R-P[4]	S[5]
L-1[6]	a)	326	44	494	215	1079
	b)	219	32	336	154	741
Ri-2[7]	a)	117	15	100	54	286
	b)	84	12	76	42	214
RA-3[8]	a)	40	28	71	40	179
	b)	26	18	33	25	102
B-4[9]	a)	40	30	40	40	150
	b)	25	21	16	22	84
B-5[10]	a)	10	10	—	—	20
	b)	5	4	—	—	9
Gesamt	a)	533	127	705	349	1714
	b)	359	87	461	243	1150

Abschnitt 2: Die Tendenz

(Die Hundertsätze in den nachfolgenden Ausführungen orientieren sich an der Zahl der Antworten. Für die Hundertsätze zu Nr. 1. a) sind abweichend die Zahl der versandten Fragebogen maßgebend.)

[1] Baden-Württemberg. — [2] Bremen. — [3] Niedersachsen. — [4] Rheinland-Pfalz. — [5] S = Summe. — [6] Fragebogen 1 für ehrenamtliche Richter. — [7] Fragebogen 2 für Berufsrichter. — [8] Fragebogen 3 für Rechtsanwälte. — [9] Fragebogen 4 für Beteiligte vor Gerichten mit ehrenamtlichen Richtern. — [10] Fragebogen 5 für Beteiligte vor dem VGH B-W und dem OVG Br.

Bevor das Ergebnis der Befragung an den einzelnen rational erarbeiteten Gesichtspunkten gemessen wird, soll zunächst die Tendenz — für oder gegen die Mitwirkung ehrenamtlicher Richter — untersucht werden.

1. *Vom Rücklauf her.*

a) Analyse:

Rücklauf-Quoten	B-W	Br	Nds	R-P	D[11]
Insgesamt	67 %	68 %	65 %	69 %	67 %
L-1	67 %	73 %	68 %	72 %	69 %
Ri-2	72 %	80 %	76 %	78 %	75 %
RA-3	65 %	64 %	46,5 %	62,5 %	57 %
B-4	62,5 %	70 %	40 %	55 %	56 %
B-5	50 %	40 %	—	—	45 %

b) Wertung:

Auf Grund eines *einmaligen* Anschreibens haben in allen vier Ländern rund zwei Drittel aller Befragten den Fragebogen beantwortet zurückgesandt. Dieses Gesamtergebnis deutet darauf hin, daß das Thema „ehrenamtliche Richter bei Gerichten der allgemeinen Verwaltungsgerichtbarkeit" in allen Ländern insgesamt in gleicher Weise einem nicht unerheblichen Interesse begegnet.

Die Werte der einzelnen Personengruppen untereinander und zueinander zeichnen sich im Gegensatz zum Gesamtergebnis — teilweise — durch größere Unterschiede aus.

Hervorzuheben ist, daß von den Rechtsanwälten und Beteiligten Niedersachsens in Abweichung zu diesen Personengruppen in den anderen drei Ländern weniger als die Hälfte die Fragebogen beantwortet haben. Hinsichtlich der *Rechtsanwälte* Niedersachsens könnte es — wenn auch kein Nachweis dafür vorliegt — zu einer Überschneidung mit den Rechtsanwälten Bremens gekommen sein. Letztere haben vielfach auch Niedersachsen als Tätigkeitsfeld benannt. Möglicherweise ist einigen Rechtsanwälten Niedersachsens sowohl von Bremen wie von Lüneburg ein Fragebogen zugesandt worden. Die Rechtsanwälte haben aber nur den Fragebogen, der zuerst eingegangen ist — derjenige aus Bremen —, beantwortet.

Abschließend ist festzuhalten, daß die Befragung bei dem Personenkreis, der den unmittelbarsten Eindruck von der Bedeutung der Mitwirkung ehrenamtlicher Richter hat — den *Berufsrichtern* —, in allen Ländern gleichermaßen auf den größten Widerhall gestoßen ist. Die *ehrenamtlichen Richter* stehen ihnen in ihrer Bereitwilligkeit, zu antworten, nur wenig nach.

[11] D = Durchschnitt.

c) Ergebnis:

Die Quantität des Rücklaufs läßt ein aussagekräftiges Bild über die Bedeutung der ehrenamtlichen Richter erhoffen.

2. *Aus der Sicht der Befragten.*

a) Analyse:

Ri-2	Von den Berufsrichtern ...	B-W	Br	Nds	R-P	D
7b	geben an, im Lande ihrer Tätigkeit aufgewachsen zu sein:	56 %	75 %	42 %	59 %	53 %
	davon im Landesteil Baden:	52 %				
	Württemberg:	46 %				
	Hohenzollern:	2 %				
	davon im Landesteil					
	Hannover:			67 %		
	Oldenburg:			23 %		
	Braunschweig:			10 %		
	Schaumburg-Lippe:			0 %		
	davon im Landesteil					
	Rheinland:				52 %	
	Rheinhessen:				13 %	
	Hessen-Nassau:				5 %	
	Pfalz:				30 %	
7b	geben an, im ehemaligen Lande Preußen aufgewachsen zu sein:	23 %	8 %	29 %	19 %	23 %
7c	geben an, in einer					
	Großstadt:	38 %	92 %	32 %	17 %	35 %
	Mittelstadt:	29 %	8 %	41 %	39 %	34 %
	Kleinstadt:	18 %	0 %	13,5 %	25 %	17 %
	einem Dorfe:	15 %	0 %	13,5 %	19 %	14 %
	ausgewachsen zu sein.					
7a	geben an,					
	a) Jahrgang 1931 und jünger zu sein:	57 %	58 %	43 %	57 %	52 %
	b) Jahrgang 1921 - 1930 zu sein:	14 %	25 %	17 %	19 %	17 %
	c) Jahrgang 1911 - 1920 zu sein:	19 %	8,5 %	25 %	14 %	20 %
	d) Jahrgang 1901 - 1910 zu sein:	10 %	8,5 %	15 %	10 %	11 %
1a	geben an, an Verwaltungsgerichten tätig zu sein:					
	a) 10 Jahre und kürzer:	66 %	58 %	57 %	60 %	61 %
	b) 11 Jahre und länger:	34 %	42 %	43 %	40 %	39 %
1b	geben an, zuvor in der Verwaltung tätig gewesen zu sein:	76 %	33 %	44 %	45 %	58 %
	davon: a) 1 bis 2 Jahre:	45 %	50 %	14 %	21 %	32 %
	b) 3 bis 4 Jahre:	27 %	25 %	27 %	26 %	27 %

Ri-2	Von den Berufsrichtern ...	B-W	Br	Nds	R-P	D
9	geben an, daß sie bei ihrer Vorbereitung auf die Sitzung „immer" bzw. „oft" bewußt die Mitwirkung ehrenamtlicher Richter berücksichtigen:	65 %	100 %	76 %	75 %	73 %
	halten die Mitwirkung ehrenamtlicher Richter für *„richtig"*:					
18	a) insgesamt:	37 %	36 %	62 %	74 %	53 %
7b/18	b) von den im Landesteil Baden:	44 %				
	Württemberg:	30 %				
	Hohenzollern:	0 %				
	von den in Bremen:		37 %			
	von den im Landesteil Hannover:			50 %		
	Oldenburg:			100 %		
	Braunschweig:			67 %		
	Schaumburg-Lippe:			0 %		
	von den im Landesteil Rheinland:				67 %	
	Rheinhessen:				100 %	
	Hessen-Nassau:				100 %	
	Pfalz:				71 %	
	Aufgewachsenen.					
7b/18	c) von den im ehemaligen Lande Preußen Aufgewachsenen:	37 %	0 %	59 %	63 %	50 %
7c/18	d) von den in einer Großstadt:	42 %	30 %	62 %	86 %	52 %
	Mittelstadt:	37 %	100 %	67 %	75 %	59 %
	Kleinstadt:	13 %	0 %	60 %	70 %	43 %
	einem Dorfe:	50 %	0 %	56 %	75 %	59 %
	Aufgewachsenen.					
7a/18	e) vom Jahrgang 1931 und Jüngeren:	36 %	14 %	52 %	67 %	46 %
	vom Jahrgang 1921 - 1930:	50 %	50 %	62 %	87 %	63 %
	1911 - 1920:	13 %	100 %	79 %	67 %	52 %
	1901 - 1910:	71 %	100 %	64 %	100 %	74 %
1a/18	f) von den an Verwaltungsgerichten 10 Jahre und kürzer Tätigen:	38 %	14 %	56 %	64 %	48 %
	11 Jahre und länger Tätigen:	32 %	60 %	69 %	88 %	60 %
1b/18	g) von denjenigen, die zuvor in der Verwaltung tätig waren:	40 %	50 %	70 %	79 %	55 %
	h) vom Jahrgang 1931 und Jüngeren, die zuvor in der Verwaltung tätig waren:	39 %	50 %	50 %	71 %	46 %

RA-3	Von den Rechtsanwälten ...	B-W	Br	Nds	R-P	D
18G	An den Gründen, auf Grund deren die Berufsrichter die Mitwirkung ehrenamtlicher Richter für „richtig" halten, haben deren Lebensnähe, der Zwang zur Selbstkontrolle und der Zuwachs an Vertrauen insgesamt einen Anteil von:	78 %	67 %	74 %	80 %	77 %
18G	An den Gründen, auf Grund deren die Berufsrichter die Mitwirkung ehrenamtlicher Richter für „falsch" bzw. „überflüssig" halten, haben die folgenden — die ehrenamtlichen Richter trügen nichts zur Rechtsfindung bei, sie seien von der fremden Materie überfordert und ihre Mitwirkung verursache einen unverhältnismäßig hohen Aufwand an Zeit und Kosten — insgesamt einen Anteil von:	87 %	80 %	85 %	77 %	85 %
4b	geben an, im Lande ihrer Tätigkeit aufgewachsen zu sein:	77 %	72 %	59 %	56 %	65 %
	davon im Landesteil					
	Baden:	58 %				
	Württemberg:	42 %				
	Hohenzollern:	0 %				
	davon im Landesteil					
	Hannover:			84 %		
	Oldenburg:			16 %		
	Braunschweig:			0 %		
	Schaumburg-Lippe:			0 %		
	davon im Landesteil					
	Rheinland:				29 %	
	Rheinhessen:				7 %	
	Hessen-Nassau:				0 %	
	Pfalz:				64 %	
4b	geben an, im ehemaligen Lande Preußen aufgewachsen zu sein:	15 %	17 %	30 %	24 %	23 %
4c	geben an, in einer					
	Großstadt:	35 %	83 %	46 %	52 %	51 %
	Mittelstadt:	31 %	11 %	24 %	32 %	25 %
	Kleinstadt:	23 %	6 %	12 %	12 %	14 %
	einem Dorfe:	11 %	0 %	18 %	4 %	10 %
	aufgewachsen zu sein.					

RA-3	Von den Rechtsanwälten ...	B-W	Br	Nds	R-P	D
4a	geben an,					
	a) Jahrgang 1931 und jünger zu sein:	38 %	39 %	43 %	28 %	37 %
	b) Jahrgang 1921 - 1930 zu sein:	35 %	28 %	27 %	40 %	32 %
	c) Jahrgang 1911 - 1921 zu sein:	23 %	11 %	6 %	20 %	15 %
	d) Jahrgang 1910 und älter zu sein:	4 %	22 %	24 %	12 %	16 %
1b	geben an, in der Verwaltung tätig gewesen zu sein:	19 %	17 %	30 %	16 %	22 %
1b	geben an, in der Verwaltungsgerichtsbarkeit tätig gewesen zu sein:	0 %	0 %	9 %	4 %	4 %
1a	geben an, als Rechtsanwalt tätig zu sein:					
	a) 10 Jahre und kürzer:	36 %	39 %	49 %	40 %	42 %
	b) 11 Jahre und länger:	64 %	61 %	51 %	60 %	58 %
2a	geben an, im Jahresdurchschnitt vor Verwaltungsgerichten aufzutreten:					
	a) bis zu 10mal:	36 %	71 %	30 %	37 %	40 %
	b) 11 bis 20mal:	36 %	12 %	30 %	42 %	31 %
	c) öfter:	28 %	17 %	40 %	21 %	29 %
2e	geben an, überwiegend vor mit ehrenamtlichen Richtern besetzten Verwaltungsgerichten aufzutreten:	84 %	82 %	97 %	84 %	88 %
7	geben an, daß sie sich „immer" bzw. „oft" dafür interessieren, welche ehrenamtliche Richter an dem jeweiligen Termin mitwirken:	20 %	24 %	21 %	24 %	22 %
8	geben an, daß sie bei ihrer Vorbereitung und ihrem Vortrag im Termin „immer" bzw. „oft" bewußt die Mitwirkung ehrenamtlicher Richter berücksichtigen:	32 %	50 %	45 %	32 %	39 %
6	geben an, sie hätten die Erfahrung gemacht, daß das Wissen um die Mitwirkung ehrenamtlicher Richter die Erfolgserwartung ihrer Mandanten:					
	a) steigert:	0 %	17 %	9 %	16 %	10 %
	b) verringert:	0 %	6 %	3 %	8 %	4 %
	c) unberührt läßt:	40 %	44 %	42 %	32 %	39 %

RA-3	Von den Rechtsanwälten ...	B-W	Br	Nds	R-P	D
13a	geben an, den Eindruck zu haben, daß ihre Mandanten den für sie nachteiligen Ausgang des Rechtsstreites der Mitwirkung ehrenamtlicher Richter zuschreiben:					
	a) „immer" bzw. „oft":	4 %	0 %	0 %	4 %	2 %
	b) „nie":	68 %	82 %	82 %	84 %	79 %
	halten die Mitwirkung ehrenamtlicher Richter für *„richtig":*					
3	a) insgesamt:	29 %	59 %	36 %	36 %	38 %
3/4b	b) von den im Landesteil					
	Baden:	36 %				
	Württemberg:	29 %				
	von den in Bremen:		46 %			
	von den im Landesteil					
	Hannover:			53 %		
	Oldenburg:			33 %		
	von den im Landesteil					
	Rheinland:				0 %	
	Rheinhessen:				100 %	
	Pfalz:				44 %	
	Aufgewachsenen.					
3/4b	c) von den im ehemaligen Lande Preußen Aufgewachsenen:	33 %	100 %	10 %	33 %	32 %
3/4c	d) von den in einer					
	Großstadt:	25 %	57 %	13 %	46 %	36 %
	Mittelstadt:	29 %	50 %	62 %	37 %	44 %
	Kleinstadt:	50 %	100 %	25 %	0 %	36 %
	einem Dorfe:	0 %	0 %	67 %	0 %	40 %
	Aufgewachsenen,					
3/4a	e) vom Jahrgang 1931 und Jüngeren:	22 %	50 %	57 %	29 %	40 %
	vom Jahrgang 1921-1930:	22 %	60 %	22 %	30 %	30 %
	vom Jahrgang 1911-1920:	60 %	50 %	0 %	60 %	47 %
	vom Jahrgang 1910 und Älter:	0 %	75 %	25 %	33 %	38 %
1b/3	f) von denjenigen, die in der Verwaltung tätig gewesen sind:	40 %	100 %	20 %	25 %	36 %
1a/3	g) von den als Rechtsanwälten:					
	10 Jahre und kürzer Tätigen:	25 %	57 %	50 %	30 %	41 %
	11 Jahre und länger Tätigen:	27 %	60 %	24 %	40 %	35 %
2a/3	h) von denen, die im Jahresdurchschnitt vor Verwaltungsgerichten auftreten:					
	bis zu 10mal:	22 %	82 %	40 %	33 %	45 %
	11 bis 20mal:	38 %	0 %	50 %	40 %	39 %
	öfter:	33 %	33 %	23 %	40 %	29 %

RA-3	Von den Rechtsanwälten ...	B-W	Br	Nds	R-P	D
3G	An den Gründen, auf Grund deren die Rechtsanwälte die Mitwirkung ehrenamtlicher Richter für „richtig" halten, haben deren Lebensnähe, der Zwang der Berufsrichter zur Selbstkontrolle und der Zuwachs an Vertrauen insgesamt einen Anteil von:	17 %	70 %	54 %	75 %	57 %
3G	An den Gründen, auf Grund deren die Rechtsanwälte die Mitwirkung ehrenamtlicher Richter für „falsch" bzw. „überflüssig" halten, haben die folgenden — die ehrenamtlichen Richter trügen nichts zur Rechtsfindung bei, sie seien von der fremden Materie überfordert und ihre Mitwirkung verursache einen unverhältnismäßig hohen Aufwand an Zeit und Kosten — insgesamt einen Anteil von:	50 %	33 %	75 %	89 %	68 %
15	geben an, zumindest im Einzelfall die Erfolgsaussicht ihres Rechtsmittels auch daran zu messen, ob das Rechtsmittelgericht mit oder ohne ehrenamtliche(n) Richter(n) besetzt ist:	4 %	18 %	12 %	4 %	9 %

B-4	Von den Beteiligten (*mit* ea Ri) ...	B-W	Br	Nds	R-P	D
10b	geben an, im Lande aufgewachsen zu sein:	68 %	52 %	37 %	68 %	58 %
	davon im Landesteil					
	Baden:	40 %				
	Württemberg:	60 %				
	davon im Landesteil					
	Hannover:			80 %		
	Oldenburg:			20 %		
	davon im Landesteil					
	Rheinland:				14 %	
	Rheinhessen:				21 %	
	Pfalz:				65 %	
10c	geben an, in einer					
	Großstadt:	20 %	62 %	25 %	27 %	33 %
	Mittelstadt:	36 %	10 %	37,5 %	36 %	30 %
	Kleinstadt:	20 %	14 %	0 %	14 %	13 %
	einem Dorfe:	24 %	14 %	37,5 %	23 %	24 %
	aufgewachsen zu sein.					

B-4	Von den Beteiligten (*mit* ea Ri) ...	B-W	Br	Nds	R-P	D
10a	geben an, Jahrgang 1931 und jünger zu sein:	36 %	38 %	31 %	36 %	36 %
11	geben an, im Öffentlichen Dienst tätig zu sein bzw. gewesen zu sein:	36 %	43 %	31 %	27 %	35 %
1	geben an, zum ersten Male Partei in einem Verwaltungsstreit gewesen zu sein:	75 %	57 %	63 %	62 %	65 %
6b	geben an, persönlich in der Gerichtssitzung anwesend gewesen zu sein:	92 %	100 %	81 %	61 %	83 %
12a	geben an, in ihrem Verwaltungsstreit ganz oder teilweise erfolgreich gewesen zu sein:	56 %	65 %	25 %	57 %	52 %
	räumen der Mitwirkung ehrenamtlicher Richter einen „*Einfluß*" ein:					
5c	a) insgesamt:	73 %	81 %	64 %	76 %	74 %
5c	b) einen großen Einfluß:	32 %	33 %	14 %	33 %	29 %
5c/10b	c) von den im Landesteil Baden:	60 %				
	Württemberg:	78 %				
	von den in Bremen:		73 %			
	von den im Landesteil Hannover:			75 %		
	von den im Landesteil Rheinland:				100 %	
	Rheinhessen:				100 %	
	Pfalz:				63 %	
	Aufgewachsenen.					
5c/10c	d) von den in einer Großstadt:	40 %	85 %	75 %	83 %	75 %
	Mittelstadt:	78 %	100 %	60 %	75 %	75 %
	Kleinstadt:	75 %	67 %	0 %	50 %	67 %
	einem Dorfe:	100 %	67 %	60 %	80 %	77 %
	Aufgewachsenen.					
5c/10a	e) vom Jahrgang 1931 und Jüngeren:	71 %	87 %	80 %	100 %	85 %
	von den älteren Jahrgängen:	73 %	77 %	56 %	64 %	69 %
12b	verneinen einen Einfluß der Mitwirkung ehrenamtlicher Richter im Hinblick auf den eigenen Verwaltungsrechtsstreit:	50 %	40 %	37 %	20 %	38 %
5c/12b	davon bejahen einen Einfluß ihrer Mitwirkung allgemein:	42 %	75 %	50 %	75 %	57 %

B-4	Von den Beteiligten (*mit* ea Ri) ...	B-W	Br	Nds	R-P	D
13	würden von einem nur mit Berufsrichtern besetzten Rechtsmittelgericht eher eine günstige Entscheidung erwarten:	17 %	21 %	14 %	20 %	18 %
14	würden das Amt eines ehrenamtlichen Richters übernehmen:	83 %	84 %	50 %	68 %	73 %
5c Falls	An den Gründen, auf Grund deren die Beteiligten der deren die Beteiligten der Mitwirkung ehrenamtlicher Richter einen „Einfluß" einräumen, haben deren Lebensnähe, der Zwang der Berufsrichter zur Selbstkontrolle und der Abbau der Befangenheit des Bürgers insgesamt einen Anteil von:	80 %	73 %	43 %	73 %	71 %
14G	An den Gründen, auf Grund deren die Beteiligten das Amt eines ehrenamtlichen Richters übernehmen würden, haben:					
	a) die staatsbürgerliche Verpflichtung zu verantwortungsvoller Mitarbeit an der Rechtsprechung, um lebensnahe Entscheidungen durchzusetzen und dem Bürger zu seinem Recht zu verhelfen, insgesamt einen Anteil von:	61 %	82 %	80 %	58 %	69 %
	b) das Interesse an Aufgabe und Problemen der verwaltungsgerichtlichen Rechtsprechung und die Gelegenheit zur Erweiterung des Gesichtskreises, insgesamt einen Anteil von:	30 %	14 %	20 %	37 %	26 %

B-5	Von den Beteiligten (*ohne* ea Ri) ...	B-W	Br	Nds	R-P	D
3b	geben an, im Lande aufgewachsen zu sein:	60 %	50 %			56 %
	davon im Landesteil					
	Baden:	50 %				
	Württemberg:	50 %				

B-5	Von den Beteiligten (*ohne* ea Ri) ...	B-W	Br	Nds	R-P	D
3c	geben an, in einer					
	Großstadt:	40 %	50 %			44 %
	Mittelstadt:	20 %	25 %			22 %
	Kleinstadt:	0 %	25 %			12 %
	einem Dorfe:	40 %	0 %			22 %
	aufgewachsen zu sein.					
3a	geben an, Jahrgang 1931 und jünger zu sein:	20 %	50 %			33 %
4	geben an, im Öffentlichen Dienst tätig zu sein oder gewesen zu sein:	20 %	75 %			44 %
1	geben an, zum ersten Male Partei in einem Verwaltungsrechtsstreit gewesen zu sein:	80 %	100 %			89 %
2a	geben an, im ersten Rechtszuge ganz oder teilweise erfolglos gewesen zu sein:	50 %	100 %			75 %
5b	geben an, im zweiten Rechtszuge ganz oder teilweise erfolglos geblieben zu sein:	50 %	100 %			75 %
6 Falls	davon hatten gerade von einer reinen Berufsrichterbesetzung eine günstige Entscheidung erwartet:	50 %	33 %			40 %
8	würden das Amt eines ehrenamtlichen Richters übernehmen:	80 %	100 %			89 %
8G	davon heben hervor:					
	a) die Durchsetzung lebensnaher Entscheidungen:	75 %	0 %			38 %
	b) Interesse und Nebenbeschäftigung im Rentenalter:	25 %	25 %			25 %
	Das sind von den mitgeteilten Gründen:	67 %	33 %			45 %

L-1	Von den ea Ri (selbst) ...	B-W	Br	Nds	R-P	D
13c	geben an, im Lande aufgewachsen zu sein:	82 %	69 %	64 %	69 %	70 %
	davon im Landesteil					
	Baden:	53 %				
	Württemberg:	45 %				
	Hohenzollern:	2 %				

L-1	Von den ea Ri (selbst) ...	B-W	Br	Nds	R-P	D
	davon im Landesteil					
	Hannover:			77 %		
	Oldenburg:			9 %		
	Braunschweig:			13 %		
	Schaumburg-Lippe:			1 %		
	davon im Landesteil					
	Rheinland:				53 %	
	Rheinhessen:				17 %	
	Hessen-Nassau:				3 %	
	Pfalz:				27 %	
13d	geben an, aufgewachsen zu sein, in einer					
	Großstadt:	29 %	81 %	24 %	23 %	28 %
	Mittelstadt:	20 %	6 %	22 %	27 %	22 %
	Kleinstadt:	25 %	3 %	16 %	18 %	18 %
	einem Dorfe:	26 %	10 %	38 %	32 %	32 %
13a	geben „weiblich" an:	8 %	22 %	10 %	5 %	9 %
13b	geben als Geburtsjahrgang an:					
	Jahrgang 1931 und jünger:	3 %	9 %	9 %	8 %	7 %
	Jahrgang 1911 bis 1930:	61 %	71 %	57 %	54 %	58 %
	Jahrgang 1910 und älter:	36 %	19 %	34 %	38 %	35 %
14a	geben als Schulbildung an:					
	(nur) Grundschulbildung:	50 %	50 %	46 %	47 %	48 %
	Mittlere Reife:	25 %	41 %	34 %	28 %	30 %
	Abitur:	25 %	9 %	20 %	25 %	22 %
1	geben an tätig zu sein,					
	zum ersten Male:	35 %	44 %	40 %	27 %	36 %
	zum zweiten Male:	26 %	28 %	24 %	26 %	25 %
	zum dritten Male u. öfter:	36 %	28 %	33 %	41 %	35 %
2	geben an, keine Kenntnis gehabt zu haben:					
2a	von der ersten Aufstellung:	49 %	63 %	34 %	33 %	40 %
2b	von der wiederholten Aufstellung:	48 %	38 %	32 %	29 %	36 %
2b	geben an, sich um ihre wiederholte Aufstellung bemüht zu haben:	3 %	12 %	8 %	5 %	6 %
3b	geben an, daß sie ihre wiederholte Wahl nicht abgelehnt hätten:	95 %	100 %	98 %	96 %	97 %
32	geben an, daß sie das Amt eines ehrenamtlichen Richters erneut übernehmen würden:	82 %	97 %	88 %	87 %	87 %
	geben an, den Eindruck zu haben, daß ihre Mitwirkung der Mehrzahl der Berufsrichter „*erwünscht*" ist:					

L-1	Von den ea Ri (selbst) ...	B-W	Br	Nds	R-P	D
17	a) insgesamt:	47 %	52 %	56 %	63 %	55 %
13c/17	b) von den im Landesteil					
	Baden:	52 %				
	Württemberg:	41 %				
	Hohenzollern:	50 %				
	von den in					
	Bremen:		52 %			
	von den im Landesteil					
	Hannover:			56 %		
	Oldenburg:			50 %		
	Braunschweig:			62 %		
	Schaumburg-Lippe:			0 %		
	von den im Landesteil					
	Rheinland:				66 %	
	Rheinhessen:				59 %	
	Hessen-Nassau:				67 %	
	Pfalz:				52 %	
	Aufgewachsenen.					
13d/17	c) von den in einer					
	Großstadt:	48 %	42 %	46 %	61 %	49 %
	Mittelstadt:	48 %	50 %	56 %	73 %	58 %
	Kleinstadt:	45 %	100 %	53 %	54 %	50 %
	einem Dorfe:	46 %	100 %	60 %	57 %	57 %
	Aufgewachsenen.					
13a/17	d) von den weiblichen ea Ri:	29 %	33 %	35 %	37,5 %	34 %
13b/17	e) vom Jahrgang 1931 und Jüngeren:	29 %	33 %	45 %	50 %	43 %
	vom Jahrgang 1910 und Älteren:	55 %	17 %	66 %	72 %	63 %
14a/17	f) von denjenigen mit Grundschulbildung:	51 %	63 %	64 %	54 %	58 %
	mit Mittlerer Reife:	50 %	38 %	47 %	60 %	50 %
	mit Abitur:	37 %	33 %	47 %	77 %	51 %
3,32 G	An den Gründen, auf Grund deren die ehrenamtlichen Richter das Amt ohne gesetzlichen Zwang nicht übernehmen würden, haben Zeitmangel infolge beruflicher Beanspruchung und anderweitiger ehrenamtlicher Verpflichtungen sowie fortgeschrittenes Alter insgesamt einen Anteil von:	72 %	0 %	67 %	81 %	70 %
3, 9, 32	An den Gründen, auf Grund deren die ehrenamtlichen Richter das Amt übernehmen würden, haben					

L-1	Von den ea Ri (selbst) ...	B-W	Br	Nds	R-P	D
	a) die staatsbürgerliche Verpflichtung zu verantwortungsvoller Mitarbeit an der Rechtsprechung, um lebensnahe Entscheidungen durchzusetzen und dem Bürger zu seinem Recht zu verhelfen, insgesamt einen Anteil von:	44 %	46 %	42 %	44,5 %	43 %
	b) ihr Interesse an Aufgabe und Problemen der verwaltungsgerichtlichen Rechtsprechung, die Gelegenheit zur Erweiterung des Gesichtskreises, die Möglichkeit, Erfahrungen für andere Tätigkeiten — insbesondere die Kommunalpolitik — zu sammeln sowie in einer ehrenvollen Aufgabe Freude, Abwechslung und Ausgleich zu finden, insgesamt einen Anteil von:	56 %	54 %	58 %	55,5 %	57 %

b) Wertung:

Die Hundertsätze der Analyse geben ein eindrucksvolles Bild. Eine allen Personengruppen aller Länder gemeinsame einheitliche Tendenz — für oder gegen die Mitwirkung ehrenamtlicher Richter — läßt sich *nicht* feststellen. Es ist jedoch möglich, die Meinungen einzelner Personengruppen herauszustellen.

Einen Überblick vermittelt folgende Übersicht:

a) *Baden-Württemberg:*

Berufsrichter: Mitwirkung „richtig“:	37 %
Rechtsanwälte: Mitwirkung „richtig“:	29 %
Beteiligte (B-4): Einfluß der ea Ri „ja“:	73 %
Ea Ri: Eindruck, daß „erwünscht“:	47 %

b) *Bremen:*

Berufsrichter: Mitwirkung „richtig“:	36 %
Rechtsanwälte: Mitwirkung „richtig“:	59 %
Beteiligte (B-4): Einfluß der ea Ri „ja“:	81 %
Ea Ri: Eindruck, daß „erwünscht“:	52 %

c) *Niedersachsen:*

Berufsrichter: Mitwirkung „richtig“:	62 %
Rechtsanwälte: Mitwirkung „richtig“:	36 %
Beteiligte (B-4): Einfluß der ea Ri „ja“:	64 %
Ea Ri: Eindruck, daß „erwünscht“:	56 %

d) Rheinland-Pfalz:

Berufsrichter: Mitwirkung „richtig“:	74 %
Rechtsanwälte: Mitwirkung „richtig“:	36 %
Beteiligte (B-4): Einfluß der ea Ri „ja“:	76 %
Ea Ri: Eindruck, daß „erwünscht“:	63 %

Für die Einstellung der *Berufsrichter* zur Mitwirkung ehrenamtlicher Richter sind deutlich zwei gegensätzliche Ländergruppierungen zu erkennen. Während die Berufsrichter der Länder Niedersachsen und Rheinland-Pfalz die Beteiligung ehrenamtlicher Richter überwiegend befürworten, wird sie von denjenigen der Länder Baden-Württemberg und Bremen mit etwa derselben Quote überwiegend abgelehnt. Der Einstellung der Berufsrichter läuft der Eindruck der *ehrenamtlichen Richter,* ersteren „erwünscht“ zu sein, im wesentlichen parallel. Von den *Rechtsanwälten* stimmen nur diejenigen Baden-Württembergs mit den dortigen Berufsrichtern überein, während diejenigen der übrigen drei Länder jeweils gegensätzliche Meinungen vertreten. Im Unterschied zu den übrigen Befragten geben die *Beteiligten* vor Verwaltungsgerichten mit ehrenamtlichen Beisitzern in allen vier Ländern — im Grundsatz — die gleiche Meinung an: Sie messen den ehrenamtlichen Richtern mit Mehrheit einen „Einfluß“ zu. Der unterdurchschnittliche Wert für Niedersachsen läßt sich damit erklären, daß die dort befragten Beteiligten in ihren Rechtsstreitigkeiten bedeutend erfolgloser waren als die in den übrigen Ländern Befragten.

Die auffälligen Unterschiede in den Stellungnahmen der Berufsrichter und der Rechtsanwälte suchen eine Erklärung. Sie kann für die Rechtsanwälte Bremens gegeben werden. Für die Berufsrichter läßt das Material der Analyse lediglich eine Eingrenzung des Problems zu.

Bei den *Rechtsanwälten* fällt auf, daß von denjenigen Bremens ein weit überdurchschnittlich hoher Anteil im Jahresdurchschnitt nur bis zu zehnmal vor Verwaltungsgerichten auftritt. Während dies in den übrigen Ländern nur für etwa ein Drittel zutrifft, sind es in Bremen fast drei Viertel aller Rechtsanwälte. Ebenfalls im Gegensatz zu den übrigen Ländern ist der Anteil der Rechtsanwälte Bremens, die die Mitwirkung ehrenamtlicher Richter befürworten, in dieser Gruppe am weitaus höchsten. Ihr Anteil erreicht den ungewöhnlich hohen Wert von 82 %. Diese Angabe läßt den Schluß zu, daß die überwiegend positive Einstellung der Rechtsanwälte Bremens zur Mitwirkung ehrenamtlicher Richter von denjenigen ausgeht, die nicht allzuoft bei Verwaltungsgerichten auftreten. Der Grund für deren Meinungsbild dürfte in deren geringerer Erfahrung mit ehrenamtlichen Richtern bei Verwaltungsgerichten zu suchen sein. Es liegt nahe, daß sie die Bedeutung dieser ehrenamtlichen Richter an derjenigen in anderen Gerichtsbarkeiten — etwa der Schöffen und der — bisherigen — Arbeitsrichter — messen.

Die unterschiedliche Einstellung der *Berufsrichter* läßt sich weder aus ihrer Altersstruktur, noch der Größenordnung der Gemeinde, in der sie aufgewachsen sind, noch ihrer Tätigkeit in der Verwaltung, noch der Dauer ihrer Mitarbeit an Verwaltungsgerichten, noch schließlich der verwaltungsrechtlichen Tradition des Landes, in dem sie aufgewachsen sind, zureichend erklären. In den Einzelwerten zu vorstehenden Gesichtspunkten sind weitgehend ähnliche Unterschiede zwischen den einzelnen Ländern zu erkennen wie bei den Gesamtwerten.

Auffallend ist jedoch, daß die Berufsrichter des Jahrgangs 1901 bis 1910 in allen Ländern gleichermaßen die Mitwirkung ehrenamtlicher Richter befürworten. Bemerkenswert ist auch, daß sich unter den Berufsrichtern Bremens sehr deutlich ein Meinungsumschwung abzeichnet. Während die älteren und länger tätigen Richter die Mitwirkung ehrenamtlicher Richter günstig beurteilen, wird sie von den jüngeren und kürzer Tätigen mit großer Mehrheit abgelehnt.

Die Tradition in der Besetzung der Verwaltungsgerichte — mit oder ohne ehrenamtliche Richter — wirkt nur teilweise in dem Meinungsbild nach. Obwohl an der *badischen* Verwaltungsgerichtsbarkeit von Anbeginn an Laien beteiligt waren, haben nicht einmal die in diesem Landesteil Baden-Württembergs aufgewachsenen Berufsrichter die Mitwirkung ehrenamtlicher Richter mit Mehrheit befürwortet. Demgegenüber entspricht die weitgehend ablehnende Haltung der im Landesteil *Württemberg* aufgewachsenen Berufsrichter voll und ganz der dortigen Tradition, ohne Laienbeisitzer zu entscheiden. Obgleich an dem Verwaltungsgericht *Bremen* seit seiner Einrichtung im Jahre 1924 ehrenamtliche Richter mitgewirkt haben, lehnen die dort beheimateten Berufsrichter ihre Mitwirkung überwiegend ab. Zu erwähnen sind auch die *pfälzischen* Berufsrichter. Sie haben sich zu fast drei Vierteln für die Beteiligung ehrenamtlicher Richter ausgesprochen, obwohl die dortigen Verwaltungsgerichte bis zum Jahre 1950 grundsätzlich keine ehrenamtlichen Richter kannten. Bemerkenswert ist schließlich auch das Meinungsbild der Berufsrichter, die im ehemaligen Lande *Preußen* aufgewachsen sind und nunmehr in den befragten Ländern das Richteramt ausüben. Sie sind keineswegs in allen vier Ländern auch nur annähernd gleicher Ansicht. Bei ihnen zeigt sich vielmehr dieselbe Differenzierung wie bei den Gesamtwerten.

Unter Berücksichtigung aller Ergebnisse[12] scheint der Schluß berechtigt, daß der Einfluß, der die Einstellung der einzelnen Berufsrichter zu der Mitwirkung ehrenamtlicher Richter geprägt hat, vor allem in

[12] Das *soziale Herkommen* der Berufsrichter konnte nicht berücksichtigt werden. Eine dahingehende Befragung ist auf Wunsch der Präsidenten der obersten Verwaltungsgerichte der befragten Länder unterblieben, um die Anonymität der Berufsrichter weitestgehend zu wahren.

der Verwaltungsgerichtsbarkeit des jeweiligen Landes — insbesondere der Zusammenarbeit mit den dortigen ehrenamtlichen Richtern — zu suchen ist.

Für die *ehrenamtlichen Richter* selbst bleibt zu bemerken, daß die weitaus meisten von ihnen die Möglichkeit, an einem Verwaltungsgericht mitarbeiten zu können, begrüßen und diesem Ehrenamt Bedeutung beimessen. Bei näherer Differenzierung der Gründe muß jedoch nachdenklich stimmen, daß der größere Anteil der von den ehrenamtlichen Richtern benannten Zielvorstellungen deren persönlichem Nutzen zu dienen bestimmt ist — so: Interesse an der Verwaltungsgerichtsbarkeit, Einblick in deren Probleme und die der Bürger nehmen, Erfahrungen für Beruf und andere ehrenamtlichen Tätigkeiten sammeln, Freude, Abwechslung und Ausgleich —. Erst in geringerem Maße — im Durchschnitt 43 % — werden staatsbürgerliche Verpflichtung, Mitarbeit an lebensnahen und gerechten Entscheidungen angegeben.

Im Gegensatz zu den ehrenamtlichen Richtern stellen die *Beteiligten* staatsbürgerliche Verpflichtung und Mitarbeit an lebensnahen und gerechten Entscheidungen mit — im Durchschnitt 69 % — an die Spitze der Gründe, aus denen sie das Amt eines ehrenamtlichen Richters übernehmen würden.

c) Ergebnis:

1. Ein einheitliches Meinungsbild ist nicht gegeben.
2. Bei Berufsrichtern und Rechtsanwälten bestehen gegensätzliche Gruppierungen.
3. Nicht einmal die Hälfte der von den ehrenamtlichen Richtern für ihre Mitarbeit benannten Gründe haben die Durchsetzung einer gerechten und lebensnahen Entscheidung zum Ziele.

Abschnitt 3: Einzelfragen

Galt die bisherige Untersuchung dem Ziele, die Tendenz zu ergründen, so hat die nachfolgende Auswertung zur Aufgabe, die Bedeutung der Mitwirkung ehrenamtlicher Richter an Hand einiger besonders kennzeichnender Komplexe und Fragestellungen zu überprüfen.

1. Liegt die Bedeutung der Mitwirkung ehrenamtlicher Richter in einem Beitrag zur „Demokratisierung der Verwaltungsgerichtsbarkeit"?

a) Rationale Erwartung 1/1:

Zinn — seinerzeit Justizminister Hessens — hat die Mitwirkung von Laien in der Rechtsprechung auf dem Konstanzer Juristentag vom

Juni 1947[13] als ein politisches Problem, ein *„Problem der Demokratie“* gesehen[14]. Diese Vorstellung war in der damaligen Phase des Neuaufbaus deutscher Staatlichkeit zwei Jahre nach dem Zusammenbruch des nationalsozialistischen Führerstaates sicherlich zutreffend. Heute — rund 25 Jahre später — hat sich die Lage geändert. Die Souveränität des Volkes ist gefestigter Verfassungsgrundsatz[15]. Der Richter insbesondere — der Berufsrichter und der ehrenamtliche Richter — ist integrierter Bestandteil der vom Volke ausgeübten Staatsgewalt[16]. Sie gibt ihm die „demokratische Legitimation“. Die Mitwirkung ehrenamtlicher Richter ist heute kein „Problem der Demokratie“ mehr. Das Problem ihrer Mitwirkung liegt nunmehr darin, ihren *„wirklichen Beitrag“*[17] zu bestimmen[18].

Forschungsfrage 1/1:

In welchem Umfange spielt die „Demokratisierung der Rechtsprechung“ als Grund für die Beteiligung ehrenamtlicher Richter bei den Befragten eine Rolle?

b) Analyse zu Forschungsfrage 1/1:

Ri-2	Von den Berufsrichtern ...	B-W	Br	Nds	R-P	D
18G	die die Mitwirkung ehrenamtlicher Richter für „richtig“ halten, begründen dies mit „Demokratisierung“ und „demokratischer Legitimation“ der Rechtsprechung:	3 %	0 %	4 %	6 %	4 %
18G	die die Mitwirkung ehrenamtlicher Richter für „falsch“ bzw. „überflüssig“ halten, weisen demgegenüber darauf hin, daß der Gesichtspunkt einer „demokratischen Kontrolle“ in einem demokratisch angelegten Staatswesen unzeitgemäß sei, da die Berufsrichter selbst dem „Volk“ entstammen:	6 %	0 %	4 %	9 %	5 %
RA-3	**Von den Rechtsanwälten ...**	**B-W**	**Br**	**Nds**	**R-P**	**D**
3G	die die Mitwirkung ehrenamtlicher Richter für „richtig“ halten, verweisen auf die „allgemein-politische Wirkung“:	0 %	0 %	8 %	0 %	3 %

[13] Konstanzer Juristentag S. 1.
[14] Zinn S. 129.
[15] Art. 20 Abs. 2 Satz 1 GG.
[16] Art. 20 Abs. 2 Satz 2 mit Art. 92, 1. Halbsatz GG.
[17] Ule, Demokratie, S. 681.
[18] Rüggeberg S. 217.

B-4	Von den Beteiligten (*mit* ea Ri) ...	B-W	Br	Nds	R-P	D
14G	die das Amt eines ehrenamtlichen Richters übernehmen würden, begründen dies mit einem „Beitrag zur Demokratisierung“ der Rechtsprechung:	5 %	0 %	0 %	0 %	2 %

L-1	Von den ea Ri (selbst) ...	B-W	Br	Nds	R-P	D
11	bekunden die Ansicht, daß ein ehrenamtlicher Richter den Grundsätzen und Vorstellungen des Verbandes, dem er angehört, im Rahmen seiner verwaltungsgerichtlichen Tätigkeit Geltung verschaffen sollte:	9 %	6 %	15 %	13 %	13 %
11G	die den Grundsätzen ihres Verbandes auch im Rahmen ihrer verwaltungsrichterlichen Mitwirkung Geltung verschaffen würden, begründen dies mit der Notwendigkeit, alle Lebensbereiche „demokratisieren“ zu müssen:	21 %	0 %	6 %	0 %	8 %
3, 9, 32	die das Amt eines ehrenamtlichen Richters übernehmen würden, halten dies im Interesse der „Demokratisierung“ der Rechtspflege für notwendig:	0,6 %	0 %	0 %	0 %	0,2 %

c) *Wertung zu Forschungsfrage 1/1:*

Das Ergebnis der Analyse zeigt ein eindeutiges Bild.

Der „Demokratisierung der Verwaltungsrechtsprechung“ als Grund einer Beteiligung ehrenamtlicher Richter wird von keiner der befragten Personengruppen größeres Gewicht beigelegt. Die Befragten Bremens lassen die „Demokratisierung“ völlig unerwähnt. Die Werte der übrigen Länder liegen mit einer Ausnahme — teilweise weit — unter 10 %.

Von den ehrenamtlichen Richtern Baden-Württembergs wird zwar als Begründung zu Frage 11 — Geltendmachung von Verbandsgrundsätzen — die Notwendigkeit, alle Lebensbereiche „demokratisieren“ zu müssen, überdurchschnittlich betont — 21 % —. Dabei ist jedoch zu berücksichtigen, daß die Bezugsgröße mit 9 % bedeutend unter dem Länder-Durchschnitt liegt.

Bemerkenswert ist auch, daß von den Berufsrichtern im Durchschnitt mit annähernd dem gleichen Hundertsatz die Mitwirkung ehrenamtlicher Richter als Beitrag zur „demokratischen Legitimation" der Verwaltungsrechtsprechung befürwortet wie als „unzeitgemäß" abgelehnt wird.

d) Ergebnis zu Forschungsfrage 1/1:

Unter dem Gesichtspunkt eines Beitrages zur „Demokratisierung der Verwaltungsgerichtsbarkeit "ist der Mitwirkung ehrenamtlicher Richter keine nennenswerte Bedeutung beizumessen.

Das Ergebnis der Erhebung bestätigt somit die rationale Überlegung.

2. Liegt die Bedeutung der Mitwirkung ehrenamtlicher Richter in einem Beitrag zur Entscheidungsfindung der Verwaltungsgerichte?

Der gegenwartsbezogene Beitrag der ehrenamtlichen Richter ist entscheidend an dem *Einfluß*[19] zu messen, den sie auf den verwaltungsgerichtlichen Entscheidungsprozeß zu nehmen vermögen. Es lassen sich vier Möglichkeiten einer Einflußnahme unterscheiden.

A. Vermag der ehrenamtliche Richter Einfluß auf die Sachfrage zu nehmen? — Werden seine Aufnahmefähigkeit und sein Gedächtnis überfordert?

aa) Rationale Erwartung 2/1:

Die Entscheidung zur Sachfrage hängt von dem Informationsniveau der Richter ab. Ihm dient die richterliche Sachaufklärung[20].

Grundlage der sachlichen Untersuchung ist der schriftsätzliche Vortrag der Beteiligten. Er ist — gegebenenfalls — durch eine Anhörung der Beteiligten zu ergänzen und — u. a. — durch die Befragung von Zeugen und Sachverständigen auf ihren Wahrheitsgehalt zu prüfen. Die Berufsrichter haben die Möglichkeit, an Hand der Gerichtsakten auf Grund ihrer Schulung gezielte Fragen vorzubereiten. Die ehrenamtlichen Richter trifft die sachliche Problematik dagegen ohne Vorbereitung. Sie erhalten zwar durch den einleitenden Vortrag des Berichterstatters[21] einen Einblick. Im wesentlichen obliegt es jedoch ihrem Einfühlungsvermögen, Unklarheiten zu erkennen und geeignete Fragen zu stellen. Sind die ehrenamtlichen Richter insoweit gegenüber den Berufsrichtern benachteiligt, so kommt ihnen andererseits ihre *Ursprünglichkeit* zugute. Ihre Blickrichtung ist nicht bereits durch rechtliche

---

19 Ule, Demokratie, S. 681.

20 § 86 Abs. 1 VwGO.

21 § 103 Abs. 2 VwGO.

Vorstellungen vorgezeichnet. Sie sehen den Sachverhalt aus dem Aspekt ihres Lebenskreises. Ihre Fragen — in der mündlichen Verhandlung und in der Beratung — könnten neue Gesichtspunkte hervortreten lassen.

Forschungsfrage 2/1:

Ist von der Mitwirkung ehrenamtlicher Richter ein Beitrag zur Aufhellung der Sachfrage zu erwarten?

ab) Analyse zu Forschungsfrage 2/1:

Ri-2	Von den Berufsrichtern ...	B-W	Br	Nds	R-P	D
18G	die die Mitwirkung ehrenamtlicher Richter für „richtig halten, heben deren „unverbildete Lebensnähe“ hervor:	35 %	25 %	50 %	65 %	49 %
5a	geben an, daß sich die ehrenamtlichen Richter an der *mündlichen Verhandlung* durch Fragen an die Beteiligten, die Zeugen und die Sachverständigen beteiligen:					
	a) „immer“ bzw. „oft“:	11 %	7 %	9 %	13 %	11 %
	b) „nie“:	16 %	14 %	9 %	5 %	11 %
6	geben an, daß Fragen der ehrenamtlichen Richter „immer“ bzw. „oft“					
6a	a) zur Sachaufklärung beitragen:	14 %	11 %	20 %	29 %	19 %
6b	b) reine Nebensächlichkeiten betreffen:	69 %	60 %	62 %	43 %	61 %
6a	geben an, daß Fragen der ehrenamtlichen Richter „nie“ zur Sachaufklärung beitragen:	12 %	0 %	16 %	10 %	12 %
6 Insgesamt	geben an, daß vom Inhalt der Fragen her insgesamt überwiegen:					
	a) Sachaufklärung:	29 %	33 %	43 %	51 %	38 %
	b) Nebensächlichkeiten:	64 %	67 %	53 %	39 %	56 %
	c) Wiederholungen:	7 %	0 %	4 %	10 %	6 %
18	geben an, daß sie die Mitwirkung ehrenamtlicher Richter für „richtig“ halten:	37 %	36 %	62 %	74 %	53 %
11	geben an, daß die ehrenamtlichen Richter in der *Beratung* „immer“ bzw. „oft“					
11a	a) nur zuhören:	61 %	56 %	45 %	49 %	53 %
11b	b) Fragen stellen:	53 %	40 %	62 %	60 %	57 %
11d	c) Einwände erheben:	7 %	0 %	22 %	15 %	14 %

Ri-2	Von den Berufsrichtern ...	B-W	Br	Nds	R-P	D
11f	d) an der Sache vorbeireden:	53 %	20 %	32 %	20 %	38 %
11b 11d	geben an, daß die ehrenamtlichen Richter „nie“ a) Fragen stellen: b) Einwände erheben:	 0 % 6 %	 0 % 0 %	 0 % 5 %	 0 % 0 %	 0 % 4 %
12a	geben an, daß sich die Fragen, (Hinweise) und Einwände der ehrenamtlichen Richter in der Beratung erstrecken: a) auf den unstreitigen Sachverhalt: b) auf das Beweisergebnis: insgesamt:	 31 % 39 % 70 %	 33 % 25 % 58 %	 43 % 26 % 69 %	 37 % 24 % 61 %	 37 % 30 % 67 %
13a	geben an, daß Fragen (Hinweise) oder Einwände der ehrenamtlichen Richter neue Aspekte des Sachverhalts, insbesondere des Beweisergebnisses in Erscheinung treten lassen: a) „immer“ bzw. „oft“: b) „nie“:	 5 % 33 %	 0 % 20 %	 5 % 17 %	 10 % 19 %	 6 % 24 %
15a	heben hervor, daß ihnen die Mitwirkung ehrenamtlicher Richter — unabhängig von bestimmten Sachgebieten — bei der Beweisaufnahme und der Beweiswürdigung „besonders erwünscht“ sei:	8 %	8 %	4 %	2 %	6 %
18G	die die Mitwirkung ehrenamtlicher Richter „für falsch“ bzw. „überflüssig“ halten, weisen darauf hin, daß die ehrenamtlichen Richter zur Entscheidung nichts beizutragen vermögen:	54 %	29 %	67 %	36 %	51 %

RA-3	Von den Rechtsanwälten ...	B-W	Br	Nds	R-P	D
3G	die die Mitwirkung ehrenamtlicher Richter für „richtig“ halten, heben deren „unverbildete Lebensnähe“ hervor:	14 %	50 %	50 %	33 %	40 %
10 a - e	geben an, daß sich die ehrenamtlichen Richter an der *mündlichen Verhandlung* durch Fragen an sie selbst, die Beteiligten, die Zeugen und die Sachverständigen beteiligen: a) „immer“ bzw. „oft“: b) „nie“:	 10 % 23 %	 5 % 25 %	 5 % 32 %	 8 % 28 %	 7 % 28 %

RA-3	Von den Rechtsanwälten ...	B-W	Br	Nds	R-P	D
11	geben an, daß Fragen der ehrenamtlichen Richter „immer“ bzw. „oft“					
11a	a) zur Sachaufklärung beitragen:	20 %	47 %	11 %	17 %	22 %
11b	b) reine Nebensächlichkeiten betreffen:	68 %	31 %	69 %	65 %	61 %
11a	geben an, daß Fragen der ehrenamtlichen Richter „nie“ zur Sachaufklärung beitragen:	8 %	18 %	25 %	13 %	16 %
11 Insgesamt	geben an, daß vom Inhalt der Fragen her insgesamt überwiegen:					
	a) Sachaufklärung:	42 %	77 %	38 %	39 %	45 %
	b) Nebensächlichkeiten:	37 %	23 %	52 %	52 %	44 %
	c) Wiederholungen:	21 %	0 %	10 %	9 %	11 %
3	geben an, daß sie die Mitwirkung ehrenamtlicher Richter für „richtig“ halten:	29 %	59 %	36 %	36 %	38 %
15a	heben hervor, daß ihnen die Mitwirkung ehrenamtlicher Richter bei der Beweisaufnahme „besonders erwünscht“ sei:	4 %	0 %	0 %	0 %	0 %
3G	die die Mitwirkung ehrenamtlicher Richter für „falsch“ bzw. „überflüssig“ halten, weisen darauf hin, daß die ehrenamtlichen Richter zur Entscheidung nichts beizutragen vermögen:	12 %	0 %	5 %	19 %	10 %

B-4	Von den Beteiligten (*mit* ea Ri) ...	B-W	Br	Nds	R-P	D
1	geben an, Beteiligter in einem Verwaltungsrechtsstreit zu sein:					
	a) zum ersten Male:	75 %	57 %	63 %	62 %	65 %
	b) zum zweiten Male:	4 %	19 %	19 %	19 %	14 %
5c Falls	die der Mitwirkung ehrenamtlicher Richter einen „Einfluß“ zusprechen, heben deren „unverbildete Lebensnähe“ hervor:	69 %	59 %	33 %	50 %	55 %
14G	die das Amt eines ehrenamtlichen Richters übernehmen würden, heben die „unverbildete Lebensnähe“ hervor:	30 %	62 %	37 %	53 %	46 %
7	geben an, daß ihnen die Mitwirkung ehrenamtlicher Richter an der *mündlichen Verhandlung* aufgefallen sei:	83 %	85 %	77 %	79 %	81 %

B-4	Von den Beteiligten (*mit* ea Ri) ...	B-W	Br	Nds	R-P	D
9	davon geben an, daß sich die ehrenamtlichen Richter durch Fragen an sie, die übrigen Beteiligten, die Zeugen und die Sachverständigen beteiligt haben:	58 %	41 %	80 %	45 %	54 %
	Das sind von der Gesamtzahl der Beteiligten:	44 %	33 %	50 %	23 %	37 %
5c Falls	die der Mitwirkung ehrenamtlicher Richter keinen Einfluß zusprechen, verweisen darauf, daß die ehrenamtlichen Richter zur Entscheidung *nichts* beizutragen vermögen:	0 %	0 %	20 %	20 %	10 %

L-1	Von den ea Ri (selbst) ...	B-W	Br	Nds	R-P	D
14b	geben als erlernten Beruf „Jurist“ an:	2 %	3 %	1 %	3 %	2 %
14b	geben als erlernten Beruf eine Tätigkeit in der öffentlichen Verwaltung an:	1 %	3 %	5 %	6 %	4 %
15b	geben an, im Öffentlichen Dienst tätig zu sein oder tätig gewesen zu sein:	5 %	9 %	7 %	12 %	8 %
4b)-2	geben an, als Bürgermeister, Beigeordnete oder Bürgermeister-Stellvertreter tätig zu sein oder gewesen zu sein:	4 %	0 %	6 %	12 %	6 %
3, 9, 32	die das Amt eines ehrenamtlichen Richters freiwillig — d. h. auch ohne gesetzlichen Zwang — übernehmen würden, heben die „größere Lebensnähe“ hervor:	16 %	20 %	30 %	12 %	22 %
19 a-c	geben an, sie stellten in der *mündlichen Verhandlung* an die Beteiligten, die Zeugen und die Sachverständigen Fragen					
	a) „immer“ bzw. „oft“:	35 %	34 %	34 %	36 %	35 %
	b) „nie“:	10 %	16 %	9 %	10 %	10 %
19 Falls „nie“	die „nie“ Fragen stellen, geben an, dies zu unterlassen, a) weil die Fragen bereits durch die Berufsrichter geklärt werden:	16 %	7 %	10 %	16 %	14 %
	b) weil das Stellen von Fragen seitens der ehrenamtlichen Richter nicht üblich ist oder hierzu keine Gelegenheit gegeben wird:	6 %	13 %	10 %	11 %	9 %

L-1	Von den ea Ri (selbst) ...	B-W	Br	Nds	R-P	D
23	geben an, daß sie in der *Beratung* „immer“ bzw. „oft“ Gelegenheit erhalten, aktiv mitzuarbeiten:	99 %	97 %	99 %	99 %	99 %
23a	geben an, daß sie sich „nie“ beteiligen:	3 %	2 %	2 %	1 %	2 %
23a	geben an, daß sie sich „immer“ bzw. „oft“ beteiligen:					
	a) durch Fragen:	99 %	94 %	99 %	98 %	98 %
	b) durch Einwände:	78 %	71 %	75 %	77 %	76 %
	c) „in sonstiger Weise“:	12 %	21 %	11 %	10 %	12 %
23a	die „in sonstiger Weise“ mitarbeiten, heben hervor:					
	a) die Darlegung der in der Verhandlung gewonnenen Eindrücke:	8 %	0 %	3 %	6 %	5 %
	b) Hinweise auf die menschliche Seite des Rechtsstreites:	8 %	0 %	8 %	13 %	8 %
28	geben an, daß gerade ihre Fragen oder ihre sonstigen Beiträge zu einer anderen als der von den Berufsrichtern zunächst vorgeschlagenen Entscheidung geführt haben:					
	a) „oft“:	5 %	7 %	4 %	6 %	5 %
	b) „selten“:	75 %	45 %	80 %	67 %	74 %
	c) „nie“:	20 %	48 %	16 %	27 %	21 %
3, 9, 32	die das Amt eines ehrenamtlichen Richters nicht freiwillig übernehmen würden, verweisen auf die geringe Einflußmöglichkeit:	8 %	0 %	10 %	5 %	8 %

ac) Wertung zu Forschungsfrage 2/1:

Trotz Abweichungen im einzelnen ergeben die Werte der Analyse in ihrer Gesamtheit ein aussagekräftiges Bild.

Bei den ehrenamtlichen Richtern überwiegen bei weitem die fachunkundigen Laien. Lediglich Rheinland-Pfalz weist mit rund einem Viertel einen überdurchschnittlich hohen Anteil ehrenamtlicher Richter auf, die durch Ausbildung und Beruf den Umgang mit verwaltungsrechtlichen Problemen mehr oder minder gewohnt sind.

Die fehlende Fachkunde hindert die ehrenamtlichen Richter jedoch nicht, an den verwaltungsgerichtlichen Verfahren aktiv mitzuarbeiten.

Nur ein kleiner Teil von ihnen stellt in der *mündlichen Verhandlung* niemals Fragen. Ähnlich gering ist aber auch die Zahl derer, die häufig

— „immer“ bzw. „oft“ — fragen. Der größte Teil der ehrenamtlichen Richter fragt nur „selten“. Dies erklärt, warum — im Durchschnitt — nur etwa ein Drittel der Beteiligten Fragen der ehrenamtlichen Richter mitgeteilt haben; da die Beteiligten überwiegend nur *einen* Rechtsstreit geführt haben, fehlt ihnen die Übersicht.

Wenn sich auch Berufsrichter und Rechtsanwälte im Durchschnitt einig sind, daß Fragen der ehrenamtlichen Richter häufig reine Nebensächlichkeiten betreffen, so darf der Beitrag der Fragen zur Sachaufklärung deshalb nicht zu gering bewertet werden,. Insgesamt geben nur wenige der Berufsrichter und Rechtsanwälte an, daß die Fragen der ehrenamtlichen Richter „nie“ zur Sachaufklärung beitragen. Die ganz überwiegende Mehrheit spricht den Fragen diesen Inhalt dagegen zumindest „selten“ zu. Im Gesamtvergleich der Frageninhalte — Sachaufklärung zu Nebensächlichkeiten zu Wiederholungen — liegt der Beitrag der Fragen zur Sachaufklärung in der Sicht der Berufsrichter bei über einem Drittel, in der Sicht der Rechtsanwälte sogar nicht weit von der Hälfte. Dabei ist bemerkenswert, daß die Ergebnisse des Vergleichs zur Sachaufklärung im wesentlichen mit den Ergebnissen zu der Frage, ob Berufsrichter und Rechtsanwälte die Mitwirkung ehrenamtlicher Richter für „richtig“ halten, parallel laufen. So geben von den Berufsrichtern Niedersachsens und Rheinland-Pfalz', die überwiegend zustimmend votiert haben, etwa die Hälfte einen Beitrag zur Sache an. Von den Rechtsanwälten Bremens, die als einzige mit Mehrheit für die Mitwirkung ehrenamtlicher Richter eintreten, sprechen sogar über drei Viertel den Fragen der ehrenamtlichen Richter einen Beitrag zur Sachaufklärung zu. Diese Ergebnisse lassen den Rückschluß zu, daß Berufsrichter und Rechtsanwälte dem Beitrag der Fragen der ehrenamtlichen Richter zur Sachaufklärung erhebliche Bedeutung für den Wert deren Mitwirkung beimessen.

In der *Beratung* verzichtet nur ein verschwindend kleiner Teil der ehrenamtlichen Richter darauf, Fragen zu stellen oder Einwände zu erheben. Rund zweit Drittel der Fragen und Einwände beziehen sich auf den unstreitigen Sachverhalt und das Beweisergebnis. Ihnen kann nicht jede Bedeutung für die Aufklärung des Sachverhaltes abgesprochen werden. Rund drei Viertel — in Baden-Württemberg sind es nur zwei Drittel — der Berufsrichter gestehen der Aktivität der ehrenamtlichen Richter zu, daß sie — wenn auch überwiegend nur „selten“ — neue Aspekte des Sachverhalts, insbesondere des Beweisergebnisses in Erscheinung treten läßt. Aus den Angaben der ehrenamtlichen Richter ist zu folgern, daß die allermeisten von ihnen durch ihre Fragen und sonstigen Beiträge — wenn auch nicht nur zum Sachverhalt — schon eine andere als die zunächst vorgeschlagene Entscheidung erreicht haben.

ad) Ergebnis zu Forschungsfrage 2/1:

1. In den befragten Ländern überwiegen die fachunkundigen ehrenamtlichen Richter bei weitem.
2. Die ehrenamtlichen Richter vermögen sowohl in der mündlichen Verhandlung wie in der Beratung zur Aufhellung der Sachfrage beizutragen. Der Umfang des Beitrages ist in den einzelnen Ländern unterschiedlich, jedoch in keinem Lande unbedeutend.

Das Ergebnis der Erhebung bestätigt somit die rationale Erwartung im Grundsatz.

ba) Rationale Erwartung 2/2:

In einer Vielzahl öffentlich-rechtlicher Streitfälle reichen juristische Vorbildung und Ursprünglichkeit zur Sachaufklärung nicht aus. Es bedarf zusätzlicher Kenntnisse auf bestimmten außerjuristischen Fachgebieten — so bautechnisches Wissen im Rahmen eines Rechtsstreites um eine Baugenehmigung — oder des Vertrautseins mit bestimmten politischen, sozialen, wirtschaftlichen oder betrieblichen Zusammenhängen und Interessenlagen — so Kenntnis der gemeindlichen Verhältnisse im Rahmen eines Rechtsstreites um eine gemeindliche Planung.

Beide Gesichtspunkte — mangelnde Fachkunde und fehlende Kenntnis von den Hintergründen — könnten durch die *Sachkunde* — zumindest eines — der beteiligten ehrenamtlichen Richter ausgeglichen werden. Der kundige ehrenamtliche Richter könnte bei der Beratung eines Beweisbeschlusses Hinweise für den Inhalt der Beweisfragen geben und geeignete Beweismittel vorschlagen. In der Beweisaufnahme könnte er durch geeignete Fragen zur Aufklärung beitragen. In der Beratung schließlich könnte sein Sachverstand zu einer sachgerechten Würdigung der festgestellten Tatsachen verhelfen. Zu denken ist vor allem an den Architekten oder den Handwerksmeister, der die technischen Fragen erläutern kann, oder das Gemeinderatsmitglied, das die örtlichen Verästelungen darzulegen vermag.

Derartigen Vorstellungen begegnen jedoch Bedenken.

Zum einen weist Baur[22] zutreffend darauf hin, daß eine Sachkunde der ehrenamtlichen Richter nicht als Ausleseprinzip statuiert ist. Die Mitwirkung sachkundiger ehrenamtlicher Richter ist somit rein zufällig[23]. Wird der Sachkunde einerseits bei der Auswahl der ehrenamtlichen Richter keine Beachtung geschenkt, wird ihr dagegen andererseits im Entscheidungsprozeß Einfluß eingeräumt, besteht die Gefahr einseitiger Begünstigung. Die *Chancengleichheit*[24] der Beteiligten verschie-

---

[22] Baur S. 56/57.

[23] Rüggeberg S. 210 Fußnote 88.

[24] Art. 3 GG.

dener Rechtsstreite mit dem gleichen Anliegen wäre nicht mehr gewahrt.

Zum anderen ist zu berücksichtigen, daß die etwaige Sachkunde der ehrenamtlichen Richter überwiegend erst in der Beratung zum Tragen käme. Den Beteiligten bliebe keine Möglichkeit, Einwände zu erheben oder die Sachkunde anzuzweifeln[25]. Der Grundsatz des *rechtlichen Gehörs*[26] wäre nicht gewahrt. Hierzu hat das Bundesverwaltungsgericht in einer Entscheidung vom 9. Juli 1969[27] u. a. ausgeführt: „(Das Gericht der angefochtenen Entscheidung hätte) den Verfahrensbeteiligten in der Verhandlung zu erkennen geben müssen, daß es auf Grund eigener Sachkenntnis zu entscheiden beabsichtige. Nur so erhalten die Verfahrensbeteiligten hinreichend Gelegenheit, ihrerseits zu den aufgeworfenen Fragen sachkundig Stellung zu nehmen ... "

Die Gebote der Chancengleichheit und des rechtlichen Gehörs legen es somit nahe, bei der Auswahl der Beweismittel im konkreten Falle einen etwa sachkundigen ehrenamtlichen Richter unberücksichtigt zu lassen. Die Funktion des Sachverständigen oder diejenige des sachverständigen Zeugen kann durch die ehrenamtlichen Richter nicht wahrgenommen werden[28].

Der Sachkunde der ehrenamtlichen Richter sollte aus vorgenannten Gründen keine Bedeutung zukommen.

Forschungsfrage 2/2:

Spielt die Sachkunde ehrenamtlicher Richter im verwaltungsgerichtlichen Entscheidungsprozeß eine Rolle?

bb) Analyse zu Forschungsfrage 2/2:

Ri-2	Von den Berufsrichtern ...	B-W	Br	Nds	R-P	D
18G	die die Mitwirkung ehrenamtlicher Richter für „richtig" halten, heben deren „Sachkunde" hervor:	0 %	0 %	0 %	0 %	0 %
5a	geben an, daß sich die ehrenamtlichen Richter „immer" bzw. „oft" an der mündlichen Verhandlung durch Fragen an die Beteiligten, die Zeugen und die Sachverständigen beteiligen:	11 %	7 %	9 %	13 %	11 %

[25] Rüggeberg S. 210.

[26] Art. 103 Abs. 1 GG.

[27] BVerwG, Urteil vom 9. Juli 1969, Aktz. VIII C 101.68 (Leitsatz in NJW 1969 II, S. 2219).

[28] Rüggeberg S. 210.

Ri-2	Von den Berufsrichtern ...	B-W	Br	Nds	R-P	D
6a	geben an, daß Fragen der ehrenamtlichen Richter „immer“ bzw. „oft“ zur Sachaufklärung beitragen:	14 %	11 %	20 %	29 %	19 %
11c	geben an, daß die ehrenamtlichen Richter in der Beratung sachkundige Hinweise geben:					
	a) „immer“ bzw. „oft“:	14 %	0 %	24 %	33 %	21 %
	b) „nie“:	4 %	10 %	4 %	0 %	3 %
13b	geben an, daß Fragen, Hinweise oder Einwände der ehrenamtlichen Richter schon politische, soziale, wirtschaftliche, betriebliche oder technische Hintergründe, Zusammenhänge, Abläufe oder Interessenlagen deutlicher haben hervortreten lassen:					
	a) „immer“ bzw. „oft“:	23 %	0 %	25 %	27 %	23 %
	b) „nie“:	12 %	10 %	9 %	7 %	10 %
15a	heben die Mitwirkung ehrenamtlicher Richter als „erwünscht“ hervor:					
	a) wegen der berufl. Fachkunde:	4 %	0 %	5 %	5 %	4 %
	b) wegen des Vertrautseins mit örtlichen und sozialen Verhältnissen:	5 %	0 %	0 %	0 %	2 %
	c) auf Sachgebieten, von denen die ehrenamtlichen Richter auf Grund eigener Erfahrung eine Vorstellung haben:	1 %	0 %	5 %	10 %	4 %
15a	geben als Sachgebiete an, auf denen ihnen die Mitwirkung ehrenamtlicher Richter „besonders erwünscht“ sei:					
	a) Anzahl:	11 %	4 %	18 %	10 %	19 div.
	b) davon: Baurecht:	15 %	17 %	20 %	26 %	19 %
	Sozialrecht:	6 %	8 %	20 %	14 %	13 %
	Wirtschafts- und Gewerberecht:	7 %	0 %	16 %	17 %	12 %
	Flüchtlings- und Kriegsfolgenrecht:	8 %	8 %	7 %	2 %	7 %
	Kommunalrecht:	1 %	0 %	11 %	7 %	6 %
	Verkehrsrecht, insbes. Fahrerlaubnisentzug:	2 %	0 %	12 %	5 %	6 %
	Landwirtschaftsrecht:	0 %	0 %	7 %	0 %	2 %
	Das sind von den mitgeteilten Gebieten:	84 %	100 %	79 %	90 %	82 %

RA-3	Von den Rechtsanwälten ...	B-W	Br	Nds	R-P	D
1b	waren zu irgendeinem Zeitpunkt in der Verwaltungsgerichtsbarkeit tätig:	0 %	0 %	9 %	4 %	4 %
3	halten die Mitwirkung ehrenamtlicher Richter für „richtig“:	29 %	59 %	36 %	36 %	38 %
3G	die die Mitwirkung ehrenamtlicher Richter für „richtig“ halten, heben deren „Sachkunde“ hervor:	43 %	20 %	8 %	11 %	18 %
	Das sind von der Gesamtheit der Rechtsanwälte:	13 %	12 %	3 %	4 %	7 %
10 a-e	geben an, daß sich die ehrenamtlichen Richter „immer“ bzw. „oft“ an der mündlichen Verhandlung durch Fragen an sie selbst, die Beteiligten, die Zeugen und die Sachverständigen beteiligen:	10 %	5 %	5 %	8 %	7 %
11a	geben an, daß Fragen der ehrenamtlichen Richter „immer“ bzw. „oft“ zur Sachaufklärung beitragen:	20 %	47 %	11 %	17 %	22 %
15a	geben als Sachgebiete an, auf denen ihnen die Mitwirkung ehrenamtlicher Richter „besonders erwünscht“ sei:					
	a) Anzahl:	5 %	0 %	4 %	1 %	7 div.
	b) davon: Baurecht:	12 %	0 %	3 %	4 %	5 %
	Sozialhilfe:	0 %	0 %	6 %	0 %	2 %
	Wirtschafts- und Gewerberecht:	4 %	0 %	0 %	0 %	1 %
	Verkehrsrecht:	0 %	0 %	3 %	0 %	1 %
	Landwirtschaftsrecht:	4 %	0 %	0 %	0 %	1 %
	Das sind von den mitgeteilten Gebieten:	87,5 %	0 %	83 %	100 %	93 %

B-4	Von den Beteiligten (*mit* ea Ri) ...	B-W	Br	Nds	R-P	D
5c Falls	die der Mitwirkung ehrenamtlicher Richter einen „Einfluß“ zusprechen, heben deren Sachkunde hervor:	6 %	6 %	22 %	0 %	7 %
9	denen die Mitwirkung ehrenamtlicher Richter aufgefallen ist, geben an, daß sich die ehrenamtlichen Richter an der mündlichen Verhandlung durch Fragen an sie, die übrigen Beteiligten, die Zeugen und die Sachverständigen beteiligt haben:	58 %	41 %	80 %	45 %	54 %

L-1	Von den ea Ri (selbst) ...	B-W	Br	Nds	R-P	D
3, 9, 32	die das Amt eines ehrenamtlichen Richters freiwillig übernehmen würden, heben die Möglichkeit hervor, die im Leben erworbenen Erfahrungen einzubringen:	0 %	13 %	3 %	5 %	3 %
19 a-c	geben an, sie stellten in der mündlichen Verhandlung an die Beteiligten, die Zeugen und die Sachverständigen Fragen:					
	a) „immer" bzw. „oft":	35 %	34 %	34 %	36 %	35 %
	b) „nie":	10 %	16 %	9 %	10 %	10 %
23	geben an, daß sie in der Beratung „immer" bzw. „oft" Gelegenheit erhalten, aktiv mitzuarbeiten:	99 %	97 %	99 %	99 %	99 %
23a	geben an, daß sie sich durch sachkundige Hinweise beteiligen:					
	a) „immer" bzw. „oft":	76 %	83 %	82 %	83 %	80 %
	b) „nie":	2 %	0 %	1 %	2 %	2 %
23a	geben an, daß sie „in sonstiger Weise" mitarbeiten:	12 %	21 %	11 %	10 %	12 %
	davon durch Einbringen von Lebens- und Berufserfahrung:	31 %	17 %	41 %	37 %	33 %
27	geben an, sie seien den Berufsrichtern schon im Einzelfall dadurch behilflich gewesen, daß sie ihnen politische, soziale, wirtschaftliche, betriebliche oder technische Hintergründe, Zusammenhänge, Abläufe oder Interessenlagen erläutern konnten:					
	a) „oft":	40 %	27 %	46 %	43 %	43 %
	b) „selten":	53 %	47 %	47 %	46 %	48 %
	c) „nie":	7 %	26 %	7 %	11 %	9 %
27 Falls a)	nennen als Sachgebiete, auf denen sie den Berufsrichter „oft" bzw. „selten" behilflich gewesen seien:					
	a) Anzahl:	29 %	13 %	29 %	22 %	41 div.
	b) davon: Wirtschafts- und Gewerberecht:	24 %	14 %	22 %	25 %	23 %
	Jugend- und Sozialrecht:	21 %	32 %	19 %	22 %	21 %
	Baurecht:	22 %	14 %	18 %	22 %	20 %
	Kommunalrecht:	14 %	0 %	22 %	18 %	18 %

L-1	Von den ea Ri (selbst) ...	B-W	Br	Nds	R-P	D
	Technische und betriebliche Zusammenhänge:	15 %	36 %	14 %	13 %	15 %
	Landwirtschaftsrecht:	6 %	0 %	13 %	10 %	10 %
	Politische Zusammenhänge:	2 %	23 %	5 %	8 %	5 %
	Verkehrsrecht, insbes. Fahrerlaubnisentzug:	4 %	5 %	9 %	4 %	5 %
	Flüchtlings- und Kriegsfolgenrecht:	5 %	0 %	5 %	6 %	5 %
	Das sind von den mitgeteilten Gebieten:	80 %	73 %	78 %	83 %	78 %
27 Falls b)	nennen als Gründe für ihre Sachkunde:					
	a) Erfahrungen im Leben, insbes. Berufsleben:	59 %	77 %	55 %	62 %	58 %
	b) Erfahrungen durch Mitarbeit im kommunalen Bereich:	27 %	0 %	16 %	27 %	21 %
	c) Erfahrung durch andere ehrenamtliche Tätigkeiten:	18 %	23 %	19 %	14 %	18 %
	d) Erfahrungen durch Ausbildung, insbes. Studium und Fortbildung:	10 %	0 %	9 %	14 %	10 %
	e) Erfahrungen durch aktive Arbeit im öffentlichen Leben:	3 %	9 %	5 %	9 %	5 %
	Das sind von den mitgeteilten Gründen:	100 %	100 %	100 %	100 %	100 %
14b	geben als erlernten Beruf an:					
	a) Berufe im Öffentlichen Dienst:	6 %	3 %	11 %	10 %	9 %
	b) Kaufmännische Berufe:	40 %	44 %	28 %	32 %	33 %
	c) Landwirtschaftl. (forstwirtschaftl. und Weinbau) Berufe:	10 %	0 %	18 %	11 %	13 %
	d) Medizinische Berufe:	2 %	0 %	1 %	0 %	1 %
	e) Naturwissenschaftliche Berufe:	3 %	0 %	1 %	3 %	2 %
	f) Technische Berufe:	33 %	44 %	38 %	37 %	37 %
	davon: Architekten und Ingenieure:	21 %	21 %	14 %	23 %	18 %
	Handwerker:	73 %	79 %	80 %	67 %	75 %
	g) Sonstige Berufe:	3 %	3 %	2 %	8 %	4 %
14c	geben eine Meisterprüfung an:	21 %	16 %	26 %	19 %	23 %
14d	geben einen Hochschulabschluß an:	16 %	6 %	8 %	15 %	11 %

L-1	Von den ea Ri (selbst) ...	B-W	Br	Nds	R-P	D
15b	geben an, in einem Verband (Partei, Gewerkschaft u. ä.) tätig zu sein:	10 %	0 %	10 %	13 %	10 %
15b	geben an, Hausfrauen zu sein:	2 %	9 %	3 %	2 %	3 %
4b-2	geben an, als Bürgermeister tätig zu sein oder gewesen zu sein:	4 %	0 %	6 %	12 %	6 %
4b-2	geben an, in einer Gemeinde-, Kreis- und/oder Bezirksvertretung tätig sein oder gewesen zu sein:	51 %	9 %	61 %	52 %	54 %
28	geben an, daß gerade ihre Fragen und sonstigen Beiträge zu einer anderen als der zunächst vorgeschlagenen Entscheidung geführt hätten:					
	a) „oft“:	5 %	7 %	4 %	6 %	5 %
	b) „selten“:	74%	45 %	80 %	67 %	74 %
	c) „nie“:	20 %	48 %	16 %	27 %	21 %

bc) Wertung zu Forschungsfrage 2/2:

Auch für diese Frage ergeben die Werte der Analyse in ihrer Gesamtheit ein aussagekräftiges Bild.

Rechtsanwälte und Beteiligte setzen in die Sachkunde der ehrenamtlichen Richter nur geringe Erwartungen. Der Durchschnittswert liegt bei beiden Gruppen bei 7 %.

Im Gegensatz zu den Rechtsanwälten und Beteiligten — erstere haben kaum, letztere keine verwaltungsgerichtliche Mitarbeit aufzuweisen — können die Berufsrichter aus eigener Anschauung in der Beratung zu dem Wert der Sachkunde der ehrenamtlichen Richter Stellung nehmen. Nur ein Zehntel der Berufsrichter konnte keinerlei Nutzen feststellen. Die überwiegende Mehrheit bekundet dagegen, daß sachkundige Hinweise der ehrenamtlichen Richter schon Interessenlagen, Abläufe u. ä. hätten deutlicher hervortreten lassen. Mit Ausnahme derjenigen Bremens hat sogar ein Viertel der Berufsrichter diese Beobachtung häufig gemacht.

Die ehrenamtlichen Richter benennen zwar eine Vielzahl von erlernten Berufen. Der Hauptanteil — 70 % — entfällt jedoch zu etwa gleichen Teilen auf kaufmännische und technische — Ingenieure, Architekten, Handwerker u. ä. — Berufe. Folgerichtig geben die ehrenamtlichen Richter als wesentliche Gebiete ihrer sachkundigen Mitarbeit Wirtschafts- und Gewerberecht, Baurecht sowie technische und betriebliche

Zusammenhänge an. Aus ihrer Tätigkeit in kommunalen Vertretungen — mit Ausnahme Bremens über die Hälfte der ehrenamtlichen Richter — und in sozialen Einrichtungen in Beruf und Kommune haben die ehrenamtlichen Richter Sachkunde auf den Sachgebieten des Jugend- und Sozialrechts, des Kommunalrechts einschließlich der politischen Zusammenhänge, des Flüchtlings- und Kriegsfolgenrechts sowie des Verkehrsrechts insbesondere dem Gebiete des Entzuges der Fahrerlaubnis erlangt. Dem Berufsrichter ist die Sachkunde zwar auf allen diesen Sachgebieten grundsätzlich erwünscht. Wirkliche Bedeutung wird der Sachkunde jedoch nur auf den Gebieten Baurecht — von annähernd einem Fünftel benannt —, Sozialrecht und — mit Ausnahme Bremens — Wirtschafts- und Gewerberecht beigemessen.

Insgesamt ist festzustellen, daß die Sachkunde der ehrenamtlichen Richter trotz der Konzentration auf — im wesentlichen — nur wenige Sachgebiete noch zu weit gefächert ist, um — ohne eine bewußte Zuteilung der sachkundigen ehrenamtlichen Richter an entsprechende Fachspruchkörper — allen einschlägigen Rechtsstreitigkeiten in gleicher Weise zugute kommen zu können.

Abschließend ist zu bemerken, daß sich die Sachgebiete, auf denen von den Berufsrichtern der Sachkunde der ehrenamtlichen Richter besondere Bedeutung beigemessen wird, durch die Zuziehung eines Sachverständigen klären lassen.

bd) Ergebnis zu Forschungsfrage 2/2:

1. Sachkunde der ehrenamtlichen Richter ist einem nicht unbedeutenden Anteil der Berufsrichter willkommen.
2. Die Verschiedenartigkeit der Sachkunde gewährleistet jedoch keine Chancengleichheit für alle Beteiligten gleichgelagerter Rechtsstreitigkeiten.

Das Ergebnis der Erhebung stützt somit die rationale Erwartung.

ca) Rationale Erwartung 2/3:

Über der Frage „Sachkunde“ darf nicht vergessen werden, daß jeder ehrenamtliche Richter — ob mit oder ohne Sachkunde — über die Sachfrage *mitzuentscheiden hat*[29]. Er muß dem einleitenden Vortrag des Berichterstatters in der mündlichen Verhandlung, dem Vorbringen der Beteiligten, der Beweisaufnahme und dem Sachbericht des Berichterstatters in der Beratung zu folgen vermögen, Unklarheiten erkennen und in Fragen umsetzen können sowie in der Lage sein, sich eine eigene Meinung zu bilden. An den ehrenamtlichen Richter werden mithin erhebliche Anforderungen an *Aufnahmefähigkeit* und *Gedächtnis* gestellt.

---

[29] § 19 VwGO.

Baur[30] schließt es aus, daß die ehrenamtlichen Richter diesen Anforderungen gerecht werden könnten; sie stammten aus Berufen, die ganz andere geistige und seelische Voraussetzungen verlangten. Letzteres trifft sicherlich überwiegend zu. Es gibt jedoch auch Gemeinsamkeiten. Gerade Aufnahmefähigkeit und Gedächtnis sind — wenn auch in unterschiedlichem Umfange — Voraussetzung jeden Berufs. Nur die Materie ist verschieden. Sind aber die Anlagen vorhanden, bedarf es nur einer Umstellung auf die andersgeartete Aufgabe. Hier bedürfen die ehrenamtlichen Richter der Hilfe der Berufsrichter.

Zunächst gilt es die Fremdheit der Umgebung und des Verfahrens zu überwinden. Ersteres hängt von der Person der Berufsrichter ab und ihrer Bereitschaft, zu einer vertrauensvollen Mitarbeit zu kommen. Dem verwaltungsgerichtlichen Verfahren nimmt eine Einführung in dessen Ablauf und die Rechte und Pflichten der ehrenamtlichen Richter die Fremdheit. So betreut, müßten die meisten ehrenamtlichenRichter innerhalb weniger Sitzungstage derart mit ihrem neuen Aufgabenkreis vertraut sein, daß sie sich völlig auf den Inhalt des Verwaltungsrechtsstreites konzentrieren können.

Hier kommt ihnen zugute, daß die meisten Rechtsstreitigkeiten öffentlich-rechtlicher Art aus Lebenssituationen hervorgehen, die der überwiegenden Mehrheit der Bürger zumindest in groben Umrissen bekannt sind, — so: die Baugenehmigung, der Anliegerbeitrag, der Fahrerlaubnisentzug, die Wehrdienstverweigerung. Auf dieser Grundlage sollte ein verständlicher Hinweis auf die Problematik des konkreten Sachverhalts, den der vorsitzende Richter den ehrenamtlichen Richtern im Beratungszimmer vor Eintritt in die mündliche Verhandlung gibt, einen durchschnittlich begabten ehrenamtlichen Richter befähigen, der Verhandlung zu folgen und an der Entscheidung mitzuarbeiten.

Es wird dabei nicht verkannt, daß die Verhandlung und Beratung — vielfach — mehrerer Verwaltungsrechtsstreitigkeiten an einem Sitzungstage erhebliche Konzentration erfordern. Die Folge ist eine natürliche Ermüdung. Ihr ist der ehrenamtliche Richter grundsätzlich eher unterworfen als der Berufsrichter, der an den Sitzungsbetrieb gewöhnt ist. Dieser Umstand spricht jedoch nicht gegen die Mitwirkung ehrenamtlicher Richter als solcher. Es obliegt vielmehr dem vorsitzenden Richter, die zumutbare Länge des Sitzungstages und die Dauer der erforderlichen Pausen zu ermitteln und festzulegen.

Insgesamt betrachtet sollten Aufnahmefähigkeit und Gedächtnis der ehrenamtlichen Richter deren Mitwirkung an verwaltungsgerichtlichen Entscheidungen nicht ausschließen.

---

[30] Baur S. 62/63.

Forschungsfrage 2/3:

Mindern oder hindern Aufnahmefähigkeit und Gedächtnis die ehrenamtlichen Richter, einen bedeutsamen Beitrag zu leisten?

cb) Analyse zu Forschungsfrage 2/3:

Ri-2	Von den Berufsrichtern ...	B-W	Br	Nds	R-P	D
18	geben an, daß sie die Mitwirkung ehrenamtlicher Richter für „falsch" bzw. „überflüssig" halten:	63 %	64 %	38 %	26 %	47 %
18G	die die Mitwirkung ehrenamtlicher Richter für „falsch" bzw. „überflüssig" halten, verweisen auf deren Aufnahmefähigkeit und Gedächtnis:	0 %	0 %	0 %	0 %	0 %
3a	geben an, daß in ihrem Spruchkörper den ehrenamtlichen Richtern vor Eintritt in die mündliche Verhandlung im Beratungszimmer eine Einführung in die Problematik des anstehenden Streitfalles gegeben werde:					
	a) „immer" bzw. „oft":	31 %	56 %	49 %	62 %	45 %
	b) „nie":	19 %	0 %	8 %	10 %	12 %
3b	geben an, daß eine derartige Einführung von den ehrenamtlichen Richtern bereits gefordert worden sei:	4 %	22 %	8 %	20 %	9 %
4	geben an, daß sich die meisten ehrenamtlichen Richter in der mündlichen Verhandlung „interessiert" zeigen:	93 %	90 %	95 %	95 %	94 %
5a	geben an, daß sich die ehrenamtlichen Richter an der mündlichen Verhandlung durch Fragen an die Beteiligten, die Zeugen und die Sachverständigen beteiligen:					
	a) „immer" bzw. „oft":	11 %	7 %	9 %	13 %	11 %
	b) „nie":	16 %	14 %	20 %	5 %	11 %
5a Falls	geben an, daß die ehrenamtlichen Richter überwiegend Fragen stellen:					
	a) von sich aus:	20 %	33 %	28 %	30 %	25 %
	b) auf Aufforderung des Vorsitzenden:	21 %	11 %	17 %	8 %	17 %
6c	geben an, daß Fragen der ehrenamtlichen Richter an sich überflüssige Wiederholungen veranlassen:					
	a) „immer" bzw. „oft":	50 %	25 %	23 %	13 %	31 %
	b) „nie":	11 %	13 %	14 %	11 %	12 %

Ri-2	Von den Berufsrichtern ...	B-W	Br	Nds	R-P	D
6 Insgesamt	geben an, daß vom Inhalt der Fragen her insgesamt überwiegen:					
	a) Sachaufklärung:	29 %	33 %	43 %	51 %	38 %
	b) Wiederholungen:	7 %	0 %	4 %	10 %	6 %
11a	geben an, daß die ehrenamtlichen Richter in der Beratung nur zuhören:					
	a) „immer“ bzw. „oft“:	61 %	56 %	45 %	49 %	53 %
	b) „selten“:	35 %	44 %	45 %	51 %	42 %
11	geben an, daß sich die ehrenamtlichen Richter an der Beratung „immer“, „oft“ bzw. „selten“ beteiligen:					
11b	a) durch Fragen:	100 %	100 %	100 %	100 %	100 %
11c	b) durch Hinweise:	96 %	90 %	96 %	100 %	97 %
11d	c) durch Einwände:	94 %	100 %	95 %	100 %	96 %
11f	geben an, daß die ehrenamtlichen Richter an der Sache vorbeireden:					
	a) „immer“ bzw. „oft“:	53 %	20 %	32 %	20 %	38 %
	b) „nie“:	7 %	0 %	5 %	3 %	5 %
11 Falls	geben an, daß die ehrenamtlichen Richter überwiegend mitarbeiten:					
	a) von sich aus:	10 %	10 %	13 %	10 %	11 %
	b) auf Aufforderung des Vorsitzenden:	20 %	10 %	14 %	5 %	14 %
16	geben an, daß die ehrenamtlichen Richter der vorgeschlagenen Entscheidung überwiegend zustimmen:	90 %	100 %	96 %	98 %	94 %
17a	geben als Grund für eine Zustimmung der ehrenamtlichen Richter zu einem Entscheidungsvorschlag deren Vorstellung an, die Berufsrichter „werden es schon richtig machen“:	46 %	42 %	34 %	36 %	39 %
17a/18	davon halten die Mitwirkung ehrenamtlicher Richter für „falsch“ bzw. „überflüssig“:	84 %	80 %	69 %	47 %	73 %

RA-3	Von den Rechtsanwälten ...	B-W	Br	Nds	R-P	D
3	geben an, daß sie die Mitwirkung ehrenamtlicher Richter für „falsch“ bzw. „überflüssig“ halten:	71 %	41 %	64 %	64 %	61 %

RA-3	Von den Rechtsanwälten ...	B-W	Br	Nds	R-P	D
3G	die die Mitwirkung ehrenamtlicher Richter für „überflüssig“ halten, verweisen auf deren Aufnahmefähigkeit und Gedächtnis:	0 %	0 %	0 %	0 %	0 %
9	geben an, daß sich die meisten ehrenamtlichen Richter in der mündlichen Verhandlung „interessiert“ zeigen:	58 %	88 %	69 %	70 %	70 %
10 a - e	geben an, daß sich die ehrenamtlichen Richter an der mündlichen Verhandlung durch Fragen an sie selbst, die Beteiligten, die Zeugen und die Sachverständigen beteiligen:					
	a) „immer“ bzw. „oft“:	10 %	5 %	5 %	8 %	7 %
	b) „nie“:	23 %	25 %	32 %	28 %	28 %
11c	geben an, daß Fragen der ehrenamtlichen Richter an sich überflüssige Wiederholungen veranlassen:					
	a) „immer“ bzw. „oft“:	41 %	25 %	39 %	39 %	37 %
	b) „nie“:	18 %	19 %	8 %	26 %	17 %
11 Insgesamt	geben an, daß vom Inhalt der Fragen her insgesamt überwiegen:					
	a) Sachaufklärung:	42 %	77 %	38 %	39 %	45 %
	b) Wiederholungen:	21 %	0 %	10 %	9 %	11 %

B-4	Von den Beteiligten (*mit* ea Ri) ...	B-W	Br	Nds	R-P	D
5c Falls	die der Mitwirkung ehrenamtlicher Richter keinen Einfluß zusprechen, verweisen auf deren Aufnahmefähigkeit und Gedächtnis:	0 %	0 %	0 %	0 %	0 %
8	geben an, daß die ehrenamtlichen Richter während der mündlichen Verhandlungen „interessiert“ wirkten:	89 %	88 %	50 %	73 %	79 %
9	denen die Mitwirkung ehrenamtlicher Richter aufgefallen ist, geben an, daß sich die ehrenamtlichen Richter an der mündlichen Verhandlung durch Fragen an sie, die übrigen Beteiligten, die Zeugen und die Sachverständigen beteiligt haben:	58 %	41 %	80 %	45 %	54 %
12a	geben an, in ihrem (letzten) Verwaltungsprozeß ganz oder teilweise „erfolgreich“ gewesen zu sein:	56 %	65 %	25 %	57 %	52 %

L-1	Von den ea Ri (selbst) ...	B-W	Br	Nds	R-P	D
3, 9, 32	die das Amt eines ehrenamtlichen Richters nicht freiwillig übernehmen würden, verweisen auf ihre Aufnahmefähigkeit und ihr Gedächtnis:	0 %	0 %	0 %	0 %	0 %
8	geben an, sie hätten drei oder weniger Sitzungstage benötigt, um sich in ihrem gerichtlichen Wirkungskreis zurechtzufinden:	90 %	72 %	90 %	92 %	90 %
4b)-1	geben an, in einer Partei, einer Gewerkschaft oder einem Arbeitgeberverband aktiv mitzuarbeiten:	58 %	59 %	77 %	77 %	71 %
4b)-2	geben an, in einer Gemeindevertretung, einer Kreisvertretung und/oder einer Bezirksvertretung tätig zu sein oder gewesen zu sein:	51 %	9 %	61 %	52 %	54 %
4b)-2 (15b)	geben an, als Bürgermeister oder Beigeordneter tätig zu sein oder gewesen zu sein:	4 %	0 %	6 %	12 %	6 %
4b)-2	geben an, in einer kirchlichen Vertretung tätig zu sein oder gewesen zu sein:	14 %	6 %	16 %	15 %	15 %
5	geben an, bereits vor Aufnahme ihrer ersten Tätigkeit als ehrenamtlicher Richter eine Vorstellung von diesem Wirkungskreis gehabt zu haben:	51 %	59 %	60 %	71 %	59 %
5 Falls	davon geben als Grund für ihre Vorstellung an:					
a)	a) Tätigkeit als ehrenamtlicher Richter in einer anderen Gerichtsbarkeit:	18 %	21 %	18 %	19 %	19 %
	b) Mitarbeit in kommunalen Vertretungen:	25 %	0 %	22 %	35 %	25 %
	c) Mitarbeit am öffentlichen Leben, insbesondere in Parteien und Gewerkschaften:	6 %	5 %	11 %	6 %	8 %
	d) durch Teilnahme an Verwaltungsprozessen:	8 %	0 %	4 %	5 %	5 %
7a	geben an, durchschnittlich im Jahre herangezogen zu werden:					
	a) zu 2 bis 4 Sitzungstagen:	63 %	16 %	68 %	41 %	59 %
	b) zu 5 bis 7 Sitzungstagen:	28 %	6 %	26 %	46 %	30 %
	c) zu 8 bis 10 Sitzungstagen:	7 %	78 %	5 %	10 %	10 %
	insgesamt:	98 %	100 %	99 %	97 %	99 %

L-1	Von den ea Ri (selbst) ...	B-W	Br	Nds	R-P	D
7b	wird die durchschnittliche Dauer eines Sitzungstages angegeben:					
	a) mit 3 bis 5 Stunden:	27 %	19 %	30 %	54 %	34 %
	b) mit 6 bis 8 Stunden:	63 %	68 %	61 %	45 %	58 %
	c) mit 9 bis 12 Stunden:	10 %	13 %	9 %	1 %	8 %
12	geben an, daß sie vor Aufnahme ihrer Tätigkeit eine Einführung erhalten haben:					
12a	a) in ihre Rechte und Pflichten:	63 %	75 %	71 %	63 %	67 %
12b	b) in den Verfahrensablauf:	45 %	55 %	61 %	52 %	55 %
12 Falls „nein"	halten eine derartige Einführung für erforderlich:	85 %	90 %	90 %	86 %	87 %
16a	geben an, daß ihnen zum Verständnis des jeweiligen Rechtsstreites der einleitende Vortrag des Berichterstatters in der mündlichen Verhandlung genüge:					
	a) „immer" bzw. „oft":	95 %	97 %	93 %	95 %	94 %
	b) „nie":	1 %	0 %	1 %	0 %	1 %
16b	würden eine knappe Einführung in die Problematik des anstehenden Streitfalles im Beratungszimmer vor Eröffnung der mündlichen Verhandlung begrüßen:	44 %	63 %	57 %	50 %	52 %
	zumindest in schwierigen Fällen:	52 %	37 %	39 %	44 %	44 %
	insgesamt:	96 %	100 %	96 %	94 %	96 %
16c	geben an, eine derartige Einführung bereits gefordert zu haben:	29 %	57 %	44 %	34 %	38 %
3, 9, 32	die das Amt eines ehrenamtlichen Richters freiwillig übernehmen würden, heben ihr Interesse an der Verwaltungsgerichtsbarkeit und ihren Problemen hervor:	50 %	57 %	45 %	54 %	49 %
19 a - c	geben an, daß sie in der mündlichen Verhandlung an die Beteiligten, die Zeugen und die Sachverständigen Fragen stellen:					
	a) „immer" bzw. „oft":	35 %	34 %	34 %	36 %	35 %
	b) „nie":	10 %	16 %	9 %	10 %	10 %
19 Falls „immer"	geben an, daß sie ihre Fragen überwiegend stellen:					
	a) von sich aus:	34 %	61 %	37 %	41 %	38 %
	b) auf Aufforderung der Berufsrichter:	9 %	7 %	5 %	5 %	7 %

L-1	Von den ea Ri (selbst) ...	B-W	Br	Nds	R-P	D
23a	geben an, daß sie in der Beratung mitarbeiten:					
	a) „immer“ bzw. „oft“:	79 %	78 %	78 %	80 %	78 %
	b) „nie“:	3 %	2 %	2 %	1 %	2 %
23b	geben an, daß sie überwiegend mitarbeiten:					
	a) von sich aus:	46 %	41 %	37 %	40 %	40 %
	b) auf Aufforderung der Berufsrichter:	20 %	22 %	26 %	19 %	23 %

cc) Wertung zu Forschungsfrage 2/3:

In ihrer Gesamtheit ergeben die Werte der Analyse für diese Frage ebenfalls ein aussagekräftiges Bild.

Aufnahmefähigkeit und Gedächtnis der ehrenamtlichen Richter werden von keiner der befragten Personengruppen ausdrücklich genannt. Sie können aber aus diesem Grunde noch nicht ohne weiteres als gegeben unterstellt werden. Auf ihr Vorhandensein muß aus der Verhaltensweise der ehrenamtlichen Richter im Verfahren und den Umständen ihrer Mitwirkung rückgeschlossen werden.

Fast alle ehrenamtlichen Richter finden sich — nach ihren Angaben — spätestens nach drei Sitzungstagen in ihrer verwaltungsgerichtlichen Tätigkeit zurecht. Hierbei kommt ihnen zum einen zugute, daß über die Hälfte von ihnen — u. a. — durch eine anderweitige ehrenamtliche Richtertätigkeit, durch aktive Mitarbeit in Parteien und Verbänden und insbesondere durch die Mitwirkung in kommunalen Gremien bereits von Antritt ihres Amtes eine Vorstellung von der verwaltungsgerichtlichen Tätigkeit hatten. Zum anderen haben rund zwei Drittel der ehrenamtlichen Richter von Amtsantritt eine Einführung in ihre Rechte und Pflichten erhalten. Daß nur etwa der Hälfte außerdem der Verfahrensablauf dargelegt worden ist, sollte künftig nicht unberücksichtigt bleiben.

Die von den ehrenamtlichen Richtern bekundete rasche Einarbeitung ist ein Indiz dafür, daß die überwiegende Mehrheit der ehrenamtlichen Richter hinsichtlich Aufnahmefähigkeit und Gedächtnis den Anforderungen ihrer Tätigkeit gewachsen ist. Aber erst das Verhalten der ehrenamtlichen Richter in der mündlichen Verhandlung und in der Beratung kann diesen Schluß bestätigen.

Die ehrenamtlichen Richter werden zwar mit Ausnahme Bremens — 8 bis 10mal — nur selten mehr als 7mal, meist nur 2 bis 4mal im Jahre zu Sitzungen herangezogen. Die von dem Gesetzgeber als Höchstgrenze vorgesehenen zwölf ordentlichen Sitzungstage[31] werden fast ausnahms-

[31] § 27 VwGO.

los nie erreicht. Der einzelne Sitzungstag hat aber — ohne Berücksichtigung der Pausen — für rund zwei Drittel der ehrenamtlichen Richter im Durchschnitt die Dauer eines Arbeitstages — etwa 6 bis 8 Stunden. Lediglich in Rheinland-Pfalz sind für etwas über die Hälfte der ehrenamtlichen Richter die Sitzungen nach 3 bis 5 Stunden beendet. Auch wenn für die Mehrheit der ehrenamtlichen Richter ein derartiger Sitzungsdienst vom Beruf her ungewohnt ist, sollte die physische Belastung nicht überbewertet werden. Knapp ein Fünftel von ihnen ist in einer anderen Gerichtsbarkeit ehrenamtlich tätig. Weit über die Hälfte von ihnen sind durch aktive Mitarbeit in Partei, Verband, Kirche und/oder kommunalen Gremien an Sitzungen — vielfach — mindestens ebensolanger Dauer gewöhnt.

Prüfsteine für Aufnahmefähigkeit und Gedächtnis der ehrenamtlichen Richter sind weiter der einleitende Vortrag des Berichterstatters, die mündliche Verhandlung und die Beratung.

Fast allen ehrenamtlichen Richtern genügt — nach ihren Angaben — der Sachbericht des Berichterstatters zum Verständnis des jeweiligen Rechtsstreites. Nichtsdestoweniger würden etwa die Hälfte und unter Einschränkung auf schwierige Fälle fast alle ehrenamtlichen Richter eine knappe Einführung in die jeweilige Problematik im Beratungszimmer begrüßen. Hierin liegt nicht unbedingt ein Widerspruch. Der Hinweis auf die jeweilige Problematik ermöglicht es den ehrenamtlichen Richtern, der Verhandlung nicht nur ihrem Verständnis gemäß zu folgen, sondern darüber hinaus auch in die anstehenden Fragen intensiver einzudringen. Diese Hilfe wird den ehrenamtlichen Richtern zwar nur in wenigen Spruchkörpern gänzlich versagt. Sie wird aber auch nicht regelmäßig gegeben. Von den Berufsrichtern bekunden im Durchschnitt nur knapp die Hälfte, daß dies häufig geschehe. Rheinland-Pfalz liegt mit knapp zwei Dritteln an der Spitze.

Aus ihrer Beobachtung in der mündlichen Verhandlung sprechen Berufsrichter, Rechtsanwälte und Beteiligte den ehrenamtlichen Richtern im Durchschnitt mit großer Mehrheit interessiertes Verhalten zu. Der unterdurchschnittliche Wert der Beteiligten Niedersachsens — 50 % — dürfte sich mit der besonders geringen Erfolgsbilanz der dortigen Befragten erklären lassen.

Nur wenige der ehrenamtlichen Richter belassen es jedoch beim rein interessierten Beteiligtsein. Die meisten von ihnen arbeiten sowohl in der mündlichen Verhandlung wie in der Beratung — wenn auch überwiegend nur „selten" — mit. Hierbei darf nicht unberücksichtigt bleiben, daß der Umfang der Mitarbeit der ehrenamtlichen Richter weitgehend davon abhängt, ob diese das Gefühl haben, die Tätigkeit der Berufsrichter klären und ergänzen zu müssen. Der Anstoß zur Mitarbeit geht teils von den Berufsrichtern teils von den ehrenamtlichen

Richtern selbst aus. Trotz insoweit unterschiedlicher Angaben von Berufsrichtern und ehrenamtlichen Richtern dürfte die Initiative in etwas stärkerem Maße bei den ehrenamtlichen Richtern liegen.

Wenn auch bereits die Mitarbeit an sich für Aufnahmefähigkeit und Gedächtnis der ehrenamtlichen Richter spricht, so entscheidet doch erst der *Inhalt* der Mitarbeit.

Fragen der ehrenamtlichen Richter in der *mündlichen Verhandlung*, die die Wiederholung an sich bereits geklärter Gesichtspunkte veranlassen, sprechen dagegen. Berufsrichter und Rechtsanwälte stimmen annähernd darin überein, daß nicht allzuviele Fragen der ehrenamtlichen Richter keine Wiederholungen veranlassen. Rund ein Drittel — im Durchschnitt — ist im Gegenteil der Meinung, daß diese Fragen häufig Wiederholungen bedingen. Insgesamt läßt sich jedoch feststellen, daß die Fragen der ehrenamtlichen Richter in ihrer Mehrzahl nur „selten" zu Wiederholungen Anlaß geben. Dies bestätigt auch ein Vergleich der Frageninhalte in ihrer Gesamtheit. Danach treten Fragen wiederholenden Inhalts hinter Fragen mit einem Beitrag zu Sachaufklärung deutlich zurück.

Ehrenamtliche Richter, die in der *Beratung* an der Sache vorbeireden, zeigen wenig Aufnahmefähigkeit und Gedächtnis. Wenn auch nur sehr wenige Berufsrichter bekunden, daß ein derartiges Verhalten der ehrenamtlichen Richter „nie" vorkomme, so wird es — im Durchschnitt — auch nur von wenig mehr als einem Drittel als häufig benannt. Die überwiegende Mehrheit der Berufsrichter bescheinigt den ehrenamtlichen Richtern, daß sie nur „selten" an der Sache vorbeireden.

Das Bild rundet sich, wird berücksichtigt, daß — im Durchschnitt — mehr als ein Drittel der Berufsrichter den Eindruck hat, daß die ehrenamtlichen Richter dem Entscheidungsvorschlag deshalb zustimmen, weil die Berufsrichter „es schon richtig machen werden". Diese Haltung der ehrenamtlichen Richter rührt freilich zu einem Teil auch von deren rechtlichen Hilflosigkeit her.

Insgesamt führen vorstehende Daten zu dem Schluß, daß — im Durchschnitt — etwa ein Drittel der ehrenamtlichen Richter der mündlichen Verhandlung und der Beratung nur ungenügend zu folgen vermögen.

Bemerkenswert sind die Angaben der Berufsrichter und Rechtsanwälte *Baden-Württembergs*. Ihren Angaben zufolge liegen Aufnahmefähigkeit und Gedächtnis der dortigen ehrenamtlichen Richter erheblich unter dem Durchschnitt der übrigen Länder. Nach im wesentlichen übereinstimmenden Bekundungen beider Personengruppen liegt die Quote der Fragen der ehrenamtlichen Richter, die in der mündlichen Verhandlung häufig Wiederholungen veranlassen, bei annähernd 50 %. Der Anteil an ehrenamtlichen Richtern, die in der Beratung an der Sache vorbeireden, liegt sogar bei 53 %. Folgerichtig lehnen Berufsrichter und Rechtsanwälte Baden-Württembergs die Mitwirkung ehrenamtlicher Richter mit Mehrheit ab.

cd) Ergebnis zu Forschungsfrage 2/3:

1. Aufnahmefähigkeit und Gedächtnis können den ehrenamtlichen Richtern im Rahmen ihrer verwaltungsgerichtlichen Tätigkeit keineswegs grundsätzlich abgesprochen werden.
2. Einem nicht unbedeutenden Teile der ehrenamtlichen Richter dürfte es jedoch trotz der Bemühungen der Berufsrichter — mehr oder minder — nicht leicht fallen, der mündlichen Verhandlung und der Beratung vollinhaltlich zu folgen.

Das Ergebnis der Erhebung läßt die rationalen Erwartungen als zu optimistisch erscheinen.

B. Vermag der ehrenamtliche Richter Einfluß auf die Rechtsfrage zu nehmen? — Welche Bedeutung ist dem „gesunden Rechtsempfinden" beizumessen?

aa) Rationale Erwartung 3/1:

Die Rechtsfrage zu erkennen, zu prüfen und ihre Lösung vorzuschlagen, ist alleinige Aufgabe der Berufsrichter: Sie haben die hierfür erforderliche fachliche und methodische Ausbildung erhalten. Insoweit scheidet eine Beteiligung ehrenamtlicher Richter aus. Damit ist jedoch nicht gesagt, daß der ehrenamtliche Richter auch von der Mitwirkung an der Lösung der Rechtsfrage ausgeschlossen ist. Zu ihrer Entscheidung ist er gleichberechtigt mit den Berufsrichtern berufen[32].

Es bedarf keiner eingehenden Begründung, daß der ehrenamtliche Richter den Ausführungen des Berichterstatters zur Rechtsfrage nicht in allen Verästelungen zu folgen vermag. Das Verwaltungsrecht ist in einer Vielzahl von Gesetzen und sonstigen Vorschriften, die zudem einem steten Wandel unterworfen sind, niedergelegt. Dieses Beschwernis und das Fehlen einer dem Zivilrecht vergleichbaren wissenschaftlichen Durcharbeitung über weite Strecken lassen im Verwaltungsrechtsstreit die rechtlichen Probleme besonders hervortreten. Selbst ein Volljurist bedarf einer gründlichen Einarbeitung in dieses Rechtsgebiet. Andererseits wird der Bürger in zunehmendem Maße im Alltag mit dem öffentlichen Recht konfrontiert. Er bedarf der verschiedenartigsten Erlaubnisse, Genehmigungen und Zulassungen. Er wird zu vielfältigen Abgaben herangezogen. Er kann unterschiedliche Sozialleistungen in Anspruch nehmen. Im Zuge einer verstärkten Beteiligung am öffentlichen Leben

---

[32] § 19 VwGO.

wird der Bürger ebenfalls mit verwaltungsrechtlichen Vorgängen bekannt. Als Folge dieser Entwicklung erwirbt der Bürger zwar in der Regel keine eingehenden Kenntnisse auf dem Gebiet des Verwaltungsrechts. Die öffentlich-rechtlichen Zusammenhänge verlieren für ihn jedcch ihre *Fremdheit*. Der Bürger erhält eine Einstiegsbasis, die es ihm erlauben dürfte, als ehrenamtlicher Richter dem maßgeblichen Inhalt der rechtlichen Erörterungen in der mündlichen Verhandlung und den Darlegungen des Berichterstatters zur Rechtsfrage in der Beratung zu folgen. Es müßte ihm weitgehend auch möglich sein, Unklarheiten zu erkennen und deren Aufklärung durch geeignete Fragen zu betreiben.

Eine wertvolle Hilfe könnte den ehrenamtlichen Richtern auch insoweit seitens der Berufsrichter zuteil werden. Ein Hinweis auf die rechtliche Problematik des anstehenden Streitfalles im Beratungszimmer würde es den ehrenamtlichen Richtern bereits bei Eintritt in die mündliche Verhandlung ermöglichen, ihre Aufmerksamkeit auf die konkrete Rechtsfrage zu richten, ohne von der Fülle des Stoffes verwirrt zu werden.

Forschungsfrage 3/1:

Ist den ehrenamtlichen Richtern die Teilnahme an den Erörterungen zur Rechtsfrage faktisch verwehrt?

ab) Analyse zu Forschungsfrage 3/1:

Ri-2	Von den Berufsrichtern ...	B-W	Br	Nds	R-P	D
18G	die die Mitwirkung ehrenamtlicher Richter für „falsch“ bzw. „überflüssig“ halten, begründen dies damit, daß die ehrenamtlichen Richter infolge mangelnden Verständnisses durch die rechtliche Problematik überfordert seien:	35 %	43 %	14 %	55 %	31 %
3a	geben an, daß in ihrem Spruchkörper den ehrenamtlichen Richtern „immer“ bzw. „oft“ vor Eintritt in die mündliche Verhandlung im Beratungszimmer eine Einführung in die Problematik des anstehenden Streitfalles gegeben werde:	31 %	56 %	49 %	62 %	45 %
3b	geben an, daß eine derartige Einführung von den ehrenamtlichen Richtern bereits gefordert worden sei:	4 %	22 %	8 %	20 %	9 %

Ri-2	Von den Berufsrichtern ...	B-W	Br	Nds	R-P	D
11b	geben an, daß die ehrenamtlichen Richter in der Beratung „immer“ bzw. „oft“ Fragen stellen:	53 %	40 %	62 %	60 %	57 %
11d	geben an, daß die ehrenamtlichen Richter in der Beratung „immer“ bzw. „oft“ Einwände erheben:	7 %	0 %	22 %	15 %	14 %
12a	geben an, daß sich Fragen und Einwände der ehrenamtlichen Richter vor allem auf die Rechtsfrage erstrekken:	30 %	42 %	31 %	39 %	33 %
12b	geben an, daß die ehrenamtlichen Richter im Hinblick auf die Rechtsprobleme „wenige“ Fragen stellen:	83 %	90 %	83 %	75 %	82 %
12b Falls	die „wenige“ Fragen angeben, führen diese Haltung zurück:					
	a) auf Unsicherheit und Scheu, mangelnde geistige Beweglichkeit und das Bewußtsein rechtlicher Unzulänglichkeit:	25 %	0 %	16 %	3 %	17 %
	b) auf stärkerem Interesse am Tatsächlichen:	9 %	22 %	10 %	3 %	9 %
	c) auf das Vertrauen der ehrenamtlichen Richter in die Rechtskenntnis der Berufsrichter:	25 %	22 %	34 %	37 %	30 %
	d) darauf, daß die ehrenamtlichen Richter durch die ungewohnten Rechtsprobleme überfordert seien:	62 %	67 %	48 %	57 %	56 %
	e) darauf, daß die rechtlichen Probleme von den Berufsrichtern ausreichend offengelegt werden:	0 %	0 %	10 %	7 %	5 %
	f) darauf, daß die rechtliche Problematik, infolge langjähriger Mitarbeit weitgehend bekannt seien:	0 %	0 %	2 %	10 %	2 %
	Das sind von den mitgeteilten Gründen:	98 %	100 %	96 %	100 %	99 %
15b	halten eine Mitwirkung ehrenamtlicher Richter — unabhängig von bestimmten Sachgebieten — auf folgenden Bereichen für „überflüssig“:					

Ri-2	Von den Berufsrichtern ...	B-W	Br	Nds	R-P	D
	a) bei verfahrensrechtl. Fragen:	7 %	17 %	8 %	5 %	7 %
	b) bei schwierigen Rechtsproblemen:	12 %	17 %	5 %	7 %	9 %
16	geben an, daß die ehrenamtlichen Richter überwiegend dem Entscheidungsvorschlag zustimmen:	90 %	100 %	96 %	98 %	94 %
17a	geben als Grund für die Zustimmung der ehrenamtlichen Richter die in der Beratung gewonnene Überzeugung von der Richtigkeit des Entscheidungsvorschlages an:	34 %	42 %	53 %	57 %	46 %
17a/ 18	davon halten die Mitwirkung ehrenamtlicher Richter für „richtig“:	64 %	40 %	80 %	88 %	75 %
17a	geben als Grund für die Zustimmung der ehrenamtlichen Richter zu dem Entscheidungsvorschlag deren Vorstellung, die Berufsrichter „werden es schon richtig machen“ an:	46 %	42 %	34 %	36 %	39 %
17a/ 18	davon halten die Mitwirkung ehrenamtlicher Richter für „falsch“ bzw. „überflüssig“:	84 %	80 %	69 %	47 %	73 %
17a	geben an, daß der Grund für die Zustimmung der ehrenamtlichen Richter von Fall zu Fall unterschiedlich sei:	24 %	17 %	18 %	19 %	21 %

RA-3	Von den Rechtsanwälten ...	B-W	Br	Nds	R-P	D
3G	die die Mitwirkung ehrenamtlicher Richter für „falsch“ bzw. „überflüssig“ halten, begründen dies damit, daß die ehrenamtlichen Richter infolge mangelndem Verständnisses durch die rechtliche Problematik überfordert seien:	47 %	29 %	86 %	75 %	66 %

B-4	Von den Beteiligten (*mit* ea Ri) ...	B-W	Br	Nds	R-P	D
14G	die das Amt eines ehrenamtlichen Richters nicht übernehmen würden, fühlen sich infolge mangelnder Rechtskenntnisse überfordert:	25 %	100 %	38 %	43 %	46 %

L-1	Von den ea Ri (selbst) ...	B-W	Br	Nds	R-P	D
3, 9, 32	die das Amt eines ehrenamtlichen Richters nicht freiwillig übernehmen würden, begründen dies mit dem Fehlen der fachlichen Voraussetzungen:	11 %	0 %	0 %	5 %	5 %
14b	geben an, den Beruf eines Juristen erlernt zu haben:	2 %	3 %	1 %	3 %	2 %
14b	geben an, eine Tätigkeit in der öffentlichen Verwaltung erlernt zu haben:	1 %	3 %	5 %	6 %	4 %
15b	geben an, eine Tätigkeit im Öffentlichen Dienst auszuüben oder ausgeübt zu haben	5 %	9 %	7 %	12 %	8 %
4b)-2	geben an, in einer Gemeindevertretung, einer Kreisvertretung und/oder einer Bezirksvertretung tätig zu sein oder gewesen zu sein:	51 %	9 %	61 %	52 %	54 %
4b)-2	geben an, als Bürgermeister oder Beigeordneter tätig zu sein oder gewesen zu sein:	4 %	0 %	6 %	12 %	6 %
4b)-2	geben an, in einer kirchlichen Vertretung tätig zu sein oder gewesen zu sein:	14 %	6 %	16 %	15 %	15 %
15b	geben an, als Verbandsangestellte tätig zu sein:	10 %	0 %	10 %	13 %	10 %
5	geben an, bereits vor Antritt ihrer ersten Tätigkeit als ehrenamtlicher Richter eine Vorstellung von diesem Wirkungskreis gehabt zu haben:	51 %	59 %	60 %	71 %	59 %
5 Falls a)	davon geben als Grund ihre kommunalpolitische Tätigkeit an:	25 %	0 %	22 %	35 %	25 %
5 Falls b)	davon geben an, daß sich ihre praktischen Erfahrungen mit ihrer Vorstellung decken:	87 %	95 %	93 %	95 %	92 %
1	geben an, zum dritten Male und öfter in das Amt eines ehrenamtlichen Richters gewählt worden zu sein:	36 %	28 %	33 %	41 %	35 %
7a	geben an, im Jahresdurchschnitt drei Male und weniger herangezogen zu werden:	28 %	13 %	32 %	10 %	25 %

L-1	Von den ea Ri (selbst) ...	B-W	Br	Nds	R-P	D
16a	geben an, daß ihnen zum Verständnis des jeweiligen Streitfalles „immer" bzw. „oft" der einleitende Vortrag des Berichterstatters in der mündlichen Verhandlung genügt:	95 %	97 %	93 %	95 %	94 %
16b	würden eine knappe Einführung in die Problematik des anstehenden Streitfalles im Beratungszimmer begrüßen:	44 %	63 %	57 %	50 %	52 %
	zumindest in schwierigen Fällen:	52 %	37 %	39 %	44 %	44 %
	insgesamt:	96 %	100 %	96 %	94 %	96 %
23a	geben an, sich in der Beratung „immer" bzw. „oft" durch Fragen zu beteiligen:	76 %	83 %	82 %	83 %	80 %
26	würden versuchen, zu einer ihnen unverständlich gebliebenen Rechtsfrage durch Fragen an die Berufsrichter weitere Erläuterungen zu erlangen:	85 %	88 %	86 %	86 %	86 %
26	davon würden, falls ihnen die Erläuterung nicht genügt, gegen den Entscheidungsvorschlag stimmen:	13 %	7 %	13 %	12 %	12 %

ac) Wertung zu Forschungsfrage 3/1:

Ein insgesamt nicht unerheblicher Teil der Berufsrichter, Rechtsanwälte und Beteiligten ist der Meinung, daß der ehrenamtliche Richter der Mitarbeit an der Lösung öffentlich-rechtlicher Fragen nicht gewachsen sei. Die weiteren Ergebnisse der Analyse geben einigen Aufschluß darüber, ob diese verbreitete Vorstellung berechtigt ist, insbesondere ob sie in dieser Allgemeinheit aufrechterhalten werden kann.

Von den ehrenamtlichen Richtern haben zwar nur wenige eine Tätigkeit erlernt, die sie befähigen, verwaltungsrechtliche Fragen zu bearbeiten. Ebenso gering ist auch der Anteil derjenigen, die eine Tätigkeit im Öffentlichen Dienst ausüben oder ausgeübt haben. Trotzdem ist die Anzahl derer, die den rechtlichen Ausführungen der Berufsrichter völlig verständnislos gegenüber stehen, nicht sehr hoch zu bemessen. Nach den eigenen Angaben der ehrenamtlichen Richter ist sie sogar geringfügig. Weit mehr als die Hälfte von ihnen hatten vor Antritt ihrer ersten Amtstätigkeit eine Vorstellung von diesem Wirkungskreis. Mit Ausnahme derjenigen Bremens sind über die Hälfte der ehrenamtlichen Richter als Mitglieder einer Gemeinde-, Kreis- und/oder Bezirksvertretung ständig mit Verwaltungsfragen befaßt. Ein Teil von ihnen war bereits als Mitglied eines Stadt- oder Kreisrechtsausschusses tätig. Im Durchschnitt über ein Drittel konnte bereits über mindestens zwei Wahlperioden hinweg Erfahrungen sammeln, die auch dem rechtlichen Verständnis dienlich gewesen sein dürften. Außerdem geben knapp die Hälfte der Berufsrichter an, daß den ehrenamtlichen Richtern in ihrem Spruchkörper eine Einführung in die Problematik des anstehenden Streitfalles gegeben werde. Daß diese Einführung von erheblicher Bedeutung für die ehrenamtlichen Richter ist, folgt daraus, daß sie von fast allen ehrenamtlichen Richtern insbesondere in schwierigen Fällen trotz des einleitenden Vortrages des Berichterstatters begrüßt würde. In Bremen ist der Anteil derer, die diese Einführung von jedem anstehenden Rechtsstreite für richtig halten würden, besonders hoch; hier macht sich die geringe Vorbereitung durch die Mitarbeit in einer kommunalen Vertretung bemerkbar.

Trotz überwiegend fehlender Fachkunde verhalten sich die ehrenamtlichen Richter in der *Beratung* gegenüber Rechtsfragen nicht völlig passiv. Nach den Angaben der Berufsrichter stellen die ehrenamtlichen Richter zwar überwiegend insoweit nur „wenige“ Fragen. Bemerkenswert ist aber, daß — im Durchschnitt — ein Drittel der Berufsrichter im Hinblick auf die Gesamtheit der Fragen und Einwände der ehrenamtlichen Richter bekundet, daß diese sich vor allem auf rechtliche Probleme erstrecken. Etwas über dem Durchschnitt liegt auch hier der Wert von Bremen — 42 % —.

Daß die ehrenamtlichen Richter nach Angabe der Berufsrichter am Ende der Beratung dem Entscheidungsvorschlag überwiegend zustimmen, läßt noch keinen Rückschluß auf ihr rechtliches Verständnis zu. Entscheidend ist, aus welchem Grunde die ehrenamtlichen Richter zugestimmt haben. Etwa ein Fünftel der Berufsrichter gibt „unterschiedliche“ Gründe für die Zustimmung der ehrenamtlichen Richter an. Von den übrigen Berufsrichtern werden im wesentlichen zwei Ansichten vertreten. Die einen glauben, daß die ehrenamtlichen Richter in der Beratung von der Richtigkeit des Entscheidungsvorschlages überzeugt worden sind, die anderen, daß die ehrenamtlichen Richter in der Vorstellung zustimmen, die Berufsrichter „werden es schon richtig machen“. Bei den Berufsrichtern Niedersachsens und Rheinland-Pfalz' überwiegt die erstere, bei denjenigen Baden-Württembergs und Bremens dagegen die letztere Meinung. Obwohl die vorgenannte Zustimmung der ehrenamtlichen Richter den gesamten Entscheidungsvorschlag umfaßt, ist der Entschluß der Berufsrichter, den einen oder den anderen Grund anzugeben, maßgeblich von ihrer Sicht des Verhältnisses der ehrenamtlichen Richter zur Rechtsfrage bestimmt. Dies folgt aus einem Vergleich mit den Gründen, die die Berufsrichter dafür angeben, daß die ehrenamtlichen Richter nur „wenige“ Fragen zu rechtlichen Problemen stellen. Dort wird das Argument, die ehrenamtlichen Richter seien insoweit überfordert, in ähnlicher Weise von den Berufsrichtern Baden-Württembergs und Bremens deutlich stärker hervorgehoben als von denjenigen Niedersachsens und Rheinland-Pfalz'.

Im Gegensatz zu der unterschiedlichen Einschätzung durch die Berufsrichter sind sich die ehrenamtlichen Richter selbst in allen Ländern gleicherweise in der Auffassung einig, daß unverständlich gebliebene Rechtsprobleme durch Fragen geklärt werden müssen. Eine abgestufte Bereitschaft zur Aktivität in Rechtsfragen im Sinne einer stärkeren Passivität der Länder Baden-Württemberg und Bremen ist hier nicht zu erkennen.

ad) Ergebnis zu Forschungsfrage 3/1:

1. Die Mehrheit der ehrenamtlichen Richter ist insbesondere durch ihre Tätigkeit in kommunalen Gremien befähigt, den verwaltungsrechtlichen Ausführungen der Berufsrichter zumindest in ihren Grundzügen zu folgen.
2. Die Selbsteinschätzung der ehrenamtlichen Richter liegt insoweit über den Beobachtungen der Berufsrichter.

Das Ergebnis der Erhebung bestätigt im wesentlichen die rationale Erwartung.

ba) Rationale Erwartung 3/2:

Der Beitrag der ehrenamtlichen Richter zur Rechtsfrage könnte sich aus dem Spannungsverhältnis zwischen *Gesetz* und *Recht* ergeben. Die Rechtsprechung ist an „Gesetz und Recht" gebunden[33]. Fällt den Berufsrichtern auf Grund ihrer Ausbildung die Aufgabe zu, das *Gesetz* aufzufinden und anzuwenden, tragen Berufsrichter und ehrenamtliche Richter gemeinsam die Verantwortung für die Wahrung des *Rechts* im Sinne einer dem sozialen Rechtsstaate[34] verpflichteten Gerechtigkeit[35, 36].

Ist über einen *unbestimmten Rechtsbegriff* — etwa „Gewissensentscheidung", „Eignung" oder „Verunstaltung" — zu entscheiden, steht der Berufsrichter mehr oder minder unter dem Eindruck der Rechtsprechung und dem Schrifttum zu dieser Frage. Der ehrenamtliche Richter ist auf seinen „gesunden Menschenverstand" angewiesen. Das Zusammentreffen beider Vorstellungen könnte neue Aspekte und eine den realen Gegebenheiten angemessenere Lösung erbringen.

---

[33] Art. 20 Abs. 3 GG.

[34] Art. 20 GG.

[35] §§ 38 Abs. 1 (Berufsrichter), 45 Abs. 1 Satz 2 (Ehrenamtliche Richter) DRiG.

[36] Die Deutung des Begriffspaares „Gesetz und Recht" ist umstritten; vgl. Bettermann S. 531/532 (Für ihn handelt es sich nicht um den Konflikt zwischen Rechtssatz und Gerechtigkeit sondern lediglich um die Unterscheidung zwischen gesetztem und ungesetztem Recht).

Steht der behördliche Gebrauch des *Ermessens* zur Nachprüfung[37], könnte die natürliche Rechtlichkeit der ehrenamtlichen Richter eine Entscheidung bewirken, die die Interessen des Bürgers und die der durch die Verwaltungsbehörde vertretenen Gemeinschaft ausgewogener berücksichtigt.

Führt die formale *Gesetzesauslegung* zu einer Lösung, die das „gesunde Rechtsempfinden" der ehrenamtlichen Richter nicht zu akzeptieren vermag, könnte deren Stellungnahme eine erneute, insbesondere auch die Vereinbarkeit mit den Geboten des Grundgesetzes umfassende Überprüfung dahin veranlassen, ob auch alle gesetzlichen Möglichkeiten einer menschlichen, sozialen und gerechten Entscheidung ausgeschöpft sind.

Die Einflußmöglichkeit der ehrenamtlichen Richter auf das Erkenntnis zur Rechtspflege ist jedoch nicht grenzenlos. Die *Grenze* ist das verfassungsgemäße Gesetz. Sind seine Möglichkeiten erschöpft, ist auch der ehrenamtliche Richter gehalten, sich dem Gesetz zu fügen. Es entspricht den Grundsätzen eines demokratisch geordneten Staatswesens, daß auch der demokratisch bestellte ehrenamtliche Richter an das von einer demokratisch gewählten Volksvertretung beschlossene Gesetz gebunden ist[38]. Die *Mehrheit der Berufsrichter* gegenüber den ehrenamtlichen Richtern findet in dieser Bindung eine Rechtfertigung. Dabei wird nicht verkannt, daß die ehrenamtlichen Richter auf Grund der Mehrheitsverhältnisse nicht in der Lage sind, eine — sei sie auch gesetzmäßige — lebensnahe Entscheidung durchzusetzen, wenn die Berufsrichter sich in einer wirklichkeitsfremden Rechtsanwendung einig sind. Diese Möglichkeit sollte jedoch nicht überbewertet werden. Der Typ des jedem Hinweis auf die soziale Wirklichkeit unzugänglichen, in rechtlichen Konstruktionen verhafteten Berufsrichters ist in der Verwaltungsgerichtsbarkeit ebenso die Ausnahme wie der jeglicher Einsicht in gesetzliche Notwendigkeiten entbehrende ehrenamtliche Richter.

Forschungsfrage 3/2:

Ist von dem „gesunden Rechtsempfinden" der ehrenamtlichen Richter ein Beitrag zu einer gerechteren Lösung der Rechtsfrage zu erwarten?

bb) Analyse zu Forschungsfrage 3/2:

Ri-2	Von den Berufsrichtern ...	B-W	Br	Nds	R-P	D
18G	die die Mitwirkung ehrenamtlicher Richter für „richtig" halten, heben deren Lebensnähe und deren gesunden Menschenverstand hervor:	35 %	25 %	50 %	65 %	49 %

[37] § 114 VwGO.

[38] Art. 20, 97 Abs. 1 GG.

Ri-2	Von den Berufsrichtern ...	B-W	Br	Nds	R-P	D
15a	halten die Mitwirkung ehrenamtlicher Richter — unabhängig von bestimmten Sachgebieten — für „besonders erwünscht“:					
	a) bei der Beurteilung „unbestimmter Rechtsbegriffe“:	7 %	8 %	4 %	7 %	6 %
	b) bei der Beurteilung des Ermessensgebrauchs:	1 %	0 %	0 %	0 %	0,5 %
15a	halten die Mitwirkung ehrenamtlicher Richter auf dem Gebiet des Wehrrechts insbesondere der Wehrdienstverweigerung für „besonders erwünscht“:	15 %	17 %	13 %	17 %	15 %
11b	geben an, daß die ehrenamtlichen Richter in der Beratung „immer“ bzw. „oft“ Fragen stellen:	53 %	40 %	62 %	60 %	57 %
11d	geben an, daß die ehrenamtlichen Richter in der Beratung „immer“ bzw. „oft“ Einwände erheben:	7 %	0 %	22 %	15 %	14 %
12b	geben an, daß die ehrenamtlichen Richter im Hinblick auf die Rechtsprobleme Fragen stellen:					
	a) „viele“:	17 %	10 %	17 %	25 %	18 %
	b) „wenige“:	83 %	90 %	83 %	75 %	82 %
13c	geben an, daß die Fragen und Einwände der ehrenamtlichen Richter die Lösung der Rechtsfragen zumindest „selten“ gefördert hätten:	39 %	40 %	43 %	61 %	45 %
16	geben an, daß die ehrenamtlichen Richter dem zur Abstimmung vorgelegten Entscheidungsvorschlag überwiegend zustimmen:	90 %	100 %	96 %	98 %	94 %
17b	geben als Grund für die Ablehnung eines Entscheidungsvorschlages durch die ehrenamtlichen Richter ein „dem Gesetz zuwiderlaufendes Rechtsgefühl“ an:	51 %	40 %	36 %	39 %	43 %
18G	die die Mitwirkung ehrenamtlicher Richter für „falsch“ bzw. „überflüssig“ halten, heben die Gefahr emotional bestimmter Entscheidungen hervor:	8 %	0 %	7 %	9 %	7 %
8	würden einen Vorschlag, der den ehrenamtlichen Richtern die Mehrheit einräumt, unterstützen:	0 %	0 %	5 %	5 %	3 %

RA-3	Von den Rechtsanwälten ...	B-W	Br	Nds	R-P	D
3G	die die Mitwirkung ehrenamtlicher Richter für „richtig“ halten, heben deren „Lebensnähe“ und „gesunden Menschenverstand“ hervor:	14 %	50 %	50 %	33 %	40 %
3G	die die Mitwirkung ehrenamtlicher Richter für „falsch“ bzw. „überflüssig“ halten, verweisen darauf, daß „gesunder Menschenverstand“ im Verwaltungsrecht nicht genüge:	6 %	0 %	10 %	6 %	7 %
15a	halten die Mitwirkung ehrenamtlicher Richter auf dem Gebiete des Wehrrechts insbesondere der Wehrdienstverweigerung für „besonders erwünscht“:	8 %	0 %	6 %	0 %	4 %
16	würden einen Vorschlag unterstützen, der den ehrenamtlichen Richtern die Mehrheit einräumt:	8 %	6 %	3 %	4 %	5 %
B-4	**Von den Beteiligten (*mit* ea Ri) ...**	**B-W**	**Br**	**Nds**	**R-P**	**D**
14G	die das Amt eines ehrenamtlichen Richters übernehmen würden, verweisen a) auf dessen Lebensnähe und gesunden Menschenverstand:	30 %	62 %	37 %	53 %	46 %
	b) die Möglichkeit, dem Mitbürger zu seinem Recht verhelfen zu können:	10 %	19 %	50 %	7 %	17 %
12a	geben an, in ihrem (letzten) Verwaltungsrechtsstreit ganz oder teilweise erfolgreich gewesen zu sein:	56 %	65 %	25 %	57 %	52 %
12c	hätten es begrüßt, wenn die ehrenamtlichen Richter die Mehrheit gehabt hätten:	27 %	25 %	50 %	20 %	29 %
B-5	**Von den Beteiligten (*ohne* ea Ri)**	**B-W**	**Br**	**Nds**	**R-P**	**D**
7b	wären dafür, daß die ehrenamtlichen Richter die Mehrheit hätten:	40 %	25 %	—	—	33 %
L-1	**Von den ea Ri (selbst) ...**	**B-W**	**Br**	**Nds**	**R-P**	**D**
3, 9, 32	die das Amt eines ehrenamtlichen Richters freiwillig übernehmen würden, heben hervor:					

L-1	Von den ea Ri (selbst) ...	B-W	Br	Nds	R-P	D
	a) die Lebensnähe:	16 %	20 %	30 %	12 %	22 %
	b) die Möglichkeit, dem Bürger zu seinem Recht verhelfen zu können:	40 %	23 %	24 %	25 %	29 %
14b	geben an, den Beruf eines Juristen erlernt zu haben:	2 %	3 %	1 %	3 %	2 %
14b	geben an, eine Tätigkeit in der öffentlichen Verwaltung erlernt zu haben:	1 %	3 %	5 %	6 %	4 %
4b)-2	geben an, als Bürgermeister oder Beigeordneter tätig zu sein oder gewesen zu sein:	4 %	0 %	6 %	12 %	6 %
1	geben an, erst zwei Male oder weniger in das Amt eines ehrenamtlichen Richters gewählt worden zu sein:	64 %	72 %	67 %	59 %	65 %
7a	geben an, durchschnittlich im Jahre zu Sitzungen herangezogen zu werden:					
	a) 2 bis 4 mal:	63 %	16 %	68 %	41 %	59 %
	b) 5 bis 8 mal:	33 %	44 %	29 %	54 %	36 %
	insgesamt:	96 %	60 %	97 %	95 %	95 %
23a	geben an, sie beteiligten sich in der Beratung „immer“ bzw. „oft“:					
	a) durch Fragen:	99 %	94 %	99 %	98 %	98 %
	b) durch Einwände:	78 %	71 %	75 %	77 %	76 %
23a	geben an, sie beteiligten sich „in sonstiger Weise“:	12 %	21 %	11 %	10 %	12 %
	davon:					
	a) durch Hinweis auf die menschliche und soziale Seite des Streitfalles:	8 %	0 %	8 %	13 %	8 %
	b) durch Vertreten der auf Grund „gesunden Rechtsempfindens“ aus der Verhandlung gewonnenen Überzeugung:	50 %	83 %	41 %	37 %	46 %
27 Falls a)	geben an, den Berufsrichtern „oft“ bzw. „selten“ auf dem Gebiet des Wehrrechts insbesondere der Wehrdienstverweigerung behilflich gewesen zu sein:	10 %	5 %	4 %	5 %	6 %
28	geben an, daß gerade ihre Fragen und sonstigen Beiträge zu einer anderen als der zunächst vorgeschlagenen Entscheidung geführt hätten:					
	a) „oft“:	5 %	7 %	4 %	6 %	5 %
	b) „selten“:	74 %	45 %	80 %	67 %	74 %

L-1	Von den ea Ri (selbst) ...	B-W	Br	Nds	R-P	D
29	würden auch dann gegen einen Entscheidungsvorschlag, der ihrem Gefühl nach ein Unrecht bedeutet, stimmen, wenn die Berufsrichter ihnen dargelegt hätten, daß das Gesetz keine andere Lösung zulasse:	60 %	50 %	54 %	52 %	55 %
29G	die auch dann „gegen" stimmen würden, heben hervor:					
	a) daß gerade hierin ihre gabe liege:	1 %	0 %	5 %	1 %	3 %
	b) daß sich auch die Berufsrichter irren könnten:	9 %	0 %	5 %	5 %	6 %
	c) daß sie sich nur ihrem Gewissen verantwortlich fühlten:	32 %	38 %	34 %	25 %	32 %
	d) sie täten dies insbesondere in menschlichen oder sozialen Härtefällen und, falls unzureichende unzeitgemäße oder änderungsbedürftige Gesetze den menschlichen oder sozialen Problemen nicht gerecht zu werden vermögen:	42 %	44 %	36 %	51 %	41 %
	Das sind von den mitgeteilteilten Gründen:	99 %	82 %	98 %	95 %	97 %
29G	die dann nicht gegen stimmen würden, verweisen darauf:					
	a) daß eine Gesetzesänderung nicht durch demonstrative Ablehnung sondern über ein politisches Gremium bewirkt werden sollte:	6 %	0 %	5 %	9 %	6 %
	b) daß sie Vertrauen in die Rechtskunde der Berufsrichter besäßen:	1 %	19 %	3 %	6 %	3 %
	c) daß im Rechtsstaate dem Gesetz gegenüber dem Gefühl der Vorrang einzuräumen sei:	20 %	0 %	16 %	16 %	16 %
	d) daß ein demokratisch zustandegekommenes Gesetz als Grundlage der Entscheidung einzuhalten sei:	35 %	56 %	39 %	53 %	42 %
	Das sind von den mitgeteilten Gründen:	96 %	100 %	94 %	98 %	96 %

L-1	Von den ea Ri (selbst) ...	B-W	Br	Nds	R-P	D
30	halten die derzeitige Besetzung der Verwaltungsgerichte (zwei ehrenamtliche Richter — drei Berufsrichter) für „gut“:	77 %	88 %	81 %	87 %	81 %

bc) Wertung zu Forschungsfrage 3/2:

„Lebensnähe“ und „gesunder Menschenverstand“ werden von allen befragten Personengruppen als eine wesentliche Eigenschaft der ehrenamtlichen Richter benannt. Auf die Gefahr rechtswidriger, nur vom Rechtsgefühl getragener Entscheidungen verweisen die Berufsrichter. Die Werte der Analyse geben Aufschluß darüber, welcher Einfluß dem „gesunden Rechtsempfinden“ der ehrenamtlichen Richter tatsächlich zukommt.

Fachkunde in verwaltungsrechtlichen Angelegenheiten haben nur die wenigsten der ehrenamtlichen Richter. Zwei Drittel — im Durchschnitt — von ihnen waren noch nicht einmal so häufig in diesem Amt tätig, als daß sie intensive verwaltungsrechtliche Kenntnisse hätten erwerben können. Die überwiegende Mehrheit der ehrenamtlichen Richter ist somit darauf angewiesen, die Vorschläge der Berufsrichter an ihrem „gesunden Rechtsempfinden“ zu messen.

Die Mehrheit der ehrenamtlichen Richter beteiligt sich an der *Beratung* häufig durch Fragen und Einwände. Den rechtlichen Problemen gelten jedoch überwiegend nur „wenige“ Fragen. Nur knapp ein Fünftel der Berufsrichter bekundet, daß die ehrenamtlichen Richter insoweit „viele“ Fragen stellen. Etwa 5 % der ehrenamtlichen Richter gibt ausdrücklich an, daß sie das „gesunde Rechtsempfinden“ in die Beratung einbringen. Trotz der — im Hinblick auf die Rechtsfragen — nicht sehr regen Mitarbeit der ehrenamtlichen Richter, ist ihre Mitwirkung insoweit nicht ohne jeden Einfluß. Nicht ganz die Hälfte der Berufsrichter gibt an, daß die Lösung der Rechtsfragen durch die Fragen und Einwände der ehrenamtlichen Richter zumindest „selten“ gefördert worden ist. Für Rheinland-Pfalz liegt der Wert sogar bei 61 %. Diese Werte finden in den Angaben der ehrenamtlichen Richter eine gewisse Bestätigung. Eine erhebliche Anzahl von ihnen bekundet allgemein — ohne Beschränkung auf die Rechtsfragen —, daß gerade ihre Fragen und sonstigen Beiträge eine andere Entscheidung als die zunächst vorgeschlagene herbeigeführt haben.

Die Berufsrichter schätzen das „gesunde Rechtsempfinden“ der ehrenamtlichen Richter besonders bei der Beurteilung *„unbestimmter Rechtsbegriffe“*. Hervorragende Bedeutung hat hier das Wehrrecht, insbesondere die Wehrdienstverweigerung. Für dieses Sachgebiet geben — im Durchschnitt — 15 % der Berufsrichter die Mitwirkung ehrenamtlicher Richter als „besonders erwünscht" an. Auch die ehrenamtlichen Richter ihrerseits sehen auf diesem Sachgebiete eine Möglichkeit zur Mithilfe. Weitere Sachgebiete sind vor allem das Baurecht und das Sozialrecht, ohne daß sich die Differenzierung zur Sachkunde klar durchführen ließe. — Im Rahmen von *Ermessensfragen* räumen die Berufsrichter der Mitwirkung ehrenamtlicher Richter dagegen keine nennenswerte Bedeutung ein.

Die ehrenamtlichen Richter stimmen der vorgeschlagenen Entscheidung — nach Angaben der Berufsrichter — überwiegend zu. Für die wenigen, die nach Abschluß der Beratung trotzdem dagegenstimmen, sehen ein nicht unerheblicher Teil der Berufsrichter ein „dem Gesetz zuwiderlaufendes Rechtsgefühl" als Grund an. Diese Beobachtung der Berufsrichter findet in den Angaben der ehrenamtlichen Richter ihre Bestätigung. Von letzteren würde — im Durchschnitt — etwas mehr als die Hälfte auch dann gegen einen Entscheidungsvorschlag stimmen, der ihrem Gefühl nach ein Unrecht bedeutet, wenn die Berufsrichter ihnen dargelegt hätten, daß das Gesetz keine andere Lösung zulasse. Diese ehrenamtlichen Richter benennen vor allem die alleinige Verantwortung gegenüber ihrem Gewissen und die Verpflichtung gegenüber der sozialen Gerechtigkeit und der Menschlichkeit als Gründe. Hier dürfte noch die obrigkeitsstaatliche Vorstellung, Staat und Bürger seien gegnerische Kräfte, nachwirken. Diesen ehrenamtlichen Richtern müßte das nahe gebracht werden, was diejenigen ehrenamtlichen Richter, die dem Gesetz Vorrang vor dem Rechtsgefühl einräumen, am häufigsten als Begründung angegeben haben: In einem Rechtsstaate muß ein nach demokratischen Regeln zustandegekommenes Gesetz eingehalten werden.

Obwohl immerhin eine knappe Mehrheit der ehrenamtlichen Richter allein das „gesunde Rechtsempfinden" als Maßstab für ihre Entscheidung ansieht, ergeben sich in der gerichtlichen Praxis offensichtlich keine ernsthaften Konflikte. Dies dürfte darauf zurückzuführen sein, daß der in der Beratung erarbeitete Entscheidungsvorschlag in den allermeisten Fällen auch den ehrenamtlichen Richtern mit ihrem Rechtsgefühl vereinbar erscheint. Dies darf nicht darüber hinwegtäuschen, daß latent die Gefahr eines Rechtsbruchs gegeben ist. Umso erfreulicher ist es, daß alle Befragten — wenn auch mit unterschiedlichen Mehrheiten — die gegenwärtigen Mehrheitsverhältnisse in der Besetzung der Verwaltungsgerichte — drei Berufsrichter und zwei ehrenamtliche Richter — gutgeheißen haben. Berufsrichter und Rechtsanwälte lehnen eine Mehrheit der ehrenamtlichen Richter ganz überwiegend ab. Ebenso eindeutig stimmen die ehrenamtlichen Richter für den derzeitigen Rechtszustand. Bei den Beteiligten dagegen hätten — im Durchschnitt — ein Viertel eine Mehrheit der ehrenamtlichen Richter begrüßt, von denjenigen

Niedersachsens sogar die Hälfte. Bei letzteren dürfte wiederum die überdurchschnittlich hohe Erfolglosigkeit bewirkt haben, daß sie ihre Hoffnung in eine verstärkte Einflußnahme der ehrenamtlichen Richter setzen.

Bemerkenswert ist die Einstellung der Bürger *Baden-Württembergs*. Ehrenamtliche Richter und Beteiligte zeigen deutlich eine überdurchschnittliche Neigung, ersteren die Mehrheit im Verwaltungsgericht einzuräumen. Ob diese Stellungnahme mit der ablehnenden Haltung der dortigen Berufsrichter in Zusammenhang steht, läßt sich schwer sagen, da ein ähnlicher Aspekt in Bremen nicht anzutreffen ist.

bd) Ergebnis zu Forschungsfrage 3/2:

1. Die überwiegende Mehrheit der ehrenamtlichen Richter ist bei der rechtlichen Beurteilung des Entscheidungsvorschlages auf ihr „gesundes Rechtsempfinden“ angewiesen.
2. a) Das „gesunde Rechtsempfinden“ der ehrenamtlichen Richter hat — wenn auch nur „selten“ — förderlichen Einfluß auf die Lösung der Rechtsfragen.

   b) Von den Berufsrichtern wird die Mitarbeit der ehrenamtlichen Richter vor allem bei der Beurteilung „unbestimmter Rechtsbegriffe“ begrüßt.
3. Etwas mehr als die Hälfte der ehrenamtlichen Richter sieht ihr Rechtsgefühl als alleinigen Entscheidungsmaßstab an.
4. Die derzeitigen Mehrheitsverhältnisse in der Besetzung der Verwaltungsgerichte werden von der Mehrheit aller Befragten gebilligt.

Das Ergebnis der Erhebung bleibt somit teilweise hinter der rationalen Erwartung zurück.

C. *Vermag der ehrenamtliche Richter zur Wahrung der Unparteilichkeit der Rechtsprechung beizutragen? — Ist er seinerseits tendenzbestimmten Einflüssen gegenüber anfällig?*

aa) Rationale Erwartung 4/1:

Jeder Mensch wird in seiner Kindheit geprägt. Er ist Zeit seines Lebens dem Einfluß seiner Umwelt ausgesetzt. Prägung und Einfluß bestimmen — mehr oder minder — seine Denkweise und sein Verhalten. Eine derart bedingte Einseitigkeit gewinnt hervorragende Bedeutung, wenn dem Menschen eine Aufgabe zufällt, die eine umfassende, objektive und unparteiische Sicht verlangt, wie dies insbesondere das Amt des Richters erfordert.

Bereits in den Jahren des Kaiserreichs war das Berufsrichtertum dem Vorwurf der „Klassenjustiz“ ausgesetzt[39]. In der Weimarer Republik wurde die „himmelschreiende Parteilichkeit der deutschen Rechtsprechung“ beklagt[40]. In den letzten Jahren erbringen soziologische Untersuchungen auf der Basis empirischer Erhebungen[41], daß die Berufsrichterschaft ihrer sozialen Schichtung nach stark einseitig strukturiert sei[42]. Hieraus wird auf die Gefahr einer einseitigen Orientierung der Berufsrichter im Sinne einer „Standesideologie“, einer einheitlich geprägten „Kaste“[43] geschlossen, die der gesamtgesellschaftlichen Funktion der Rechtsprechung nicht gerecht zu werden vermögen[44] — sei es, daß der Berufsrichter bestimmten Personenschichten besonderes Wohlwollen entgegenbringt, sei es, daß er die gewandelten Anschauungen zu bestimmten Lebensfragen nicht nachzuvollziehen vermag, oder sei es, daß er in obrigkeitstaatlichem Denken befangen, den Interessen der öffentlichen Verwaltung Vorrang einräumt. Ob derartige Darlegungen nicht unangemessen pauschalieren, insbesondere landsmannschaftliche Eigenarten und die politische und gesellschaftliche Entwicklung der zurückliegenden zwei Jahrzehnte zu wenig berücksichtigen, sei nur angedeutet. In jedem Falle könnte die Beteiligung ehrenamtlicher Richter — in mehr oder minder starkem Maße — *ausgleichend* wirken, eine etwa vorhandene Einseitigkeit der berufsrichterlichen Sicht neutralisieren und dazu beitragen, die Unparteilichkeit der verwaltungsgerichtlichen Rechtsprechung zu sichern[45]. Voraussetzung ist, daß die ehrenamtlichen Richter einer anderen Schicht angehören als die Berufsrichter[46]. Des weiteren muß der ehrenamtliche Richter fähig und bereit sein, seine Sicht den Berufsrichtern gegenüber zum Ausdruck zu bringen und zu vertreten.

Das Problem, den Folgen einer einseitigen Strukturierung zu begegnen, stellt sich aber nicht nur hinsichtlich der Berufsrichter. Es gilt auch hinsichtlich der ehrenamtlichen Richter[47]. Bei diesen liegt die Gefahr nicht in der Homogenität sondern in der Vielfalt. Demokratischen Vorstellungen entsprechend sollen die ehrenamtlichen Richter alle Schichten der Bürger repräsentieren. Im einzelnen Spruchkörper können jedoch nur jeweils zwei ehrenamtliche Richter beteiligt werden. Somit kann sich die soziale Schichtung von Spruchkörper zu Spruchkörper und darüber hinaus — mit jedem Wechsel der ehrenamtlichen Richter

---

39 Schiffer, Justiz, S. 16.
40 Schiffer, Justiz, S. 14.
41 So: Kaupen 1969; Görlitz 1970.
42 Rüggeberg S. 211.
43 Baur S. 61/62.
44 Rüggeberg S. 212.
45 Klausa S. 110.
46 Rüggeberg S. 212.
47 Baur S. 62.

— auch innerhalb eines Spruchkörpers erheblich unterscheiden. Da jeder ehrenamtliche Richter — ebenso wie der Berufsrichter — mehr oder minder schichtenspezifisch geprägt ist, bedeutet dies für die Rechtsprechung, daß diese je nach Besetzung abweichenden, möglicherweise sogar gegensätzlichen Einflüssen ausgesetzt ist. Dies darf aber nicht zur Folge haben, daß gleiche Sachverhalte unterschiedlich entschieden werden. Dies ist eine Forderung der *Rechtssicherheit*. Um ihr zu genügen, ist es gerechtfertigt, die Berufsrichter in der Mehrheit zu belassen. Nur sie haben den Überblick, der die Kontinuität der Rechtsprechung sichert. Die ehrenamtlichen Richter sollen einer etwaigen Einseitigkeit der Berufsrichter entgegentreten. Sie dürfen diese jedoch nicht durch ihre eigene etwaige Einseitigkeit ersetzen.

Forschungsfrage 4/1:

Ist von der Mitwirkung ehrenamtlicher Richter ein maßgeblicher Einfluß auf eine etwaige einseitige Ausrichtung der Berufsrichter zu erwarten?

ab) Analyse zu Forschungsfrage 4/1:

Ri-2	Von den Berufsrichtern ...	B-W	Br	Nds	R-P	D
7a	geben an, sie seien Jahrgang 1920 und älter:	29 %	17 %	40 %	24 %	31 %
	Jahrgang 1921 bis 1930:	14 %	25 %	17 %	19 %	17 %
	Jahrgang 1931 und jünger:	57 %	58 %	43 %	57 %	52 %
7c	geben an, in einer					
	Großstadt:	38 %	92 %	32 %	17 %	35 %
	Mittelstadt:	29 %	8 %	41 %	39 %	34 %
	Kleinstadt:	18 %	0 %	13,5 %	25 %	17 %
	einem Dorfe:	15 %	0 %	13,5 %	19 %	14 %
	aufgewachsen zu sein.					
11d	geben an, daß die ehrenamtlichen Richter in der Beratung „immer“ bzw. „oft“ Einwände erheben:	7 %	0 %	22 %	15 %	14 %
13b	geben an, daß die Fragen, Hinweise oder Einwände der ehrenamtlichen Richter „immer“ bzw. „oft“ politische, soziale, wirtschaftliche usw. Hintergründe und Zusammenhänge haben hervortreten lassen:	23 %	0 %	25 %	27 %	23 %
8	würden einen Besetzungsvorschlag unterstützen, der den ehrenamtlichen Richtern die Mehrheit einräumt:	0 %	0 %	5 %	5 %	3 %

Ri-2	Von den Berufsrichtern ...	B-W	Br	Nds	R-P	D
1b	geben an, zuvor in der Verwaltung tätig gewesen zu sein:	76 %	33 %	44 %	45 %	58 %
	davon					
	a) ein bis zwei Jahre:	45 %	50 %	14 %	21 %	32 %
	b) drei bis vier Jahre:	27 %	25 %	27 %	26 %	27 %
	insgesamt:	72 %	75 %	41 %	47 %	59 %
	halten die Mitwirkung ehrenamtlicher Richter für „falsch" bzw. „überflüssig":					
18	a) insgesamt:	63 %	64 %	38 %	26 %	47 %
1b/ 18	b) von denen, die zuvor in der Verwaltung tätig gewesen sind:	60 %	50 %	30 %	21 %	45 %
18G	die die Mitwirkung ehrenamtlicher Richter für „richtig" halten, begründen dies					
	a) mit deren unverbildeter Lebensnähe:	35 %	25 %	50 %	65 %	49 %
	b) mit der Möglichkeit, die bindung der Rechtsprechung zu den Bürgern zu wahren und eine akademische Isolierung zu verhindern:	16 %	0 %	17 %	0 %	12 %
	c) mit der Wahrung einer neutralen Einstellung der Berufsrichter gegenüber der Verwaltung:	3 %	0 %	4 %	0 %	3 %
18G	Zwei der Berufsrichter verweisen darauf, daß die ehrenamtlichen Richter selbst keine Repräsentation der Gesamtbevölkerung seien; sie seien nach ihrer sozialen Zusammensetzung „Honoratioren:	!!				

RA-3	Von den Rechtsanwälten ...	B-W	Br	Nds	R-P	D
1b	geben an, in der Verwaltung tätig gewesen zu sein:	19 %	17 %	30 %	16 %	22 %
1b	geben an, in der Verwaltungsgerichtsbarkeit tätig gewesen zu sein:	0 %	0 %	9 %	4 %	4 %
6	geben an, daß das Wissen einer Partei um die Mitwirkung ehrenamtlicher Richter die Erfolgserwartung steigert:	0 %	17 %	9 %	16 %	10 %
15	messen zumindest im Einzelfall die Erfolgsaussicht eines Rechtsmittels auch daran, ob ehrenamtliche Richter in dem Rechtsmittelgericht mitwirken:	4 %	18 %	12 %	4 %	9 %

RA-3	Von den Rechtsanwälten ...	B-W	Br	Nds	R-P	D
16	würden einen Besetzungsvorschlag unterstützen, der den ehrenamtlichen Richtern die Mehrheit einräumt:	8 %	6 %	3 %	4 %	5 %
3G	die die Mitwirkung ehrenamtlicher Richter für „falsch“ bzw. „überflüssig“ halten, heben hervor, daß die ehrenamtlichen Richter vielfach „kritiklos“ der Meinung der Berufsrichter folgen:	6 %	14 %	5 %	6 %	7 %
3G	die die Mitwirkung ehrenamtlicher Richter für „richtig“ halten, begründen dies:					
	a) mit deren unverbildeter Lebensnähe:	14 %	50 %	50 %	33 %	40 %
	b) mit dem Eindruck „gewisser“ Unparteilichkeit:	0 %	10 %	0 %	11 %	5 %
	c) mit deren Gegengewicht gegen eine verwaltungsfreundliche Einstellung der Berufsrichter:	29 %	0 %	25 %	11 %	16 %

B-4	Von den Beteiligten (*mit* ea Ri) ...	B-W	Br	Nds	R-P	D
5c	geben an, daß sie der Mitwirkung ehrenamtlicher Richter einen „Einfluß“ beimessen:	73 %	81 %	64 %	76 %	74 %
5c Falls	die der Mitwirkung ehrenamtlicher Richter einen Einfluß beimessen, begründen dies:					
	a) mit deren größerer Verbundenheit mit den Problemen des Alltags:	69 %	59 %	33 %	50 %	55 %
	b) mit deren Gegengewicht gegen die Neigung der Berufsrichter, der Verwaltung Recht zu geben:	13 %	12 %	0 %	0 %	7 %
12b	geben an, daß die Mitwirkung ehrenamtlicher Richter auf den Ausgang ihres eigenen Verwaltungsprozesses Einfluß gehabt habe:	13 %	15 %	6 %	25 %	15 %
12c	hätten es begrüßt, wenn die ehrenamtlichen Richter in der Mehrheit gewesen wären:	27 %	25 %	50 %	20 %	29 %

B-4	Von den Beteiligten (*mit* ea Ri) ...	B-W	Br	Nds	R-P	D
14G	die das Amt eines ehrenamtlichen Richters übernehmen würden, begründen dies mit der Lebensnähe der ehrenamtlichen Richter:	30 %	62 %	37 %	53 %	46 %
Z	Einer der Beteiligten hebt die „Arroganz“ prominenter ehrenamtlicher Richter hervor und empfiehlt Heranziehung jüngerer, doch erfahrener Bürger aus allen „normalen“ Schichten.				!	

L-1	Von den ea Ri (selbst) ...	B-W	Br	Nds	R-P	D
13a	geben an,					
	a) weiblich zu sein:	8 %	22 %	10 %	5 %	9 %
	b) männlich zu sein:	92 %	78 %	90 %	95 %	91 %
13b	geben an, anzugehören:					
	a) Jahrgang bis 1900:	3 %	3 %	5 %	14 %	6 %
	b) Jahrgang 1901 - 1910:	34 %	16 %	29 %	24 %	29 %
	c) Jahrgang 1911 - 1920:	30 %	41 %	32 %	27 %	31 %
	d) Jahrgang 1921 - 1930:	30 %	31 %	25 %	27 %	27 %
	e) Jahrgang 1931 - 1940:	3 %	9 %	9 %	8 %	7 %
13d	geben an, aufgewachsen zu sein:					
	a) in einer Großstadt:	29 %	81 %	24 %	23 %	28 %
	b) in einer Mittelstadt:	20 %	6 %	22 %	27 %	22 %
	c) in einer Kleinstadt:	25 %	3 %	16 %	18 %	18 %
	d) in einem Dorfe:	26 %	10 %	38 %	32 %	32 %
1	geben an, sie seien in das Amt eines ehrenamtlichen Richters gewählt worden:					
	a) zum ersten Male:	35 %	44 %	40 %	27 %	36 %
	b) zum zweiten Male:	26 %	28 %	24 %	26 %	25 %
	c) zum dritten Male und öfter:	36 %	28 %	33 %	41 %	35 %
7a	geben an, ein- bis dreimal im Jahresdurchschnitt zu Sitzungen herangezogen zu werden:	28 %	13 %	32 %	10 %	25 %
14a	geben als Schulbildung an:					
	a) Grundschulbildung:	50 %	50 %	46 %	47 %	48 %
	b) Mittlere Reife:	25 %	41 %	34 %	28 %	30 %
	c) Abitur:	25 %	9 %	20 %	25 %	22 %
	geben an, sie hätten					
14c	a) eine Meisterprüfung:	21 %	16 %	26 %	19 %	23 %
14d	b) einen Hochschulabschluß:	16 %	6 %	8 %	15 %	11 %
14b	geben an, den Beruf eines Juristen erlernt zu haben:	2 %	3 %	1 %	3 %	2 %
14b	geben an, eine Tätigkeit im Öffentlichen Dienst erlernt zu haben:	6 %	3 %	11 %	10 %	9 %

L-1	Von den ea Ri (selbst) ...	B-W	Br	Nds	R-P	D
14b	geben an, erlernt zu haben:					
	a) einen kaufmännischen Beruf:	40 %	44 %	28 %	32 %	33 %
	b) eine Tätigkeit in der Landwirtschaft:	10 %	0 %	18 %	11 %	13 %
	c) einen medizinischen Beruf:	2 %	0 %	1 %	0 %	1 %
	d) einen naturwissenschaftlichen Beruf:	3 %	0 %	1 %	3 %	2 %
	e) einen technischen Beruf (Ingenieur, Architekt, Handwerker u. ä.):	33 %	44 %	38 %	37 %	37 %
	f) geben sonstige Berufe an:	1 %	0 %	1 %	5 %	2 %
15b	geben an, im Öffentlichen Dienst tätig zu sein oder gewesen zu sein:	5 %	9 %	7 %	12 %	8 %
4b)-2	geben an, als Bürgermeister, Beigeordneter tätig zu sein oder gewesen zu sein:	4 %	0 %	6 %	12 %	6 %
15b	geben an, als Selbständiger (Landwirt, Handwerker, Freischaffender u. ä.) tätig zu sein oder gewesen zu sein:	41 %	16 %	41 %	39 %	39 %
15b	geben an, als Arbeitnehmer in einem privatwirtschaftlichen Unternehmen (Industrie, Versicherung, Bank u. a.) tätig zu sein oder gewesen zu sein:	37 %	63 %	35 %	29 %	35 %
15b	geben an, als Verbandsangestellter tätig zu sein oder gewesen zu sein:	10 %	0 %	10 %	13 %	10 %
15b	geben an, als Hausfrau tätig zu sein:	2 %	9 %	3 %	2 %	3 %
31	geben an, die Beobachtung gemacht zu haben, daß bei den meisten Berufsrichtern ganz bestimmte weltanschauliche, politische, soziale, sittliche oder wirtschaftliche Vorstellungen hervortreten:	18 %	30 %	20 %	8 %	17 %
31 Falls	davon geben an, daß sie insoweit, wenn es für den anstehenden Rechtsstreit von Bedeutung gewesen sei, den Berufsrichtern widersprochen haben:					
	a) „immer“ bzw. „oft“:	72 %	56 %	70 %	50 %	67 %
	b) „nie“:	3 %	11 %	2 %	8 %	3 %
30	geben an, daß sie die derzeitige Besetzung der Verwaltungsgerichte mit drei Berufsrichtern und zwei ehrenamtlichen Richtern für „gut“ halten:	77 %	88 %	81 %	87 %	81 %

ac) Wertung zu Forschungsfrage 4/1:

Die Analyse zu dieser Forschungsfrage mußte unvollständig bleiben. Es fehlen die Angaben über das soziale Herkommen der Berufsrichter und der ehrenamtlichen Richter[48]. Die übrigen Ergebnisse ermöglichen es jedoch, auch ohne diese Angaben ein aussagekräftiges Bild aufzuzeigen.

Ein Vergleich der Sozialdaten der Berufsrichter zu denen der ehrenamtlichen Richter macht einige nicht unerhebliche Strukturunterschiede deutlich. Die ehrenamtlichen Richter sind überwiegend älter. Sie entstammen in stärkerem Maße — im Durchschnitt — einer Kleinstadt oder einem Dorfe. Nur knapp ein Viertel von ihnen hat Abitur, wenig mehr als ein Zehntel einen Hochschulabschluß und nur einige wenige sind Juristen. Von der unterschiedlichen Sozialstruktur her wäre es den ehrenamtlichen Richtern somit möglich, ausgleichend zu wirken.

Eine Notwendigkeit hierzu besteht jedoch nach dem Ergebnis der Analyse nicht allzu oft. Keine der befragten Personengruppen legt der Gefahr einer einseitigen Parteinahme der Berufsrichter als Folge vorgeprägter Anschauungen wesentliches Gewicht bei: Einige wenige Rechtsanwälte geben „Unparteilichkeit" der Rechtsprechung als Grund für eine Beteiligung ehrenamtlicher Richter an. Eine kleine Anzahl Rechtsanwälte und Beteiligte hebt „verwaltungsfreundliches Verhalten" der Berufsrichter als Grund hervor. Selbst einige Berufsrichter sehen insoweit die Mitwirkung ehrenamtlicher Richter als Vorteil an. Aus der Sicht der ehrenamtlichen Richter sind standes- und schichtenspezifische Vorstellungen der Berufsrichter keineswegs die Regel. Nur — im Durchschnitt — knapp ein Fünftel der ehrenamtlichen Richter bekundet, derartige Vorstellungen beobachtet zu haben.

Bemerkenswerterweise sind nur die ehrenamtlichen Richter Baden-Württembergs und Niedersachsens mit großer Mehrheit den einseitigen Ansichten der Berufsrichter entgegengetreten. In den übrigen beiden Ländern waren es wenig mehr als die Hälfte, die dies häufig getan haben. Diese Werte geben zu der Feststellung Anlaß, daß selst in den Fällen, in denen einseitige Vorstellungen der Berufsrichter für die ehrenamtlichen Richter erkennbar werden, keineswegs stets seitens der ehrenamtlichen Richter auf deren Abbau gedrängt wird.

Ein Vergleich der Sozialstruktur der ehrenamtlichen Richter zueinander erweist, daß diese in keinem Lande homogen ist. Es sind weitgehende Unterschiede nach Alter, örtlichem Herkommen, Schulbildung, Berufsausbildung, -abschluß und -tätigkeit zu verzeichnen. Die ehrenamt-

[48] Die Befragung ist insoweit — wie bereits erwähnt — auf Wunsch der Präsidenten der obersten Verwaltungsgerichte der befragten Länder unterblieben, um die Anonymität der fraglichen Personengruppen weitgehendst zu wahren.

lichen Richter gehören fast allen sozialen Schichten an. Diese breite Auffächerung — sie ist in Bremen am geringsten — veranschaulicht die Gefahr, die von hierher auf die Rechtsssicherheit ausgehen könnte. So ist es erfreulich, daß die breite Mehrheit aller Befragten das derzeit gesetzlich bestimmte Übergewicht der Berufsrichter erhalten wissen will.

ad) Ergebnis zu Forschungsfrage 4/1:

1. Von der Sozialstruktur her bestehen zwischen Berufsrichtern und ehrenamtlichen Richtern bedeutsame Unterschiede.
2. a) Eine etwaige schichtenspezifische Einseitigkeit der Berufsrichter tritt nur wenig in Erscheinung.
   b) Wenn dies der Fall ist, wendet sich ein erheblicher Teil der ehrenamtlichen Richter häufig dagegen.
3. Seitens der ehrenamtlichen Richter muß ebenfalls mit schichtenbedingter Einseitigkeit gerechnet werden.

Das Ergebnis der Erhebung bestätigt somit die rationale Erwartung im wesentlichen.

ba) Rationale Erwartung 4/2:

Die Objektivität der ehrenamtlichen Richter ist nicht nur von ihren schichtenspezifischen Vorstellungen her bedroht.

Baur[49] hebt die Gefahr *„gefühlsmäßiger Reaktionen“* hervor. Sicherlich verfolgt die Ausbildung der Berufsrichter u. a. das Ziel, diese zur Distanznahme zu befähigen[50], wohingegen die Schulung in anderen Berufen die Fähigkeit zu gefühlsmäßiger Neutralität mehr oder minder außer Acht läßt. Das läßt jedoch noch nicht ohne weiteres den Schluß zu, daß der ehrenamtliche Richter nicht ebenfalls die gebotene Zurückhaltung zu wahren vermag. Der berufliche oder geschäftliche Erfolg, die soziale und gesellschaftliche Stellung zwingen vielfach auch den juristisch nicht vorgebildeten Bürger, „gefühlsmäßige Reaktionen“ tunlichst zu unterdrücken. Die latente Gefahr bleibt jedoch bestehen. Sie könnte insbesondere durch die Konfrontation mit der sozialen Stellung, der äußeren Erscheinung oder dem Verhalten der Beteiligten vor Gericht aktualisiert werden.

Die Notwendigkeit, emotional bestimmte Entscheidungen zu verhindern, bedingt eine Mehrheit der Berufsrichter. Nur derart läßt sich sicherstellen, daß ein Einfluß von Gefühlen ausgeglichen wird.

Forschungsfrage 4/2:

Unterliegen die Entscheidungen der ehrenamtlichen Richter dem Einfluß „gefühlsmäßiger Reaktionen“?

---

[49] Baur S. 63.
[50] Rüggeberg S. 211.

bb) Analyse zu Forschungsfrage 4/2:

Ri-2	Von den Berufsrichtern ...	B-W	Br	Nds	R-P	D
14	geben an, daß sich ehrenamtliche Richter bei ihrer Entscheidungsfindung haben beeinflussen lassen durch					
	a) die soziale Stellung:					
	„immer“ bzw. „oft“:	16 %	0 %	14 %	8 %	13 %
	„nie“:	38 %	70 %	36 %	48 %	41 %
	b) das äußere Erscheinungsbild:					
	„immer“ bzw. „oft“:	27 %	10 %	19 %	13 %	21 %
	„nie“:	28 %	30 %	25 %	36 %	28 %
	c) das Verhalten der Beteiligten:					
	„immer“ bzw. „oft“:	34 %	10 %	24 %	22 %	26 %
	„nie“:	15 %	20 %	18 %	24 %	18 %
18G	die die Mitwirkung ehrenamtlicher Richter für „falsch“ bzw. „überflüssig“ halten, heben hervor, es bestehe die Gefahr „emotional bestimmter“ Entscheidungen:	8 %	0 %	7 %	9 %	7 %
17b	geben als Grund für die Ablehnung eines Entscheidungsvorschlages durch die ehrenamtlichen Richter „sachfremde Erwägungen“ an:	5 %	10 %	4 %	3 %	5 %

RA-3	Von den Rechtsanwälten ...	B-W	Br	Nds	R-P	D
12	geben an, daß ehrenamtliche Richter in irgendeiner Weise — positiv oder negativ — reagiert hätten, auf:					
	a) die soziale Stellung:					
	„immer“ bzw. „oft“:	24 %	20 %	7 %	17 %	16 %
	„nie“:	52 %	60 %	55 %	67 %	58 %
	b) die äußere Erscheinung:					
	„immer“ bzw. „oft“:	25 %	20 %	7 %	9 %	14 %
	„nie“:	58 %	67 %	66 %	74 %	66 %
	c) das Verhalten der Beteiligten:					
	„immer“ bzw. „oft“:	36 %	18 %	20 %	20 %	24 %
	„nie“:	48 %	53 %	60 %	56 %	55 %
12 Falls	werden als „Reaktionen“ insbesondere hervorgehoben:					
	a) (soziale Stellung) Nuancen in der Anrede, Art und Ton der Fragestellung:	!	!!			
	b) (Erscheinungsbild) ungepflegtes Äußeres:	!	!	!		
	c) (Verhalten) Hartnäckiger Widerspruch:	!		!	!!!	

L-1	Von den ea Ri (selbst) ...	B-W	Br	Nds	R-P	D
18a	geben an, daß die Tatsache, daß ein Beteiligter demselben Verbande angehöre wie sie selbst und der Beteiligte ihnen aus diesem Grunde kannt sei, sie unangenehm berühren würde:	36 %	25 %	28 %	28 %	30 %
18b	geben an, daß sie sich in diesem Falle — falls möglich — von der Teilnahme an dieser Sitzung entbinden lassen würden:	52 %	28 %	40 %	46 %	43 %

bc) Wertung zu Forschungsfrage 4/2:

Das Ergebnis der Analyse zeigt ein aussagekräftiges Bild.

Berufsrichter und Rechtsanwälte sind sich — mit einigen Abweichungen — darüber einig, daß insgesamt rund ein Viertel der ehrenamtlichen Richter häufig emotional bestimmt reagiert. Dabei sind gewisse Abstufungen zu beobachten. Soziale Stellung und äußeres Erscheinungsbild der Beteiligten haben nicht den Einfluß wie das Verhalten der Beteiligten. Über den Anteil der ehrenamtlichen Richter, die sich gefühls-neutral verhalten, weichen die Vorstellungen von Berufsrichtern und Rechtsanwälten dagegen erheblich voneinander ab. Während die Werte bei letzteren — im Durchschnitt — bei über der Hälfte liegen, geben die Berufsrichter wesentlich niedrigere Werte an. Danach bleibt — im Durchschnitt — nicht einmal ein Fünftel der ehrenamtlichen Richter von dem Verhalten der Beteiligten unbeeindruckt. Insgesamt gesehen, dürften die Angaben der Berufsrichter den Gegebenheiten am nähesten kommen. Sie haben im Gegensatz zu den Rechtsanwälten die Möglichkeit, die Reaktion der ehrenamtlichen Richter auch in der Beratung zu beobachten. Bemerkenswert sind die Werte, die einerseits für Baden-Württemberg andererseits für Rheinland-Pfalz angegeben werden. Während dort die gefühlsmäßige Reaktion stärker als durchschnittlich betont wird, geschieht dies für Rheinland-Pfalz hinsichtlich des gefühls-neutralen Verhaltens.

Die Beobachtungen der Berufsrichter und Rechtsanwälte finden in den Angaben der ehrenamtlichen Richter zu der Frage nach ihrem Verhalten, wenn ein Beteiligter demselben Verbande angehöre, wie sie selbst, eine gewisse Bestätigung. Daß knapp ein Drittel von ihnen dies unangenehm berühren und — bis auf Bremen (28 %) — knapp die Hälfte sich von der Teilnahme entbinden lassen würde, deutet darauf hin, daß ein nicht geringer Teil der ehrenamtlichen Richter gefühlsmäßige Reaktionen nicht auszuschließen vermag.

Insgesamt gesehen, scheint es den Berufsrichtern aber möglich, einen emotional bestimmten Einfluß der ehrenamtlichen Richter weitgehend zu neutralisieren. Hierfür spricht, daß die Berufsrichter „sachfremde Erwägungen" der ehrenamtlichen Richter nur vereinzelt als Grund dafür angeben, daß letztere einem Entscheidungsvorschlag nicht zustimmen.

bd) Ergebnis zu Forschungsfrage 4/2:

1. Ein nicht unerheblicher Teil der ehrenamtlichen Richter unterliegt dem Einfluß „gefühlsmäßiger Reaktionen".
2. Die gerichtliche Entscheidung wird hiervon jedoch nur selten beeinflußt.

Das Ergebnis der Erhebung läßt die rationale Erwartung als zu optimistisch erscheinen.

ca) Rationale Erwartung 4/3:

Eine weitere Gefahr für ein objektives Urteil der ehrenamtlichen Richter könnte von den Trägern politischer, gesellschaftlicher, wirtschaftlicher u. ä. *Macht*[51] ausgehen. Das Verfahren der Bestellung ehrenamtlicher Richter nach der Verwaltungsgerichtsordnung[52] — insbesondere die Erstellung der Vorschlagslisten unter Mitwirkung der Vertretungskörperschaften der Kreise und kreisfreien Städte[53] — begünstigt die Einflußnahme von Parteien, Verbänden und Kirchen. Deren Mitglieder stellen im wesentlichen die Abgeordneten der Kreis- und Stadtvertretungen. Es liegt nahe und widerspricht keinem gesetzlichen Gebot, daß sie Mitgliedern ihrer eigenen Vereinigungen in erster Linie ihre Zustimmung erteilen. Engagement in einer Vereinigung bedeutet in der Regel Übereinstimmung mit deren Grundsätzen und Zielen. Im Hinblick darauf, daß gerade die Rechtsprechung der Verwaltungsgerichte vielfach Belange berührt, die unmittelbar oder mittelbar auch Interessen der angesprochenen Vereinigungen tangieren, kann für das als ehrenamtlicher Richter bestellte Mitglied in manchen Verwaltungsrechtsstreitigkeiten ein Konflikt zwischen dem Gebot der Unparteilichkeit und der Wahrung der Interessen der Vereinigung entstehen. Rechtsstaatliche Gesinnung dürfte dazu beitragen, diesen Konflikt im Sinne einer dem Gesamtinteresse verpflichteten Entscheidung zu bewältigen. Diese Gesinnung sollte es vor allem nicht zulassen, einseitige Interessenvertreter mit dem Ziel bewußter Einflußnahme in Vorschlag zu bringen.

Etwaigen Auswüchsen kann nach dem derzeitigen Rechtszustand nur durch eine Mehrheit der Berufsrichter gesteuert werden. Diese sind den fraglichen Einflüssen — gegenwärtig — in weitaus geringerem Maße ausgesetzt.

---

[51] Baur S. 53 und 55.
[52] §§ 26 ff. VwGO.
[53] § 28 VwGO.

Forschungsfrage 4/3:

Vermögen die Träger politischer, gesellschaftlicher, wirtschaftlicher u. ä. Macht über die ehrenamtlichen Richter Einfluß auf die verwaltungsgerichtliche Rechtsprechung zu gewinnen?

cb) Analyse zu Forschungsfrage 4/3:

Ri-2	Von den Berufsrichtern ...	B-W	Br	Nds	R-P	D
12c	geben an, es sei zu erkennen, daß ehrenamtliche Richter Grundsätzen und Vorstellungen ihres Verbandes Beachtung zu verschaffen suchten:					
	a) „oft“:	13 %	0 %	7 %	2 %	8 %
	b) „selten“:	53 %	70 %	71 %	69 %	64 %
	c) „nie“:	34 %	30 %	22 %	29 %	28 %
12c Trifft	geben an, daß dies auf „viele“ ehrenamtliche Richter zutreffe:	29 %	0 %	14 %	3 %	17 %
17b	geben als Grund für die Ablehnung eines Entscheidungsvorschlages durch die ehrenamtlichen Richter „sachfremde Erwägungen“ an:	5 %	10 %	4 %	3 %	5 %
18G	die die Mitwirkung ehrenamtlicher Richter für „falsch“ bzw. „überflüssig“ halten, heben die Gefahr des Einflussses von Interessengruppen hervor:	0 %	0 %	3 %	0 %	1 %
L-1	**Von den ea Ri (selbst) ...**	**B-W**	**Br**	**Nds**	**R-P**	**D**
4a)-1	geben an, einer Partei anzugehören:	64 %	66 %	88 %	92 %	81 %
4a)-2	geben an, einer Gewerkschaft anzugehören:	31 %	56 %	35 %	29 %	34 %
4a)-3	geben an, einem Arbeitgeberverband anzugehören:	28 %	12 %	24 %	24 %	25 %
4a	geben an, weder einer Partei, noch einer Gewerkschaft noch einem Arbeitgeberverband anzugehören:	15 %	6 %	5 %	5 %	8 %
4b)-1	geben an, in einem dieser Verbände aktiv tätig zu sein:	58 %	59 %	77 %	77 %	71 %
15b	geben an, als Verbandsangestellter tätig zu sein oder gewesen zu sein:	10 %	0 %	10 %	13 %	10 %
	davon geben als Tätigkeit an:					
	a) Geschäftsführer:	33 %	0 %	36 %	25 %	32 %
	b) Gewerkschaftssekretär:	14 %	0 %	15 %	15 %	15 %

Li-1	Von den ea Ri (selbst) ...	B-W	Br	Nds	R-P	D
4b)-2	geben an, als Bürgermeister, Beigeordneter oder Bürgermeister-Stellvertreter tätig zu sein oder gewesen zu sein:	4 %	0 %	6 %	12 %	6 %
4b)-2	geben an, in einer Gemeindevertretung, einer Kreisvertretung und/oder einer Bezirksvertretung tätig zu sein oder gewesen zu sein:	51 %	9 %	61 %	52 %	54 %
4b)-2	geben an, in einer kirchlichen Vertretung tätig zu sein oder gewesen zu sein:	14 %	6 %	16 %	15 %	15 %
11	geben an, daß ein ehrenamtlicher Richter den Grundsätzen und Vorstellungen seines Verbandes im Rahmen seiner verwaltungsgerichtlichen Mitwirkung Geltung verschaffen sollte:	9 %	6 %	15 %	13 %	13 %
11G	die dies bejahen, geben als Begründung an:					
	a) es sei der Sinn ihrer Mitwirkung, die Verbandsinteressen — im Rahmen der Gesetze — zu wahren:	31 %	0 %	40 %	26 %	37 %
	b) der Verbandsangehörige sei zwangsläufig geprägt:	21 %	0 %	18 %	21 %	19 %
	c) dies sei ein Weg, die politische Wirklichkeit verständlich zu machen:	5 %	50 %	20 %	37 %	19 %
11G	die dies verneinen, geben als Begründung an: der ehrenamtliche Richter sei kein „Interessenvertreter", er habe unabhängig, unparteiisch, sachbezogen und vorurteilslos zu urteilen:	74 %	93 %	79 %	77 %	78 %

cc) Wertung zu Forschungsfrage 4/3:

Auch das Ergebnis der Analyse zu dieser Frage ist aussagekräftig.

Die überwiegende Mehrheit der ehrenamtlichen Richter gehört einer Partei, einer Gewerkschaft oder einem Arbeitgeberverband an. Über die Hälfte von ihnen arbeitet in ihrer Vereinigung aktiv mit. Insoweit fällt auf, daß in den Ländern eine aktive Mitarbeit deutlich seltener benannt wird, in denen die Mitwirkung ehrenamtlicher Richter von den Berufsrichtern überwiegend abgelehnt wird. — Darüber hinaus sind — mit Ausnahme Bremens — mehr als die Hälfte der ehrenamtlichen

Richter Mitglied einer Gemeinde-, Kreis- und/oder Bezirksvertretung. Durchschnittlich 15 % sind in einer kirchlichen Vertretung tätig.

Trotz dieser vielfältigen Bindungen an wesentliche Träger politischer, gesellschaftlicher und wirtschaftlicher Macht fühlen sich — im Durchschnitt — nur wenig mehr als ein Zehntel der ehrenamtlichen Richter gehalten, im Rahmen ihrer verwaltungsgerichtlichen Tätigkeit den Grundsätzen und Vorstellungen ihres Verbandes Geltung zu verschaffen. Die überwiegende Mehrheit lehnt es ab, „Interessenvertreter" zu sein. Sie will unabhängig, unparteiisch, sachbezogen und vorurteilslos urteilen.

Daß die weitaus meisten ehrenamtlichen Richter auch ernsthaft bemüht sind, die von ihnen bekundete Unparteilichkeit zu wahren, wird durch die Angaben der Berufsrichter weitgehend bestätigt. Zwar verneinen nur — im Durchschnitt — wenig mehr als ein Viertel von ihnen jedes verbandsbezogene Verhalten der ehrenamtlichen Richter. Es ist aber auch nur von knapp einem Zehntel „oft" bemerkt worden. Die überwiegende Mehrheit der Berufsrichter hat ein Vertreten von Verbandsinteressen durch die ehrenamtlichen Richter nur „selten" wahrgenommen.

cd) Ergebnis zu Forschungsfrage 4/3:

Die überwiegende Mehrheit der ehrenamtlichen Richter lehnt es ab, als „Interessenvertreter" den Grundsätzen und Vorstellungen ihres Verbandes im Rahmen ihrer verwaltungsgerichtlichen Tätigkeit Geltung zu verschaffen.

Das Ergebnis der Erhebung bestätigt somit die rationale Erwartung.

da) Rationale Erwartung 4/4:

Baur[54] sieht die innere Entscheidungsfreiheit der ehrenamtlichen Richter auch durch die *Massenmedien* — Presse, Rundfunk und Fernsehen — gefährdet. Ihrer bewußten oder unbewußten Meinungsinfiltration sei der ehrenamtliche Richter ungeschützt ausgeliefert. Sein ursprüngliches Rechtsgefühl sei der Gefahr ausgesetzt, manipuliert zu werden[55]. Diese Möglichkeit, den ehrenamtlichen Richter auf eine bestimmte Grundeinstellung festzulegen, darf nicht gering bewertet werden. Eine geschickt aufgebaute Darstellung — in der Vereinigung visueller und akustischer Reize dargeboten — übt meist eine bezwingende Wirkung aus. Ihr vermag nur eine zu kritischem Denken befähigte Persönlichkeit zu begegnen. Diese Kritikfähigkeit setzt aber neben einem gewissen Bildungsstand sowie geistiger und ideologischer Unabhängigkeit vor allem ein breites Informationsniveau voraus, das es ermöglicht, mehrere

[54] Baur S. 53.
[55] Baur S. 54.

Standpunkte zu einem bestimmten Gegenstande kennenzulernen und zu verarbeiten. Selbst unter diesen Umständen ist ein Rest unbewußter Beeinflussung in eine bestimmte Richtung nicht gänzlich auszuschließen. Gerade einer unbewußten Meinungsmanipulation gegenüber sind auch die Berufsrichter nicht völlig unanfällig. Hier könnte das Gespräch im Kollegium[56] unter Einbeziehung der ehrenamtlichen Richter geeignet sein, zumindest schwerwiegende Fehlvorstellungen bewußt und damit korrigierbar werden zu lassen. Selbst das einseitige Informationsniveau des einen oder anderen Teilnehmers könnte in dem Meinungsaustausch durch den Beitrag der übrigen Mitglieder des Gerichts verbreitert und damit möglicherweise objektiviert werden.

Forschungsfrage 4/4:

Sind die ehrenamtlichen Richter einer Einflußnahme durch die Massenmedien gewachsen?

db) Analyse zu Forschungsfrage 4/4:

Ri-2	Von den Berufsrichtern ...	B-W	Br	Nds	R-P	D
17b	geben als Grund für die Ablehnung eines Entscheidungsvorschlages durch die ehrenamtlichen Richter „sachfremde Erwägungen" an:	5 %	10 %	4 %	3 %	5 %
18G	die die Mitwirkung ehrenamtlicher Richter für „falsch" bzw. „überflüssig" halten, heben die Gefahr emotionaler Entscheidungen hervor:	8 %	0 %	7 %	9 %	7 %

L-1	Von den ea Ri (selbst) ...	B-W	Br	Nds	R-P	D
14a	geben an, ihre Schulbildung mit dem Abitur abgeschlossen zu haben:	25 %	9 %	20 %	25 %	22 %
14d	geben an, einen Hochschulabschluß zu haben:	16 %	6 %	8 %	15 %	11 %
20	geben an, eine Stellungnahme der Massenmedien zu einem Rechtsstreit, an dessen Entscheidung sie beteiligt seien, hätte für sie folgende Bedeutung:					
	a) sie würden unbeeinflußt und unbeirrt ihre eigene Meinung bilden:	57 %	69 %	57 %	62 %	58 %
	davon geben an, daß gegenüber den Massenmedien ein „gesundes Mißtrauen" am Platze sei:	10 %	0 %	5 %	4 %	6 %

[56] Vgl. Rüggeberg S. 211 Fußnote 95.

L-1	Von den ea Ri (selbst) ...	B-W	Br	Nds	R-P	D
	b) die Stellungnahme könne sie nur wenig beeinflussen:	1 %	3 %	4 %	5 %	4 %
	c) die Stellungnahme sei — zumindest unterschwellig — eine Belastung:	5 %	3 %	4 %	3 %	4 %
	d) die Stellungnahme sei eine zusätzliche Information:	11 %	0 %	9 %	12 %	10 %
	e) die Stellungnahme würde ein besonderes Engagement bewirken:	0,5 %	3 %	6 %	1 %	3 %
	f) die Stellungnahme würde eine gründliche Vorbereitung ermöglichen:	6 %	0 %	3 %	2 %	3 %
	g) die Stellungnahme sollte als Diskussionsbeitrag in die Beratung einbezogen werden:	0 %	9 %	1 %	5 %	2 %
	Das sind von den mitgeteilten Ansichten:	95 %	97 %	96 %	97 %	96 %
14d/ 20	die einen Hochschulabschluß angegeben haben, würden unbeirrt ihre eigene Meinung bilden:	68 %	100 %	39 %	52 %	55 %

dc) Wertung zu Forschungsfrage 4/4:

Die Stellungnahme der Massenmedien ist für die Befragung auf einen bestimmten Rechtsstreit bezogen angegeben worden, um durch die Konkretisierung das Problem für die Befragten durchschaubarer zu gestalten. So erbringt die Analyse ein aussagekräftiges Bild.

Es lassen sich drei Meinungsgruppen feststellen. Die größte Gruppe — im Durchschnitt 58 % — würde sich unbeirrt von der Stellungnahme eine eigene Meinung aus dem Prozeßgeschehen bilden. Die kleinste Gruppe — im Durchschnitt 8 % — schließt eine gewisse Beeinflussung nicht aus. Die dritte Gruppe — im Durchschnitt 18 % — nimmt die Stellungnahme bewußt auf und betrachtet sie als Information.

Keiner der ehrenamtlichen Richter würde die Stellungnahme der Massenmedien bewußt als eigene Meinung übernehmen. Einige von ihnen haben sogar — ungefragt — ein „gesundes Mißtrauen" gegenüber den Massenmedien bekundet. Die Mehrheit von ihnen — die größte Gruppe — setzt sich aber in weit stärkerem Maße einer unbewußten Beeinflussung aus als vor allem die dritte Gruppe. Die ehrenamtlichen Richter der letzteren Gruppe sind sich der Stellungnahme der Massenmedien bewußt und können sie daher kritisch an ihren übrigen Informationen messen. Für die ehrenamtlichen Richter der größten Gruppe besteht demgegenüber die Gefahr, daß sich die Stellungnahme unbewußt unter die übrigen Informationen mischt und damit als solche der Massenmedien nicht mehr erkennbar bleibt.

dd) Ergebnis zu Forschungsfrage 4/4:

Die ehrenamtlichen Richter sind in dem Maße dem Einfluß der Massenmedien ausgesetzt, in dem sich für sie der Bezug zwischen einer Stellungnahme und einem konkreten Rechtsstreit vermischt.

Das Ergebnis der Erhebung bestätigt somit die rationale Erwartung im Grundsatz.

ea) Rationale Erwartung 4/5:

Nicht vergessen werden darf schließlich eine mögliche Einflußnahme durch einen *„Druck der Straße“*. Anders als zivilrechtlichen Streitigkeiten liegen den Streitfällen des Verwaltungsrechts vielfach aktuelle, insbesondere politische Fragen zugrunde — so die Erhöhung von Gebühren, die Beschränkung von Zulassungen oder das Verbot von Versammlungen. Die Brisanz derartiger Probleme kann an einer bestimmten Entscheidung interessierte Kreise veranlassen, ihre Meinung in einer mehr oder minder lautstarken Demonstration zu Gehör zu bringen. In einer solchen — keineswegs alltäglichen — Situation muß sich die Standhaftigkeit des Richters bewähren. Von einem ehrenamtlichen Richter, der insbesondere durch seine politische und gesellschaftliche Arbeit im Rechtsstaat verankert ist, sollte erwartet werden können, daß er auch trotz massiv vorgetragener Forderungen nur die von Gesetz und Recht gebotene Entscheidung unterstützen wird.

Forschungsfrage 4/5:

Könnte ein „Druck der Straße“ die Entscheidung der ehrenamtlichen Richter beeinflussen?

eb) Analyse zu Forschungsfrage 4/5:

Ri-2	Von den Berufsrichtern ...	B-W	Br	Nds	R-P	D
17b	geben als Grund für die Ablehnung eines Entscheidungsvorschlages durch die ehrenamtlichen Richter „sachfremde Erwägungen“ an:	5 %	10 %	4 %	3 %	5 %
L-1	**Von den ea Ri (selbst) ...**	**B-W**	**Br**	**Nds**	**R-P**	**D**
4b)-2	geben an, als Bürgermeister, Beigeordneter oder Bürgermeisterstellvertreter tätig zu sein oder gewesen zu sein:	4 %	0 %	6 %	12 %	6 %

L-1	Von den ea Ri (selbst) ...	B-W	Br	Nds	R-P	D
4b)-2	geben an, in einer Gemeindevertretung, einer Kreisvertretung und/oder einer Bezirksvertretung tätig zu sein oder gewesen zu sein:	51 %	9 %	61 %	52 %	54 %
25	geben an, der Richter sollte sich im Falle einer Demonstration wie folgt verhalten:					
	a) er sollte sich nicht unter Druck setzen lassen, sondern die sachlich gebotene Entscheidung treffen:	85 %	91 %	84 %	88 %	85 %
	b) er sollte die Sitzung vertagen:	5 %	6 %	6 %	3 %	5 %
	c) er sollte die Demonstranten aus dem Sitzungssaal entfernen lassen:	3 %	3 %	3 %	4 %	3 %
	d) er sollte Verständnis und Geduld zeigen, die Demonstranten anhören:	3 %	0 %	4 %	3 %	3 %
	e) er sollte die Forderungen und Argumente der Demonstranten in seine Überlegungen miteinbeziehen:	1 %	0 %	1 %	0 %	1 %
	Das sind von den mitgeteilten Ansichten:	96 %	100 %	98 %	99 %	98 %

ec) Wertung zu Forschungsfrage 4/5:

Für die ganz überwiegende Mehrheit der ehrenamtlichen Richter ist eine Demonstration vor einem Verwaltungsgericht eine theoretische Vorstellung. Sie sind darauf angewiesen, ihre mögliche Reaktion an Beobachtungen oder Berichten von Demonstrationen vor allem vor Strafgerichten zu messen. Unter diesem Gesichtswinkel erbringen die Ergebnisse der Analyse ein durchaus aussagekräftiges Bild.

Die weitaus meisten ehrenamtlichen Richter würden sich durch Demonstranten in keiner Weise beeindrucken lassen. Sie würden verhandeln und entscheiden, wie wenn nichts Außergewöhnliches eingetreten wäre. Einige wenige würden zu gewaltsamen Maßnahmen greifen. Ebenfalls nur einige wenige — im Durchschnitt 4 % — würden den Demonstranten Entgegenkommen zeigen.

Die von der Mehrzahl der ehrenamtlichen Richter bekundete Festigkeit gegenüber einem „Druck der Straße" sollte im Großen und Ganzen als realistisch angesehen werden. Mit Ausnahme Bremens sind über die Hälfte der ehrenamtlichen Richter als Bürgermeister oder als Mitglieder einer Gemeinde-, Kreis- und/oder Bezirksvertretung tätig oder waren als solche tätig. Sie sind somit öffentlichkeitsgewohnt. Der Umgang mit politisch Andersdenkenden ist ihnen nicht fremd. Einige von ihnen dürften auch schon Demonstrationen gegen geplante Beschlüsse ihrer Gemeindevertretung — vor allem gegen Gebührenerhöhungen — miterlebt haben.

ed) Ergebnis zu Forschungsfrage 4/5:

Von der Mehrzahl der ehrenamtlichen Richter kann erwartet werden, daß sie einem „Druck der Straße" gegenüber standfest bleiben werden.

Das Ergebnis der Erhebung bestätigt somit die rationale Erwartung.

D. Vermag der ehrenamtliche Richter Einfluß auf die Durcharbeitung der Entscheidung zu nehmen? — Wie steht es um den Zeitaufwand?

aa) Rationale Erwartung 5/1:

Vorstehend sind Teilaspekte einer möglichen Einflußnahme ehrenamtlicher Richter — Sachfrage, Rechtsfrage, Unparteilichkeit — angesprochen worden. Der Mitwirkung ehrenamtlicher Richter könnte darüber hinaus eine weitergehende, außerordentlich bedeutsame Funktion zukommen, die losgelöst von bestimmten Sachbereichen dem gesamten verwaltungsgerichtlichen Verfahren, insbesondere der mündlichen Verhandlung und vor allem der Beratung, wertvolle Impulse geben könnte.

Im Gegensatz zum Zivilprozeß ist dem Verwaltungsprozeß die Institution des Einzelrichters[57] fremd[58]. Dies hat zur Folge, daß jede mündliche Verhandlung in einem Verwaltungsrechtsstreit vor dem Gesamtspruchkörper — Kammer oder Senat — einschließlich der ehrenamtlichen Richter stattzufinden hat. Die — gewisse — Schwerfälligkeit dieses Apparates legt es nahe, die mündliche Verhandlung auf möglichst wenige Termine zu beschränken. Dies wiederum setzt eine intensive Vorbereitung voraus. So bewirkt allein die Tatsache der Zuziehung ehrenamtlicher Richter eine *Konzentration* des verwaltungsgerichtlichen Verfahrens.

Soll die Beteiligung ehrenamtlicher Richter an der mündlichen Verhandlung mehr als nur Dekoration bleiben, fällt insbesondere dem vorsitzenden Berufsrichter die Aufgabe zu, deren Ablauf auch für diesen Teil der Richterbank verständlich zu gestalten. Der Aktenvortrag des Berichterstatters, das Sach- und Rechtsgespräch mit den Beteiligten

---

[57] § 348 ZPO.

[58] Ule, Verwaltungsprozeßrecht, S. 50.

und die Beweisaufnahme sollten derart angelegt werden, daß die ehrenamtlichen Richter ihnen zu folgen vermögen. Auf diese Weise könnte die Gegenwart ehrenamtlicher Richter zur *Transparenz*[59] des verwaltungsgerichtlichen Verfahrens für die Beteiligten beitragen.

Die wohl bedeutsamste Auswirkung der Beteiligung ehrenamtlicher Richter dürfte deren Mitwirkung in der *Beratung* zukommen. Die Vorbereitung der mündlichen Verhandlung — vor allem die der Beweisaufnahme, der rechtlichen Gesichtspunkte und des Aktenvortrages — erfordert von dem Vorsitzenden und dem Berichterstatter eine intensive Beschäftigung mit dem Rechtsstreit, insbesondere auch eine Vorbesprechung im Kollegium der drei Berufsrichter. Diese Art der Vorbereitung würde bei einer reinen Berufsrichterbesetzung — soweit die mündliche Verhandlung den Akteninhalt bestätigt — eine eingehende Beratung erübrigen. Durch die Mitwirkung ehrenamtlicher Richter kommt der Beratung dagegen *zentrale* Bedeutung für die Entscheidungsfindung zu.

Die ehrenamtlichen Richter erhalten hier erstmals Gelegenheit, zu den Vorschlägen des Berichterstatters Stellung zu nehmen. Um ihnen eine Mitentscheidung zu ermöglichen, muß der Berichterstatter den gesamten Prozeßstoff, wie er sich nach Abschluß der mündlichen Verhandlung darstellt, sowie die Folgerungen vortragen, die sich daraus für die Entscheidung der Sach- und Rechtsfrage ergeben. Dem Berichterstatter — sowie den übrigen beiden Berufsrichtern — sollte dies zunächst Veranlassung sein, ihre bisherigen Vorstellungen zu dem Rechtsstreit noch einmal gründlich[60] zu überdenken und zu prüfen, ob sie tatsächlich geeignet sind, die vorgeschlagene Entscheidung zu tragen. Mit dem Zwang zur *Selbstkontrolle* wäre auch der Gefahr allzu *routinemäßiger* Behandlung, die dem täglichen Umgang mit einem bestimmten Sachbereich anhängt, ein wirksames Gegengewicht gesetzt. Was unter Fachleuten als bekannt unerwähnt bleibt, muß zum Verständnis der ehrenamtlichen Richter ständig erneut dargelegt werden und unterliegt damit immerwährender Kontrolle.

Des weiteren müssen die Berufsrichter stets beachten, daß die ehrenamtlichen Richter mit der Behandlung von Rechtsfragen nur unzulänglich vertraut sind. Dieser Umstand legt es nahe, in Berichterstattung und Diskussion, die rechtlichen Überlegungen auf das von der Sache her *Erforderliche* zu beschränken. Damit könnte die Mitwirkung ehrenamtlicher Richter Beratung und Entscheidungsgründe von zwar wissenschaftlich interessanten aber über den konkreten Fall hinausgehenden rechtlichen Erörterungen freihalten. Damit wäre auch dem Verständnis der Beteiligten ein Dienst geleistet.

---

[59] Peters, bei Bahls, S. 101/102.

[60] Nach Herzog (S. 193) besteht ein „unbestreitbarer Vorteil" der kollegialen Organisationsform darin, daß man von ihr im allgemeinen gründlichere Beratung erwarten könne.

Während bereits die bloße Gegenwart ehrenamtlicher Richter geeignet erscheint, die Berufsrichter zu Selbstkontrolle und rechtlicher Beschränkung zu veranlassen, verlangt die dritte Funktion der ehrenamtlichen Richter in der Beratung deren aktive Mitwirkung. Die ehrenamtlichen Richter vertreten die öffentliche Meinung im Beratungszimmer[61]. Ihre Reaktion kann den Berufsrichtern bereits vor der Verkündung der Entscheidung einen Eindruck davon vermitteln, wie diese in der Öffentlichkeit, insbesondere von den rechtsunkundigen Beteiligten aufgenommen werden könnte. Die Mitwirkung ehrenamtlicher Richter gibt den Berufsrichtern Gelegenheit — und sollte sie dazu zwingen —, ihren Entscheidungsvorschlag bzw. gegebenenfalls abweichende Vorstellungen derart darzulegen, daß sie auch den ehrenamtlichen Richtern *verständlich*[62] werden und ihrer Kritik standzuhalten vermögen. Die Berufsrichter können die *Überzeugungskraft* ihrer Argumente an den Fragen und Einwendungen der ehrenamtlichen Richter messen. Ihr Ziel muß es sein, auf der Grundlage von Gesetz und Recht zu überzeugen. Dieser *„Plausibilitätskontrolle"*[63] dürfte die hervorragendste Bedeutung der Beteiligung ehrenamtlicher Richter zukommen[64]. Sie bleibt freilich wertlos, wenn die ehrenamtlichen Richter diese Chance nicht erkennen oder nicht zu nutzen verstehen.

Forschungsfrage 5/1:

Ist von der Mitwirkung ehrenamtlicher Richter eine gründlichere Kontrolle des berufsrichterlichen Entscheidungsvorschlages zu erwarten?

ab) Analyse zu Forschungsfrage 5/1:

Ri-2	Von den Berufsrichtern ...	B-W	Br	Nds	R-P	D
18G	die die Mitwirkung ehrenamtlicher Richter für „falsch" bzw. „überflüssig" halten, heben hervor, daß die ehrenamtlichen Richter nichts zur Rechtsfindung beitragen:	54 %	29 %	67 %	36 %	51 %
9	geben an, daß sie als Berichterstatter bei ihrer Vorbereitung bewußt berücksichtigen, daß sie ihre Argumente ehrenamtlichen Richtern vortragen und verständlich machen müssen:					
	a) „immer" bzw „oft":	65 %	100 %	76 %	75 %	73 %
	b) „nie":	18 %	0 %	13 %	12 %	14 %

61 Ule, Demokratie, S. 681.
62 Peters, bei Bahls, S. 101/102.
63 Rüggeberg S. 212; Klausa S. 110.
64 Ule, Demokratie, S. 681.

Ri-2	Von den Berufsrichtern ...	B-W	Br	Nds	R-P	D
3a	geben an, es sei in ihrem Spruchkörper üblich, daß den ehrenamtlichen Richtern vor Eröffnung der mündlichen Verhandlung im Beratungszimmer eine knappe Einführung in die Problematik des anstehenden Falles gegeben werde:					
	a) „immer" bzw. „oft":	31 %	56 %	49 %	62 %	45 %
	b) „nie":	19 %	0 %	8 %	10 %	12 %
3b	geben an, daß eine derartige Einführung bereits von den ehrenamtlichen Richtern gefordert worden ist:	4 %	22 %	8 %	20 %	9 %
4	geben an, daß sich die meisten ehrenamtlichen Richter während der mündlichen Verhandlung „interessiert" verhielten:	93 %	90 %	95 %	95 %	94 %
5a	geben an, daß sich die ehrenamtlichen Richter an der mündlichen Verhandlung durch Fragen an die Beteiligten, die Zeugen und die Sachverständigen beteiligen:					
	a) „immer" bzw „oft":	11 %	7 %	9 %	13 %	11 %
	b) „nie":	16 %	14 %	9 %	5 %	11 %
5a Falls	geben an, daß die ehrenamtlichen Richter überwiegend Fragen stellen,					
	a) auf Aufforderung des Vorsitzenden:	21 %	11 %	17 %	8 %	17 %
	b) von sich aus:	20 %	33 %	28 %	30 %	25 %
5b	geben an, daß sie die ehrenamtlichen Richter veranlassen, ihnen ungeeignet erscheinende Fragen zurückzustellen:					
	a) „immer" bzw. „oft":	9 %	11 %	10 %	0 %	7 %
	b) „selten":	45 %	56 %	49 %	58 %	49 %
	insgesamt:	54 %	67 %	59 %	58 %	56 %
11a	geben an, daß die ehrenamtlichen Richter in der Beratung „oft" nur zuhören:	61 %	56 %	45 %	49 %	53 %
11b	geben an, daß die ehrenamtlichen Richter in der Beratung Fragen stellen:					
	a) „immer" bzw. „oft":	53 %	40 %	62 %	60 %	57 %
	b) „nie":	0 %	0 %	0 %	0 %	0 %

Ri-2	Von den Berufsrichtern ...	B-W	Br	Nds	R-P	D
11d	geben an, daß die ehrenamtlichen Richter in der Beratung „immer“ bzw. „oft“ Einwände erheben:	7 %	0 %	22 %	15 %	14 %
11b-f Falls	geben an, daß die ehrenamtlichen Richter in der Beratung überwiegend mitarbeiten					
	a) auf Aufforderung der Berufsrichter:	20 %	10 %	14 %	5 %	14 %
	b) von sich aus:	10 %	10 %	13 %	10 %	11 %
18G	die die Mitwirkung ehrenamtlicher Richter für „richtig“ halten, heben hervor:					
	a) die größere Transparenz der verwaltungsgerichtlichen Rechtsprechung:	6 %	0 %	9 %	6 %	7 %
	b) die vom Richterdenken unabhängige Kontrolle durch den Bürger:	3 %	25 %	4 %	3 %	4 %
	c) den Schutz vor dem Verharren der Berufsrichter in der Routine:	0 %	25 %	2 %	0 %	2 %
	d) den Zwang für die Berufsrichter, gründlicher zu beraten:	0 %	0 %	0 %	10 %	3 %
	e) den Zwang für die Berufsrichter zur Selbstkontrolle, sich verständlich auszudrücken und die Überzeugungskraft ihrer Argumente zu überprüfen:	45 %	25 %	28 %	32 %	34 %
	Das sind von den mitgeteilten Gründen:	34 %	50 %	26 %	29 %	30 %
16	geben an, daß die ehrenamtlichen Richter dem zur Abstimmung vorgelegten Entscheidungsvorschlag überwiegend zustimmen:	90 %	100 %	96 %	98 %	94 %
17a	geben als Grund für die Zustimmung der ehrenamtlichen Richter an:					
	a) die in der Beratung gewonnene Überzeugung von der Richtigkeit des Entscheidungsvorschlages:	34 %	42 %	53 %	57 %	46 %
	b) die Vorstellung, die Berufsrichter „werden es schon richtig machen“:	46 %	42 %	34 %	36 %	39 %
	c) das sei von Fall zu Fall unterschiedlich:	24 %	16 %	18 %	19 %	21 %

RA-3	Von den Rechtsanwälten ...	B-W	Br	Nds	R-P	D
3G	die die Mitwirkung ehrenamtlicher Richter für „falsch“ bzw. „überflüssig“ halten, weisen darauf hin, daß die ehrenamtlichen Richter nichts zur Rechtsfindung beitragen:	12 %	0 %	5 %	19 %	10 %
5b	geben an, daß sie ihre Partei auf die Mitwirkung ehrenamtlicher Richter aufmerksam machen:	52 %	61 %	45 %	46 %	50 %
8	geben an, sie berücksichtigten „immer“ bzw. „oft“ bei ihrer Terminsvorbereitung und ihrem Vortrag in der mündlichen Verhandlung bewußt, daß ehrenamtliche Richter mitwirken:	32 %	50 %	45 %	32 %	39 %
9	geben an, daß die meisten ehrenamtlichen Richter während der mündlichen Verhandlung „interessiert“ wirken:	59 %	88 %	69 %	70 %	70 %
10 a-e	geben an, daß sich die ehrenamtlichen Richter an der mündlichen Verhandlung durch Fragen an sie selbst, die Beteiligten, die Zeugen und die Sachverständigen beteiligen:					
	a) „immer“ bzw. „oft“:	10 %	5 %	5 %	8 %	7 %
	b) „nie“:	23 %	25 %	32 %	28 %	28 %
13b	haben den Eindruck, daß die Beteiligten im Hinblick auf die Mitwirkung ehrenamtlicher Richter eher bereit sind, eine ihnen nachteilige Entscheidung hinzunehmen:					
	a) zumindest „selten“:	8 %	13 %	12 %	9 %	11 %
	b) „nie“:	92 %	87 %	88 %	91 %	89 %
14	geben an, daß sich die Begründungen von Urteilen eines mit ehrenamtlichen Richtern besetzten Gerichts zumindest „selten“ durch Allgemeinverständlichkeit auszeichnen:	12 %	12 %	16 %	8 %	12 %
3G	die die Mitwirkung ehrenamtlicher Richter für „richtig“ halten, heben hervor:					
	a) die größere Transparenz der verwaltungsgerichtlichen Rechtsprechung:	0 %	0 %	0 %	11 %	3 %

RA-3	Von den Rechtsanwälten ...	B-W	Br	Nds	R-P	D
	b) den Schutz vor dem Verharren der Berufsrichter in der Routine:	0 %	10 %	0 %	0 %	3 %
	c) den Zwang für die Berufsrichter, sich verständlich auszudrücken:	0 %	10 %	0 %	11 %	5 %

B-4	Von den Beteiligten (*mit* ea Ri) ...	B-W	Br	Nds	R-P	D
5c Falls	die der Mitwirkung ehrenamtlicher Richter keinen Einfluß beimessen, verweisen darauf, daß diese nichts beizutragen vermögen:	0 %	0 %	20 %	20 %	10 %
14G	die das Amt eines ehrenamtlichen Richters nicht übernehmen würden, weisen auf die zu geringe Möglichkeit einer Einflußnahme hin:	50 %	0 %	13 %	14 %	18 %
9	geben an, daß die ehrenamtlichen Richter während der mündlichen Verhandlung „interessiert" gewirkt haben:	89 %	88 %	50 %	73 %	79 %
9	geben an, daß sich die ehrenamtlichen Richter an der mündlichen Verhandlung durch Fragen an die Beteiligten, die Zeugen und die Sachverständigen beteiligt haben:	58 %	41 %	80 %	45 %	54 %
5c Falls	die der Mitwirkung ehrenamtlicher Richter einen Einfluß zusprechen, heben hervor: den Zwang für die Berufsrichter, sich intensiver mit dem Rechtsstreite zu beschäftigen:	0 %	6 %	0 %	0 %	2 %

B-5	Von den Beteiligten (*ohne* ea Ri)	B-W	Br	Nds	R-P	D
8	die das Amt eines ehrenamtlichen Richters übernehmen würden, sehen in deren Mitwirkung ein Korrektiv gegen „gleichschaltende" Routine:	0 %	25 %	—	—	13 %

L-1	Von den ea Ri (selbst) ...	B-W	Br	Nds	R-P	D
3, 9, 32	die das Amt eines ehrenamtlichen Richters nicht freiwillig übernehmen würden, verweisen auf die zu geringe Möglichkeit, Einfluß zu nehmen:	8 %	0 %	10 %	5 %	8 %
16a	geben an, daß ihnen zum Verständnis des jeweiligen Rechtsstreites „immer“ bzw. „oft“ der Vortrag des Berichterstatters in der mündlichen Verhandlung genüge:	95 %	97 %	93 %	95 %	94 %
	davon a) „immer“:	35 %	28 %	40 %	42 %	38 %
	b) „oft“:	60 %	69 %	53 %	53 %	56 %
16b	geben an, daß sie vor Eröffnung der mündlichen Verhandlung im Beratungszimmer eine knappe Einführung in die Problematik des anstehenden Rechtsstreites begrüßen würden:	44 %	63 %	57 %	50 %	52 %
	zumindest in schwierigen Fällen:	52 %	37 %	39 %	44 %	44 %
16c	geben an, eine derartige Einführung bereits gefordert zu haben:	29 %	57 %	44 %	34 %	38 %
19	geben an, sie stellten in der mündlichen Verhandlung „immer“ bzw. „oft“ Fragen an die Beteiligten, die Zeugen und die Sachverständigen:	35 %	34 %	34 %	36 %	35 %
19 Falls „immer“	geben an, daß sie ihre Fragen überwiegend stellen:					
	a) auf Aufforderung des Vorsitzenden:	9 %	7 %	5 %	5 %	7 %
	b) von sich aus:	34 %	61 %	37 %	41 %	38 %
19	geben an, daß sie in der mündlichen Verhandlung „nie“ Fragen stellen:	10 %	16 %	9 %	10 %	10 %
19 Falls „nie“	die in der mündlichen Verhandlung „nie“ Fragen stellen, begründen dies damit:					
	a) daß dies in ihrem Spruchkörper nicht üblich sei bzw. daß die Berufsrichter ihnen keine Gelegenheit hierzu gäben:	6 %	13 %	10 %	11 %	9 %
	b) daß der Rechtsstreit durch die Berufsrichter umfassend geklärt werde:	16 %	7 %	10 %	16 %	14 %

L-1	Von den ea Ri (selbst) ...	B-W	Br	Nds	R-P	D
22	geben an, daß sich der jeweilige Berichterstatter in der Beratung bemühe, ihnen die von ihm vorgeschlagene Entscheidung verständlich zu machen:					
	a) „immer“:	85 %	88 %	85 %	89 %	86 %
	b) „oft“:	13 %	12 %	13 %	9 %	12 %
	insgesamt:	98 %	100 %	98 %	98 %	98 %
23	geben an, sie erhielten „immer“ bzw. „oft“ Gelegenheit, in der Beratung aktiv mitzuarbeiten:	99 %	97 %	99 %	99 %	99 %
23a	geben an, sich „immer“ bzw. „oft“ durch Fragen, sachkundige Hinweise, Einwände und durch Hinweise auf gleichgelagerte Fälle zu beteiligen:	79 %	78 %	78 %	80 %	78 %
23b	geben an, daß sie überwiegend mitarbeiten:					
	a) auf Anregung der Berufsrichter:	20 %	22 %	26 %	19 %	23 %
		46 %	41 %	37 %	40 %	40 %
	b) von sich aus:					
23a	geben an, daß sie „nie“ mitarbeiten:	3 %	2 %	2 %	1 %	2 %
23a Falls	die angeben, „nie“ mitzuarbeiten, begründen dies damit, daß dies nicht üblich sei bzw. daß ihnen die Berufsrichter hierzu keine Gelegenheit gäben:	5 %	0 %	17 %	25 %	13 %
24	geben an, daß der jeweilige Vorsitzende bemüht sei, auch bei den ehrenamtlichen Richtern Verständnis für die von den Berufsrichtern gebilligte Entscheidung zu wecken:					
	a) „immer“:	65 %	75 %	74 %	71 %	70 %
	b) „oft“:	25 %	19 %	19 %	21 %	21 %
	insgesamt:	90 %	94 %	93 %	92 %	91 %
32	geben an, daß sie das Amt eines ehrenamtlichen Richters erneut freiwillig übernehmen würden:	82 %	97 %	88 %	87 %	87 %
3, 9, 32	die das Amt eines ehrenamtlichen Richters freiwillig übernehmen würden, geben als Begründung an:					
	a) die Mitwirkung von Bürgern an der Rechtsprechung sei gut, wichtig und notwendig:	12 %	7 %	6 %	9 %	8 %

L-1	Von den ea Ri (selbst) ...	B-W	Br	Nds	R-P	D
	b) den Mitbürgern könnte zu ihrem Recht verholfen werden:	40 %	23 %	24 %	25 %	29 %
	c) die Rechtsprechung werde sozialer, menschlicher, lebensnäher:	16 %	20 %	30 %	12 %	22 %
	d) die Tätigkeit sei interessant:	50 %	57 %	45 %	54 %	49 %
	e) die Tätigkeit erweitere den Gesichtskreis:	54 %	53 %	51 %	38 %	49 %
	f) die Erfahrungen aus diesem Amt seien für Beruf und andere ehrenamtliche Tätigkeiten förderlich:	13 %	7 %	17 %	17 %	15 %
	g) die Mitarbeit der ehrenamtlichen Richter werde von den Berufsrichtern geschätzt:	0 %	3 %	1 %	1 %	1 %
	h) die Möglichkeit, am Verständlichmachen der Entscheidungen mitzuarbeiten:	0 %	0 %	0 %	1 %	0,2 %

ac) Wertung zu Forschungsfrage 5/1:

Von den Berufsrichtern lehnt ein nicht unerheblicher Teil die Mitwirkung ehrenamtlicher Richter deshalb ab, weil sie nach ihrer Meinung zur Rechtsfindung nichts beitragen. Dieser Grund trifft auch für die Ablehnung durch einen — wenn auch wesentlich geringeren — Teil der Rechtsanwälte und Beteiligten zu. Ein kleiner Teil der Beteiligten und der ehrenamtlichen Richter würde das Amt eines ehrenamtlichen Richters deshalb nicht übernehmen, weil ihnen die Einflußmöglichkeit zu gering erscheint.

Demgegenüber erwartet ein ebenfalls nicht unerheblicher Teil der Berufsrichter von der Mitwirkung ehrenamtlicher Richter größere Transparenz der verwaltungsgerichtlichen Rechtsprechung, eine vom Richterdenken unabhängige Kontrolle, einen Schutz vor dem Verharren in Routine, den Zwang zu gründlicherer Beratung sowie den Zwang zur Selbstkontrolle, zum Bemühen um Verständlichkeit und zum Überprüfen der Überzeugungskraft der Argumente. Einige Rechtsanwälte heben die größere Transparenz, den Schutz vor Routine und den Zwang zur Verständlichkeit hervor. Eine kleine Anzahl von Beteiligten sieht in der Mitwirkung ehrenamtlicher Richter ein Korrektiv gegen „gleichschaltende“ Routine und einen Zwang für die Berufsrichter, sich gründlicher mit dem Rechtsstreite zu befassen. Die ehrenamtlichen Richter selbst sehen das Ziel ihrer Mitwirkung dagegen überwiegend sachbezogen — interessanter Einblick, Erweiterung des Gesichtskreises, Förderung lebensnaher und gerechter Entscheidungen. Knapp ein Zehntel hält die Mitwirkung ohne weitere Differenzierung für „gut“, „wichtig“ und „notwendig“. Nur ein einziger ehrenamtlicher Richter sieht in seiner Mitarbeit die Möglichkeit, die Entscheidungen verständlicher zu machen.

Das Ergebnis der Analyse gibt Aufschluß darüber, welche Wirkung von der Beteiligung ehrenamtlicher Richter im Hinblick auf die von Berufsrichtern, Rechtsanwälten und Beteiligten im Vorstehenden genannten Zielvorstellungen ausgeht. Diese Wirkung ist insbesondere im Rückschluß aus den Angaben über das Verhalten der Berufsrichter und der ehrenamtlichen Richter zu ermessen.

Die überwiegende Mehrheit der ehrenamtlichen Richter würde dieses Amt erneut freiwillig übernehmen. Fast die Hälfte von ihnen gibt ausdrücklich „Interesse“ an dieser Tätigkeit als Grund an. Aber auch aus den Vorstellungen der meisten übrigen ehrenamtlichen Richter läßt sich Interesse an den verwaltungsgerichtlichen Vorgängen ablesen. Das Interesse kommt insbesondere einmal darin zum Ausdruck, daß fast alle ehrenamtlichen Richter — zumindest in schwierigen Streitfällen — bereits vor Eröffnung der mündlichen Verhandlung im Beratungszimmer eine knappe Einführung in die Problematik des anstehenden Rechtsstreites begrüßen würden. Über ein Drittel von ihnen hat eine derartige Einführung bereits gefordert. Des weiteren zeigt sich das Interesse der ehrenamtlichen Richter in ihrer Mitarbeit. Zwar beteiligen sich — nach ihren Angaben — nur etwas mehr als ein Drittel von ihnen häufig an der mündlichen Verhandlung durch Fragen und etwas mehr als drei Viertel von ihnen häufig an der Beratung durch Fragen, Einwände und sonstige Beiträge. Der Anteil derer, die sich „nie“ beteiligen, liegt aber nur bei — im Durchschnitt — einem Zehntel. Der Anstoß zur Mitarbeit geht nach Meinung von über einem Drittel der ehrenamtlichen Richter von diesen selbst aus. Diese Selbsteinschätzung der ehrenamtlichen Richter findet im Grundsätzlichen in den Angaben der übrigen befragten Personengruppen ihre Bestätigung. Die weitaus meisten Berufsrichter sowie die Mehrheit der Rechtsanwälte und Beteiligten bescheinigen den ehrenamtlichen Richtern interessiertes Verhalten in der mündlichen Verhandlung. Die Mehrheit der Berufsrichter, Rechtsanwälte und Beteiligten bestätigt ebenfalls — wenn auch mit teils nicht unerheblich abweichenden Hundertsätzen — die Mitarbeit der ehrenamtlichen Richter. Von den Berufsrichtern im besonderen geben — im Durchschnitt — ein Zehntel an, daß die ehrenamtlichen Richter eine knappe Einführung im Beratungszimmer gefordert haben. Von einem kleinen Teil der Berufsrichter wird auch das eigenständige Bemühen der ehrenamtlichen Richter um Mitarbeit bekundet.

Insgesamt gesehen berechtigt das vorstehend skizzierte *aktive* Interesse der ehrenamtlichen Richter zu der Feststellung, daß die überwiegende Mehrheit von ihnen diesem Amt keineswegs gleichgültig gegenübersteht. Das bedeutet, daß die ehrenamtlichen Richter als Mitglieder des Verwaltungsgerichts durchaus ernst zu nehmen sind und die Berufsrichter sich auf ihre Mitwirkung einstellen müssen.

Diesem Erfordernis werden die Berufsrichter weitgehend gerecht.

Knapp drei Viertel von ihnen berücksichtigen häufig bereits bei der Vorbereitung ihrer Berichterstattung bewußt, daß sie ihre Argumente auch den ehrenamtlichen Richtern verständlich machen müssen. Trotzdem sollte nicht unerwähnt bleiben, daß — mit Ausnahme Bremens — über ein Zehntel der Berufsrichter dies „nie" bewußt berücksichtigt. Dabei fällt auf, daß der Wert für Baden-Württemberg überdurchschnittlich hoch liegt.

Nicht ganz die Hälfte der Berufsrichter bekundet, daß es in ihrem Spruchkörper häufig üblich sei, den ehrenamtlichen Richtern vor Eröffnung der mündlichen Verhandlung im Beratungszimmer eine knappe Einführung in die Problematik des anstehenden Rechtsstreites zu geben. Auch insoweit verneinen — mit Ausnahme Bremens — etwas über ein Zehntel der Berufsrichter jede Einführung. Baden-Württemberg fällt wiederum durch einen überdurchschnittlich hohen Wert auf.

Ein Teil der Berufsrichter und der ehrenamtlichen Richter stimmen darin überein, daß auch erstere die letzteren sowohl in der mündlichen Verhandlung wie in der Beratung zur Mitarbeit anregen. Etwas über die Hälfte der Berufsrichter veranlaßt — wenn auch überwiegend „selten" — die ehrenamtlichen Richter, in der mündlichen Verhandlung ihnen ungeeignet erscheinende Fragen zurückzustellen.

In der *Beratung* erhalten fast alle ehrenamtlichen Richter — nach eigenen Angaben — Gelegenheit, aktiv mitzuarbeiten. Die allermeisten ehrenamtlichen Richter bestätigen den Berufsrichtern, daß sie sowohl als Berichterstatter wie als Vorsitzende darum bemüht sind, ihnen die vorgeschlagene Entscheidung verständlich zu machen. Dabei liegt der Wert für „immer" hinsichtlich der Vorsitzenden um etwa ein Zehntel hinter dem für die Berichterstatter zurück. Auch hier fällt auf, daß der Wert für die Vorsitzenden Baden-Württembergs unter dem Durchschnitt liegt.

Alles in allem läßt sich feststellen, daß die Mitwirkung ehrenamtlicher Richter die weitaus meisten Berufsrichter dazu veranlaßt, sich verstärkt auf Fachfremde einzustellen und sich mit ihnen auseinanderzusetzen. Vor allem wird die Beratung durch das Bemühen der Berufsrichter um Verständnis für ihren Vorschlag eingehender.

Entscheidend ist jedoch der Nutzen für die verwaltungsgerichtliche Arbeit.

Die intensivere Beratung bringt eine verstärkte *Selbstkontrolle* der Berufsrichter mit sich. Das Bemühen um Verständnis bei Fachfremden nötigt, auch „Selbstverständliches" darzulegen, und hilft damit, *Routine* abzubauen.

Die Frage, ob der wesentlichste Gesichtspunkt für die Mitwirkung ehrenamtlicher Richter — die Möglichkeit, die vorgeschlagene Entscheidung hinsichtlich *Verständlichkeit* und *Überzeugungskraft* einer vorgezogenen Kritik durch Repräsentanten der Öffentlichkeit zu unterwerfen — erreicht ist, beantwortet die Feststellung, daß sich die Berufsrichter darum bemühen, ihren Vorschlag verständlich zu machen, noch nicht allein. Ausschlaggebend ist erst, wie Abstimmung und Motivation der ehrenamtlichen Richter durch die Berufsrichter beeinflußt werden.

Nach Angabe fast aller Berufsrichter stimmen die ehrenamtlichen Richter dem zur Abstimmung vorgelegten Entscheidungsvorschlag überwiegend zu. Grund hierfür ist nach Beobachtung von knapp der Hälfte der Berufsrichter, daß die ehrenamtlichen Richter in der Beratung überzeugt worden sind. Etwas über ein Drittel der Berufsrichter benennen als Grund, daß die ehrenamtlichen Richter der Vorstellung seien, „die Berufsrichter werden es schon richtig machen". Rund ein Fünftel der Berufsrichter meint, daß der Grund von Fall zu Fall unterschiedlich sei.

Zwar gelingt es den Berufsrichtern nicht, alle ehrenamtlichen Richter von der Richtigkeit des Entscheidungsvorschlages zu überzeugen. Immerhin erreichen deren Anteil unter Berücksichtigung der Gruppe „von Fall zu Fall" in den Ländern Niedersachsen und Rheinland-Pfalz deutlich mehr als die Hälfte und im Lande Bremen vielleicht die Hälfte. Lediglich in Baden-Württemberg dürften die ehrenamtlichen Richter, die dem Entscheidungsvorschlag aus Überzeugung zustimmen, nicht einmal die Hälfte ausmachen. In Anbetracht der Erfahrung, daß gerade in verwaltungsrechtlichen Streitigkeiten schwierige Rechtsfragen im Vordergrund stehen, ist aber auch eine Zustimmung in der Vorstellung, „die Berufsrichter werden es schon richtig machen", als ein gewisser Erfolg für das Bemühen der Berufsrichter um Verständnis anzusehen. Die ehrenamtlichen Richter vermögen den rechtlichen Ausführungen der Berufsrichter zwar infolge mangelnder Vorbildung nicht bis in die letzte Verästelung zu folgen. Eine gewisse rechtliche Grundvorstellung, Lebenserfahrung und gesundes Rechtsempfinden ermöglichen es den meisten ehrenamtlichen Richtern jedoch, die Darstellung der Berufsrichter in etwa auf ihre Richtigkeit *abzuschätzen*. Sie sind nicht wirklich überzeugt. Sie sehen aber auch keine Veranlassung zur Ablehnung. Resignation dürfte dagegen nur unbedeutend als Motivation in Betracht kommen. Dies ist daraus zu folgern, daß der weitaus größere Teil der ehrenamtlichen Richter diese Tätigkeit erneut übernehmen würde.

Zusammenfassend scheint es somit berechtigt, festzustellen, daß die überwiegende Mehrheit der Berufsrichter die Möglichkeit, ihren Entscheidungsvorschlag vor der „Öffentlichkeit im Beratungszimmer" zu rechtfertigen, nutzt.

Bedauerlich ist freilich, daß die schriftlichen Urteilsgründe, die den ehrenamtlichen Richtern nicht zur Einsicht vorgelegt werden, nicht mehr Allgemeinverständlichkeit anstreben. Von den Rechtsanwälten bekunden nur wenig mehr als ein Zehntel, daß sich die Urteile der mit ehrenamtlichen Richtern besetzten Verwaltungsgerichte zumindest „selten" durch Allgemeinverständlichkeit auszeichnen.

ad) Ergebnis zu Forschungsfrage 5/1:

1. a) Die überwiegende Mehrheit der ehrenamtlichen Richter bringt in dieses Amt Interesse und Bereitschaft zur Mitarbeit mit.

1. b) Die überwiegende Mehrheit der Berufsrichter ist bemüht, die ehrenamtlichen Richter in die verwaltungsgerichtliche Arbeit einzubeziehen.

2. Beide Aktivitäten fördern die Selbstkontrolle der Berufsrichter, den Abbau der Routine und für die Berufsrichter die Möglichkeit, Verständlichkeit und Überzeugungskraft ihres Entscheidungsvorschlages der Kritik der ehrenamtlichen Richter zu unterwerfen.

Das Ergebnis der Erhebung bestätigt somit die rationale Erwartung.

ba) Rationale Erwartung 5/2:

Begreifen sich die ehrenamtlichen Richter nicht nur als Statisten, betrachten die Berufsrichter ihre Zuziehung nicht nur als lästige Dekoration, so bedeutet ihre Mitwirkung einen zusätzlichen *Zeitaufwand*. Die Berufsrichter — vor allem der Vorsitzende und der Berichterstatter — müssen sich bei ihrer Vorbereitung und der Durchführung des Verfahrens auf das Beteiligtsein fachlich nicht vorgebildeter ehrenamtlicher Richter einstellen. Das Erfordernis, die gesamte Entscheidungsgrundlage in der Beratung auch den ehrenamtlichen Richtern verständlich und überzeugend vortragen und gegebenenfalls in der Diskussion erläutern zu müssen, kostet Zeit. Der zusätzliche Zeitaufwand sollte die Mitwirkung ehrenamtlicher Richter jedoch nicht in Frage stellen.

Zum einen können erfahrene Berufsrichter den Zeitaufwand in angemessenen Grenzen halten. Eine Einführung der ehrenamtlichen Richter vor ihrem ersten Tätigwerden in ihre Rechte und Pflichten und den Ablauf des Verfahrens sowie vor Eintritt in die mündliche Verhandlung im Beratungszimmer ein geeigneter Hinweis auf die bedeutsamen Gesichtspunkte des Verhandlungsstoffes können unnütze und zeitraubende Fragen ersparen. Ein geschickter Vorsitzender und ein geübter Berichterstatter können die Beratung auf das Wesentliche beschränken und unfruchtbaren Erörterungen vorbeugen, ohne die ehrenamtlichen Richter in ihrer wünschenswerten Entfaltung einzuengen.

Zum anderen darf der Zeitaufwand nicht isoliert betrachtet werden. Er wird, zumindest teilweise — durch den Zwang, das Verfahren auf nur wenige Termine zu konzentrieren, ausgeglichen.

Schließlich dient eine lebensnahe und überzeugende Rechtsprechung in Verwaltungsrechtsstreitigkeiten der Festigung des Rechtsstaates. Für dieses Ziel muß auch ein zusätzlicher Zeitaufwand in Kauf genommen werden.

Forschungsfrage 5/2:

Bedeutet die Mitwirkung ehrenamtlicher Richter einen ins Gewicht fallenden zusätzlichen Zeitaufwand?

bb) Analyse zu Forschungsfrage 5/2:

Ri-2	Von den Berufsrichtern ...	B-W	Br	Nds	R-P	D
9 Falls	die bei ihrer Vorbereitung als Berichterstatter die Mitwirkung ehrenamtlicher Richter bewußt berücksichtigen, geben an, daß dies für sie einen ins Gewicht fallenden zusätzlichen Zeitaufwand bedeute:	15 %	20 %	17 %	23 %	17 %
3a	geben an, daß den ehrenamtlichen Richtern in ihrem Spruchkörper „immer" bzw. „oft" vor Eröffnung der mündlichen Verhandlung im Beratungszimmer eine knappe Einführung in die Problematik des anstehenden Rechtsstreites gegeben werde:	31 %	56 %	49 %	62 %	45 %
5a	geben an, daß die ehrenamtlichen Richter in der mündlichen Verhandlung „immer" bzw. „oft" Fragen an die Beteiligten, Zeugen oder Sachverständigen stellen:	11 %	7 %	9 %	13 %	11 %
6a	geben an, daß Fragen der ehrenamtlichen Richter „immer" bzw. „oft" zur Sachaufklärung beitragen:	14 %	11 %	20 %	29 %	19 %

Ri-2	Von den Berufsrichtern ...	B-W	Br	Nds	R-P	D
6b	geben an, daß Fragen der ehrenamtlichen Richter „immer“ bzw. „oft“ reine Nebensächlichkeiten betreffen:	69 %	60 %	62 %	43 %	61 %
6c	geben an, daß Fragen „immer“ bzw. „oft“ an sich überflüssige Wiederholungen veranlassen:	50 %	25 %	23 %	13 %	31 %
5b	geben an, daß sie die ehrenamtlichen Richter „immer“ bzw. „oft“ veranlassen, Fragen, die ihnen ungeeignet erscheinen, zurückzustellen:	9 %	11 %	10 %	0 %	7 %
10a	geben an, daß die Mitwirkung ehrenamtlicher Richter in der Beratung einen ins Gewicht fallenden zusätzlichen Zeitaufwand bedeutet:	51 %	70 %	40 %	81 %	54 %
11a	geben an, daß die ehrenamtlichen Richter in der Beratung „oft“ nur zuhören:	61 %	56 %	45 %	49 %	53 %
11b	geben an, daß die ehrenamtlichen Richter in der Beratung „immer“ bzw. „oft“ Fragen stellen:	53 %	40 %	62 %	60 %	57 %
11c	geben an, daß sie „immer“ bzw. „oft“ sachkundige Hinweise geben:	14 %	0 %	24 %	33 %	21 %
11d	geben an, daß sie „immer“ bzw. „oft“ Einwände erheben:	7 %	0 %	22 %	15 %	14 %
11f	geben an, daß sie „immer“ bzw. „oft“ an der Sache vorbeireden:	53 %	20 %	32 %	20 %	38 %
18G	die die Mitwirkung ehrenamtlicher Richter für „falsch“ bzw. „überflüssig“ halten, begründen dies mit dem Zeitaufwand — Verlängerung der mündlichen Verhandlung und Verzögerung der Beratung —:	27 %	29 %	66 %	18 %	37 %

RA-3	Von den Rechtsanwälten ...	B-W	Br	Nds	R-P	D
7	interessieren sich vor dem jeweiligen Verhandlungstermin dafür, wer als ehrenamtlicher Richter teilnimmt:	20 %	24 %	21 %	24 %	22 %

RA-3	Von den Rechtsanwälten ...	B-W	Br	Nds	R-P	D
8	die bei ihrer Terminsvorbereitung und ihrem Vortrag in der mündlichen Verhandlung bewußt die Mitwirkung ehrenamtlicher Richter berücksichtigen, geben an, daß dies für sie einen ins Gewicht fallenden zusätzlichen Zeitaufwand bedeutet:	6 %	8 %	12 %	7 %	9 %
10	geben an, daß sich die ehrenamtlichen Richter „immer" bzw. „oft" an der mündlichen Verhandlung durch Fragen an sie selbst, die Beteiligten, die Zeugen und die Sachverständigen beteiligen:	10 %	5 %	5 %	8 %	7 %
11a	geben an, daß Fragen der ehrenamtlichen Richter „immer" bzw. „oft" zur Sachaufklärung beitragen:	20 %	47 %	11 %	17 %	22 %
11b	geben an, daß Fragen der ehrenamtlichen Richter „immer" bzw. „oft" reine Nebensächlichkeiten betreffen:	68 %	31 %	69 %	65 %	61 %
11c	geben an, daß Fragen „immer" bzw. „oft" an sich überflüssige Wiederholungen veranlassen:	41 %	25 %	39 %	39 %	37 %
3G	die die Mitwirkung ehrenamtlicher Richter für „falsch" bzw. „überflüssig" halten, begründen dies mit der — zeitraubenden — umständlichen und langwierigen Unterrichtung der ehrenamtlichen Richter:	0 %	0 %	10 %	6 %	5 %

B-4	Von den Beteiligten (*mit* ea Ri) ...	B-W	Br	Nds	R-P	D
9	geben an, daß sich die ehrenamtlichen Richter an der mündlichen Verhandlung durch Fragen an die Beteiligten, die Zeugen und Sachverständigen beteiligt haben:	58 %	41 %	80 %	45 %	54 %

L-1	Von den ea Ri (selbst) ...	B-W	Br	Nds	R-P	D
	geben an, daß sie eine Einführung:					
12a	a) in ihre Rechte und Pflichten:	63 %	75 %	71 %	63 %	67 %

L-1	Von den ea Ri (selbst) ...	B-W	Br	Nds	R-P	D
12b	b) in den Ablauf des verwaltungsgerichtlichen Verfahrens: erhalten hätten.	45 %	55 %	61 %	52 %	55 %
8	geben an, daß sie benötigt hätten, um sich in ihrem verwaltungsgerichtlichen Wirkungskreis zurecht zu finden:					
	a) bis zu zwei Sitzungstage:	66 %	56 %	75 %	74 %	71 %
	b) drei bis vier Sitzungstage:	31 %	34 %	21 %	20 %	25 %
	insgesamt:	97 %	90 %	96 %	94 %	96 %
16b	geben an, daß sie eine knappe Einführung in die Problematik des anstehenden Rechtsstreites vor Eröffnung der mündlichen Verhandlung im Beratungszimmer begrüßen würden:	44 %	63 %	57 %	50 %	52 %
	zumindest in schwierigen Fällen:	52 %	37 %	39 %	44 %	44 %
	insgesamt:	96 %	100 %	96 %	94 %	96 %
19	geben an, sie stellten in der mündlichen Verhandlung an die Beteiligten, die Zeugen oder die Sachverständigen „immer“ bzw. „oft“ Fragen:	35 %	34 %	34 %	36 %	35 %
22	geben an, daß sich der jeweilige Berichterstatter in der Beratung „immer“ bemühe, den ehrenamtlichen Richtern die von ihm vorgeschlagene Entscheidung verständlich zu machen:	85 %	88 %	85 %	89 %	86 %
24	geben an, daß sich der jeweilige Vorsitzende in der Beratung „immer“ bemühe, bei den ehrenamtlichen Richtern Verständnis für die von den Berufsrichtern gebilligte Entscheidung zu wecken:	65 %	75 %	74 %	71 %	70 %
23a	geben an, sich an der Beratung „immer“ bzw. „oft“ durch Fragen, Hinweise, Einwände und die Mitteilung gleichgelagerter Fälle zu beteiligen:	79 %	78 %	78 %	80 %	78 %
26	geben an, daß sie versuchen würden, zu einer ihnen unverständlich gebliebenen Rechtsfrage durch Fragen an die Berufsrichter Aufklärung zu erlangen:	85 %	88 %	86 %	86 %	86 %

bc) Wertung zu Forschungsfrage 5/2:

Ein kleiner Teil der Berufsrichter und einige wenige Rechtsanwälte werten den zusätzlichen Zeitaufwand, der durch die Mitwirkung ehrenamtlicher Richter entstünde, derart schwerwiegend, daß sie deren Beteiligung aus diesem Grunde ablehnen. Das Ergebnis der Analyse gibt Aufschluß, inwieweit durch die Mitwirkung ehrenamtlicher Richter ein zusätzlicher Zeitaufwand eintritt.

Dieser Zeitaufwand läßt sich in drei Abschnitte aufgliedern — die Vorbereitung, die mündliche Verhandlung und die Beratung.

Zur *Vorbereitung* gehört eine Einführung der ehrenamtlichen Richter in ihren Aufgabenkreis. Hierfür wird nicht einmal bei allen Gerichten Zeit aufgewandt. Nur zwei Drittel der ehrenamtlichen Richter sind mit ihren Rechten und Pflichten und nur etwas mehr als die Hälfte mit dem Ablauf des verwaltungsgerichtlichen Verfahrens vertraut gemacht worden. Diese Einführung hat sicherlich dazu beigetragen, daß sich fast alle ehrenamtlichen Richter nach spätestens vier, nicht ganz drei Viertel von ihnen sogar nach spätestens zwei Sitzungstagen — nach eigenen Angaben — in ihrem neuen Wirkungskreis zurecht gefunden haben.

Berufsrichter und Rechtsanwälte müssen die mündliche Verhandlung vorbereiten. Von den Berichterstattern beklagt nicht einmal ein Fünftel — im Durchschnitt — einen zusätzlichen Zeitaufwand als Folge der Mitwirkung ehrenamtlichen Richter. Bei den Rechtsanwälten ist es nur knapp ein Zehntel, für die dieser Umstand einen zusätzlichen Zeitaufwand bedeutet.

Der *mündlichen Verhandlung* sollte nach dem Wunsch fast aller ehrenamtlichen Richter — zumindest in schwierigen Fällen — eine knappe Einführung in die Problematik des anstehenden Falles vorausgehen. Derzeit bekunden nur knapp die Hälfte der Berufsrichter, daß in ihrem Spruchkörper eine derartige Einführung erfolgt. Ernsthaft betrieben könnte sie mit wenig Zeitaufwand unnütze und damit zeitaufwendige Fragen der ehrenamtlichen Richter vermindern helfen.

Nach wie vor beinhalten viele Fragen der ehrenamtlichen Richter in der mündlichen Verhandlung reine Nebensächlichkeiten und Wiederholungen. Der Zeitverlust, der hierdurch entsteht, ist jedoch nicht übermäßig, da das Gesamtaufkommen an Fragen nicht sehr groß ist.

In der *Beratung* tritt die Mitwirkung ehrenamtlicher Richter am zeitintensivsten hervor. Die meisten Berichterstatter und Vorsitzenden bemühen sich, den Entscheidungsvorschlag den ehrenamtlichen Richtern verständlich zu machen. Die ehrenamtlichen Richter ihrerseits arbeiten durch Fragen, Hinweise, Einwände und andere Beiträge mit. Von den ehrenamtlichen Richtern geben mehr als drei Viertel an, sich häufig zu beteiligen. Die Angaben der Berufsrichter bestätigen eine häufige Mitarbeit der ehrenamtlichen Richter.

Der Umfang des zeitlichen Mehraufwandes läßt sich jedoch kaum abschätzen. Er ist von einer Vielzahl unterschiedlicher Faktoren abhängig — so dem Umfang und der Schwierigkeit des jeweiligen Streitfalles, dem Geschick der jeweiligen Berufsrichter und der Aufgeschlossenheit der jeweiligen ehrenamtlichen Richter.

bd) Ergebnis zu Forschungsfrage 5/2:

1. Die Mitwirkung ehrenamtlicher Richter veranlaßt sowohl in der Vorbereitung, wie in der mündlichen Verhandlung als auch in der Beratung einen zusätzlichen Zeitaufwand.
2. Ins Gewicht fällt er aber nur in der Beratung.

Das Ergebnis der Erhebung bestätigt somit die rationale Erwartung.

3. Liegt die Bedeutung der Mitwirkung ehrenamtlicher Richter außerdem in einem Beitrag zur Überwindung der Unsicherheit der Bürger im öffentlich-rechtlichen Bereiche?

Über den Wert der Beteiligung ehrenamtlicher Richter entscheidet vor allem deren Einfluß auf die verwaltungsgerichtliche Entscheidung. Dies darf aber nicht dazu führen, etwaigen weiteren Nutzen der ehrenamtlichen Richter unberücksichtigt zu lassen.

A. Vermag die Mitwirkung ehrenamtlicher Richter zur Überwindung der Rechtsfremdheit der Bürger auf dem Gebiete des Verwaltungsrechts beizutragen?

a) Rationale Erwartung 6/1:

Das Leben des Bürgers wird in zunehmendem Maße durch eine Vielfalt öffentlich-rechtlicher Vorschriften bestimmt. Er bedarf einer Betriebserlaubnis, einer Baugenehmigung, einer Studienzulassung, eines Freistellungsbescheides u. v. a. m. Er hat Verkehrsregeln und die Bestimmungen über den Umgang mit den verschiedensten Gegenständen zu beachten. Er hat öffentlich-rechtliche Abgaben zu entrichten. Er kann Sozialleistungen aller Art beantragen u. v. a. m. Dieser Alltag hat zur Folge, daß dem Bürger häufig die Lebenssituationen öffentlich-rechtlicher Regelungen vertraut sind. Die rechtlichen Bestimmungen bleiben ihm dagegen meist unbekannt und fremd. Er pocht auf sein Recht oder versucht, ein vermeintliches Unrecht abzuwehren, ohne von den rechtlichen Gegebenheiten und dem Verfahren zur Durchsetzung seiner Ansprüche eine mehr als nur verschwommene Vorstellung zu besitzen. In diesem Zustande der Unsicherheit glaubt sich der Bürger einer allmächtigen Bürokratie ausgeliefert — eine für einen demokratischen Rechtsstaat unerträgliche Vorstellung. Aus diesem Grunde ist es erforderlich, die Rechtsfremdheit der Bürger zu überwinden. Ziel sollte es sein, einem möglichst großen Kreis von Bürgern einen Kern materiellrechtlicher und verfahrensrechtlicher Grundvorstellungen auf dem Gebiete des Verwaltungsrechts zu vermitteln. Der Bürger sollte befähigt werden, das Handeln der Verwaltungsbehörden zu begreifen und notfalls sich in geeigneter Weise zur Wehr zu setzen. So sollte es möglich werden, das emotionale Gegeneinander durch eine verständnisvolle Zusammenarbeit von Bürgern und Verwaltung im Sinne einer demokratischen Mitverantwortung aller zu ersetzen.

Vor den Verwaltungsgerichten werden eine Vielzahl unterschiedlicher Lebenssachverhalte aus dem öffentlichen Recht verhandelt. Die Rechtsstreitigkeiten haben meist über die im Einzelfall Beteiligten hinaus für einen größeren Kreis von Bürgern Bedeutung — so z. B. die Voraussetzungen für die Genehmigung eines Wochenendhauses. In der Verhandlung können sowohl Fragen des materiellen Verwaltungsrechts, des Verwaltungsverfahrensrechts als auch des verwaltungsgerichtlichen Verfahrens zur Sprache kommen. Damit ist das Verwaltungsgericht ein Kristallisationspunkt, von dem ein Beitrag zur Förderung der Rechtskenntnisse der Bürger ausgehen könnte. Als Wege bieten sich vor allem die Öffentlichkeit der Verhandlungen, die Veröffentlichung der Entscheidungen und die zum Verwaltungsgericht zugezogenen Bürger — die ehrenamtlichen Richter — an.

Die Öffentlichkeit der Verhandlungen vor dem erkennenden Gericht[65] geben zwar jedem Bürger die Möglichkeit, an den Sitzungen teilzunehmen. Mangelnde Zeit und große Entfernung zum Gerichtsort schließen die Mehrheit der Bürger von dieser Informationsquelle jedoch faktisch aus. Sie ist ihnen lediglich über vereinzelte Presseberichte zugänglich.

Das Bundesverwaltungsgericht[66] und die obersten Verwaltungsgerichte der Länder[67] veröffentlichen zwar ihre wichtigsten Entscheidungen. Das Vorhandensein dieser Sammlungen ist den meisten Bürgern jedoch unbekannt. Darüber hinaus sind sie kaum geeignet, dem fachlich nicht vorgebildeten Bürger die erstrebten Grundvorstellungen zu vermitteln.

So bleiben die ehrenamtlichen Richter. Ihre Mitwirkung könnte auf zweierlei Weise zur *Verbreitung* öffentlich-rechtlicher Kenntnisse beitragen. Zunächst erlangen die zugezogenen Bürger selbst durch das Erlebnis der Mitarbeit an der verwaltungsgerichtlichen Rechtsprechung Einblick in die Tätigkeit der Verwaltungsbehörden und der Verwaltungsgerichte. Des weiteren können diese Bürger ihre aus der Mitwir-

---

[65] § 55 VwGO mit § 169 Satz 1 GVG.

[66] So: Entscheidungen des Bundesverwaltungsgerichts, herausgegeben von den Mitgliedern des Gerichts, Bände 1 bis 40, Berlin.

[67] Für Rheinland-Pfalz: § 6 Landesgesetz zur Ausführung der VwGO vom 26. Juli 1960 (R.-Pf. GVBl. S. 145).

kung erworbenen verwaltungsrechtlichen Grundvorstellungen anderen Bürgern mitteilen.

Fraglich bleibt die Effektivität dieser Art der Verbreitung[68].

Die Heranziehung von Bürgern in das Amt eines ehrenamtlichen Richters ist durch den Bedarf der Verwaltungsgerichtsbarkeit begrenzt. Die größte Anzahl von Bürgern könnte über einen größeren Zeitraum hinweg erreicht werden, wenn alle vier Jahre andere Bürger in das Amt gewählt würden. Das Gesetz läßt die erneute Wahl desselben Bürgers jedoch unbeschränkt zu[69].

Eine nennenswerte Streuung verwaltungsrechtlicher Grundkenntnisse über die ehrenamtlichen Richter hängt von dem Zusammentreffen mehrerer Umstände ab. Zunächst müßten die ehrenamtlichen Richter über den Kreis ihrer Familie hinaus im privaten Bereich, im Berufsleben und im Rahmen sonstiger ehrenamtlicher Tätigkeiten in ständigem Kontakt zu einer Anzahl anderer Bürger stehen. Des weiteren müßten diese Personen interessiert und fähig sein, Berichten der ehrenamtlichen Richter von ihrer gerichtlichen Tätigkeit zu folgen. Ein gezielter *Rechtsunterricht* in den Schulen könnte hier den Boden bereiten. Schließlich müßten die ehrenamtlichen Richter selbst bereit und befähigt sein, das Erlebte in der Weise weiterzugeben, daß nicht nur die interessante Lebenssituation sondern auch der materiellrechtliche und der verfahrensrechtliche Gehalt des Rechtsstreites zur Geltung kommt.

Forschungsfrage 6/1:

Ist von der Mitwirkung ehrenamtlicher Richter die Verbreitung verwaltungsrechtlicher Grundvorstellungen zu erwarten?

b) Analyse zu Forschungsfrage 6/1:

L-1	Von den ea Ri (selbst) ...	B-W	Br	Nds	R-P	D
	Von den Präsidenten der obersten Verwaltungsgerichte der befragten Länder ist die Anzahl der in ihrem Lande tätigen ehrenamtlichen Richter (ohne Vertreter) im Frühjahr 1972 angegeben worden mit:	326	44	494	215	Summe 1079
1	Von den ea Ri geben an, gewählt worden zu sein:					
	a) zum ersten Male:	35 %	44 %	40 %	27 %	36 %
	b) zum zweiten Male:	26 %	28 %	24 %	26 %	25 %
	c) zum dritten Male:	22 %	22 %	19 %	24 %	21 %
	d) zum vierten Male:	12 %	6 %	9 %	12 %	11 %
	e) noch öfter:	2 %	0 %	6 %	5 %	4 %

[68] Rüggeberg S. 208.
[69] §§ 21, 22 VwGO.

L-1	Von den ea Ri (selbst) ...	B-W	Br	Nds	R-P	D
1	geben an, zum dritten Male und öfter gewählt worden zu sein:	36 %	28 %	33 %	41 %	35 %
7a	geben an, im Jahre durchschnittlich herangezogen zu werden:					
	a) zu 1 bis 3 Sitzungstagen:	28 %	13 %	32 %	10 %	25 %
	b) zu 4 bis 6 Sitzungstagen:	63 %	9 %	61 %	75 %	62 %
	c) zu 7 bis 10 Sitzungstagen:	8 %	78 %	6 %	13 %	11 %
	insgesamt:	99 %	100 %	99 %	98 %	98 %
3, 9, 32	die das Amt eines ehrenamtlichen Richters freiwillig übernehmen würden, heben hervor:					
	a) ihr Interesse an der verwaltungsgerichtlichen Rechtsprechung und ihren Problemen:	50 %	57 %	45 %	54 %	49 %
	b) die Möglichkeit zur Erweiterung ihres Gesichtskreises:	54 %	53 %	51 %	38 %	49 %
	c) die Möglichkeit Erfahrungen für das Berufsleben und andere ehrenamtliche Tätigkeiten insbesondere die kommunalpolitische Arbeit zu sammeln:	13 %	7 %	17 %	17 %	15 %
	d) die Möglichkeit, die Mitbürger zu beraten und aufzuklären:	1 %	0 %	0 %	0 %	0,3 %
5	geben an, bereits vor Antritt ihrer Tätigkeit eine Vorstellung von ihrem neuen Wirkungskreis gehabt zu haben:	51 %	59 %	60 %	71 %	59 %
5 Falls a)	davon geben als Grund ihrer Vorstellung „Gespräche mit anderen ehrenamtlichen Richtern" an:	5 %	21 %	8 %	2 %	6 %
5 Falls a)	„Staatsbürgerkunde" in der Schule wird lediglich von zwei ehrenamtlichen Richtern genannt:	!			!	
6	geben an, daß sie keine Auswirkung der Tätigkeit als ehrenamtlicher Richter auf ihr soziales Ansehen hätten feststellen können:	78 %	78 %	74 %	73 %	75 %
	Drei von ihnen bemerken, daß dieses Amt in der Öffentlichkeit „kaum bekannt" sei:	!!		!		

L-1	Von den ea Ri (selbst) ...	B-W	Br	Nds	R-P	D
21	geben an, daß sie dritten Personen berichten:					
21a	von Aufgaben und Tätigkeit der Verwaltungsgerichte:					
	a) „immer“ bzw. „oft“:	24 %	35 %	33 %	28 %	30 %
	b) „selten“:	56 %	46 %	52 %	48 %	52 %
	c) „nie“:	20 %	19 %	15 %	24 %	18 %
21b	von Aufgaben und Tätigkeit eines ehrenamtlichen Richters:					
	a) „immer“ bzw. „oft“:	20 %	42 %	37 %	28 %	30 %
	b) „selten“:	58 %	39 %	54 %	50 %	54 %
	c) „nie“:	22 %	19 %	9 %	22 %	16 %
21c	von den rechtlichen Regelungen, die ihnen anläßlich ihrer gerichtlichen Mitwirkung bekannt geworden sind:					
	a) „immer“ bzw. „oft“:	27 %	37 %	38 %	28 %	33 %
	b) „selten“:	45 %	30 %	40 %	45 %	42 %
	c) „nie“:	28 %	33 %	22 %	27 %	25 %
21	geben als dritte Personen an:					
	a) die Familie:	57 %	59 %	55 %	40 %	52 %
	b) die Verwandten:	8 %	3 %	11 %	4 %	8 %
	c) Freunde und Bekannte:	24 %	22 %	27 %	27 %	26 %
	d) die Kollegen:	29 %	28 %	31 %	30 %	30 %
	e) die Stammtischrunde u.ä.:	4 %	0 %	3 %	4 %	3 %

Ri-2	Von den Berufsrichtern ...	B-W	Br	Nds	R-P	D
4	geben an, daß sich die ehrenamtlichen Richter während der mündlichen Verhandlung „interessiert“ verhalten:	93 %	90 %	95 %	95 %	94 %
12b	die angeben, daß die ehrenamtlichen Richter zu Rechtsproblemen nur wenige Fragen stellen, heben hervor, daß die ehrenamtlichen Richter an rechtlichen Fragen nicht interessiert seien:	9 %	22 %	10 %	3 %	9 %
18G	die die Mitwirkung ehrenamtlicher Richter für „richtig“ halten, heben hervor, daß die Mitwirkung der Überwindung der Rechtsfremdheit diene:	0 %	0 %	2 %	6 %	3 %

RA-3	Von den Rechtsanwälten ...	B-W	Br	Nds	R-P	D
5a	geben an, daß den von ihnen vertretenen Beteiligten die Mitwirkung ehrenamtlicher Richter bewußt sei:					
	a) „immer“ bzw. „oft“:	36 %	56 %	52 %	44 %	47 %
	b) „nie“:	0 %	0 %	3 %	8 %	3 %

RA-3	Von den Rechtsanwälten ...	B-W	Br	Nds	R-P	D
5b	geben an, daß sie ihre Partei auf die Mitwirkung ehrenamtlicher Richter aufmerksam machen:	52 %	61 %	45 %	46 %	50 %
9	geben an, daß die ehrenamtlichen Richter während der mündlichen Verhandlung „interessiert“ wirken:	58 %	88 %	69 %	70 %	70 %

B-4	Von den Beteiligten (*mit* ea Ri) ...	B-W	Br	Nds	R-P	D
14G	die das Amt eines ehrenamtlichen Richters übernehmen würden, heben hervor:					
	a) ihr Interesse an der verwaltungsgerichtlichen Rechtsprechung und deren Problemen:	30 %	6 %	25 %	40 %	25 %
	b) die Möglichkeit, den Gesichtskreis zu erweitern:	5 %	13 %	0 %	7 %	7 %
8	geben an, daß die ehrenamtlichen Richter während der mündlichen Verhandlung „interessiert“ wirken:	89 %	88 %	50 %	73 %	79 %
2	geben an, ihnen sei vor ihrem ersten Verwaltungsprozeß bekannt gewesen, daß über ihren Rechtsstreit außer Berufsrichtern auch ehrenamtliche Richter entscheiden würden:	60 %	62 %	69 %	64 %	63 %
	davon geben als Quelle ihrer Kenntnis an:					
	a) ihren Rechtsanwalt:	20 %	15 %	9 %	21 %	17 %
	b) einen ihnen bekannten ehrenamtlichen Richter:	0 %	8 %	9 %	0 %	4 %
	c) Verwandte, Freunde, Bekannte, Kollegen:	7 %	15 %	27 %	29 %	19 %
	d) den Schulunterricht:	27 %	15 %	27 %	43 %	28 %
3	sind der Meinung, daß der ehrenamtliche Richter sein Amt durch Wahl erhalte:	42 %	62 %	38 %	46 %	47 %
	davon geben als Quelle ihrer Kentnisse an:					
	a) einen ihnen bekannten ehrenamtlichen Richter:	0 %	0 %	6 %	0 %	3 %
	b) Verwandte, Freunde, Bekannte, Kollegen:	20 %	15 %	6 %	30 %	20 %
	c) den Schulunterricht:	10 %	8 %	6 %	10 %	10 %

B-4	Von den Beteiligten (*mit* ea Ri) ...	B-W	Br	Nds	R-P	D
4	sind der Meinung, der ehrenamtliche Richter					
	a) habe die gleichen Rechte und Pflichten wie der Berufsrichter:	52 %	52 %	38 %	36 %	45 %
	b) dürfe die Berufsrichter nur beraten:	24 %	19 %	31 %	32 %	26 %
	davon geben für a) als Quelle ihrer Kenntnis an:					
	a) einen ihnen bekannten ehrenamtlichen Richter:	0 %	0 %	0 %	0 %	0 %
	b) Verwandte, Freunde, Bekannte, Kollegen:	15 %	9 %	0 %	13 %	11 %
	c) den Schulunterricht:	15 %	0 %	0 %	13 %	8 %

c) Wertung zu Forschungsfrage 6/1:

Nur einige wenige Berufsrichter erwähnen die Mitwirkung ehrenamtlicher Richter als eine Möglichkeit, die Rechtsfremdheit der Bürger zu überwinden. Das Ergebnis der Analyse gibt Aufschluß darüber, welche Bedeutung den ehrenamtlichen Richtern insoweit zukommt.

Die Mitwirkung ehrenamtlicher Richter bei Gerichten der allgemeinen Verwaltungsgerichtsbarkeit und ihre Funktion sind keineswegs Allgemeingut. Von den Beteiligten war vor ihrem ersten Verwaltungsprozeß lediglich knapp zwei Dritteln bekannt, daß im Verwaltungsgericht auch ehrenamtliche Richter mitwirken. Davon hatten knapp ein Fünftel diese Kenntnis von ihrem Rechtsanwalt. Die Rechtsanwälte selbst geben ein ähnliches Bild. Nur — im Durchschnitt — knapp die Hälfte bekundet, daß den meisten ihrer Mandanten die Beteiligung ehrenamtlicher Richter bewußt sei. Nach den Angaben fast aller übrigen ist dieses Wissen dagegen nur „selten" anzutreffen. Dabei ist zu berücksichtigen, daß — im Durchschnitt — die Hälfte der Rechtsanwälte ihre Mandanten auf die Mitwirkung ehrenamtlicher Richter aufmerksam macht. Von den Beteiligten wußten nur knapp die Hälfte, daß der ehrenamtliche Richter sein Amt durch Wahl erhält. Fast der gleichen Anzahl — wenn auch mit unterschiedlichen Einzelwerten — war bekannt, daß die ehrenamtlichen Richter die gleichen Rechte und Pflichten haben wie die Berufsrichter. Rund ein Viertel war dagegen der Meinung, daß die ehrenamtlichen Richter die Berufsrichter nur beraten dürften. Der Informationsstand der zu ehrenamtlichen Richtern erwählten Bürger ist nicht wesentlich besser. Nur etwas mehr als die Hälfte von ihnen hatte vor ihrem Amtsantritt eine Vorstellung von diesem Wirkungskreis. Dabei fällt auf, daß der Wert für Rheinland-Pfalz mit fast drei Vierteln überdurchschnittlich hoch liegt. Hierbei dürfte die Möglichkeit für die rheinland-pfälzischen Gemeinde- und Kreisräte, in einem Stadt- oder Kreisrechtsausschuß Erfahrungen zu sammeln[70], von Bedeutung sein.

Allein dieser kurze Überblick am Beispiel „ehrenamtliche Richter" zeigt die Notwendigkeit, den Bürgern Rechtskenntnisse auf dem Gebiet des Verwaltungsrechts zu vermitteln.

Von den ehrenamtlichen Richtern dürfte jedoch insoweit nur wenig Unterstützung zu erwarten sein.

In den vier befragten Ländern waren bei einer Gesamtbevölkerung von über 20 Millionen[71] im Zeitpunkt der Befragung[72] lediglich etwas über 1000 Bürger als ehrenamtliche Richter tätig. Davon waren über ein Drittel zum dritten Male und öfter auf die Dauer von vier Jahren[73] gewählt. Damit wird die ohnehin geringe Anzahl der Bürger, die über dieses Amt Einblick in den öffentlich-rechtlichen Bereich erlangen könnte, noch bedeutend verringert. Selbst die gewählten Bürger haben nicht allzuviel Gelegenheit, verwaltungsrechtliche Vorgänge intensiv kennenzulernen. Ein Viertel von ihnen wird im Durchschnitt nur zu einem bis drei Sitzungstage(n), knapp zwei Drittel nur zu vier bis sechs Sitzungstagen im Jahr herangezogen. Eine Ausnahme macht Bremen. Dort nehmen über drei Viertel der ehrenamtlichen Richter durchschnittlich an sieben bis zehn Sitzungen im Jahre teil. So ist es nicht verwunderlich, daß von den Beteiligten und den ehrenamtlichen Richtern weit weniger als ein Zehntel die ehrenamtlichen Richter als Quelle ihrer Vorstellungen über diese angegeben haben.

Obwohl den ehrenamtlichen Richtern von der großen Mehrheit der Berufsrichter, Rechtsanwälte und Beteiligten interessiertes Verhalten zugesprochen wird und sie selbst in erheblichem Maße Interesse bekunden und die Erweiterung des Gesichtskreises als Ziel ihrer Beteiligung angeben, entfalten sie im Hinblick auf die Verbreitung von Rechtskenntnissen keine allzu erhebliche Außenwirkung.

Nur rund ein Drittel aller ehrenamtlichen Richter berichtet dritten Personen häufig von seiner Tätigkeit am Verwaltungsgericht. Etwa die Hälfte erzählt hiervon „selten". Rund ein Viertel behält sein Erleben für sich. Dies gilt grob gesehen — in gleicher Weise, ob es um Berichte über Aufgabe und Tätigkeit der Verwaltungsgerichte, Berichte über Aufgabe und Tätigkeit eines ehrenamtlichen Richters oder Berichte von den rechtlichen Regelungen geht, die den ehrenamtlichen Richtern anläßlich ihrer gerichtlichen Mitwirkung bekannt geworden sind. Hervorzuheben

---

[70] §§ 7 ff. r.-pf. Landesgesetz zur Ausführung der Verwaltungsgerichtsordnung vom 26. Juli 1960 (R.-Pf. GVBl. S. 145).

[71] Meyers Enzyklopädisches Lexikon, 9. Auflage, Band 5, Mannheim/Wien/Zürich (1972), S. 90 (Stand vom 31. Dezember 1970).

[72] Sommer 1972.

[73] § 25 VwGO.

ist, daß von allen ehrenamtlichen Richtern Berichte über rechtliche Regelungen am stärksten verneint werden. Die ehrenamtlichen Richter Niedersachsens fallen dadurch auf, daß unterdurchschnittlich wenige von ihnen jede Weitergabe an Dritte verneinen.

Sind die ehrenamtlichen Richter somit insgesamt nicht sehr mitteilsam, so ist auch der Personenkreis, dem sie berichten, nicht sehr weit gesteckt. Über die Hälfte der ehrenamtlichen Richter erzählen in der Familie. Gegenüber Freunden und Bekannten bringen dagegen nur rund ein Viertel und gegenüber Kollegen nur knapp ein Drittel die Tätigkeit als ehrenamtlicher Richter ins Gespräch. Weitere Personengruppen werden kaum genannt. So wird verständlich, weshalb drei Viertel der ehrenamtlichen Richter angeben, sie könnten keine Auswirkung dieser Tätigkeit auf ihr soziales Ansehen feststellen. Ihrer Umgebung ist die Bedeutung dieses Amtes überwiegend fremd.

d) Ergebnis zu Forschungsfrage 6/1:

Die Beteiligung von Bürgern an der verwaltungsgerichtlichen Rechtsprechung ist nicht geeignet, zur Überwindung der Rechtsfremdheit auf öffentlich-rechtlichem Gebiete Erhebliches beizutragen.

Das Ergebnis der Erhebung bestätigt somit die rationale Erwartung in ihren Bedenken.

B. Vermag die Mitwirkung ehrenamtlicher Richter das Vertrauen der Bürger in die Rechtsprechung der Verwaltungsgerichte zu stärken?

a) Rationale Erwartung 7/1:

Der Rechtsstaat beruht nicht zuletzt auf dem Vertrauen der Bürger in die Dritte Gewalt. Der Bürger muß die Vorstellung haben, daß die Rechtsprechung insbesondere seinen Streitfall objektiv nachprüft und gerecht entscheidet. Das Vertrauen kann rational begründet sein, es kann aber auch emotional bedingt sein.

Für die vertrauensfördernde Wirkung der Beteiligung ehrenamtlicher Richter dürfte vor allem letzteres gelten.

Rüggeberg[74] zieht diese Wirkung überhaupt in Zweifel. Er hält es für „mehr als fraglich", daß das Vertrauen der Bürger zu Laien in der Rechtsprechung größer sein solle als dasjenige zu Berufsrichtern. Zumindest für die Verwaltungsgerichtsbarkeit ist dieser Zweifel nicht ohne weiteres zwingend. Es darf nicht unberücksichtigt bleiben, daß der Bürger mit Öffentlichen Verwaltungen streitet, die zwar zum Teil nicht rechtlich, aber in der Vorstellung des Bürgers zu derselben Einrichtung „Staat" gehören, die die Berufsrichter in ihr Amt beruft. Hier könnte bereits allein die Tatsache der Mitwirkung ehrenamtlicher Richter dazu beitragen, ein Mißtrauen gegen die Rechtsprechung der Verwaltungsgerichte abzubauen.

[74] Rüggeberg S. 208.

Entscheidend hängt das Vertrauen der Bürger aber von der *Qualität* der Rechtsprechung ab. Der Bürger mißt die Gerichtsbarkeit an der Transparenz der Verhandlungsführung, dem Eindruck der Unparteilichkeit und insbesondere an der Lebensnähe, der Verständlichkeit und der Überzeugungskraft der Entscheidung. Diese Gesichtspunkte könnten durch die Beteiligung ehrenamtlicher Richter beeinflußt werden. Ob und in welchem Umfange dies tatsächlich der Fall ist, vermag der Bürger jedoch kaum rational zu ermessen. Dem stehen die Abgeschiedenheit des Beratungszimmers, das Beratungsgeheimnis und die gesetzlich gegebenen Mehrheitsverhältnisse entgegen. Der etwaige Einfluß der ehrenamtlichen Richter kommt vor allem in der Beratung zum Tragen. Die Mehrheit der Berufsrichter läßt den etwaigen Einfluß der ehrenamtlichen Richter nicht offenbar werden. Der Bürger ist mangels realer Erkenntnismöglichkeit auf seine Emotion angewiesen. So liegt es nahe, daß er sich von den ehrenamtlichen Richtern einen günstigen Einfluß auf den Ausgang seines Rechtsstreites erhofft, einen ungünstigen Ausgang aber vor allem dem Einfluß der Berufsrichter oder auch demjenigen „verständnisloser" ehrenamtlicher Richter zuschreibt. Die subjektive Vorstellung des Bürgers, im Recht zu sein, dürfte im allgemeinen derart verfestigt sein, daß eine abweichende Entscheidung nur durch eine überzeugende Begründung Verständnis erwerben kann. Die Besetzung des Gerichts ist für den Bürger insoweit ohne Belang.

Die Mitwirkung ehrenamtlicher Richter ist somit zwar geeignet, die Hoffnung des Bürgers auf eine ihm günstige Entscheidung zu stärken. Das Vertrauen in die verwaltungsgerichtliche Rechtsprechung als solche, insbesondere die Bereitschaft der Bürger, auch eine ihnen nachteilige Entscheidung anzuerkennen, dürfte durch die Beteiligung ehrenamtlicher Richter dagegen kaum gefördert werden.

Zu erwähnen ist schließlich eine Auswirkung, die die Mitwirkung ehrenamtlicher Richter im konkreten Verhandlungstermin haben könnte. Während die ehrenamtlichen Richter von den Beteiligten als „Mitbürger" angesehen werden, ist diese Eigenschaft der Berufsrichter den meisten Beteiligten nicht bewußt. Aus diesem Grunde könnte die Anwesenheit ehrenamtlicher Richter dem Gericht etwas von seiner *„Fremdheit"* nehmen und das „Zutrauen" der Beteiligten vergrößern. Ein derartiger Beitrag der ehrenamtlichen Richter sollte aber nicht überbewertet werden, die auch diese für die Beteiligten ebenso wie die Berufsrichter vielfach der Person nach Unbekannte sind.

Forschungsfrage 7/1:

Ist von der Mitwirkung ehrenamtlicher Richter ein Zuwachs an Vertrauen für die Verwaltungsrechtsprechung zu erwarten?

b) Analyse zu Forschungsfrage 7/1:

Ri-2	Von den Berufsrichtern ...	B-W	Br	Nds	R-P	D
18G	die die Mitwirkung ehrenamtlicher Richter für „richtig" halten, heben hervor: die ehrenamtlichen Richter stärkten das Vertrauen der Bürger in die Rechtsprechung und minderten seine Scheu vor dem Gericht:	45 %	50 %	46 %	45 %	46 %

RA-3	Von den Rechtsanwälten ...	B-W	Br	Nds	R-P	D
5a	geben an, daß den von ihnen vertretenen Parteien „immer" bzw. „oft" bewußt sei, daß an der Entscheidung über ihren Streitfall ehrenamtliche Richter mitwirkten:	36 %	56 %	52 %	44 %	47 %
6	geben an, daß auf Grund dieses Wissens die Erfolgserwartung der Beteiligten gesteigert werde:	0 %	17 %	9 %	16 %	10 %
6	geben an, daß sich keine Tendenz feststellen ließe:	60 %	33 %	46 %	44 %	47 %
6	geben an, daß das Wissen um die Mitwirkung ehrenamtlicher Richter die Beteiligten unberührt ließe:	40 %	44 %	42 %	32 %	39 %
13a	geben an, daß die Beteiligten, die erfolglos bleiben, den für sie nachteiligen Ausgang der Mitwirkung ehrenamtlicher Richter anlasten:					
	a) zumindest „selten":	32 %	18 %	18 %	16 %	21 %
	b) „nie":	68 %	82 %	82 %	84 %	79 %
13b	geben an, daß die Beteiligten, die erfolglos bleiben, im Hinblick auf die Mitwirkung ehrenamtlicher Richter eher bereit sind, eine ihnen nachteilige Entscheidung hinzunehmen:					
	a) zumindest „selten":	8 %	13 %	12 %	9 %	11 %
	b) „nie":	92 %	87 %	88 %	91 %	89 %
Z	Einer der Rechtsanwälte hebt hervor, daß die Beteiligten im Hinblick auf die ehrenamtlichen Richter hoffen, daß es „nicht zu juristisch" zugeht.				!	

B-4	Von den Beteiligten (*mit* ea Ri) ...	B-W	Br	Nds	R-P	D
2	geben an, daß ihnen vor ihrem ersten Verwaltungsprozeß bekannt gewesen sei, daß ehrenamtliche Richter mitwirken:	60 %	62 %	69 %	64 %	63 %
2	davon geben als Quelle ihres Wissens ihren Rechtsanwalt an:	20 %	15 %	9 %	21 %	17 %
4	geben an, daß ihrer Meinung nach der ehrenamtliche Richter die gleichen Rechte wie der Berufsrichter habe:	52 %	52 %	38 %	36 %	45 %
2, 5a	geben an, daß sie vor ihrem ersten Verwaltungsprozeß der Mitwirkung ehrenamtlicher Richter einen Einfluß zumaßen:	85 %	55 %	64 %	93 %	76 %
	insbesondere einen großen Einfluß:	38 %	18 %	9 %	54 %	31 %
2, 5b	geben an, daß sie aus diesem Grunde ihre Erfolgsaussichten günstiger bewerteten:	58 %	36 %	22 %	64 %	48 %
5c	geben an, daß sie heute der Mitwirkung ehrenamtlicher Richter einen Einfluß zumessen:	73 %	81 %	64 %	76 %	74 %
	insbesondere einen großen Einfluß:	32 %	33 %	14 %	33 %	29 %
5a/5c	haben ihre Meinung über den Einfluß der Mitwirkung ehrenamtlicher Richter gewechselt:	38 %	18 %	9 %	29 %	25 %
12b	geben an, daß die Mitwirkung ehrenamtlicher Richter den Ausgang ihres *eigenen* Verwaltungsprozesses beeinflußt habe:					
	a) zu ihren Gunsten:	13 %	15 %	0 %	10 %	10 %
	b) zu ihren Lasten:	0 %	0 %	6 %	15 %	5 %
	Einfluß insgesamt:	13 %	15 %	6 %	25 %	15 %
	c) ohne Einfluß:	50 %	40 %	37 %	20 %	38 %
5c/ 12b	davon messen der Mitwirkung ehrenamtlicher Richter allgemein einen Einfluß zu:	42 %	75 %	50 %	75 %	57 %
12c	geben an, daß sie eine Mehrheit der ehrenamtlichen Richter begrüßt hätten:	27 %	25 %	50 %	20 %	29 %
13	würden von einem nur mit Berufsrichtern besetzten Rechtsmittelgericht eher eine für sie günstige Entscheidung erwarten:	17 %	21 %	14 %	20 %	18 %

B-4	Von den Beteiligten (*mit* ea Ri) ...	B-W	Br	Nds	R-P	D
5c Falls	Einer der Beteiligten hebt hervor, daß die Mitwirkung ehrenamtlicher Richter das Gefühl der Befangenheit gegenüber dem Gericht abbaue.	!				
Z	Ein weiterer Beteiligter gibt an, daß prominente ehrenamtliche Richter zur „Arroganz" neigten.				!	

B-5	Von den Beteiligten (*ohne* ea Ri)	B-W	Br	Nds	R-P	D
2b	schreiben der Mitwirkung ehrenamtlicher Richter einen Einfluß auf den für sie nachteiligen Prozeßausgang vor dem Verwaltungsgericht zu:	67 %	25 %			43 %
6	geben an, daß ihnen im Zeitpunkt der Einlegung ihres Rechtsmittels bekannt gewesen sei, daß das Rechtsmittelgericht nur mit Berufsrichtern besetzt ist:	40 %	75 %			56 %
6 Falls „ja"	davon geben an, daß sie gerade von einer reinen Berufsrichterbesetzung eine für sie günstige Entscheidung erwartet hätten:	50 %	33 %			40 %
7a	würden einen Vorschlag unterstützen, daß auch am VGH B-W und am OVG Br ehrenamtliche Richter mitwirken sollten:	80 %	50 %			67 %
7b	geben an, daß die ehrenamtlichen Richter die Mehrheit haben sollten:	40 %	25 %			33 %
8G	Einer der Beteiligten sieht die Mitwirkung ehrenamtlicher Richter als Korrektiv gegen das „unverständliche Fachgemurmel" zwischen Berufsrichtern und Rechtsanwälten.	!				

L-1	Von den ea Ri (selbst) ...	B-W	Br	Nds	R-P	D
5	geben an, daß sie vor ihrer ersten Tätigkeit als ehrenamtlicher Richter eine Vorstellung von diesem Wirkungskreis gehabt hätten:	51 %	59 %	60 %	71 %	59 %

L-1	Von den ea Ri (selbst) ...	B-W	Br	Nds	R-P	D
6	geben an, daß sie keine Auswirkung der ehrenamtlichen Richtertätigkeit auf ihr soziales Ansehen hätten feststellen können:	78 %	78 %	74 %	73 %	75 %
	davon geben drei ehrenamtliche Richter an, daß diese Tätigkeit in der Öffentlichkeit kaum bekannt sei.	!!		!		

c) Wertung zu Forschungsfrage 7/1:

Fast die Hälfte der Berufsrichter, die die Mitwirkung ehrenamtlicher Richter befürworten, hebt hervor, daß ihre Beteiligung das Vertrauen der Bürger in die Rechtsprechung stärke und die Scheu der Bürger vor dem Gericht mindere. Das Ergebnis der Analyse gibt über einen Rückschluß ein hinreichend aussagekräftiges Bild. Auszugehen ist von dem Einfluß, den die Beteiligten der Mitwirkung ehrenamtlicher Richter beimessen. Dabei ist sowohl die Einstellung, die die Beteiligten insoweit vor ihrem ersten Verwaltungsprozeß hatten, wie diejenige, die sie gegenwärtig haben, von Interesse.

Zu ersterem Gesichtspunkt ist zu beachten, daß nur knapp zwei Dritteln der Beteiligten vor ihrem ersten Verwaltungsprozeß überhaupt bekannt war, daß am Verwaltungsgericht ehrenamtliche Richter mitwirken. Davon hat — im Durchschnitt — knapp ein Fünftel diese Tatsache erst von ihrem Rechtsanwalt erfahren. Die gleichberechtigte Stellung der ehrenamtlichen Richter war nur weniger als der Hälfte bekannt. Diese Angaben werden von denjenigen der Rechtsanwälte über ihre Mandanten und diejenigen der ehrenamtlichen Richter zur eigenen Person im wesentlichen bestätigt.

Von diesen zwei Dritteln haben — im Durchschnitt — wiederum nur rund drei Viertel der Mitwirkung ehrenamtlicher Richter überhaupt einen Einfluß und nur knapp ein Drittel einen großen Einfluß zugemessen. Nur knapp die Hälfte hat sich von diesem Einfluß einen günstigeren Ausgang ihres Verwaltungsrechtsstreits versprochen. Dabei ist auffallend, daß die Werte der einzelnen Länder deutlich von dem Durchschnittswert abweichen. Während sie in Baden-Württemberg und Rheinland-Pfalz erheblich über dem Durchschnitt liegen, sind sie in Bremen und Niedersachsen weit unterdurchschnittlich.

Aus vorstehenden Werten ist zu folgern, daß mindestens ein Drittel aller Beteiligten auch von einer reinen Berufsrichterbesetzung sein Recht erwartet hat und daß — mit Abweichungen in den einzelnen Ländern — annähernd der Hälfte aller Beteiligten bei ihren ersten Verwaltungsprozeß die Besetzung des Gerichtes zumindest gleichgültig war. Insbesondere letzterer Schluß findet darin eine Stütze, daß rund 40 % der Rechtsanwälte bekunden, das Wissen ihrer Mandanten um eine Mitwirkung ehrenamtlicher Richter ließe diese unberührt, während nur ein Zehntel eine gesteigerte Erfolgserwartung bemerkt hat.

Die Erfahrung des eigenen Verwaltungsprozesses verändert das Gesamtbild wesentlich. Die Relationen bleiben zwar annähernd die gleichen. Sie gelten aber nunmehr für *alle* Beteiligten. Jetzt messen rund drei Viertel aller Beteiligten der Mitwirkung ehrenamtlicher Richter einen Einfluß zu. Der Anteil derer, die den ehrenamtlichen Richtern großen Einfluß zusprechen, erreicht bei allen Beteiligten nicht ganz ein Drittel. Die Einzelwerte der Länder zueinander sind nunmehr ausgeglichener. Bislang hohe Erwartungen sind geringer, bislang geringere höher geworden. Im Vergleich mit den Beteiligten, die bereits vor ihrem ersten Verwaltungsprozeß den ehrenamtlichen Richtern einen Einfluß eingeräumt haben, hat — im Durchschnitt — ein Viertel der vergleichbaren Beteiligten ihre bisherige Meinung gewechselt. Die geringste Veränderung ist bei den Beteiligten Niedersachsens festzustellen.

Auf den eigenen Verwaltungsprozeß bezogen glaubt dagegen nicht einmal ein Fünftel der Beteiligten, daß dessen Ausgang durch die Mitwirkung ehrenamtlicher Richter beeinflußt worden ist. Über ein Drittel — in Baden-Württemberg die Hälfte — ist dagegen der Meinung, daß die Beteiligung der ehrenamtlichen Richter ohne konkreten Einfluß geblieben ist. Trotzdem messen auch von diesen Beteiligten — im Durchschnitt — über die Hälfte — in Bremen und Rheinland-Pfalz sind es sogar drei Viertel — der Mitwirkung ehrenamtlicher Richter *allgemein* einen Einfluß zu.

In dieses Bild paßt auch die Beobachtung der Rechtsanwälte zum Verhalten derjenigen Beteiligten, die in ihrem Verwaltungsprozeß erfolglos geblieben sind. Nur wenigen Rechtsanwälten ist aufgefallen, daß Beteiligte den nachteiligen Ausgang der Mitwirkung ehrenamtlicher Richter anlasten. Es haben aber gleichfalls nur wenige Rechtsanwälte bemerkt, daß Beteiligte im Hinblick auf die Beteiligung ehrenamtlicher Richter eher bereit gewesen sind, die nachteilige Entscheidung hinzunehmen. Es bleibt noch anzufügen, daß auch nur knapp ein Fünftel der Beteiligten von einem nur mit Berufsrichtern besetzten Rechtsmittelgericht eher eine günstige Entscheidung erwarten würde.

Zusammenfassend ist festzustellen, daß die Erfahrung des eigenen Verwaltungsprozesses zwar zu Veränderungen im Meinungsbild einzelner Beteiligter geführt hat. Insgesamt ist jedoch festzuhalten, daß die Mehrheit der Beteiligten nach wie vor der Mitwirkung ehrenamtlicher Richter einen Einfluß einräumt. Dabei ergibt sich insbesondere aus den Beobachtungen der Rechtsanwälte und auch aus Angaben der Beteiligten, daß letztere an den Einfluß der ehrenamtlichen Richter hauptsächlich die Hoffnung auf eine ihnen günstige Entscheidung knüpfen, während sie kaum geneigt sind, einen nachteiligen Ausgang dem Einfluß der ehrenamtlichen Richter anzulasten. Für ihre Erfolglosigkeit macht die Mehrheit der Beteiligten allein die Berufsrichter verantwortlich.

d) Ergebnis zu Forschungsfrage 7/1:

1. Das Wissen um die Mitwirkung ehrenamtlicher Richter weckt zwar in der Mehrheit der Beteiligten die Hoffnung auf eine ihnen günstige Entscheidung.
2. Die Beteiligten sind jedoch in ihrer großen Mehrheit nicht bereit, eine ihnen nachteilige Entscheidung im Hinblick auf die Mitwirkung ehrenamtlicher Richter eher hinzunehmen.
3. Die Mitwirkung ehrenamtlicher Richter vermag das Vertrauen in die verwaltungsgerichtliche Rechtsprechung, das sich gerade an einer nachteiligen Entscheidung zu erweisen hat, nicht maßgeblich zu stärken.

Das Ergebnis der Erhebung bestätigt somit die rationale Erwartung.

C. Vermag die Mitwirkung ehrenamtlicher Richter zur Festigung des demokratischen Bewußtseins der Bürger beizutragen?

a) Rationale Erwartung 8/1:

Die Institution des ehrenamtlichen Richters gibt „einem Teil der Bürger die Möglichkeit, an wichtigen staatlichen Entscheidungen mitzuwirken, und beeinflußt damit die Neigung und den Willen der Bürger, für derartige Entscheidungen die Mitverantwortung zu übernehmen“[75]. Mit diesem Satz hebt *Ule* eine hohe allgemein-politische Bedeutung der ehrenamtlichen Richter hervor. Sie war bereits — u. a. — Gegenstand der Beratungen über die Reformgesetze zur inneren Verwaltung in der zweiten Hälfte des 19. Jahrhunderts. Damals war erstrebt, das „gesamte Volk“ in den „Dienst des Staates“ treten zu lassen[76] und die „politische Selbständigkeit der Bürger“ zu kräftigen[77]. Die staatstragenden Kräfte sollten im liberalen Sinne vor allem um die Schicht des Bürgertums erweitert werden. Heute ist die Teilhabe des „gesamten Volkes“ an der Staatsgewalt nominell gesichert. Das Grundgesetz bestimmt: „Alle Staatsgewalt geht vom Volke aus“[78]. Gegenwärtig geht es darum, die jedem Staatsbürger verfassungsmäßig auferlegte Mitverantwortung für die staatliche Gemeinschaft diesem bewußt werden zu lassen. Die Be-

[75] Ule, Demokratie, S. 681.

[76] Friedenthal, Kommissionsbericht zur Preuß. Kreisordnung vom 16. März 1872.

[77] Bluntschli, Kommissionsbericht zum Bad. Gesetz über die Organisation der inneren Verwaltung vom 9. Juni 1863.

[78] Art. 20 Abs. 2 Satz 1 GG.

teiligung von fachlich nicht vorgebildeten Bürgern an der rechtsprechenden Gewalt als ehrenamtliche Richter wäre ein Weg, *demokratisches Bewußtsein* zu begründen und zu festigen.

Die Regelung des Verfahrens für die Auswahl der ehrenamtlichen Richter in der Verwaltungsgerichtsordnung[79] ist diesem Ziel jedoch wenig förderlich. Die Vorschlagslisten werden mit Zustimmung der Vertretungskörperschaften von den Kreisen und kreisfreien Städten aufgestellt[80]. Diese Gremien könnten zwar grundsätzlich jeden Einwohner des Kreises oder der kreisfreien Stadt auf die Liste setzen. Da sie überwiegend mit parteigebundenen Persönlichkeiten besetzt sind, liegt es jedoch nahe, daß vor allem Mitglieder von Parteien und anderen gesellschaftspolitisch engagierten Verbänden vorgeschlagen werden. Ihre Geeignetheit und Bereitschaft ist am ehesten festzustellen, insbesondere wenn sie bereits in Ehrenämtern tätig sind oder waren. Die Mitgliedschaft in einer dieser Vereinigungen allein kann — muß aber nicht —, die aktive Mitarbeit wird dagegen in aller Regel bedeuten, daß die betreffende Person bereit ist, Mitverantwortung im öffentlichen Leben zu übernehmen. Die Wahl in das Amt eines ehrenamtlichen Richters wird deshalb vielfach ein demokratisches Bewußtsein nicht mehr begründen müssen. Sein Vorhandensein wird im Gegenteil die Bereitschaft fördern, dieses Amt zu übernehmen. Eine Enttäuschung in diesem Amt, insbesondere ein Gefühl der Bedeutungslosigkeit wird diese Personengruppe kaum veranlassen, sich aus der Mitverantwortung am Staatsleben an sich zurückzuziehen. Sie wird höchstens dieses Amt meiden.

Den außerhalb der Parteien und Verbände stehenden Bürgern — der Mehrheit des Volkes — bleibt das Amt des ehrenamtlichen Richters bei Gerichten der allgemeinen Verwaltungsgerichtsbarkeit dagegen weitgehend faktisch verschlossen. Dieses Amt ist somit kaum geeignet, die Immobilität der breiten Masse der Bürger im Sinne einer Bereitschaft, Mitverantwortung am staatlichen Geschehen zu übernehmen, günstig zu beeinflussen.

Forschungsfrage 8/1:

Ist von einer Mitwirkung als ehrenamtlicher Richter zu erwarten, daß der Wille der Bürger zur Übernahme von Mitverantwortung am öffentlichen Leben geweckt und gefördert wird?

---

[79] §§ 26 ff. VwGO.

[80] § 28 VwGO.

b) Analyse zu Forschungsfrage 8/1:

L-1	Von den ea Ri (selbst) ...	B-W	Br	Nds	R-P	D
4a)-1	geben an, einer Partei anzugehören:	64 %	66 %	88 %	92 %	81 %
4a)-2	geben an, einer Gewerkschaft anzugehören:	31 %	56 %	35 %	29 %	34 %
4a)-3	geben an, einem Arbeitgeberverband anzugehören:	28 %	12 %	24 %	24 %	25 %
4a	geben an, weder einer Partei noch einer Gewerkschaft noch einem Arbeitgeberverband anzugehören:	15 %	6 %	5 %	5 %	8 %
4a	Baden-Württembergs geben zwei an, einer „Freien Wählervereinigung" anzugehören:	!!				
4b)-1	geben an, in einer Partei, Gewerkschaft und/oder einem Arbeitgeberverband *aktiv* mitzuwirken:	58 %	59 %	77 %	77 %	71 %
4b)-2	geben an, als Bürgermeister, Beigeordneter oder Bürgermeister-Stellvertreter tätig zu sein oder gewesen zu sein:	4 %	0 %	6 %	12 %	6 %
4b)-2	geben an, in einer Gemeinde-, Kreis- und/oder einer Bezirksvertretung tätig zu sein oder gewesen zu sein:	51 %	9 %	61 %	52 %	54 %
4b)-2	geben an, in einer kirchlichen Vertretung tätig zu sein oder gewesen zu sein:	14 %	6 %	16 %	15 %	15 %
15b	geben an, bei einem Verband angestellt zu sein:	10 %	0 %	10 %	13 %	10 %
aus 5	geben an, als ehrenamtliche Richter in anderen Gerichtsbarkeiten tätig zu sein oder gewesen zu sein:	9 %	13 %	11 %	14 %	11 %
1	geben an,					
	a) zum zweiten Male:	26 %	28 %	24 %	26 %	25 %
	b) zum dritten Male oder öfter:	36 %	28 %	33 %	41 %	35 %
	zum ehrenamtlichen Richter gewählt worden zu sein.					
	insgesamt:	62 %	56 %	57 %	67 %	60 %
3a	hätten dieses Amt bei ihrer ersten Wahl auch dann nicht abgelehnt, wenn dies möglich gewesen wäre:	93 %	94 %	98 %	97 %	96 %
3b	hätten bei ihren späteren Wahlen auch dann nicht abgelehnt, wenn dies möglich gewesen wäre:	95 %	100 %	98 %	96 %	97 %

L-1	Von den ea Ri (selbst) ...	B-W	Br	Nds	R-P	D
32	würden das Amt eines ehrenamtlichen Richters erneut freiwillig übernehmen:	82 %	97 %	88 %	87 %	87 %
3, 9, 32	die das Amt eines ehrenamtlichen Richters freiwillig übernehmen würden, begründen dies damit,					
	a) daß dies eine Staatsbürgerpflicht sei, der sich niemand entziehen dürfe:	35 %	33 %	24 %	34 %	30 %
	b) daß ihnen diese Tätigkeit die Möglichkeit gebe, Verantwortung durch Mitarbeit an öffentlichen Aufgaben zu übernehmen:	13 %	27 %	17 %	24 %	18 %
	c) daß sie die Möglichkeit erhielten, dem Mitbürger zu seinem Recht zu verhelfen:	40 %	23 %	24 %	25 %	29 %
	d) daß ihr Verantwortungsgefühl, ihr Selbstbewußtsein, ihr Urteilsvermögen gefördert werde:	1 %	7 %	3 %	2 %	2 %
	e) daß dieses Amt ein Vertrauensbeweis, eine ehrenvolle Aufgabe sei:	7 %	10 %	8 %	5 %	7 %
	f) daß es sehr interessant sei, die verwaltungsgerichtliche Rechtsprechung und ihre Probleme kennenzulernen:	50 %	57 %	45 %	54 %	49 %
	g) daß diese Tätigkeit den sichtskreis erweitere:	54 %	53 %	51 %	38 %	49 %
	h) daß die Erfahrungen als ehrenamtlicher Richter für Beruf und politische Arbeit, insbesondere kommunal-politische Tätigkeiten förderlich seien:	13 %	7 %	17 %	17 %	15 %
3, 9, 32	die das Amt eines ehrenamtlichen Richters nicht freiwillig übernehmen würden, begründen dies:					
	a) mit Zeitmangel infolge beruflicher oder anderweitiger ehrenamtlicher Verpflichtungen:	53 %	0 %	39 %	40 %	44 %
	b) mit Alters- und Gesundheitsrücksichten:	50 %	0 %	39 %	45 %	44 %
	c) mit dem Hinweis auf jüngere Kräfte:	11 %	100 %	20 %	5 %	14 %
	d) mit der zu geringen Einflußmöglichkeit:	8 %	0 %	10 %	5 %	8 %
	e) mit dem Fehlen der fachlichen Voraussetzungen:	11 %	0 %	0 %	5 %	5 %

B-4	Von den Beteiligten (*mit* ea Ri) ...	B-W	Br	Nds	R-P	D
14G	die das Amt eines ehrenamtlichen Richters übernehmen würden, heben hervor:					
	a) dies sei eine Verpflichtung gegenüber der Allgemeinheit:	20 %	13 %	0 %	13 %	14 %
	b) durch die Übernahme von Mitverantwortung könne dem Bürger zu seinem Recht verholfen werden:	15 %	31 %	62 %	7 %	24 %
	c) das Verantwortungsgefühl und das Urteilsvermögen würden geschult:	0 %	6 %	0 %	7 %	3 %
	d) es sei interessant, die verwaltungsgerichtliche Rechtsprechung und ihre Probleme kennenzulernen:	30 %	6 %	25 %	40 %	25 %
	e) man könne seinen Gesichtskreis erweitern:	5 %	13 %	0 %	7 %	7 %

c) *Wertung zu Forschungsfrage 8/1:*

Die Werte der Analyse zeigen ein eindeutiges Bild.

Die weitaus meisten ehrenamtlichen Richter gehören einer Partei, Gewerkschaft und/oder einem Arbeitgeberverbande an. In Bremen, Niedersachsen und Rheinland-Pfalz haben lediglich 6 % bzw. 5 % von ihnen jede Mitgliedschaft in auch nur einer dieser Vereinigungen verneint. In Baden-Württemberg wird jegliche Mitgliedschaft zwar von 15 % der dortigen ehrenamtlichen Richter verneint. Der Hinweis zweier Baden-Württemberger deutet jedoch darauf hin, daß in diesem Lande in stärkerem Maße Mitglieder Freier Wählervereinigungen als ehrenamtliche Richter tätig sind.

Bereits diese Werte lassen erkennen, daß fast alle ehrenamtlichen Richter von einem politischen oder gesellschaftlichen Engagement her in diese Tätigkeit gelangt sind. Dies wird im Folgenden noch deutlicher.

Über die Hälfte der ehrenamtlichen Richter ist in ihrem Verbande nicht nur Mitglied, sondern auch aktiv tätig. In Baden-Württemberg und Bremen sind es fast 60 %, in Niedersachsen und Rheinland-Pfalz sogar über drei Viertel. Darüber hinaus stehen oder standen — mit Ausnahme Bremens — mehr als die Hälfte der ehrenamtlichen Richter als Bürgermeister, Beigeordnete oder als Mitglieder einer Gemeinde-, Kreis- und/oder Bezirksvertretung in öffentlicher Verantwortung. Schließlich nehmen oder nahmen ein kleinerer Teil als hauptamtliche Angestellte eines Verbandes, als Mitglieder einer kirchlichen Vertretung oder als ehrenamtlicher Richter in einer anderen Gerichtsbarkeit am öffentlichen

Leben teil. Hieraus folgt, daß die große Mehrheit der ehrenamtlichen Richter die Bereitschaft zu demokratischer Mitarbeit bereits in dieses Amt einbringt. Dies kommt insbesondere in den Begründungen zum Ausdruck, die ein nicht unerheblicher Teil der ehrenamtlichen Richter für die Übernahme dieses Amtes anführt. Rund ein Drittel hebt die Staatsbürgerpflicht hervor, der sich niemand entziehen dürfe. Knapp ein Fünftel bis ein Viertel — je nach Land — sieht in der Tätigkeit eines ehrenamtlichen Richters eine Möglichkeit, Verantwortung durch Mitarbeit an öffentlichen Aufgaben zu übernehmen. Etwa einem Viertel — in Baden-Württemberg sogar 40 % — gibt diese Tätigkeit Gelegenheit, dem Mitbürger zu seinem Recht zu verhelfen. Auch diejenigen, die aus der gerichtlichen Tätigkeit Erfahrungen für ihre politische Arbeit sammeln wollen, gehören hierher.

Unter diesen Gegebenheiten läßt sich schwer feststellen, inwieweit die Mitwirkung am Verwaltungsgericht in dem einzelnen ehrenamtlichen Richter den Wunsch gefördert hat, an der Gemeinschaft mitzuarbeiten. Es ist aber festzuhalten, daß sich die Neigung des Bürgers, im verwaltungsgerichtlichen Bereich Verantwortung zu übernehmen, nicht wesentlich verringert hat. Von den wenigen, die das Amt eines ehrenamtlichen Richters nicht mehr freiwillig übernehmen würden, heben die meisten Zeitmangel infolge beruflicher und anderweitiger ehrenamtlicher Verpflichtungen sowie alters- und gesundheitsbedingte Rücksichten als Grund ihrer Ablehnung hervor. Nur ein ganz geringer Anteil — im Durchschnitt 8 % — beklagt die zu geringe Einflußmöglichkeit.

d) Ergebnis zu Forschungsfrage 8/1:

Ob durch die Mitwirkung des Bürgers als ehrenamtlicher Richter dessen Wille zur Übernahme von Mitverantwortung am öffentlichen Leben geweckt und gefördert werden kann, konnte nicht geklärt werden, da die meisten ehrenamtlichen Richter gerade durch eine politische oder gesellschaftliche Bindung in dieses Amt gelangt sind.

Das Ergebnis der Erhebung bestätigt somit die rationale Erwartung.

Abschnitt 4: Gesamtwertung

Analyse und Wertung der Erhebung haben in ihrer Gesamtheit ein aussagekräftiges Ergebnis zu der Frage nach der Bedeutung der ehrenamtlichen Richter bei Gerichten der allgemeinen Verwaltungsgerichtsbarkeit erbracht.

Die Erhebung hat die rationalen Erwartungen überwiegend im wesentlichen bestätigt. Das bedeutet, daß nur ein Teil der Vorstellungen, die das Schrifttum zu der Institution des ehrenamtlichen Richters entwickelt hat, in dem Wirklichkeitsbefund eine Stütze findet. Zum einen vermögen die ehrenamtlichen Richter nicht alle Hoffnungen zu erfüllen, die in ihre Mitwirkung gesetzt werden. Zum anderen sind keineswegs alle Bedenken berechtigt, mit denen ihre Zuziehung in Frage gestellt wird.

Die ehrenamtlichen Richter leisten einen, wenn auch nicht sehr großen Beitrag zur Sachaufklärung[81]. Ihr „gesundes Rechtsempfinden" fördert, wenn auch selten, die Lösung der Rechtsfragen, insbesondere die Beurteilung „unbestimmter Rechtsbegriffe"[82]. Wenn schichtenspezifische Einseitigkeit der Berufsrichter hervortritt, wendet sich ein erheblicher Teil der ehrenamtlichen Richter dagegen[83]. Ihre Mitwirkung trägt zur Selbstkontrolle der Berufsrichter und zum Abbau von Routine bei. Sie veranlaßt die Berufsrichter vor allem, die Überzeugungskraft ihrer Argumente vor dem Erlaß der Entscheidung am Verständnis Fachfremder zu überprüfen[84] [85].

Zur „Demokratisierung der Rechtsprechung" bedarf es dagegen der Zuziehung ehrenamtlicher Richter nicht[86]. Ihre Sachkunde ist zwar für einen nicht unbedeutenden Teil der Berufsrichter von Wert. Die Streuung der Sachkunde gewährleistet jedoch keine Chancengleichheit für die Beteiligten gleichgelagerter Rechtsstreitigkeiten[87]. Neben schichtenspezifischer Einseitigkeit der Berufsrichter darf schichtenbedingte Einseitigkeit der ehrenamtlichen Richter nicht außer Betracht bleiben[88]. Zur Überwindung der Rechtsfremdheit der Bürger auf öffentlich-rechtlichem Gebiete vermögen die ehrenamtlichen Richter nichts Erhebliches beizutragen[89]. Das Vertrauen in die verwaltungsgerichtliche Rechtsprechung, insbesondere die Geneigtheit der Beteiligten, auch eine nachteilige Entscheidung hinzunehmen, wird durch die Mitwirkung ehrenamtlicher Richter nicht maßgeblich gestärkt[90]. Die Frage schließlich, ob die Zuziehung des Bürgers in das Amt eines ehrenamtlichen Richters geeignet ist, das demokratische Bewußtsein des Bürgers zu wecken und zu fördern, konnte nicht geklärt werden[91].

Demgegenüber konnte festgestellt werden, daß zumindest zwei Drittel der ehrenamtlichen Richter über die für dieses Amt erforderliche Auf-

---

[81] Vgl. 2/1.
[82] Vgl. 3/2.
[83] Vgl. 4/1.
[84] Vgl. 5/1.
[85] Damit trifft die Wertung Görlitz' — die ehrenamtlichen Richter nehmen am Entscheidungsprozeß praktisch nicht teil — (S. 306) für die hier befragten Länder *nicht* zu.
[86] Vgl. 1/1.
[87] Vgl. 2/2.
[88] Vgl. 4/1.
[89] Vgl. 6/1.
[90] Vgl. 7/1.

nahmefähigkeit und das notwendige Gedächtnis verfügen[92]. Die Mehrheit der ehrenamtlichen Richter ist auch als befähigt anzusehen, den rechtlichen Ausführungen der Berufsrichter in ihren Grundzügen zu folgen[93]. Etwas mehr als die Hälfte der ehrenamtlichen Richter sieht zwar ihr Rechtsgefühl als alleinigen Entscheidungsmaßstab an. Die Gefahr rechtswidriger Entscheidungen wird jedoch durch die Mehrheit der Berufsrichter, die von der Mehrheit aller Befragten gebilligt wird, abgesichert[94]. Ein nicht unerheblicher Teil der ehrenamtlichen Richter unterliegt zwar dem Einfluß „gefühlsmäßiger Reaktionen". Die gerichtliche Entscheidung wird jedoch nur selten beeinflußt[95]. Die überwiegende Mehrheit der ehrenamtlichen Richter lehnt es ab, „Interessenvertreter" ihrer Verbände im Rahmen ihrer gerichtlichen Tätigkeit zu sein[96]. Von der Mehrzahl der ehrenamtlichen Richter kann auch erwartet werden, daß sie einem „Druck der Straße" gegenüber standfest bleiben werden[97]. Ein Einfluß der Massenmedien auf die Meinungsbildung der ehrenamtlichen Richter ist dagegen nicht auszuschließen. Sie steht in dem Maße zu befürchten, in dem sich für die ehrenamtlichen Richter der Bezug zwischen einer Stellungnahme und einem konkreten Rechtsstreit verwischt[98].

Insgesamt ist zu erkennen, daß die wesentliche Bedeutung der Mitwirkung ehrenamtlicher Richter bei Gerichten der Verwaltungsgerichtsbarkeit in der *„Plausibilitätskontrolle"* liegt. Diese Feststellung deckt sich mit der Wertung, die *Klausa* in seiner empirischen Untersuchung über die ehrenamtlichen Verwaltungsrichter des Landes Berlin vorgenommen hat[99]. Damit hat die Erhebung die Vorstellung verifiziert, die vor allem von *Peters*[100], *Rüggeberg*[101] und insbesondere *Ule*[102] in den Vordergrund ihrer rationalen Überlegungen zum Beitrag der ehrenamtlichen Richter gestellt worden ist.

Dieses Ergebnis macht deutlich, daß es mit der reinen Teilnahme der ehrenamtlichen Richter nicht getan ist. Entscheidend ist die *Zusammenarbeit* zwischen Berufsrichtern und ehrenamtlichen Richtern. *Meyer-Hentschel*[103] hebt hervor, daß den Berufsrichtern die Aufgabe obliege, in den ehrenamtlichen Richtern die Überzeugung zu wecken, daß sie

---

91 Vgl. 8/1.
92 Vgl. 2/3.
93 Vgl. 3/1.
94 Vgl. 3/2.
95 Vgl. 4/2.
96 Vgl. 4/3.
97 Vgl. 4/5.
98 Vgl. 4/4.
99 Klausa S. 8, 110.
100 Peters, bei Bahls, S. 101, 102.
101 Rüggeberg S. 212, 213.
102 Ule, Demokratie, S. 681.
103 Meyer-Hentschel, bei Kemper, S. 367.

neben den Berufsrichtern gleichberechtigt und eigenverantwortlich zur Teilnahme an der Entscheidungsfindung berufen seien. *Klausa*[104] kommt auf Grund seiner Analyse zu der Feststellung, daß die Qualität des Laienbeitrages zum hohen Grade vom Willen der Berufsrichter zur Kooperation abhänge.

Damit führt auch das Ergebnis der Gesamtwertung zu der gleichen Schlußfolgerung, die bereits die Wertung der Analyse zur Tendenz nahe gelegt hat[105]: Die Lösung für die unterschiedliche Bewertung der Mitwirkung ehrenamtlicher Richter durch die Berufsrichter der vier Länder dürfte in der mehr oder minder guten *Zusammenarbeit* zwischen Berufsrichtern und ehrenamtlichen Richtern zu suchen sein.

Die Analyse[106] bietet hierfür eine Reihe von Anhaltspunkten.

Auffallend ist, daß der Anteil der Berufsrichter, die angeben, daß die ehrenamtlichen Richter dem Entscheidungsvorschlag aus Überzeugung zustimmen, in Baden-Württemberg und Bremen deutlich unter demjenigen in Niedersachsen und Rheinland-Pfalz liegt. Umgekehrt ist der Anteil derjenigen, die als Grund die Vorstellung der ehrenamtlichen Richter „die Berufsrichter werden es schon richtig machen“ bekunden, in Baden-Württemberg und Bremen erkennbar höher als in den übrigen beiden Ländern. Die Berufsrichter Baden-Württembergs und Bremens lehnen die Mitwirkung ehrenamtlicher Richter überwiegend ab, diejenigen Niedersachsens und Rheinland-Pfalz‘ befürworten sie überwiegend.

Auf die Zusammenarbeit bezogen sind auch folgende Gesichtspunkte bemerkenswert. Die Berichterstatter Baden-Württembergs berücksichtigen die Mitwirkung ehrenamtlicher Richter bei ihrer Vorbereitung deutlich weniger als diejenigen der übrigen Länder. In Baden Württemberg ist es auch weit seltener üblich, den ehrenamtlichen Richtern vor Eintritt in die mündliche Verhandlung im Beratungszimmer eine Einführung in die Problematik des anstehenden Falles zu geben. Auch für die Beratung zeigen sich unterschiedliche Werte. Nach Angaben der ehrenamtlichen Richter bemühen sich zwar die Berichterstatter aller Länder in etwa gleicher Weise darum, ihren Entscheidungsvorschlag den ehrenamtlichen Richtern verständlich zu machen. Für die Vorsitzenden gilt dies jedoch nicht. Den Vorsitzenden Baden-Württembergs wird das Bemühen um Verständnis merklich weniger bescheinigt, als denjenigen der übrigen Länder. Die Berufsrichter ihrerseits bekunden, daß die ehrenamtlichen Richter Baden-Württembergs und Bremens weit häufiger in der Beratung nur zuhören als diejenigen aus Niedersachsen und Rheinland-Pfalz. Für die ehrenamtlichen Richter Baden-Württembergs

---

104 Klausa S. 104 (S. 82 hinsichtlich Schöffen).
105 Vgl. Abschnitt 2 Nr. 2.
106 Vgl. Analyse zu 5/1.

und Bremens geben die dortigen Berufsrichter in viel geringerem Maße einen Beitrag zur Sachaufklärung[107] und in viel stärkerem Maße eine Überforderung bei der Konfrontation mit Rechtsproblemen[108] an, als dies in den anderen Ländern geschieht. Diese geringere Leistungsfähigkeit der ehrenamtlichen Richter Baden-Württembergs und Bremens dürfte vor allem auf deren geringere politische und gesellschaftliche Erfahrung zurückzuführen sein. Die ehrenamtlichen Richter Baden-Württembergs und Bremens sind in weit geringerem Maße in einer Partei, einer Gewerkschaft oder einem Arbeitgeberverband aktiv tätig als diejenigen der übrigen Länder[109]. Für diejenigen Bremens kommt hinzu, daß nur sehr wenige von ihnen kommunalpolitische Erfahrung haben[109].

Insgesamt gesehen scheint die Folgerung berechtigt, daß in Baden-Württemberg und Bremen — vor allem in Baden-Württemberg — die Möglichkeiten für eine fruchtbare Zusammenarbeit zwischen Berufsrichtern und ehrenamtlichen Richtern noch nicht voll ausgeschöpft sind.

Zusammenfassend ist festzustellen, daß die *künftige* Bedeutung der Mitwirkung ehrenamtlicher Richter maßgeblich davon abhängt, ob die folgenden Voraussetzungen einer erfolgversprechenden Zusammenarbeit erfüllt werden: Auf seiten der *Berufsrichter* ist die Bereitschaft erforderlich, den ehrenamtlichen Richtern mit Rücksichtnahme und Einfühlungsvermögen zu begegnen, diese sachgerecht an den Verhandlungsgegenstand heranzuführen sowie Verständlichkeit und Überzeugungskraft ihrer Argumente der Kritik der ehrenamtlichen Richter zu unterwerfen. Auf Seiten der *ehrenamtlichen Richter* bedarf es der Fähigkeit und des Willens, an der Entscheidungsfindung aktiv mitzuarbeiten und insbesondere sich mit mit dem Entscheidungsvorschlag der Berufsrichter auseinanderzusetzen.

Unter diesen Voraussetzungen ist der zusätzliche Zeitaufwand, den die Erhebung vor allem für die Mitwirkung der ehrenamtlichen Richter in der Beratung erbracht hat[110], im Interesse einer besseren Qualität der Rechtsprechung gerechtfertigt.

Abschließend sei darauf hingewiesen, daß die Mitwirkung ehrenamtlicher Richter auch durch deren Beiträge zur Sachfrage, zur Rechtsfrage und zur Unparteilichkeit der Rechtsprechung Gewicht erhält. Diese Beiträge sind zwar relativ bescheiden. Es liegt jedoch im Interesse einer rechtsstaatlichen Rechtsprechung jede Möglichkeit zu nutzen, um zu einer lebensnahen und gerechten Entscheidung zu gelangen.

---

[107] Vgl. Analyse zu 2/1.
[108] Vgl. Analyse zu 3/1.
[109] Vgl. Analyse zu 4/3.
[110] Vgl. 5/2.

Abschnitt 5: Gesamtergebnis

Die erfahrungswissenschaftliche Überprüfung hat erbracht:

1. Die ehrenamtlichen Richter leisten einen Beitrag zur verwaltungsgerichtlichen Entscheidungsfindung.
2. Die Bedeutung ihrer Mitwirkung liegt vor allem in einer Kontrolle der Plausibilität des Entscheidungsvorschlages.
3. Die ehrenamtlichen Richter sind den Anforderungen, die dieses Amt an sie stellt, überwiegend gewachsen.

Aus diesem Ergebnis der Untersuchung folgt, daß die Institution des ehrenamtlichen Richters bei Gerichten der allgemeinen Verwaltungsgerichtsbarkeit im Interesse einer lebensnahen und gerechten Verwaltungsrechtsprechung *beibehalten* werden sollte.

TEIL 3

Einige Reformvorstellungen zum Institut des ehrenamtlichen Richters

Einleitung

Das Ergebnis der empirischen Untersuchung hat den Wert der Zuziehung ehrenamtlicher Richter für die Rechtsprechung der Verwaltungsgerichte bestätigt.

Die Erhebung gibt aber auch Anlaß, zu überdenken, durch welche Maßnahmen die Effektivität der Mitwirkung ehrenamtlicher Richter *verbessert* werden könnte. Im Folgenden werden einige Gesichtspunkte angesprochen, die einen Ansatz zu Reformen bieten könnten. Blickrichtung sind zum einen die *Auswahl* der ehrenamtlichen Richter, zum anderen die *Besetzung* der Verwaltungsgerichte.

Kapitel 1

Reformvorstellungen zur Auswahl der ehrenamtlichen Richter bei Gerichten der allgemeinen Verwaltungsgerichtsbarkeit

Abschnitt 1: Sollte der Anteil der Frauen unter den ehrenamtlichen Richtern erhöht werden?

a) Ergebnis der Erhebung:

L-1	Von den ea Ri (selbst) ...	B-W	Br	Nds	R-P	D
13a	geben an, Frauen zu sein:	8 %	22 %	10 %	5 %	9 %
13a/17	davon geben an, sie hätten den Eindruck, der Mehrzahl der Berufsrichter					
	a) „erwünscht" zu sein:	29 %	33 %	35 %	37,5 %	34 %
	b) „unerwünscht" zu sein:	6 %	0 %	6,5 %	0 %	5 %
	c) „gleichgültig" zu sein:	12 %	17 %	6,5 %	37,5 %	13 %
	d) keinen bestimmten Eindruck:	53 %	50 %	52 %	25 %	48 %
13a/17	Von den *männlichen* ehrenamtlichen Richtern geben an, sie hätten den Eindruck, der Mehrzahl der Berufsrichter:					
	a) „erwünscht" zu sein:	49 %	56 %	58 %	64 %	57 %
	b) „unerwünscht" zu sein:	5 %	0 %	3 %	1 %	3 %
	c) „gleichgültig" zu sein:	12 %	12 %	12 %	6 %	10 %
	d) keinen bestimmten Eindruck:	34 %	32 %	27 %	27 %	29 %

L-1	Von den weiblichen ea Ri ...	B-W	Br	Nds	R-P	D
4/13a	geben an, Mitglied zu sein					
4a)-1	a) in einer Partei:	47 %	100 %	84 %	100 %	78 %
4a)-2	b) in einer Gewerkschaft:	18 %	0 %	16 %	37 %	17 %
4a)-3	c) in einem Arbeitgeberverband:	18 %	0 %	3 %	13 %	8 %
4b)-1	geben an, in einer dieser Vereinigungen aktiv mitzuarbeiten:	35 %	57 %	69 %	75 %	59 %

L-1	Von den weiblichen ea Ri ...	B-W	Br	Nds	R-P	D
4b)-2	geben an, in einer Gemeindevertretung tätig zu sein oder gewesen zu sein:	29 %	14 %	41 %	37 %	34 %
4b)-2	geben an, in einer kirchlichen Vertretung tätig zu sein oder gewesen zu sein:	6 %	0 %	9 %	13 %	8 %
13b	geben an, sie gehörten an:					
	a) dem Jahrgang 1931 und jünger:	6 %	0 %	10 %	0 %	6 %
	b) den Jahrgängen 1930 bis 1911:	71 %	57 %	56 %	75 %	63 %
	c) dem Jahrgang 1910 und älter:	23 %	43 %	34 %	25 %	31 %
15a	geben an, noch aktiv im Berufsleben zu stehen:	47 %	0 %	34 %	25 %	33 %
15a	geben an, sich im Ruhestand zu befinden:	23 %	43 %	9 %	37,5 %	20 %
13a/ 15b	geben als Tätigkeit „Hausfrau“ an:	29 %	43 %	31 %	37,5 %	33 %
4b)-1	davon sind in einem Verband aktiv und/oder in einer Gemeindevertretung tätig:	40 %	33 %	60 %	100 %	57 %
27	geben an, den Berufsrichtern im Einzelfall schon durch die Erläuterung von Hintergründen, Zusammenhängen u. ä. behilflich gewesen zu sein: (In Klammern das jeweilige Gesamtergebnis)					
	a) „oft“:	19 % (40 %)	14 % (27 %)	26 % (46 %)	0 % (43 %)	20 % (43 %)
	b) „selten“:	50 % (53 %)	29 % (47 %)	55 % (47 %)	83 % (46 %)	53 % (48 %)
	c) „nie“:	31 % (7 %)	57 % (26 %)	19 % (7 %)	17 % (11 %)	27 % (9 %)
29	würden auch dann gegen einen Entscheidungsvorschlag, der ihrem Gefühl nach ein Unrecht bedeutet, stimmen, wenn die Berufsrichter ihnen dargelegt hätten, daß das Gesetz keine andere Lösung zulasse:	71 %	57 %	45 %	67 %	56 %
	(In Klammern das Gesamtergebnis)	(60 %)	(50 %)	(54 %)	(52 %)	(55 %)
22	geben an, daß sich der jeweilige Berichterstatter „immer“ bzw. „oft“ bemüht, ihnen in der Beratung den Entscheidungsvorschlag verständlich zu machen:	100 %	100 %	97 %	100 %	98 %

L-1	Von den weiblichen ea Ri ...	B-W	Br	Nds	R-P	D
24	geben an, daß sich der jeweilige Vorsitzende „immer“ bzw. „oft“ bemüht, Verständnis für den Entscheidungsvorschlag zu wecken:	100 %	100 %	94 %	100 %	97 %
32	würden die Tätigkeit eines ehrenamtlichen Richters nicht erneut freiwillig übernehmen:	6 %	0 %	3 %	13 %	5 %
	(In Klammern das Gesamtergebnis)	(18 %)	(3 %)	(12 %)	(13 %)	(13 %)

B-4	Von den Beteiligten (*mit* ea Ri) ...	B-W	Br	Nds	R-P	D
aus 11	waren als Frauen festzustellen:	12 %	14 %	6 %	9 %	11 %
11	davon Hausfrauen:	0 %	33 %	100 %	50 %	33 %
10a	Frauen geben an, sie seien Jahrgang 1931 und jünger:	100 %	33 %	0 %	50 %	55 %
5c	Frauen räumen der Mitwirkung ehrenamtlicher Richter einen „großen“ bzw. „kleinen“ Einfluß ein:	100 %	100 %	0 %	100 %	100 %
	(In Klammern das Gesamtergebnis)	(73 %)	(81 %)	(64 %)	(76 %)	(74 %)
14	Frauen würden das Amt eines ehrenamtlichen Richters übernehmen:	67 %	67 %	0 %	50 %	55 %
	(In Klammern das Gesamtergebnis)	(83 %)	(84 %)	(50 %)	(68 %)	(73 %)

b) Wertung und Folgerungen:

Der Anteil der Frauen, die als ehrenamtliche Richterinnen bei Gerichten der allgemeinen Verwaltungsgerichtsbarkeit tätig sind, liegt in den vier befragten Ländern weit unter dem Anteil, den die Frauen an der Gesamtbevölkerung der Bundesrepublik Deutschland ausmachen. Dieser beträgt rund 52 %[1]. Für die Verwaltungsgerichtsbarkeit Baden-Württembergs, Niedersachsens und Rheinland-Pfalz' hat die Erhebung nur knapp ein Zehntel Frauen erbracht. Lediglich im Stadtstaat Bremen beträgt der Anteil der Frauen knapp über ein Fünftel. Bemerkenswert ist der Vergleich mit den — absoluten — Zahlen in der Arbeit von Klausa[2]. Dieser gibt an, daß im Jahre 1970 am Verwaltungsgericht

---

[1] Bevölkerungsstruktur 1969: 29,18 Mill. Männer und 32,015 Mill. Frauen (Meyers Enzyklopädisches Lexikon, 9. Auflage, Band 5, Mannheim/Wien/Zürich [1972], S. 91).

[2] Klausa S. 94.

Berlin 45 % und am Oberverwaltungsgericht Berlin 25,5 % Frauen als ehrenamtliche Richterinnen tätig gewesen seien. Selbst unterstellt, eine größere Anzahl Frauen hätte den hiesigen Fragebogen nicht zurückgesandt, so ergibt sich aus der Gesamtrücklaufquote von im Durchschnitt 69 %[3], daß der Wert von Berlin in keinem der befragten Länder erreicht werden könnte.

Im Hinblick auf die Bevölkerungsstruktur scheint es ohne weiteres berechtigt, eine verstärkte Heranziehung von Frauen in das Amt eines ehrenamtlichen Richters zu fordern. Es sollten jedoch zuvor auch andere Gesichtspunkte Beachtung finden.

Die Quote der weiblichen ehrenamtlichen Richter, die den Eindruck haben, den Berufsrichtern „erwünscht" zu sein, liegt in allen vier Ländern gleichermaßen bei weitem niedriger als diejenige ihrer männlichen Kollegen. Das Gefühl „unerwünscht" zu sein, ist dagegen etwas öfter anzutreffen. Dieses Ergebnis läßt sich nicht nur mit dem Hinweis auf ein „Vorurteil" der meist männlichen Berufsrichter abtun.

Das zeigt sich insbesondere an dem Ergebnis zu zwei Fragen an die ehrenamtlichen Richter. Nach eigenen Angaben waren die weiblichen ehrenamtlichen Richter den Berufsrichtern in wesentlich geringerem Maße behilflich, Hintergründe, Zusammenhänge u. ä. zu erläutern. Dagegen entscheiden sie in stärkerem Maße nach ihrem Rechtsgefühl. Diese beiden Ergebnisse sollten die Mitarbeit von Frauen jedoch nicht in Frage stellen. Sachkunde sollte — wie bereits ausgeführt[4] — durch Sachverständige eingeführt werden. Auch die männlichen ehrenamtlichen Richter sind in ihrer Mehrheit auf ihr Rechtsgefühl angewiesen[5].

Entscheidend ist vielmehr, daß im Falle der Mitwirkung ehrenamtlicher Richterinnen eine intensive *Plausibiltätskontrolle* gewährleistet ist. Das bedeutet zum einen, daß die Berufsrichter sich bemühen, ihren Entscheidungsvorschlag auch den ehrenamtlich tätigen Frauen gegenüber verständlich zu machen. Dies wird von den Frauen fast ausnahmslos sowohl für die Berichterstatter wie für die Vorsitzenden bestätigt. Zum anderen ist erforderlich, daß die Frauen befähigt und willens sind, sich mit den Berufsrichtern über den Entscheidungsvorschlag auseinanderzusetzen.

Ein abschreckendes Beispiel nennt *Klausa*[6]. In Ermangelung anderer Interessenten wurden in einem Bezirk Berlins Frauen und sonstige weibliche Verwandte der örtlichen Parteifunktionäre in Vorschlag gebracht. Derartige Praktiken sind geeignet, die Institution des ehrenamt-

[3] Vgl. Die Tendenz — Vom Rücklauf her (Teil 2 Kapitel 3 Abschnitt 2 Nr. 1).

[4] Vgl. 2/2.

[5] Vgl. 3/2.

[6] Klausa S. 92.

lichen Richters allgemein und insbesondere die weiblichen ehrenamtlichen Richter in Mißkredit zu bringen. Die Frau darf nicht als „Lückenbüßer" oder als „notwendiges Übel" im Interesse politischer Opportunität angesehen werden. Für ihre Heranziehung sollten nur die Kriterien *„Lebenserfahrung"* und *„Selbstsicherheit"* ausschlaggebend sein. Sie bieten die Gewähr für eine effektive Mitarbeit.

Lebenserfahrung und Selbstsicherheit werden vor allem durch langjährige berufliche Tätigkeit, durch aktive Mitarbeit in einer politischen oder gesellschaftlichen Vereinigung und/oder die Mitgliedschaft in einer kommunalen Vertretung erworben. Deshalb ist es kurzsichtig, eine *Hausfrau* ohne weiteres als ungeeignet abzutun. Die Entscheidung kann erst nach Kenntnis ihrer früheren beruflichen Tätigkeit oder ihrer ehrenamtlichen Aktivität gefällt werden.

Ein Blick auf die befragten Länder zeigt ein sehr unterschiedliches Bild. Die Frauen von Rheinland-Pfalz erfüllen die postulierten Voraussetzungen am ehesten. Dort sind auch alle Hausfrauen ehrenamtlich tätig. Bei den Frauen Baden-Württembergs fällt das verhältnismäßig geringe politische Engagement auf. Dem steht jedoch eine hohe Aktivität im Berufsleben gegenüber.

Abschließend sei bemerkt, daß die Tätigkeit als ehrenamtliche Richterin befähigten Frauen eine Gelegenheit bietet, auf das Ziel der Gleichstellung im öffentlichen Leben hinzuarbeiten.

c) Ergebnis und Ausblick:

1. Der Anteil der Frauen unter den ehrenamtlichen Richtern kann unbedenklich erhöht werden, wenn die Auswahlkriterien „Lebenserfahrung" und „Selbstsicherheit" beachtet werden.
2. Der Anteil sollte erhöht werden, um den Frauen entsprechend ihrem Anteil an der Gesamtbevölkerung eine angemessene Teilhabe an dem öffentlichen Leben einzuräumen.

d) Vorschläge für gesetzgeberische Maßnahmen:

§ 29 Absatz 1 Satz 1 VwGO sollte folgender Satz 2 angefügt werden:

Satz 2: „Der weibliche Bevölkerungsteil ist angemessen zu berücksichtigen."

Abschnitt 2: Sollte die Altersstruktur der ehrenamtlichen Richter verändert und die Möglichkeit der Wiederwahl begrenzt werden?

a) Ergebnis der Erhebung:

L-1	Von den ea Ri (selbst) ...	B-W	Br	Nds	R-P	D
13b	wird folgender Altersaufbau angegeben:					
	a) geboren bis 1900:	3 %	3 %	5 %	14 %	6 %
	b) geboren 1901 bis 1910:	34 %	16 %	29 %	24 %	29 %
	c) geboren 1911 bis 1920:	30 %	41 %	32 %	27 %	31 %
	d) geboren 1921 bis 1930:	30 %	31 %	25 %	27 %	27 %
	e) geboren 1931 bis 1940:	3 %	9 %	9 %	8 %	7 %
3, 9, 32	die das Amt eines ehrenamtlichen Richters nicht freiwillig übernehmen würden, begründen dies mit Zeitmangel durch teils berufliche teils anderweitige ehrenamtliche Beanspruchung:	53 %	0 %	39 %	40 %	44 %
13b/	davon gehören an:					
3, 9,	a) den Jahrgängen 1911-20:	30 %	0 %	40 %	25 %	33 %
32	b) den Jahrgängen 1921-30:	50 %	0 %	20 %	63 %	42 %
	c) den Jahrgängen 1931-40:	5 %	0 %	33 %	12 %	16 %
	insgesamt:	85 %	0 %	93 %	100 %	91 %
7a	geben an, durchschnittlich im Jahre zu Sitzungen herangezogen zu werden:					
	a) zwei bis vier Male:	63 %	16 %	68 %	41 %	59 %
	b) fünf bis sieben Male:	28 %	6 %	26 %	46 %	30 %
	c) acht bis zehn Male:	7 %	78 %	5 %	10 %	10 %
	insgesamt:	98 %	100 %	99 %	97 %	99 %
1	geben an, zum dritten Male und öfter auf vier Jahre zum ehrenamtlichen Richter gewählt worden zu sein:	36 %	28 %	33 %	41 %	35 %
1/13b	davon gehören dem Jahrgang 1910 und älter an:	54 %	11 %	52 %	56 %	52 %
1	geben an, zum vierten Male und öfter auf vier Jahre zum ehrenamtlichen Richter gewählt worden zu sein:	14 %	6 %	15 %	17 %	15 %
1/13b	davon gehören dem Jahrgang 1910 und älter an:	61 %	0 %	63 %	62 %	61 %
15a	geben an, im Ruhestand zu sein:	15 %	12 %	17 %	26 %	18 %

L-1	Von den ea Ri (selbst) ...	B-W	Br	Nds	R-P	D
3, 9, 32	die das Amt eines ehrenamtlichen Richters nicht freiwillig übernehmen würden, begründen dies					
	a) mit ihrem Alter:	50 %	0 %	39 %	45 %	44 %
	b) mit dem Hinweis, daß sie lange genug ihre Pflicht getan hätten und jüngere Kräfte nachrücken sollten:	11 %	100 %	20 %	5 %	14 %
3, 9, 32	die das Amt eines ehrenamtlichen Richters freiwillig übernehmen würden, heben hervor,					
	a) daß sie die erforderliche Zeit und Liebe hätten und gut eingearbeitet seien:	2 %	0 %	6 %	5 %	4 %
	b) daß diese Tätigkeit Freude, Ausgleich und Abwechslung, insbesondere auch im Ruhestand bringe:	18 %	3 %	13 %	14 %	14 %
23a	geben an, „immer“ bzw. „oft“ durch den Hinweis auf gleichgelagerte Fälle in der Beratung mitzuarbeiten:	45 %	41 %	40 %	44 %	43 %
13b/ 23a	davon geben an, Jahrgang 1910 und älter zu sein:	43 %	8 %	40 %	37 %	39 %
1/ 23a	davon geben an, zum dritten Male und öfter zum ehrenamtlichen Richter gewählt worden zu sein:	41 %	46 %	38 %	39 %	39 %

Ri-2	Von den Berufsrichtern ...	B-W	Br	Nds	R-P	D
11e	geben an, daß die ehrenamtlichen Richter in der Beratung „immer“ bzw. „oft“ Parallel-Fälle zur Sprache bringen:	28 %	30 %	32 %	29 %	30 %
Z	Zwei der Berufsrichter heben hervor, daß vielfach vor allem älteren — für wichtigere Aufgaben nicht tauglichen — Parteifreunden das „unschädliche“, aber tagegeldmäßig gut entschädigte Amt des ehrenamtlichen Richters zugewiesen wird.			!!		

B-4	Von den Beteiligten (*mit* ea Ri) ...	B-W	Br	Nds	R-P	D
14G	die das Amt eines ehrenamtlichen Richters nicht übernehmen würden, begründen dies damit:					
	a) sie hätten keine Zeit:	0 %	33 %	0 %	14 %	9 %
	b) sie seien zu alt:	0 %	0 %	0 %	29 %	9 %

b) Wertung und Folgerungen:

Klausa[7] zitiert das Wort vom Amt des ehrenamtlichen Richters als einem „Pensionierten-Posten". Zwei Berufsrichter Niedersachsens haben ihren Antworten den Zusatz angefügt, daß dieses „unschädliche" aber tagegeldmäßig gut entschädigte Amt vielfach vor allem älteren — für wichtigere Aufgaben nicht tauglichen — Parteifreunden zugewiesen werde.

Diese Hinweise werfen die Frage nach der *Altersstruktur* der ehrenamtlichen Richter auf. Die Altersgruppe der 62jährigen und älteren ehrenamtlichen Richter erreicht — im Durchschnitt — über ein Drittel. In Rheinland-Pfalz liegt sie mit 38 % am höchsten, in Bremen mit knapp einem Fünftel am niedrigsten. Die Gruppe der 42jährigen und Jüngeren bleibt unter einem Zehntel. Die Mehrheit der ehrenamtlichen Richter ist zwischen 42 und 62 Jahre alt. Knapp ein Fünftel der ehrenamtlichen Richter hat sich als im Ruhestand befindlich bezeichnet. Insgesamt gesehen sind — im Durchschnitt — knapp zwei Drittel der ehrenamtlichen Richter älter als 52 Jahre.

Diese Feststellung ist bedenklich. Die Altersstruktur sollte zugunsten eines größeren Anteils an jüngeren ehrenamtlichen Richtern korrigiert werden. *Peters*[8] schlägt vor, auch für ehrenamtliche Richter ein Höchstalter vorzusehen. Dem hält *Meyer-Hentschel*[9] entgegen, daß in diesem Falle auf eine Anzahl ehrenamtlicher Richter und ihre Lebenserfahrung verzichtet werden müsse.

Es wird nicht verkannt, daß ältere Menschen vielfach eine reiche Lebenserfahrung besitzen. Naturgemäß neigt ein älterer Mensch jedoch eher zur Ermüdung. Seine Spannkraft, sein Aufnahmefähigkeit und sein Gedächtnis nehmen ab. Nicht ohne Grund hat der Gesetzgeber im Arbeitsleben eine Altersgrenze bestimmt. Sie beträgt für Berufsrichter im Landesdienst — zwingend — 65 Jahre[10]. Nachdem dem ehrenamt-

[7] Klausa S. 92 Fußn. 168.
[8] Peters S. 78; Peters, bei Bahls, S. 102.
[9] Meyer-Hentschel, bei Bahls, S. 99.
[10] So: § 3 Abs. 1 und 2 Landesrichtergesetz für Rheinland-Pfalz vom 29. Oktober 1962 (R.-Pf. GVBl. S. 159).

lichen Richter im Rahmen der Entscheidungsfindung die gleiche Verantwortung wie dem Berufsrichter obliegt[11], scheint es gerechtfertigt, auch die Altersgrenze, bis zu der diese Verantwortung übertragen werden darf, einheitlich[12] zu bestimmen.

Ein jüngerer Mensch hat meist geringere Lebenserfahrung. Er lebt dafür mehr in der Zeit. Von ihm kann eher erwartet werden, daß er den aktuellen Entwicklungen im öffentlichen Leben, die gerade für ein Verwaltunsggericht von hoher Bedeutung sind, aufgeschlossen gegenübersteht. Die Effektivität der Plausibilitätskontrolle hängt erheblich von der aktiven Mitarbeit der ehrenamtlichen Richter ab. Von einem jüngeren Menschen ist zu hoffen, daß er sich mit dem Entscheidungsvorschlag gegenwartsbezogen auseinandersetzt und seiner abweichenden Meinung Gehör zu verschaffen sucht. Vor unausgeglichenen Vorstellungen sollte eine Mindestaltersgrenze schützen[13]. Was den „Zeitmangel" betrifft, sollte berücksichtigt werden, daß die ehrenamtlichen Richter in Baden-Württemberg, Niedersachsen und Rheinland-Pfalz weit überwiegend nicht mehr als siebenmal und diejenigen Bremens nicht mehr als höchstens zehnmal im Jahresdurchschnitt zu Sitzungen herangezogen werden. Dieser geringe Zeitaufwand dürfte mit fast jeder beruflichen Tätigkeit vereinbar sein.

Mit dem Altersaufbau hängt eng die Frage zusammen, ob die *Wiederwahlmöglichkeit* begrenzt werden sollte. Mit Ausnahme derjenigen Bremens gehören über die Hälfte der ehrenamtlichen Richter, die zum dritten Male und öfter in dieses Amt gewählt worden sind, der Altersgruppe über 62 Jahre an. Mit der Einführung einer Altersgrenze für ehrenamtliche Richter wäre das Problem „Wiederwahl" für diesen Personenkreis mitgelöst. Es bleibt jedoch für die jüngeren Kräfte bestehen. Ein ehrenamtlicher Richter, der dieses Amt erstmalig mit dreißig Jahren antritt, könnte bei der gegenwärtigen Amtsdauer von vier Jahren[14] bis zum Erreichen des 65. Lebensjahres *achtmal* wiedergewählt werden.

Eine derartige Entwicklung wäre der Institution des ehrenamtlichen Richters abträglich. Es steht zu befürchten, daß den wiederholt Gewählten die laienhafte Einstellung verlorengeht.

---

[11] § 19 VwGO.

[12] Auch Peters (S. 76) hält eine Parallele zum Berufsrichter für angezeigt; vgl. auch Peters, bei Bahls, S. 102.

[13] Der Gesetzgeber hat bestimmt (§ 20 Satz 2 VwGO): „Er soll das dreißigste Lebensjahr vollendet ... haben." Peters (S. 76) würde ein Mindestalter von 25 Jahren genügen lassen; ebenso Klausa S. 89 (für Schöffen). Bei einer Neufestlegung der Mindestaltergrenze sollte von dem Durchschnittsalter ausgegangen werden, das der Berufsrichter im Zeitpunkt seines Amtsantrittes erreicht hat.

[14] § 25 VwGO.

Zum einen besteht die Gefahr, daß die langjährigen ehrenamtlichen Richter in zunehmendem Maße in ihrer Mitarbeit an die Stelle originärer Vorstellungen den Hinweis auf gleichgelagerte Fälle setzen könnten. Die Erhebung hat ergeben, daß knapp ein Drittel der Berufsrichter bemerkt hat, daß die ehrenamtlichen Richter in der Beratung häufig sog. Parallel-Fälle zur Sprache bringen. Von den ehrenamtlichen Richtern selbst geben sogar — im Durchschnitt — 43 % an, daß sie häufig auf gleichgelagerte Rechtsstreitigkeiten hinweisen. Mehr als ein Drittel dieser ehrenamtlichen Richter war zum dritten Male und öfter gewählt.

Zum anderen besteht die Gefahr der Gewöhnung zwischen Berufsrichtern und ehrenamtlichen Richtern. Für letztere kann eine langjährige Mitarbeit eine unbewußte Angleichung an die Vorstellungswelt der Berufsrichter bedeuten. Damit wäre die Chance für einen Ausgleich einseitiger Ansichten der Berufsrichter nicht mehr gegeben.

Schließlich würde eine Begrenzung der Wiederwahl die Anzahl der Bürger, die in dieser Tätigkeit am öffentlichen Leben teilnehmen könnten, vergrößern.

Eine der Sache angemessene Lösung erscheint es, die mögliche Amtszeit der ehrenamtlichen Richter auf insgesamt höchstens *zwölf* Jahre zu begrenzen. Davon sollte der Bürger acht Jahre an einem Verwaltungsgericht des ersten Rechtszuges tätig sein. Die zweite[15] Wiederwahl sollte geeignete ehrenamtliche Richter an das oberste Verwaltungsgericht ihres Landes führen. Zusätze einzelner ehrenamtlicher Richter in den Fragebogen lassen erkennen, daß vorstehende Stufenfolge bereits praktiziert worden ist.

c) Ergebnis und Ausblick:

1. Der Altersaufbau der ehrenamtlichen Richter sollte verjüngt und eine Altersgrenze eingeführt werden.
2. Die Möglichkeit einer Wiederwahl in das Amt eines ehrenamtlichen Richters sollte auf zwei Male begrenzt werden.

d) Vorschläge für gesetzgeberische Maßnahmen:

§ 25 Absatz 1 VwGO sollten folgende zwei Absätze angefügt werden:

Absatz 2: „Eine Wiederwahl ist nur zweimal zulässig."

Absatz 3: „Der ehrenamtliche Richter scheidet mit der Vollendung des 65. Lebensjahres aus seinem Amt aus."

---

[15] Peters (S. 76, 78) würde *eine* Wahlperiode genügen lassen.

Abschnitt 3: Sollte der Kreis der Personen, die nicht zu ehrenamtlichen Richtern berufen werden können, erweitert werden?

a) Ergebnis der Erhebung:

L-1	Von den ea Ri (selbst) ...	B-W	Br	Nds	R-P	D
14b	geben an, den Beruf eines Juristen erlernt zu haben:	2 %	3 %	1 %	3 %	2 %
14b	geben an, eine Tätigkeit im Öffentlichen Dienst erlernt zu haben:	6 %	3 %	11 %	10 %	9 %
14b	geben insbesondere an, eine Tätigkeit in der öffentlichen Verwaltung erlernt zu haben:	1 %	3 %	5 %	6 %	4 %
15b	geben an, eine Tätigkeit im Öffentlichen Dienst auszuüben oder ausgeübt zu haben:	5 %	9 %	7 %	12 %	8 %
15a/ 15b	davon geben an, sich im Ruhestand zu befinden:	55 %	33 %	58 %	95 %	68 %
4b)-2	geben an, als Bürgermeister, Beigeordneter oder Bürgermeisterstellvertreter tätig zu sein oder gewesen zu sein:	4 %	0 %	6 %	12 %	6 %
4b)-2	geben an, in einer Gemeindevertretung tätig zu sein oder gewesen zu sein:	47 %	6 %	56 %	47 %	49 %
4b)-2	davon sind aktiv tätig:	89 %	100 %	95 %	88 %	92 %
4b)-2	geben an, in einer Kreisvertretung tätig zu sein oder gewesen zu sein:	31 %	3 %	31 %	21 %	28 %
4b)-2	geben an, in einer Bezirksvertretung tätig zu sein oder gewesen zu sein:	5 %	3 %	4 %	1 %	4 %
4b)-2	geben an, in einer kirchlichen Vertretung tätig zu sein oder gewesen zu sein:	14 %	6 %	16 %	15 %	15 %
3, 9, 32	die das Amt eines ehrenamtlichen Richters freiwillig übernehmen würden, heben hervor, daß ihnen diese Tätigkeit für andere ehrenamtliche Tätigkeiten, insbesondere die kommunalpolitische Arbeit förderlich sei:	13 %	7 %	17 %	17 %	15 %
5	geben an, sie hätten bei ihrem ersten Amtsantritt eine Vorstellung von dem, was in ihrem neuen Wirkungskreis von ihnen verlangt werden würde, gehabt:	51 %	59 %	60 %	71 %	59 %

L-1	Von den ea Ri (selbst) ...	B-W	Br	Nds	R-P	D
5 Falls, a)	davon geben an, ihre Vorstellung aus der kommunalpolitischen Arbeit gehabt zu haben:	25 %	0 %	22 %	35 %	25 %
27 Falls, b)	die angegeben haben, den Berufsrichtern im Einzelfalle durch Erläuterung der Hintergründe, Zusammenhänge u. ä. „oft" bzw. „selten" behilflich gewesen zu sein, benennen als Grund ihre Befähigung Erfahrungen aus — zum Teil — langjähriger kommunalpolitischer Arbeit:	27 %	0 %	16 %	27 %	21 %
27 Falls, a)	geben an, den Berufsrichtern „oft" bzw. „selten" behilflich gewesen zu sein:					
	a) auf kommunalpolitischem Gebiet:	14 %	0 %	22 %	18 %	18 %
	b) auf dem Gebiet des kommunalen Abgabenrechts:	4 %	5 %	5 %	6 %	5 %
3, 9, 32	die das Amt eines ehrenamtlichen Richters nicht freiwillig übernehmen würden, begründen dies damit, daß sie eine Ämterhäufung auf wenige ablehnten:	3 %	0 %	3 %	0 %	2 %

Ri-2	Von den Berufsrichtern ...	B-W	Br	Nds	R-P	D
15a	heben die Mitwirkung ehrenamtlicher Richter auf dem Gebiet des Kommunalrechts als besonders „erwünscht" hervor:	1 %	0 %	11 %	7 %	6 %
15a, b	bezeichnen die Mitwirkung ehrenamtlicher Richter auf dem Gebiet des kommunalen Abgabenrechts					
	a) als erwünscht:	0 %	0 %	7 %	5 %	3 %
	b) als überflüssig:	8 %	0 %	11 %	7 %	8 %
	Dies bedeutet in Relation zueinander:					
	a) erwünscht:	0 %	0 %	39 %	40 %	28 %
	b) überflüssig:	100 %	0 %	61 %	60 %	72 %

RA-3	Von den Rechtsanwälten ...	B-W	Br	Nds	R-P	D
Z	Einer der Rechtsanwälte meint, die ehrenamtlichen Richter sollten nicht allzu „verwaltungsabhängig" sein.		!			

b) Wertung und Folgerungen:

Der Gesetzgeber hat in § 21 VwGO bestimmt, wer vom Amt des ehrenamtlichen Richters allgemein, und in § 54 VwGO vorgeschrieben, wer von der Ausübung dieses Amtes im konkreten Rechtsstreite ausgeschlossen ist. In § 22 VwGO hat er den Personenkreis zwingend[16] und erschöpfend[17, 18] festgelegt, der nicht zum ehrenamtlichen Richter berufen werden kann. In der Begründung des Entwurfs heißt es zu letzterer Bestimmung u. a.: „Dies ist sowohl zur Vermeidung von Interessen- und Pflichtenkollisionen als auch aus dem richtig verstandenen Sinn einer Laienbeteiligung erforderlich[19].“

Die Bestimmung des § 22 VwGO wird der Zielsetzung des Gesetzgebers nicht in vollem Umfange gerecht. Sie stellt noch nicht völlig sicher, daß nur „nicht sach- und fachkundige Bürger“[20] — die Garanten einer effektiven Plausibilitätskontrolle — als ehrenamtliche Richter mitwirken.

Insoweit hat die Befragung drei, wenn auch nicht sehr stark vertretene Personengruppen erbracht.

In jedem Lande sind einige wenige *Juristen* als ehrenamtliche Richter tätig. Auch ein Jurist, der nicht in der öffentlichen Verwaltung oder nicht einmal im Öffentlichen Dienste tätig sind, kann einem fachunkundigen Laien nicht gleichgesetzt werden. Seine rechtswissenschaftliche Schulung gibt ihm eine Möglichkeit des Verständnisses, die dem Laien fehlt. Aus diesem Grunde sollte die Berufung von Juristen jeglicher Berufstätigkeit ausgeschlossen sein.

In allen vier Ländern sind Personen zu ehrenamtlichen Richtern gewählt worden, die öffentliche Aufgaben wahrnehmen, ohne dem Öffentlichen Dienste im Sinne der Bestimmung des § 22 Nr. 3 VwGO anzugehören. Wie dies im einzelnen möglich ist, lassen die Angaben zur beruflichen Tätigkeit nur ausnahmsweise erkennen. So gehören einzelne ehrenamtliche Richter einer *kirchlichen* Verwaltung[21] an. Die Tätigkeit im kirchlichen Dienste sollte derjenigen im Öffentlichen Dienste gleichgestellt werden. Entscheidend sollte auch hier sein, daß kirchliche Beamte und Angestellte einer Körperschaft des öffentlichen Rechts[22] angehören, die ähnlich einer staatlichen Einrichtung verwaltet wird. Damit ist auch bei diesem Personenkreis die Laien-Eigenschaft nicht gewährleistet.

[16] Eyermann-Fröhler § 22 Anm. 1.
[17] Eyermann-Fröhler § 22 Anm. 2.
[18] Vgl. § 186 VwGO (Erweiterung für Bremen, Hamburg und Berlin).
[19] Bundestag, Drucksachen, Band 55, Nr. 55, S. 29.
[20] Ule, Verwaltungsprozeßrecht, S. 56.
[21] Eyermann-Fröhler § 22 Anm. 3.
[22] Art. 140 GG mit Art. 137 Abs. 5 WRV.

Schließlich wirken in jedem Lande auch einige Beamte und Angestellte im Öffentlichen Dienst mit, die sich bereits im *Ruhestand* befinden. Die höchste Quote war in Rheinland-Pfalz festzustellen. Sie liegt etwas über einem Zehntel. Im Lande Berlin wirken ebenfalls einige Ruheständler des Öffentlichen Dienstes mit[23]. Auch dieser Personenkreis sollte nicht in das Amt eines ehrenamtlichen Richters berufen werden können. Es mag den Berufsrichtern angenehm sein, bei den Beisitzern eine gewisse Fachkunde voraussetzen zu können. Dies widerspricht jedoch dem Grundgedanken dieser Rechtseinrichtung[24]. Verständlichkeit und Überzeugungskraft des Entscheidungsvorschlages sollen von einer verwaltungs*un*gewohnten Öffentlichkeit überprüft werden. Mit der Einführung der bereits früher[25] vorgeschlagenen Altersgrenze für ehrenamtliche Richter wäre auch dieses Problem gelöst.

Von erheblich größerer Bedeutung ist die Frage, ob es weiterhin zulässig sein soll[26], daß ehrenamtliche *Bürgermeister*[27] und *Mitglieder* einer Gemeindevertretung, einer Kreisvertretung, einer Bezirksvertretung oder Mitglieder der Vertretung sonstiger Körperschaften des öffentlichen Rechts — so der Kirchen — *gleichzeitig* als ehrenamtliche Richter tätig sind.

Die Erhebung hat erbracht, daß der Anteil ehrenamtlicher Richter, die gleichzeitig ehrenamtliche Bürgermeister sind, sehr klein ist. Auch die Quote der Mitglieder kirchlicher Vertretungen liegt im Durchschnitt bei höchsten 15 %. Die Anzahl der ehrenamtlichen Richter, die gleichzeitig Mitglieder in einer Gemeinde-, Kreis- und/oder Bezirksvertretung sind, ist dagegen — mit Ausnahme Bremens — erheblich. Allein knapp die Hälfte der ehrenamtlichen Richter sitzt auch in der Vertretungskörperschaft ihrer Heimatgemeinde.

Diese Ämterhäufung sollte für *inkompatibel* erklärt werden. Der Bundesgesetzgeber glaubte, diesen Schritt nicht tun zu dürfen. Er begründet: „Dagegen erscheint der Ausschluß auch der Mitglieder der Vertretungen der Selbstverwaltungskörperschaften nicht angängig, da hierdurch ein zu großer Kreis von Personen, die sich kraft ihrer Persönlichkeit für das Laienrichtertum besonders eignen, ausgeschaltet würde. Mögliche Interessenkollisionen werden durch § 55 Abs. 3 (des Entwurfs = § 54 Abs. 3 VwGO) ausgeräumt[28]."

---

[23] Klausa S. 95.

[24] Ule, Verwaltungsprozeßrecht, S. 56; Peters, bei Bahls, S. 102.

[25] Vgl. Abschnitt 2.

[26] Eyermann-Fröhler § 22 Anm. 2.

[27] Vgl. Rheinland-pfälz. Landesgesetz über die Unvereinbarkeit von Amt und Mandat (im Landtage und im Bundestage) v. 2. Nov. 1970 (R.-Pf. GVBl. S. 395); vgl. § 186 VwGO.

[28] Bundestag, Drucksachen, Band 55, Nr. 55, S. 29.

Die von dem Gesetzgeber angesprochene Eignung ist bei dem Kommunalpolitiker ohne Zweifel gegeben. Gerade die Mitarbeit in einer kommunalen Vertretungskörperschaft — in minderem Maße auch die Tätigkeit in einer kirchlichen Vertretung — bietet die besten Voraussetzungen für das Amt eines ehrenamtlichen Richters bei Gerichten der allgemeinen Verwaltungsgerichtsbarkeit. Das kommunale Ehrenamt vermittelt Erfahrungen im öffentlichen Leben. Es schult in der politischen Auseinandersetzung die Selbstsicherheit. Von besonderem Wert ist die Mitarbeit als Beisitzer eines Stadt- oder Kreisrechtsausschusses[29].

Das Problem darf jedoch nicht einseitig von der Eignung und einer möglichen Interessenkollision her gesehen werden.

Das Wesen der Demokratie liegt in der Mitverantwortung aller Bürger für das Staatswesen[30]. Diese Zielsetzung darf nicht dadurch unterlaufen werden, daß zwar formal mehrere Verantwortlichkeiten bestehen, diese aber in der Person einiger weniger Bürger vereinigt sind. Aufgabe jeder demokratischen Gesetzgebung sollte es daher sein, eine möglichst breite Verteilung der öffentlichen Ämter sicherzustellen. Pragmatische Erwägungen müssen dabei zurücktreten. Diese Forderung hat um so mehr zu gelten, wenn mehrere Teile der Staatsgewalt angesprochen sind. Die Gemeindevertretungen gehören zum einen zur Gemeinde*verwaltung* im weiteren Sinne. Zum anderen sind sie aber auch im Rahmen ihrer Satzungsgewalt als demokratisch gewähltes Beschlußorgan dem Bereich der *Legislative* zuzuordnen[31]. Die ehrenamtlichen Richter gehören dagegen der *rechtsprechenden* Gewalt an[32]. Schließlich sollte berücksichtigt werden, daß es auch Aufgabe des Gesetzgebers ist, das demokratische Bewußtsein aller Bürger zu wecken und zu festigen. Voraussetzung hierfür ist eine Möglichkeit zur Teilnahme am öffentlichen Leben.

Vorstehende Erwägungen rechtfertigen es, die Unvereinbarkeit von kommunalem und richterlichem Ehrenamt zu bestimmen. Dabei sollte klar sein, daß die gesetzliche Feststellung der Inkompatibilität die Mitglieder der Vertretungen der Selbstverwaltungskörperschaften vom Amt des ehrenamtlichen Richters nicht gänzlich „ausschaltet", sondern nur die *gleichzeitige* Ausübung beider Ämter unterbindet.

---

[29] Vgl. § 73 Abs. 2 VwGO; Ule, Verwaltungsprozeßrecht, S. 94; für *Rheinland-Pfalz:* §§ 7 ff. Landesgesetz zur Ausführung der VwGO vom 26. Juli 1960 (R.-Pf. GVBl. S. 145).

[30] Art. 20 Abs. 2 Satz 1 GG.

[31] Bundesverfassungsgericht, Bschl. v. 23. Febr. 1972, NJW 1972 II, S. 860 (S. 861/862).

[32] Art. 92 GG.

c) Ergebnis und Ausblick:

§ 22 VwGO sollte erweitert werden. Der Personenkreis, der nicht zu ehrenamtlichen Richtern berufen werden kann, sollte um Juristen, um Beamte und Angestellte aller Körperschaften des öffentlichen Rechts einschließlich der Kirchen, um Beamte und Angestellte im Ruhestand sowie um ehrenamtliche Beamte und Mitglieder kommunaler und sonstiger Vertretungskörperschaften ergänzt werden.

d) Vorschläge für gesetzgeberische Maßnahmen:

§ 22 VwGO sollte wie folgt erweitert und neugefaßt werden:

Absatz 1: „Zu ehrenamtlichen Richtern können nicht berufen werden

1. Mitglieder des Bundestages, der gesetzgebenden Körperschaften eines Landes oder der Vertretungen einer Selbstverwaltungskörperschaft,
2. Mitglieder der Bundesregierung oder einer Landesregierung,
3. Richter,
4. Beamte und Angestellte im Dienste des Bundes, eines Landes, einer Selbstverwaltungskörperschaft oder einer sonstigen Körperschaft des öffentlichen Rechts,
5. Berufssoldaten und Soldaten auf Zeit,
6. berufsmäßige Angehörige und Angehörige auf Zeit des Zivilschutzkorps,
7. Rechtsanwälte, Notare und Personen, die fremde Rechtsangelegenheiten geschäftsmäßig besorgen,
8. sonstige Personen, die die Befähigung zum Richteramt oder zum höheren Verwaltungsdienst erlangt haben."

Absatz 2: „Das gleiche gilt für Personen der Nr. 1 bis 8, die sich im Ruhestand befinden"[33].

Abschnitt 4: Sollte die Wahl der ehrenamtlichen Richter unmittelbar durch die Bürger erfolgen?

a) Ergebnis der Erhebung:

L-1	Von den ea Ri (selbst) ...	B-W	Br	Nds	R-P	D
33	würden einem Vorschlag zustimmen, der jedem Bürger das Recht gibt, von sich aus sich um das Amt eines ehrenamtlichen Richters zu bewerben:	39 %	52 %	34 %	34 %	36 %

[33] Dieser Absatz wäre bei einer gesetzlich bestimmten Altersgrenze für ehrenamtliche Richter entbehrlich.

L-1	Von den ea Ri (selbst) ...	B-W	Br	Nds	R-P	D
33G	die eine Selbst-Bewerbung ablehnen würden, heben hervor,					
	a) daß auf diesem Wege aktive, extreme Minderheiten Einfluß gewinnen könnten:	2 %	0 %	0,5 %	1 %	1 %
	b) daß die derzeit Vorschlagsberechtigten besser über die Geeignetheit einer Person Bescheid wüßten:	0 %	0 %	2 %	0 %	1 %
33	haben einige folgende Eigenschaften angegeben, die ein ehrenamtlicher Richter ihrer Meinung nach besitzen sollte:					
	a) Geordnete persönliche Verhältnisse,					
	b) einen vorbildlichen Lebenslauf,					
	c) Charakter,					
	d) Zuverlässigkeit,					
	e) Bewährung im Leben,					
	f) soziale Einstellung,					
	g) Gerechtigkeitssinn,					
	h) schnelle Auffassungsgabe,					
	i) die Fähigkeit, zu einem klaren Urteil zu kommen,					
	k) die Fähigkeit, abgewogen und tolerant zu entscheiden,					
	l) Verfassungstreue,					
	m) Engagement in einer Partei oder einer anderen gesellschaftlichen Gruppe.					
4a)-1	geben an, einer Partei anzugehören:	64 %	66 %	88 %	92 %	81 %
4a)-2	geben an, einer Gewerkschaft anzugehören:	31 %	56 %	35 %	29 %	34 %
4a)-3	geben an, einem Arbeitgeberverband anzugehören:	28 %	12 %	24 %	24 %	25 %
4a)	geben an, weder einer Partei noch einer Gewerkschaft noch einem Arbeitgeberverband anzugehören:	15 %	6 %	5 %	5 %	8 %
4b)-1	geben an, in einer Partei, Gewerkschaft und / oder einem Arbeitgeberverband aktiv mitzuwirken:	58 %	59 %	77 %	77 %	71 %

L-1	Von den ea Ri (selbst) ...	B-W	Br	Nds	R-P	D
4b)-2	geben an, als Bürgermeister, Beigeordneter oder Bürgermeister-Stellvertreter tätig zu sein oder gewesen zu sein:	4 %	0 %	6 %	12 %	6 %
4b)-2	geben an, in einer Gemeindevertretung tätig zu sein oder gewesen zu sein:	47 %	6 %	56 %	57 %	49 %
4b)-2	geben an, in einer Kreisvertretung tätig zu sein oder gewesen zu sein:	31 %	3 %	31 %	21 %	28 %
4b)-2	geben an, in einer kirchlichen Vertretung tätig zu sein oder gewesen zu sein:	14 %	6 %	16 %	15 %	15 %
6	geben an,					
	a) daß sich ihre Tätigkeit als ehrenamtlicher Richter auf ihr soziales Ansehen förderlich ausgewirkt habe:	21 %	22 %	26 %	26 %	24 %
	b) daß sie insoweit keine Auswirkung hätten feststellen können:	78 %	78 %	74 %	73 %	75 %
	insgesamt:	99 %	100 %	100 %	99 %	99 %
6	geben drei als Grund dafür, daß sie keine Auswirkung hätten feststellen können, an, daß das Amt des ehrenamtlichen Richters bei Gerichten der allgemeinen Verwaltungsgerichtsbarkeit in der Öffentlichkeit kaum bekannt sei:	!!		!		
Ri-2	**Von den Berufsrichtern ...**	**B-W**	**Br**	**Nds**	**R-P**	**D**
Z	Zwei der Berufsrichter heben hervor, daß vielfach vor allem älteren — für wichtigere Aufgaben nicht tauglichen — Parteifreunden das unschädliche, aber tagegeldmäßig gut entschädigte Amt eines ehrenamtlichen Richters zugewiesen wird.			!!		
18G	Zwei weitere verweisen darauf, daß die ehrenamtlichen Richter nach ihrer sozialen Zusammensetzung selbst keine Repräsentation der Gesamtbevölkerung darstellten, sie seien vielmehr „Honoratioren“.	!!				

RA-3	Von den Rechtsanwälten ...	B-W	Br	Nds	R-P	D
Z	hebt einer hervor, die ehrenamtlichen Richter sollten nicht den „überlegenen, weisen Mann" spielen.				!	
B-4	Von den Beteiligten (*mit* ea Ri) ...	B-W	Br	Nds	R-P	D
Z	weist einer darauf hin, daß prominente ehrenamtliche Richter zur Arroganz neigen; es wäre erforderlich, jüngere, doch erfahrene Bürger aus allen „normalen" Schichten heranzuziehen.				!	

b) Wertung und Folgerungen:

Klausa[34] erwähnt, daß es den Parteien Berlins oft schwer falle, ihr Vorschlagsrecht hinsichtlich der ehrenamtlichen Richter wahrzunehmen. Wie es insoweit in den hier befragten Ländern bestellt ist, wurde nicht erhoben.

Fest steht in jedem Falle, daß bei einer Verwirklichung der vorstehend behandelten Gedanken — Einführung einer Altersgrenze[35], Begrenzung der Wiederwahl[35], Erweiterung des Personenkreises, der nicht berufen werden kann[36] — ein erheblicher Teil der Kandidaten, die bislang für dieses Amt zur Verfügung gestanden haben — vor allem die aktiven Mitglieder kommunaler Vertretungskörperschaften —, nicht mehr herangezogen werden könen. Es ergibt sich das Problem, breitere Kreise der Bevölkerung für dieses Amt zu gewinnen.

Der einfachste Weg wäre es, die Vorschlagslisten aus den Einwohnerverzeichnissen der vorschlagsberechtigten Kreise und kreisfreien Städte zu erstellen. Unter Berücksichtigung der Bestimmung des § 23 VwGO — erschöpfende Aufzählung der Ablehnungsgründe[37] — wäre die erforderliche Anzahl ehrenamtlicher Richter gesichert.

Diese Art und Weise der Auswahl würde aber weder dem Erfordernis der Effektivität noch der Bedeutung dieses Amtes gerecht werden.

Für eine wirksame Plausibilitätskontrolle sind eine gewisse Erfahrung im öffentlichen Leben und Selbstsicherheit der ehrenamtlichen Richter die beste Basis. Diese Voraussetzungen erfüllen am ehesten diejenigen Bürger, die bereits in politischen oder gesellschaftlichen Ver-

[34] Klausa S. 91.
[35] Vgl. Abschnitt 2.
[36] Vgl. Abschnitt 3.
[37] Eyermann-Fröhler § 23 Anm. 1.

einigungen mit demokratischer Zielrichtung — Parteien, Freie Wählervereinigungen, Gewerkschaften, Arbeitgeberverbände u. ä. — mitarbeiten. Insoweit ist Klausa[38] zuzustimmen, daß die „Talentsuche" nicht auf aktive Mitglieder der Parteien beschränkt bleiben dürfe.

Ziel der nachfolgenden Überlegungen ist es, einen Weg aufzuzeigen, dem Amt des ehrenamtlichen Richters die geeignetsten Persönlichkeiten zu gewinnen.

Wie bereits dargelegt[39] ist die Tätigkeit als Mitglied einer kommunalen Vertretungskörperschaft eine gute Schule für das Amt des ehrenamtlichen Richters. Kaum ein Gemeinderat, Stadtverordneter oder Ratsherr wird jedoch bereit sein, diesen Sitz gegen den Beisitz in einem Verwaltungsgericht zu tauschen. Ebensowenig wird ein Bürger, der zwischen der Übernahme eines Gemeinderatsmandats und derjenigen des Amtes eines ehrenamtlichen Richters wählen darf, sich für letzteres Amt entscheiden.

Die Gründe sind naheliegend. Die Stellung als *Gemeinderat* bedeutet ein erhebliches politisches und soziales Prestige. Der in dieses Ehrenamt gewählte Bürger fühlt sich vom Vertrauen der übrigen Bürger seiner Gemeinde getragen. Die Mitarbeit in Ausschüssen und überörtlichen Gremien verspricht Kontakte und wertvolle Einblicke. Das Amt des ehrenamtlichen *Richters* bei Gerichten der allgemeinen Verwaltungsgerichtsbarkeit ist dagegen nicht einmal allgemein bekannt. Es wirkt sich kaum förderlich auf das soziale Ansehen aus. Von den befragten ehrenamtlichen Richtern haben — im Durchschnitt — drei Viertel insoweit keine Feststellung treffen können. Die Möglichkeit zu Kontakten ist grundsätzlich nicht gegeben. Die Entschädigung eines ehrenamtlichen Richters bleibt hinter der Aufwandsentschädigung eines Mandatsträgers zurück. Insgesamt bietet das Amt des ehrenamtlichen Richters dem Bürger einen vergleichsweise wesentlich geringeren Anreiz.

Hier müßte die Reform ansetzen. Die Verantwortung des ehrenamtlichen Richters ist der eines Gemeinderates gleichzuachten. Dieser Umstand rechtfertigt es, diesem Amt eine dem eines Gemeinderates vergleichbare Außenwirkung einzuräumen.

Dabei sollte berücksichtigt werden, daß sich gerade auch in der Gerichtsbarkeit überkommene Strukturen in einer Umbildung befinden. In der Stellenbesetzung tritt die Dritte Gewalt — wenn auch zaghaft — aus der alleinigen Abhängigkeit von der Zweiten Gewalt heraus. Die Richter des Bundesverfassungsgerichts werden vom Bundestag und Bundesrat gewählt[40]. Über die Berufung der Richter der obersten Ge-

---

[38] Klausa S. 110/111.

[39] Vgl. Abschnitt 3.

[40] § 5 Abs. 1 Satz 1 BVerfGG.

richtshöfe des Bundes entscheiden die zuständigen Bundesminister gemeinsam mit dem Richterwahlausschuß[41]. In Bremen[42] und Hessen[43] bestehen Richterwahlausschüsse. In Rheinland-Pfalz[44] ist ein derartiger Ausschuß geplant. Die Zusammensetzung des bremischen Wahlausschusses aus Mitgliedern der Bürgerschaft, des Senats und der Richterschaft[45] bietet eine Verzahnung der drei Teilstücke der Staatsgewalt — Gesetzgebung, Vollziehung und Rechtsprechung —, die geeignet ist, der Rechtsprechung die ihr als Dritter Gewalt von der Verfassung[46] zuerkannte Unabhängigkeit zu sichern. Gleichzeitig bahnt sich mit der Einführung derart besetzter Richterwahlausschüsse für die Rechtsprechung eine verbreiterte Vertrauensbasis an, die ihr das Odium obrigkeitsstaatlicher Parteilichkeit nehmen könnte.

Derart von der Bestellung der Berufsrichter her gestärkt könnte ein erweitertes Auswahlgremium für die ehrenamtlichen Richter ein übriges tun. Die Wahl der ehrenamtlichen Richter sollte *unmittelbar* durch die Bürger erfolgen. Diese Lösung hätte insbesondere zur Folge, daß das Amt des ehrenamtlichen Richters in den Augen der Öffentlichkeit die seiner Bedeutung gemäße Beachtung erführe. Die Stellung des ehrenamtlichen Richters innerhalb des Gerichtes würde gestärkt. Damit würde diesem Amt ein soziales Ansehen eingeräumt, daß geeignet sein könnte, die Bereitschaft der an demokratischer Mitarbeit interessierten Bürger zu fördern, sich um dieses Amt zu bewerben. Das richterliche Ehrenamt als krönender Abschluß langjähriger gemeindlicher Mitarbeit sollte erstrebenswert werden. Eine attraktive Entschädigung könnte sicherlich einiges beitragen.

Es wird nicht verkannt, daß ein derartiger Vorschlag nicht unerhebliche Probleme aufwirft.

Bluntschli[47] lehnte die unmittelbare Volkswahl mit dem Hinweis ab, daß die Vermittlung der Kreisversammlung Gerechtigkeit, Unparteilichkeit und Geschäftstüchtigkeit der Gewählten besser garantiere. Diese Garantie wird bei der Verwirklichung der hiesigen Vorstellungen nicht verringert. Die Erstellung der Vorschlagslisten sollte bei den Kreisen und kreisfreien Städten verbleiben[48]. Entfallen sollte dagegen der Wahlausschuß der Bestimmung des § 26 VwGO. An die Stelle der Vertrauens-

---

[41] § 1 Abs. 1 Richterwahlgesetz v. 25. Aug. 1950 (BGBl. S. 368) m. Ändergn.
[42] §§ 7 ff. Brem. Richtergesetz v. 15. Dez. 1964 (Brem. GBl. S. 187).
[43] §§ 8 ff. Hess. Richtergesetz v. 19. Okt. 1962 (Hess. GVBl. I S. 455).
[44] Entwurf eines Landesgesetzes über den Richterwahlausschuß (Richterwahlgesetz) v. 29. Juni 1971 — Urantrag der Fraktion der SPD — (R.-Pf. LT, Drucksachen, 7. Wahlperiode, Bd. 1, Nr. 85).
[45] § 8 brem. RiGes.
[46] Art. 20 Abs. 2 Satz 2 GG.
[47] Bluntschli, Kommissionsbericht zum Bad. Gesetz über die Organisation der inneren Verwaltung vom 9. Juni 1863.
[48] § 28 VwGO.

leute sollte die gesamte Bürgerschaft des Kreises oder der kreisfreien Stadt treten.

Damit ergibt sich das Problem des Wahlzeitpunktes und der Dauer der Wahlperiode. Die Wahl der ehrenamtlichen Richter sollte zeitlich, räumlich und technisch mit der Wahl zu den Vertretungen der kommunalen Selbstverwaltungskörperschaften verbunden werden. Zum einen bleibt dem Bürger ein — der Sache sicherlich abträglicher — zusätzlicher Gang zur Wahlurne erspart. Zum anderen werden Gleichrangigkeit von kommunalem und richterlichem Ehrenamt hervorgehoben und damit die Bedeutung des Letzteren betont. Die Wahlperiode für das Amt des ehrenamtlichen Richters müßte derjenigen für das kommunale Mandat angepaßt werden.

Die Einzelheiten der Wahl sollten in *Landeswahlgesetzen*[49] für ehrenamtliche Richter niedergelegt werden. Diese sollten unter Berücksichtigung der landesrechtlichen Eigentümlichkeiten auf dem Gebiete des Rechts der Selbstverwaltungskörperschaften eine möglichste Übereinstimmung anstreben.

Der Vorschlag von Einzelheiten würde den Rahmen der Arbeit sprengen. Es sollen nur einige wesentliche Gesichtspunkte angesprochen werden.

Alle Regelungen müssen von der Aufgabenstellung des Amtes her getroffen werden.

Der ehrenamtliche Richter hat „nach bestem Wissen und Gewissen ohne Ansehen der Person zu urteilen und nur der Wahrheit und Gerechtigkeit zu dienen"[50]. Dieses Gebot — vor allem — parteipolitischer Neutralität verlangt, daß die Wahl als reine *Persönlichkeitswahl* ausgestaltet wird. Es muß zwar allen politischen und gesellschaftlichen Gruppierungen mit demokratischer Zielsetzung offenstehen, ihnen geeignet erscheinende Kandidaten zu benennen. Die Liste, die dem Wähler zur Auswahl vorgelegt wird, darf jedoch außer Alter, Berufstätigkeit, Familienstand und bisheriger Tätigkeit im öffentlichen Leben keine Angaben über die Zugehörigkeit der Bewerber enthalten. Insbesondere die Angaben über die Mitarbeit im öffentlichen Leben müssen neutral gefaßt werden. Die Kandidaten müssen der Öffentlichkeit und der Presse gemeinsam vorgestellt werden. Ein Wahlkampf ist mit diesen Vorstellungen nicht vereinbar. Der Bewerber soll als geeignete Persönlichkeit, nicht als Exponent einer bestimmten politischen Gruppierung in das Bewußtsein des wahlberechtigten Bürgers eingeführt werden. Dem steht nicht entgegen, daß zumindest einem Teil der Bürger die politische Heimat des einen oder anderen Kandidaten insbesondere auf Grund seiner bis-

[49] Vgl. Art. 74 Nr. 1 GG (Konkurrierende Gesetzgebung).

[50] § 45 Abs. 1 Satz 2 DRiG.

herigen Arbeit im öffentlichen Bereich bekannt ist. Es läßt sich auch nicht verhindern, daß sich der eine oder andere Bürger nach diesem Kriterium entscheidet. Trotzdem muß es Ziel der mit der Wahl befaßten Organe sein und bleiben, jeden Anschein einer Parteilichkeit der ehrenamtlichen Richter zu unterbinden. So darf auch die Bekanntgabe des Ergebnisses der Wahl mit keinem Zusatz hinsichtlich der politischen Herkunft der Gewählten versehen werden. Bahls[51] hat zutreffend eine Pressemeldung vom Februar 1973 kritisiert, in der die neugewählten ehrenamtlichen Richter unter Angabe der Namen als „für die CDU", „für die FDP", „für die FWV" und „für die SPD" gewählt vorgestellt worden sind.

Neben dem Recht der politischen und gesellschaftlichen Vereinigungen, ihre Kandidaten zu benennen, muß auch jedem Bürger des Kreises oder der kreisfreien Stadt das Recht eingeräumt werden, sich um das Amt eines ehrenamtlichen Richters zu bewerben. Die Mehrheit der ehrenamtlichen Richter steht dieser Möglichkeit zwar ablehnend gegenüber. In Baden-Württemberg, Niedersachsen und Rheinland-Pfalz befürworten nur rund ein Drittel die *Selbstbewerbung*. Lediglich in Bremen erreicht der Anteil der befürwortenden Stimmen etwas mehr als die Hälfte. Aus den begründenden Zusätzen einiger ehrenamtlicher Richter, die die Selbstbewerbung ablehnen, klingt die Sorge vor ungeeigneten, insbesondere extermen Bewerbern an. Auch Klausa[52] spricht die Möglichkeit „fragwürdiger" Kandidaten als Folge einer Eigenwerbung an. Dieser Gefahr kann jedoch begegnet werden.

Zum einen ist für jeden Bewerber eine gewisse *Qualifikation* gesetzlich festzulegen. Er hat nachzuweisen, daß er sich durch Mitarbeit in politischen oder gesellschaftlichen Vereinigungen oder in sonstiger Weise Erfahrungen im öffentlichen Leben erworben hat.

Zum anderen ist die Wahlliste im Sinne des § 28 Satz 2 und 3 VwGO von vorneherein auf eine bestimmte Anzahl Kandidaten zu begrenzen. Die Aufnahme in diese Liste bedarf der Zustimmung von mindestens zwei Dritteln der gesetzlichen Mitgliederzahl der Vertretungskörperschaft des Kreises oder der kreisfreien Stadt[53]. Durch diesen *Filter* können ungeeignete Bewerber ausgeschieden werden. Diese Vorauswahl sollte aber auch eine andere Wirkung haben. Aus der Konkurrenz mehrerer Bewerber sollte für Parteien, Gewerkschaften, Arbeitgeberverbände, Kirchen u. a. Vereinigungen der Zwang erwachsen, nur Kandidaten mit hoher Qualifikation zu benennen.

[51] Bahls, Leserbrief in der „Rhein-Neckar-Zeitung" vom 24./25. Februar 1973.

[52] Klausa S. 87 (für Schöffen).

[53] § 28 Satz 4 VwGO.

c) Ergebnis und Ausblick:

Das Problem, geeignete Persönlichkeiten für das Amt eines ehrenamtlichen Richters zu gewinnen, hängt vor allem mit dem sozialen Ansehen dieses Amtes zusammen. Aus diesem Grunde sollte die Bedeutung dieser Tätigkeit der Öffentlichkeit dadurch nahe gebracht werden, daß die Wahl der ehrenamtlichen Richter unmittelbar durch die Bürgerschaft erfolgt.

d) Vorschläge für gesetzgeberische Maßnahmen:

1. Die §§ 25 und 26 VwGO sollten durch folgende Vorschrift ersetzt werden:

   § 25 Absatz 1: „Die ehrenamtlichen Richter werden in freier und geheimer Wahl durch die Bürger der Kreise und kreisfreien Städte gewählt."

   Absatz 2: „Die Wahlperiode entspricht derjenigen für die Wahl der Mitglieder der Vertretungen der Selbstverwaltungskörperschaften."

   Absatz 3: „Das Nähere bestimmt ein Landesgesetz."

2. § 28 VwGO wäre anzupassen.

Kapitel 2

Reformvorstellungen zur Besetzung der Spruchkörper der Verwaltungsgerichte

Abschnitt 1: Sollten weitere Fachspruchkörper eingerichtet werden?

a) Ergebnis der Erhebung:

Ri-2	Von den Berufsrichtern ...	B-W	Br	Nds	R-P	D
12b Falls	die angeben, daß von den ehrenamtlichen Richtern im Hinblick auf die Rechtsprobleme nur wenige Fragen gestellt werden, begründen dies damit, daß die ehrenamtlichen Richter durch die ungewohnten Rechtsfragen überfordert seien:	62 %	67 %	48 %	57 %	56 %
18G	die die Mitwirkung ehrenamtlicher Richter für „falsch" bzw. „überflüssig" halten, verweisen darauf,					
	a) daß die ehrenamtlichen Richter durch die ungewohnten Rechtsfragen überfordert seien:	35 %	43 %	14 %	55 %	31 %
	b) daß die ehrenamtlichen Richter nichts zur Rechtsfindung beitragen:	54 %	29 %	67 %	36 %	51 %
15a, b	wird die Mitwirkung ehrenamtlicher Richter auf folgenden Sachgebieten teils als besonders „erwünscht" teils als „überflüssig" angegeben:					
	1. Beamtenrecht:					
	a) erwünscht:	0 %	0 %	0 %	0 %	0 %
	b) überflüssig:	12 %	8 %	21 %	17 %	16 %
	Dies bedeutet in Relation zueinander:					
	überflüssig:	100 %	100 %	100 %	100 %	100 %

Ri-2	Von den Berufsrichtern ...	B-W	Br	Nds	R-P	D
	2. Abgabenrecht:					
	a) erwünscht:	0 %	0 %	7 %	5 %	3 %
	b) überflüssig:	8 %	0 %	11 %	7 %	8 %
	Dies bedeutet in Relation zueinander:					
	a) erwünscht:	0 %	0 %	39 %	40 %	28 %
	b) überflüssig:	100 %	0 %	61 %	60 %	72 %
	3. Kriegsfolgenrecht:					
	a) erwünscht:	8 %	8 %	7 %	2 %	7 %
	b) überflüssig:	10 %	0 %	5 %	0 %	6 %
	Dies bedeutet in Relation zueinander:					
	a) erwünscht:	47 %	100 %	55 %	100 %	54 %
	b) überflüssig:	53 %	0 %	45 %	0 %	46 %
Z	Von einem der Berufsrichter wird angeregt, zu LAG-, BVFG- u. ä. Rechtsstreitigkeiten aus Mittel- und Ost-Deutschland stammende ehrenamtliche Richter zuzuziehen.	!				

RA-3	Von den Rechtsanwälten ...	B-W	Br	Nds	R-P	D
3G	die die Mitwirkung ehrenamtlicher Richter für „falsch" bzw. „überflüssig" halten, verweisen darauf, daß die ehrenamtlichen Richter durch die ungewohnten Rechtsprobleme überfordert seien:	47 %	29 %	86 %	75 %	66 %
Z	Von einem der Rechtsanwälte wird angeregt, in Beamten-Sachen als ehrenamtliche Richter Beamte zu beteiligen.	!				

B-4	Von den Beteiligten (*mit* ea Ri) ...	B-W	Br	Nds	R-P	D
14G	die das Amt eines ehrenamtlichen Richters nicht übernehmen würden, begründen dies damit, daß sie durch die ungewohnten Rechtsfragen überfordert seien:	25 %	100 %	38 %	43 %	46 %

L-1	Von den ea Ri (selbst) ...	B-W	Br	Nds	R-P	D
3, 9, 32	die das Amt eines ehrenamtlichen Richters nicht freiwillig übernehmen würden, begründen dies mit dem Fehlen der fachlichen Voraussetzungen:	11 %	0 %	0 %	5 %	5 %
27a	benennen als Sachgebiete, auf denen sie den Berufsrichtern „oft" bzw. „selten" behilflich sein konnten:					
	a) Beamtenrecht:	2 %	0 %	3 %	4 %	3 %
	b) Abgabenrecht:	4 %	5 %	5 %	6 %	5 %
	c) Kriegsfolgenrecht:	5 %	0 %	5 %	6 %	5 %

b) Wertung und Folgerungen:

Klausa[1] tritt dafür ein, die ehrenamtlichen Richter „fachspezifisch" einzusetzen. Ein „durchgängiges Fachkammer-System" erschiene ihm am geeignetsten, die Berufserfahrung der ehrenamtlichen Richter optimal zu nutzen. Zumindest sollten die ehrenamtlichen Richter nicht einer Kammer zugeteilt, sondern für ein bestimmtes Sachgebiet ausgewählt und speziell für entsprechende Verwaltungsprozesse geladen werden.

Den Vorstellungen Klausas stehen Bedenken praktischer und rechtlicher Art entgegen.

Die Einführung eines *durchgängigen Fachspruchkörper-Systems* — Fachkammern und Fachsenate — ist mit der Zielvorstellung eines fachspezifischen Einsatzes der ehrenamtlichen Richter nicht zu rechtfertigen. Der Verwaltungsrechtsweg ist — grundsätzlich — in allen öffentlichrechtlichen Streitigkeiten nichtverfassungsrechtlicher Art gegeben[2]. Die Berufserfahrung der ehrenamtlichen Richter läßt sich aber nur auf einem Teil der verwaltungsrechtlichen Sachgebiete nutzbar machen — so im Baurecht (Architekten und Bauhandwerker), im Jagdrecht (Jäger), im Handwerksrecht (Handwerker), im Lebensmittelrecht (Chemiker), im Verkehrsrecht (Psychologen). In einer Reihe anderer Sachgebiete des gerichtlichen Alltags ist von den beruflichen Kenntnissen der ehrenamtlichen Richter dagegen in der Regel kein Beitrag zu erwarten — so im Wehrpflichtrecht, im Kriegsfolgenrecht, im allgemeinen Polizeirecht, im öffentlichen Sachenrecht, im Schulrecht, im Justizausbildungsrecht.

Auch die Errichtung von *Fachspruchkörpern,* beschränkt auf die Sachgebiete, auf denen ein fachspezifischer Einsatz möglich wäre[3], oder die

[1] Klausa S. 111.
[2] § 40 Abs. 1 Satz 1 VwGO.
[3] Insoweit würde auch Görlitz (S. 306) die Beteiligung ehrenamtlicher Richter befürworten.

Einführung einer „*Sonderauswahl*“[4], die die ehrenamtlichen Richter den Sachgebieten zuteilt, auf denen sie Berufserfahrung besitzen, stoßen auf Bedenken.

Diese Wege, die Berufserfahrung der ehrenamtlichen Richter zu nutzen, würden zwar dem Erfordernis der *Chancengleichheit* gerecht werden. Es bleibt jedoch — wie bereits zur Sachkunde der ehrenamtlichen Richter dargelegt[5] — die Gefahr gegeben, daß in der Beratung ein sachkundlicher Beitrag in die Entscheidung einfließt, zu dem die Beteiligten nicht Stellung nehmen konnten. Der „Sachverständige auf der Richterbank“ bietet nicht die Gewähr, daß das *rechtliche Gehör*[6] stets gegeben wird. Aus diesem Grunde verdient die Zuziehung eines geeigneten Sachverständigen den Vorzug. Er ist in Gegenwart der Beteiligten zu hören. Sie erhalten damit die Gelegenheit, Einwände zu erheben.

Dieses Bedenken gegen den fachspezifischen Einsatz ehrenamtlicher Richter in der allgemeinen Verwaltungsgerichtsbarkeit läßt sich nicht mit dem Hinweis auf die *Kammern für Handelssachen* bei den Landgerichten[7] entkräften. Dort befinden — undifferenziert gesagt — als ehrenamtliche Richter[8] Kaufleute[9] über die Rechtsstreitigkeiten zwischen Kaufleuten[10]. Darüber hinaus bestimmt das Gesetz[11] ausdrücklich, daß die Kammer für Handelssachen „über Gegenstände, zu deren Beurteilung eine kaufmännische Begutachtung genügt, sowie über das Bestehen von Handelsgebräuchen“ „auf Grund eigener Sachkunde und Wissenschaft“ entscheiden kann. Dieses Prinzip, Sachkunde auf der Richterbank zu etablieren, kann nicht verallgemeinert werden[12]. Es hat Ausnahmecharakter und läßt sich nur im Hinblick auf die Besonderheiten des „Handelsprozesses“ rechtfertigen. Von den Parteien einer Handelssache[13] kann in der Regel erwartet werden, daß sie mit den einschlägigen Handelsgebräuchen[14] und mit den Fragen, die in ihrem Rechtsstreite einer „kaufmännischen Begutachtung“ fähig sind, derart vertraut sind, daß sie auch ohne vorherige Anhörung eines Sachverständigen die erforderlichen Erklärungen abgeben können. Falls dagegen — wie dies im Verwaltungsprozeß, z.B. einem öffentlich-rechtlichen Bauprozeß die Regel ist — zumindest einer der Beteiligten nicht genügend sachkundig ist, darf die

[4] Klausa S. 111.
[5] Vgl. Teil 2 Kapitel 3 Abschnitt 3 Nr. 2 A 2/2.
[6] Art. 103 Abs. 1 GG.
[7] §§ 93 ff. ZPO.
[8] § 105 Abs. 1 GVG in der Fassung des Gesetzes zur Änderung der Bezeichnungen der Richter und ehrenamtlichen Richter und der Präsidialverfassung der Gerichte vom 26. Mai 1972 (BGBl. I S. 841) — die früheren Handelsrichter —.
[9] § 109 Abs. 1 GVG n.F.
[10] § 95 GVG.
[11] § 114 GVG.
[12] Rosenberg-Schwab S. 97.
[13] § 95 GVG.
[14] § 346 HGB.

— z. B. baufachliche — Begutachtung nicht dem Gericht überlassen werden.

Gegen die Errichtung von Fachspruchkörpern oder eine sachgebietsbezogene Zuteilung der ehrenamtlichen Richter bestehen auch im Hinblick auf deren *Sachkunde* als solcher Bedenken. Der Sachverständige wird für die betreffende Frage speziell ausgesucht. Der Richter kann den ihm am geeignetst erscheinenden Fachmann mit dem Gutachten beauftragen. Der einem bestimmten Sachgebiet zugeteilte ehrenamtliche Richter müßte dagegen mit der Gesamtheit der fachlichen Fragen vertraut sein, die dort hervortreten können. Es dürfte schwierig, wenn nicht unmöglich sein, die erforderliche Anzahl an sachkundigen ehrenamtlichen Richtern zu gewinnen, die ein gerade auf die verwaltungsrechtlichen Erfordernisse eines Sachgebietes ausgerichtetes, umfassendes Fachwissen besitzen.

Im Hinblick auf vorstehend erörterte Gesichtspunkte bieten weder die Einführung eines durchgängigen Fachspruchkörper-Systems noch die Errichtung von Fachspruchkörpern für einzelne Sachgebiete noch die Sonderauswahl der ehrenamtlichen Richter für bestimmte Sachgebiete einen gangbaren Weg, die Effektivität der Mitwirkung ehrenamtlicher Richter auszubauen und zu verbessern. Von der Verwirklichung eines dieser Denkmodelle sollte daher unter dem Blickwinkel eines *fachspezifischen* Einsatzes der ehrenamtlichen Richter Abstand genommen werden.

Zu erwägen ist dagegen, ob nicht von der *Eigenheit* einiger Rechtsgebiete her für diese die Errichtung eigenständiger Fachspruchkörper wünschenswert wäre.

So wäre an einen Fachspruchkörper für Ansprüche aus dem *Kriegsfolgenrecht* einschließlich des Lastenausgleichsrechts[15], einen solchen für *abgabenrechtliche* Streitigkeiten und einen solchen für *beamtenrechtliche* Streitfälle zu denken. Aus der Verwandtschaft dieser Rechtsgebiete mit dem Sozialrecht, Steuerrecht und Arbeitsrecht könnten sich insoweit für Voraussetzung, Auswahl und Aufgabenstellung der ehrenamtlichen Richter Besonderheiten ergeben. Insbesondere wäre an eine stärkere Zuziehung von Vertretern der beteiligten Personenkreise, insbesondere von Vertretern der Fachverbände zu denken.

Das Problem kann im vorliegenden Zusammenhang nur angedeutet werden. Es müßte in einer Einzeluntersuchung weiterverfolgt werden.

c) Ergebnis und Ausblick:

1. Im Hinblick auf die Effektivität der Mitwirkung ehrenamtlicher Richter sollte von der Errichtung weiterer Fachspruchkörper abgesehen werden.
2. Unter dem Gesichtspunkt der Eigenheit einiger Rechtsgebiete könnte dagegen die Errichtung weiterer Fachspruchkörper erwogen werden.

---

[15] Insoweit auch Klausa S. 111.

Abschnitt 2: Sollte die Mitwirkung ehrenamtlicher Richter zwingend für alle Verwaltungsgerichte des zweiten Rechtszuges (Oberverwaltungsgerichte, Verwaltungsgerichtshöfe) vorgeschrieben werden?

a) Ergebnis der Erhebung:

Ri-2	Von den Berufsrichtern ...	B-W	Br	Nds	R-P	D
	haben sich für eine Ausdehnung der Mitwirkung ehrenamtlicher Richter ausgesprochen:					
19b	a) auf den Verwaltungsgerichtshof Baden-Württemberg:	13 %	0 %	47 %	57 %	29 %
19c	b) auf das Oberverwaltungsgericht Bremen:	6 %	0 %	47 %	59 %	33 %
19b, c G	die die Ausdehnung befürworten, heben hervor:					
	a) die Einheitlichkeit:	0 %	0 %	19 %	25 %	17 %
	b) die Lebensnähe der Rechtsprechung:	90 %	0 %	10 %	37 %	36 %
	c) wertvolle Beiträge bei Bewertungsfragen:	0 %	0 %	29 %	0 %	13 %
	d) Selbstkontrolle, Kontrolle der Verständlichkeit und der Überzeugungskraft:	40 %	0 %	14 %	44 %	30 %
	e) Bremse gegen zu weitgehende theoretische Verfeinerung:	10 %	0 %	10 %	0 %	6 %
	f) mehr Vertrauen für die Rechtsprechung:	0 %	0 %	24 %	25 %	19 %
	Das sind von den mitgeteilten Gründen:	94 %	0 %	88 %	90 %	91 %
19b, c G	die die Ausdehnung ablehnen, begründen dies mit:					
	a) die Beteiligung ehrenamtlicher Richter im ersten Rechtszuge genügt:	15 %	0 %	8 %	0 %	10 %
	b) die ehrenamtlichen Richter trügen nichts zur Entscheidung bei:	30 %	25 %	50 %	25 %	33 %
	c) die ehrenamtlichen Richter seien durch die schwierigen Rechtsfragen überfordert:	41 %	58 %	25 %	50 %	40 %
	d) der Aufwand an Zeit und Kosten sei erheblich:	15 %	17 %	12 %	25 %	15 %
	Das sind von den mitgeteilten Gründen:	91 %	100 %	89 %	100 %	93 %

RA-3	Von den Rechtsanwälten ...	B-W	Br	Nds	R-P	D
	haben sich für eine Ausdehnung der Mitwirkung ehrenamtlicher Richter ausgesprochen:					
17b	a) auf den Verwaltungsgerichtshof Baden-Württemberg:	15 %	27 %	28 %	31 %	24 %
17c	b) auf das Oberverwaltungsgericht Bremen:	8 %	19 %	28 %	31 %	22 %
17b, c	die die Ausdehnung befürworten, heben hervor:					
	a) die Einheitlichkeit:	0 %	33 %	60 %	50 %	38 %
	b) die Lebensnähe der Rechtsprechung:	25 %	67 %	20 %	25 %	31 %
	c) bisherige Bewährung:	0 %	0 %	20 %	25 %	13 %
	Das sind von den mitgeteilten Gründen:	100 %	75 %	84 %	100 %	86 %
17b, c G	die die Ausdehnung ablehnen, begründen dies mit:					
	a) die ehrenamtlichen Richter trügen nichts zur Entscheidung bei:	27 %	0 %	23 %	11 %	18 %
	b) die ehrenamtlichen Richter seien durch die schwierigen Rechtsfragen überfordert:	9 %	54 %	15 %	44 %	26 %
	c) die Beteiligung im ersten Rechtszuge genüge:	5 %	8 %	0 %	0 %	4 %
	d) die Besetzung ohne ehrenamtliche Richter habe sich bewährt:	5 %	8 %	0 %	0 %	4 %
	e) der Aufwand an Kosten und Zeit sei erheblich:	9 %	0 %	8 %	11 %	7 %
	Das sind von den mitgeteilten Gründen:	85 %	90 %	76 %	100 %	87 %
13a Bei	geben an, daß die Beteiligten vor dem VGH B-W und dem OVG Br „nie" den ihnen nachteiligen Ausgang des Rechtsstreites der fehlenden Mitwirkung ehrenamtlicher Richter zuschreiben:	79 %	86 %	94 %	100 %	88 %
13b Bei	geben an, daß die Beteiligten vor dem VGH B-W und dem OVG Br „nie" eher bereit wären, eine ihnen nachteilige Entscheidung hinzunehmen, wenn ehrenamtliche Richter mitgewirkt hätten:	96 %	100 %	88 %	100 %	95 %
15	messen die Erfolgsaussicht eines Rechtsmittels nicht daran, ob das Rechtsmittelgericht mit oder ohne ehrenamtliche(n) Richter(n) besetzt ist:	96 %	82 %	88 %	96 %	91 %

B-4	Von den Beteiligten (*mit* ea Ri)	B-W	Br	Nds	R-P	D
13	die vor der Frage stehen, ob sie ein Rechtsmittel einlegen sollen, würden von einem nur mit Berufsrichtern besetzen Rechtsmittelgericht keine günstigere Entscheidung erwarten:	83 %	79 %	79 %	80 %	80 %
B-5	**Von den Beteiligten (*ohne* ea Ri)**	**B-W**	**Br**	**Nds**	**R-P**	**D**
6 Falls	hatten von einer reinen Berufsrichterbesetzung keine günstigere Entscheidung erwartet:	50 %	67 %	—	—	60 %
7a	würden einen Vorschlag unterstützen, daß auch am VGH B-W und am OVG Br ehrenamtliche Richter mitwirken sollten:	80 %	50 %	—	—	67 %
L-1	**Von den ea Ri (selbst) ...**	**B-W**	**Br**	**Nds**	**R-P**	**D**
27	geben an, den Berufsrichtern im Einzelfalle schon durch die Erläuterung der Hintergründe, Zusammenhänge, Abläufe oder Interessen behilflich gewesen zu sein:					
	a) oft:	40 %	27 %	46 %	43 %	43 %
	b) selten:	53 %	47 %	47 %	46 %	48 %
	insgesamt:	93 %	74 %	93 %	89 %	91 %
28	geben an, gerade durch ihre Fragen oder sonstigen Beiträge eine andere Entscheidung als die zunächst vorgeschlagene veranlaßt zu haben:					
	a) oft:	5 %	7 %	4 %	6 %	5 %
	b) selten:	74 %	45 %	80 %	67 %	74 %
	insgesamt:	79 %	52 %	84 %	73 %	79 %
32	geben an, daß sie das Amt eines ehrenamtlichen Richters erneut freiwillig übernehmen würden:	82 %	97 %	88 %	87 %	87 %

b) Wertung und Folgerungen:

Von den elf Ländern, in denen die Verwaltungsgerichtsordung gilt, haben sieben für ihre obersten Verwaltungsgerichte die Mitwirkung ehrenamtlicher Richter bestimmt — Berlin, Hamburg, Hessen, Niedersachsen, Nordrhein-Westfalen, Rheinland-Pfalz und Schleswig-Holstein.

Die übrigen vier Länder haben dagegen eine reine Berufsrichterbesetzung vorgezogen — Baden-Württemberg, Bayern, Bremen und Saarland.

Wie dargestellt[16], hatte sich der Bundesgesetzgeber insoweit auf keine einheitliche Regelung einigen können. *Peters*[17] hat sich im Jahre 1970 anläßlich der 38. Staatswissenschaftlichen Fortbildungstagung der Hochschule Speyer, die unter dem Thema „Zehn Jahre Verwaltungsgerichtsordnung — Bewährung und Reform“ stand, dafür ausgesprochen, die Beteiligung ehrenamtlicher Richter für alle Berufungsgerichte zwingend vorzuschreiben. Seit dem Inkrafttreten der Verwaltungsgerichtsordnung am 1. April 1960[18] sind nunmehr — zum Zeitpunkt der Erhebung — zwölf Jahre vergangen. So ist es von Interesse, welche Einstellung Berufsrichter, Rechtsanwälte und Beteiligte zur Frage einer Vereinheitlichung der Besetzung der obersten Verwaltungsgerichte äußern[19].

Das Bild ist keineswegs einheitlich. Von den Berufsrichtern *Baden-Württembergs* würden nur wenig mehr als ein Zehntel eine Mitwirkung ehrenamtlicher Richter bei dem Verwaltungsgerichtshof befürworten. Der Anteil der Rechtsanwälte liegt nur wenig höher. Von den Beteiligten vor diesem Gerichtshof würden dagegen 80 % die Beteiligung ehrenamtlicher Richter begrüßen. — Die Berufsrichter *Bremens* lehnen eine Zuziehung ehrenamtlicher Richter zum dortigen Oberverwaltungsgericht geschlossen ab. Von den Rechtsanwälten dieses Landes haben sich dagegen knapp ein Fünftel für die Beteiligung ehrenamtlicher Richter ausgesprochen. Der Anteil der Beteiligten vor dem Oberverwaltungsgericht, der dies ebenfalls begrüßen würde, erreicht hier die Hälfte. — Von den Berufsrichtern *Niedersachsens* und *Rheinland-Pfalz'*, deren Oberverwaltungsgerichte mit ehrenamtlichen Richtern besetzt sind, befürworten rund die Hälfte die Einführung mit ehrenamtlichen Richtern besetzter oberster Verwaltungsgerichte in Baden-Württemberg und Bremen. Die Rechtsanwälte dieser beiden Länder sind mit knapp einem Drittel zurückhaltender. — Für die Gesamtheit der Beteiligten in allen vier Ländern ist festzustellen, daß die weit überwiegende Anzahl von ihnen von einer reinen Berufsrichterbesetzung keine günstigere Entscheidung erwartet.

In ihren Begründungen heben die Berufsrichter und Rechtsanwälte Baden-Württembergs, die die Mitwirkung ehrenamtlicher Richter befürworten, sowie die gleichgesinnten Rechtsanwälte Bremens vor allem die Lebensnähe der Rechtsprechung hervor. Zwei Fünftel der Berufsrichter Baden-Württembergs stellen daneben Selbstkontrolle sowie Kon-

---

[16] Teil 1 Kapitel 1 Abschnitt 10 Nr. 1.

[17] Peters S. 68, 70.

[18] § 195 Abs. 1 Satz 1 VwGO.

[19] Für das Oberverwaltungsgericht *Berlin* hat Klausa (S. 96) festgestellt, daß 44,4 % der dort tätigen Berufsrichter sich dafür ausgesprochen haben, die Beteiligung ehrenamtlicher Richter an diesem Gericht abzuschaffen.

trolle der Verständlichkeit und Überzeugungskraft in den Vordergrund. Soweit Berufsrichter und Rechtsanwälte dieser beiden Länder die Zuziehung ehrenamtlicher Richter ablehnen, verweisen sie vor allem darauf, daß diese nichts zur Rechtsfindung beitrügen und insbesondere durch die schwierigen Rechtsfragen überfordert seien.

Insgesamt ist festzustellen, daß die Berufsrichter und — in minderem Maße — die Rechtsanwälte Baden-Württembergs und Bremens *keine* Veränderung in der landesgesetzlich bestimmten Besetzung ihrer obersten Verwaltungsgerichte erstreben.

Trotzdem sollte erwogen werden, ob die Mitwirkung ehrenamtlicher Richter nicht unter dem Gesichtspunkt der *Chancengleichheit*[20] für alle obersten Verwaltungsgerichte bundeseinheitlich bestimmt werden sollte. Die Beteiligten aller Länder haben einen Anspruch darauf, daß eine Einrichtung, die zur Verbesserung der Qualität der Rechtsprechung beiträgt, jedem von ihnen in gleicher Weise zur Verfügung gestellt wird. Dies hat umsomehr zu gelten, als die Probleme im Verhältnis der Bürger zur Staatsgewalt in allen Ländern der Bundesrepublik Deutschland gleich gelagert sind.

Entscheidend ist somit die Frage, ob die ehrenamtlichen Richter auch bei den obersten Verwaltungsgerichten ihre maßgebliche Aufgabe — die Plausibilitätskontrolle — zu erfüllen vermögen.

Von der *Aufgabenstellung* dieser Gerichte her gesehen ist die Frage zu bejahen.

Die obersten Verwaltungsgerichte der Länder sind — de jure — vor allem als Berufungsgerichte zuständig[21]. Als solche haben sie „den Streitfall innerhalb des Berufungsantrages im gleichen Umfange wie das Verwaltungsgericht“ zu prüfen[22]. Die Aufgabe des Gerichtes zweiter Instanz besteht somit darin, den gesamten Prozeßstoff — im Rahmen des Berufungsantrages — völlig neu zu verhandeln[23].

Diese annähernd übereinstimmende Aufgabenstellung für die Verwaltungsgerichte des ersten und des zweiten Rechtszuges bedeutet, daß auch den ehrenamtlichen Richtern in beiden Rechtszügen die gleichen Aufgaben zufallen. Die Rechtsstreitigkeiten, die in die Berufung gehen, zeichnen sich zwar vielfach durch besondere, vor allem rechtliche Schwierigkeiten aus. Dieser Umstand sollte die Effektivität der Mitwirkung ehrenamtlicher Richter jedoch nicht ernstlich in Frage stellen. Die ehrenamtlichen Richter sind nicht berufen, die rechtlichen Ausführungen der Berufsrichter bis in jede Verästelung kritisch zu überdenken. Ihre Auf-

---

[20] Art. 3 GG.

[21] § 46 Nr. 1 VwGO.

[22] § 128 Satz 1 VwGO.

[23] Eyermann-Fröhler § 128 Anm. 1.

gabe ist es vielmehr, Verständlichkeit und Überzeugungskraft der Argumente des Entscheidungsvorschlages dahingehend zu überprüfen, ob er im konkreten Einzelfalle als gerechte und lebensnahe Lösung des Rechtsstreites anzusehen ist. Da die obersten Verwaltungsgerichte zweite Tatsachen-Instanz[24] sind, steht bei ihnen wie beim Verwaltungsgericht erster Instanz der Einzelfall im Vordergrund der Erörterungen. Grundsätzliche Erwägungen bleiben in der Fallbezogenheit verständlich. Damit ist es den ehrenamtlichen Richtern möglich, ihre Aufgabe zu erfüllen.

Das Ergebnis der *Erhebung* untermauert diese Überlegungen[25].

Von den Berufsrichtern aus *Rheinland-Pfalz* haben sich in ihrer Stellungnahme zu der Besetzung der obersten Verwaltungsgerichte in Baden-Württemberg und Bremen 57 bzw. 59 % für die Mitwirkung ehrenamtlicher Richter ausgesprochen. In *Niedersachsen* waren es immerhin 47 % der Berufsrichter. Einen gewissen Rückschluß auf die Meinung der ehrenamtlichen Richter bei den Oberverwaltungsgerichten Koblenz und Lüneburg lassen folgende Werte der Erhebung zu: Der Anteil der ehrenamtlichen Richter, die angegeben haben, den Berufsrichtern im Einzelfalle behilflich gewesen zu sein oder gerade durch ihre Beiträge eine andere als die zunächst vorgeschlagene Entscheidung veranlaßt zu haben oder bereit zu sein, dieses Amt erneut freiwillig zu übernehmen, liegt in den Ländern Niedersachsen und Rheinland-Pfalz eher höher als in den Ländern Baden-Württemberg und Bremen. Da sich unter den Befragten der Länder Niedersachsen und Rheinland-Pfalz auch diejenigen ehrenamtlichen Richter befinden, die bei den Oberverwaltungsgerichten dieser Länder tätig sind, scheint der Schluß berechtigt, daß auch die Mehrheit dieser Personen ihrer Mitwirkung durchaus Bedeutung beimißt.

Abschließend sei angemerkt, daß von der Zuziehung ehrenamtlicher Richter insoweit abgesehen werden sollte, als der Landesgesetzgeber den obersten Verwaltungsgerichten Aufgaben als Revisionsgericht[26] und als Normenkontrollgericht[27] übertragen hat. Derartige Entscheidungen übersteigen — in der Regel — die Leistungsfähigkeit der ehrenamtlichen Richter[28].

---

[24] § 128 Satz 2 VwGO.

[25] Von einer gezielten Befragung der Berufsrichter und ehrenamtlichen Richter, die an den Oberverwaltungsgerichten Koblenz und Lüneburg tätig sind, wurde im Interesse der möglichsten Wahrung der Anonymität Abstand genommen.

[26] § 46 Nr. 3 VwGO.

[27] § 47 VwGO.

[28] Vgl. die Ausführungen im nachfolgenden Abschnitt 3.

c) Ergebnis und Ausblick:

1. Berufsrichter und Rechtsanwälte der Länder Baden-Württemberg und Bremen lehnen die Mitwirkung ehrenamtlicher Richter am Verwaltungsgerichtshof Baden-Württemberg bzw. am Oberverwaltungsgericht Bremen überwiegend ab.
2. Im Interesse der Chancengleichheit der Beteiligten aller Länder sollte die Mitwirkung ehrenamtlicher Richter bundeseinheitlich für alle obersten Verwaltungsgerichte der Länder bestimmt werden.

d) Vorschläge für gesetzgeberische Maßnahmen:

§ 9 Abs. 3 VwGO sollte wie folgt geändert werden:

Absatz 3 Satz 1: „Die Senate des Oberverwaltungsgerichts entscheiden in der Besetzung von drei Richtern und zwei ehrenamtlichen Richtern."

Satz 2: „Für Entscheidungen über Revisionen nach § 46 Nr. 3 und über Anträge nach § 47 kann der Landesgesetzgeber vorsehen, daß die Senate ohne ehrenamtliche Richter entscheiden."

Abschnitt 3: Sollte die Mitwirkung ehrenamtlicher Richter auch für das Bundesverwaltungsgericht vorgeschrieben werden?

a) Ergebnis der Erhebung:

Ri-2	Von den Berufsrichtern ...	B-W	Br	Nds	R-P	D
19a	haben sich für eine Ausdehnung der Mitwirkung ehrenamtlicher Richter auf das Bundesverwaltungsgericht ausgesprochen:	3 %	0 %	1 %	10 %	3 %
19a G	die die Ausdehnung befürworten, heben hervor:					
	a) die Lebensnähe der Rechtsprechung:	0 %	0 %	100 %	75 %	57 %
	b) Selbstkontrolle und Kontrolle der Überzeugungskraft:	100 %	0 %	0 %	25 %	43 %
	Das sind von den mitgeteilten Gründen:	67 %	0 %	50 %	80 %	70 %
19a	die die Ausdehnung ablehnen, begründen dies mit,					
	a) die Beteiligung ehrenamtlicher Richter in den Tatsacheninstanzen genüge:	4 %	0 %	6 %	0 %	4 %

Ri-2	Von den Berufsrichtern ...	B-W	Br	Nds	R-P	D
	b) die Mitwirkung ehrenamtlicher Richter sei von der Funktion des BVerwG als Revisionsinstanz her wenig sinnvoll:	1 %	0 %	10 %	32 %	10 %
	c) die ehrenamtlichen Richter trügen nichts zur Entscheidung bei:	15 %	0 %	13 %	8 %	12 %
	d) die ehrenamtlichen Richter seien durch die schwierigen Rechtsfragen überfordert:	61 %	73 %	33 %	53 %	50 %
	e) der Aufwand an Zeit und Kosten sei erheblich:	5 %	18 %	3 %	8 %	6 %
	Das sind von den mitgeteilten Gründen:	93 %	100 %	98 %	98 %	96 %

RA-3	Von den Rechtsanwälten ...	B-W	Br	Nds	R-P	D
17a	haben sich für eine Ausdehnung der Mitwirkung ehrenamtlicher Richter auf das Bundesverwaltungsgericht ausgesprochen:	4 %	6 %	6 %	0 %	4 %
17a G	die die Ausdehnung befürworten, heben hervor:					
	a) die Einheitlichkeit für alle Verwaltungsgerichte:	0 %	0 %	50 %	0 %	25 %
	b) die Lebensnähe der Rechtsprechung:	0 %	100 %	50 %	0 %	50 %
	Das sind von den mitgeteilten Gründen:	0 %	100 %	100 %	0 %	100 %
17a G	die die Ausdehnung ablehnen, begründen dies mit:					
	a) die Beteiligung ehrenamtlicher Richter in dem ersten Rechtszuge genüge:	0 %	6 %	0 %	0 %	1 %
	b) die Mitwirkung ehrenamtlicher Richter sei von der Funktion des BVerwG als Revisionsinstanz her wenig sinnvoll:	4 %	0 %	0 %	4 %	2 %
	c) die ehrenamtlichen Richter trügen nichts zur Entscheidung bei:	17 %	6 %	21 %	17 %	16 %
	d) die ehrenamtlichen Richter seien durch die Rechtsfragen überfordert:	17 %	50 %	38 %	54 %	39 %
	e) der Aufwand an Zeit und Kosten sei erheblich:	9 %	0 %	3 %	12 %	7 %
	Das sind von den mitgeteilten Gründen:	85 %	91 %	81 %	95 %	88 %

b) Wertung und Folgerungen:

Von der Idee der Plausibilitätskontrolle her wäre es wünschenswert, auch am Bundesverwaltungsgericht die Mitwirkung ehrenamtlicher Richter einzuführen[29]. Peters[30] hält ihre Beteiligung gerade an diesem Gericht für besonders notwendig. Die ehrenamtlichen Richter könnten zur Fallbezogenheit der rechtlichen Überlegungen beitragen.

Die Erhebung hat eine eindeutige Aussage erbracht. Die weitaus meisten Berufsrichter und Rechtsanwälte aller vier befragten Länder lehnen eine Ausweitung der Laienmitwirkung auf das Bundesverwaltungsgericht ab. Die befürwortenden Stimmen erreichen lediglich bei den Berufsrichtern Rheinland-Pfalz' den Höchstwert von einem Zehntel. Von den Berufsrichtern und Rechtsanwälten, die die Zuziehung ehrenamtlicher Richter ablehnen, wird vor allem hervorgehoben, daß ehrenamtliche Richter durch die schwierigen Rechtsfragen überfordert würden. Ein geringerer Teil weist darauf hin, daß die Mitwirkung ehrenamtlicher Richter von der Funktion des Bundesverwaltungsgerichts als Revisionsinstanz her wenig sinnvoll sei.

Letzterem Argument ist entgegenzuhalten, daß die Mitwirkung ehrenamtlicher Richter im Revisionsrechtszuge der deutschen Gerichtsbarkeit nicht grundsätzlich fremd ist. Die Senate des *Bundesarbeitsgerichts*[31] und des *Bundessozialgerichtes*[32] entscheiden seit rund zwei Jahrzehnten in der Besetzung von drei Berufsrichtern und zwei ehrenamtlichen Richtern. In einigen Spezialgebieten[33] wirken auch beim Bundesgerichtshof ehrenamtliche Richter mit.

Klausa[34] hat im Rahmen seiner Untersuchung auch einige am Bundesarbeitsgericht und am Bundessozialgericht amtierende Berufsrichter und ehrenamtliche Richter über den Wert der Laienbeteiligung bei diesen Gerichten befragt. Während die Berufsrichter — befragt wurden 30 % — und die ehrenamtlichen Richter — befragt wurden 4 % — am Bundesarbeitsgericht die Beteiligung ehrenamtlicher Richter übereinstimmend als „Vorteil" gekennzeichnet haben[35], ist das Ergebnis für das Bundessozialgericht unterschiedlich. Die dortigen Berufsrichter — befragt wurden 16 % — haben überwiegend ablehnend geurteilt[36]. Die ehrenamtlichen Richter dieses Gerichtes — befragt wurden ebenfalls 4 % —

---

[29] Ule, bei Bahls, S. 101.
[30] Peters S. 69/70.
[31] § 41 Abs. 2 des Arbeitsgerichtsgesetzes (ArbGG) vom 3. September 1953 (BGBl. I S. 1267).
[32] § 40 Satz 1 mit § 33 Satz 1 des Sozialgerichtsgesetzes (SGG) vom 3. September 1953 (BGBl. I S. 1239).
[33] So: § 2 Abs. 2 des Gesetzes über das gerichtliche Verfahren in Landwirtschaftssachen (LwVG) vom 21. Juli 1953 (BGBl. I S. 667).
[34] Klausa S. 187 bis 201.
[35] Klausa S. 191, 195.
[36] Klausa S. 191, 196.

haben sich dagegen in ihrer Mehrheit positiv geäußert[36]. Klausa vermerkt zu diesem Bild, daß die „nicht-repräsentative Auswahl" der befragten ehrenamtlichen Richter allgemeine Schlüsse „nur mit großer Vorsicht" zulasse[36]. Insgesamt gelangt Klausa zu dem Ergebnis, daß die ehrenamtlichen Richter in der Arbeitsgerichtsbarkeit ihren Wert bis in die Revisionsinstanz behalten[37], daß sie demgegenüber am Bundessozialgericht schwerer einen Platz finden[38].

Dieses — wenn auch nur auf wenige Interviews gestützte — Ergebnis Klausas berechtigt zu der Feststellung, daß ehrenamtliche Richter grundsätzlich auch an einem Revisionsgericht einen Beitrag leisten können. Es macht aber auch deutlich, daß der Wert einer Beteiligung ehrenamtlicher Richter für jedes Revisionsgericht *gesondert* untersucht werden muß.

Die jeweilige Untersuchung muß sich darauf erstrecken, welche Entfaltungsmöglichkeit der ehrenamtliche Richter unter Berücksichtigung der Aufgabenstellung eines Revisionsgerichtes und der Kompetenz der jeweiligen Gerichtsbarkeit erhält und ob es möglich ist, geeignete Persönlichkeiten in ausreichender Anzahl zu finden, die diesen Funktionsbereich auszufüllen vermögen[39].

Das Bundesverwaltungsgericht[40] entscheidet — ebenso wie das Bundesarbeitsgericht[41] und das Bundessozialgericht[42] — vor allem über das Rechtsmittel der Revision. Dies bedeutet, daß bei diesen Gerichten Vorträge und Erörterungen in der mündlichen Verhandlung und der Beratung im wesentlichen auf die *rechtliche* Problematik des anstehenden Streitfalles gerichtet sind[43]. Dabei bildet die Fragestellung des konkreten Rechtsstreites zwar den Anknüpfungspunkt. Die rechtliche Untersuchung verfolgt jedoch ein weitergestecktes Ziel. Sie dient zugleich der Wahrung der Einheitlichkeit der Rechtsanwendung und der Fortbildung des Rechts[44]. Diese Aufgabenstellung eines Revisionsgerichtes bedingt eine subtile Verfeinerung der rechtlichen Gedankenführung. Ihr zu folgen, bedarf es fundierter Rechtskenntnisse. Hier genügt es nicht, den Entscheidungsvorschlag mit dem Maßstab des „gesunden Rechtsempfindens" abzuschätzen[45]. Jedes Mitglied des Gerichtes muß

---

[37] Klausa S. 196.

[38] Klausa S. 197.

[39] Ule, Besprechung, S. 389: „Es kommt eben darauf an, wie die ehrenamtlichen Richter ausgewählt werden. Hier liegt in der Tat ein Kernproblem der ehrenamtlichen Richter überhaupt."

[40] § 49 Nr. 1 und 2 VwGO.

[41] § 72 Abs. 1 Satz 1 ArbGG.

[42] § 39 Abs. 1 SGG.

[43] § 137 Abs. 1 VwGO (§ 73 Abs. 1 ArbGG; § 162 Abs. 2 SGG).

[44] § 132 Abs. 2 Nr. 1 und 2 VwGO (§ 72 Abs. 1 Satz 2 und 3 ArbGG; § 162 Abs. 1 Nr. 1 SGG).

[45] Vgl. Teil 2 Kapitel 3 Abschnitt 3 Nr. 2 D 5/1 ac).

vielmehr in der Lage sein, sich mit dem gesamten Gedankengebäude intensiv auseinanderzusetzen. Es muß befähigt sein, die Überzeugungskraft jeder Verästelung kritisch prüfen und gegebenenfalls Gegenargumente formulieren zu können. Ein so weit reichendes Verständnis ist bei keinem Fachunkundigen zu erreichen. Aus diesem Grunde ist von der Mitwirkung ehrenamtlicher Richter an einem Revisionsgericht ein Beitrag im Sinne einer wirksamen Plausibilitätskontrolle *nicht* zu erwarten. Dieses Ergebnis gilt in gleicherweise für das Bundesverwaltungsgericht[46] wie für das Bundesarbeits-[47] und das Bundessozialgericht[48].

Gerade im Revisionsrechtszuge läßt sich aber ein anderer Beitrag denken, durch den der Beteiligung ehrenamtlicher Richter eine hervorragende Bedeutung zukommen könnte. Die ehrenamtlichen Richter könnten den Kontakt des Gerichtes mit den *Lebensverhältnissen*, aus denen der anstehende Streitfall entstammt, herstellen und erhalten.

Ob ehrenamtliche Richter diese Aufgabe zu erfüllen vermögen, hängt entscheidend von der *Kompetenz* der jeweiligen Gerichtsbarkeit ab.

Insoweit besteht zwischen allgemeiner Verwaltungsgerichtsbarkeit, Arbeitsgerichtsbarkeit und Sozialgerichtsbarkeit ein bedeutsamer Unterschied. Während die Arbeitsgerichtsbarkeit ausschließlich zur Entscheidung über Konflikte auf dem Gebiete des Arbeitslebens berufen ist[49] und der Sozialgerichtsbarkeit vor allem öffentlich-rechtliche Streitigkeiten in Angelegenheiten der Sozialversicherung, der Arbeitslosenversicherung und der übrigen Aufgaben der Bundesanstalt für Arbeitsvermittlung und Arbeitslosenversicherung, der Kriegsopferversorgung und des Kassenarztrechtes zugewiesen sind[50], ist der Rechtsweg zur allgemeinen Verwaltungsgerichtsbarkeit in — grundsätzlich — *„allen* öffentlich-rechtlichen Streitigkeiten nichtverfassungsrechtlicher Art“, soweit sie nicht durch Gesetz einem anderen Gerichte ausdrücklich zugewiesen sind, gegeben[51]. Diese Kompetenzverteilung hat zur Folge, daß die Interessenlagen beim Bundesarbeitsgericht und beim Bundessozialgericht eingegrenzt und überschaubar sind. Das Bundesverwaltungsgericht ist demgegenüber mit einer Vielfalt unterschiedlich geordneter Lebensverhältnisse konfrontiert.

Hieraus folgt auch für den Wert einer Beteiligung ehrenamtlicher Richter ein unterschiedliches Ergebnis.

[46] Vgl. Entwurf einer Verwaltungsgerichtsordnung vom 5. Dezember 1957 (Bundestag, Drucksachen, Band 55, Nr. 55) S. 27, 28 (Begründung zu § 10 d. E.).

[47] Vgl. Dersch-Volkmar § 41 Anm. 2; Dietz-Nikisch § 41 Anm. 12.

[48] Vgl. Entwurf eines Sozialgerichtsgesetzes vom 25. März 1953 (Bundestag, Drucksachen, Band 19, Nr. 4225) S. 14 (Nr. 4 der Grundgedanken des Entwurfs).

[49] §§ 2 bis 4 ArbGG.

[50] § 51 SGG.

[51] § 40 VwGO.

Beim *Bundesarbeitsgericht* können die ehrenamtlichen Richter die ihnen zugedachte Aufgabe als Mittler zu den arbeitsrechtlich bedeutsamen Lebensverhältnissen vollgültig erfüllen. Durch die Zuziehung je eines ehrenamtlichen Richters aus den Kreisen der Arbeitnehmer und der Arbeitgeber[52] ist die erstrebte „Verbindung mit dem Arbeitsleben“[53] optimal[54] erreicht. Hinzu kommt, daß durch die Beteiligung ehrenamtlicher Richter das der Arbeitsgerichtsbarkeit eigentümliche schiedsgerichtliche Element[55] auch in der Revisionsinstanz Bedeutung zu erlangen vermag[56].

Auch beim *Bundessozialgericht* dürfte der Mitwirkung ehrenamtlicher Richter die Funktion einer Verbindung zur sozialen Wirklichkeit zukommen. Für die einzelnen Fachsenate werden die ehrenamtlichen Richter aus Vorschlagslisten berufen, die von Vereinigungen erstellt werden, deren Zweckbestimmung den jeweiligen Sachgebieten entspricht[57]. Klausa[58] hebt den bedeutsamen Unterschied zur Arbeitsgerichtsbarkeit hervor: Die berufliche Qualifikation der ehrenamtlichen Richter in der Sozialgerichtsbarkeit steht in keinem so nahen Zusammenhang zu der Prozeßmaterie wie dies in jener Gerichtsbarkeit der Fall ist. Der Wert ihrer Beteiligung am Bundessozialgericht bleibt aus diesem Grunde hinter demjenigen der ehrenamtlichen Richter am Bundesarbeitsgericht zurück.

Der Kontakt zu dem Lebensbereich des jeweiligen Rechtsstreites wäre auch für die Rechtsfindung des *Bundesverwaltungsgerichts* erstrebenswert. Der Verwirklichung dieses Zieles steht jedoch die — im Grundsatz — unbegrenzte Kompetenz der allgemeinen Verwaltungsgerichtsbarkeit entgegen. Sie bedingt eine derartige Vielfalt von Interessenlagen, daß die Heranziehung geeigneter Persönlichkeiten, die zu dem jeweiligen Lebensbereich aus eigenem Erleben etwas Nützliches beitragen könnten, faktisch undurchführbar ist. Der Gesetzgeber hat dieser Schwierigkeit dadurch Rechnung getragen, daß er für das Amt eines ehrenamtlichen Richters im ersten und zweiten Rechtszuge — im Grundsatz — *jeden* Bundesbürger für wählbar erklärt hat[59]. Dort findet er seine Aufgabe in der Plausibilitätskontrolle. Kommt es jedoch — wie im dritten Rechtszuge — darauf an, mit bestimmten Lebensverhältnissen vertraut zu sein, muß eine irgendwie geartete Zuordnung zu diesen Lebensbereichen Auswahlkriterium sein. Andernfalls stünde der

---

[52] § 41 Abs. 2 ArbGG.
[53] Entwurf eines Arbeitsgerichtsgesetzes vom 27. Juni 1952 (Bundestag, Drucksachen, Band 15, Nr. 3516) S. 22 (Allgemeines).
[54] Klausa S. 201.
[55] Vgl. § 54 ArbGG.
[56] Klausa S. 196.
[57] §§ 14 Abs. 2, 46 SGG.
[58] Klausa S. 201.
[59] §§ 5, 9, 20 VwGO.

ehrenamtliche Richter der Interessenlage vieler Rechtsstreitigkeiten nicht näher als der Berufsrichter.

Abschließend sei auf eine Institution hingewiesen, die es auch bei dem Bundesverwaltungsgericht ermöglichen würde, zu einer gewissen Kontrolle von Verständlichkeit und Überzeugungskraft der Argumente des Entscheidungsvorschlages zu gelangen[60].

In jeden Senat sollte auf begrenzte Dauer ein[61] befähigter Richter einer — fachlich — anderen Gerichtsbarkeit — Ordentliche Arbeitsgerichtsbarkeit — als *Richter im Nebenamt* abgeordnet werden. Diese Richter haben die fachliche Grundlage, die es ihnen ermöglicht, auch subtilen rechtlichen Ausführungen zu folgen. Ihnen fehlen jedoch die spezifisch verwaltungsrechtlichen Kenntnisse und die Routine der hauptamtlichen Richter. Sie sind insoweit als „Laien" anzusehen, die den anstehenden Rechtsfragen unbefangener gegenüber stehen als die Richter, die mit dieser Materie ständig befaßt sind. Die hauptamtlichen Richter ihrerseits wären gehalten, in ihren Darlegungen die Gegenwart des Richters im Nebenamt zu berücksichtigen.

Die Verwirklichung vorstehenden Vorschlages bedürfte einer Gesetzesänderung. Nach der gegenwärtigen Regelung können bei dem Bundesverwaltungsgericht keine Richter im Nebenamt ernannt werden[62, 63].

c) Ergebnis und Ausblick:

1. Am Bundesverwaltungsgericht sollte aus folgenden Gründen auch künftig von einer Zuziehung ehrenamtlicher Richter abgesehen werden:
   a) In einem Revisionsgericht ist Fachunkundigen eine wirksame Plausibilitätskontrolle in der Regel nicht möglich.
   b) Infolge der — grundsätzlich — unbegrenzten Kompetenz der allgemeinen Verwaltungsgerichtsbarkeit ist es faktisch nicht möglich, für das Bundesverwaltungsgericht als ehrenamtliche Richter Persönlichkeiten zu gewinnen, die eine Verbindung des Gerichtes zu den Lebensverhältnissen des jeweils anstehenden Streitfalles herstellen könnten.
2. An Stelle der Zuziehung ehrenamtlicher Richter sollte die Beteiligung eines Richters im Nebenamt aus einer — fachlich — anderen Gerichtsbarkeit erwogen werden.

---

[60] Dieser Vorschlag folgt Erfahrungen des Verfassers als Richter im Nebenamt bei einem Verwaltungsgericht.

[61] Vgl. § 18 Satz 2 VwGO.

[62] § 16 VwGO; Eyermann-Fröhler § 16 Anm. 1.

[63] Der Entwurf der VwGO gibt hierzu keine Begründung (Bundestag, Drucksachen, Band 55, Nr. 55, S. 28, 29).

d) Vorschläge für gesetzgeberische Maßnahmen:

§ 16 VwGO sollte dahin erweitert werden, daß auch bei dem Bundesverwaltungsgericht Richter im Nebenamt ernannt werden können.

Abschnitt 4: Auf welche Weise könnte ein Wechsel in der Besetzung des Verwaltungsgerichts — ehrenamtliche Richter und Berufsrichter — ausgeglichen werden?

a) Ergebnis der Erhebung:

L-1	Von den ea Ri (selbst) ...	B-W	Br	Nds	R-P	D
7a	geben an, durchschnittlich im Jahre zu Sitzungen herangezogen zu werden:					
	a) zwei bis vier Male:	63 %	16 %	68 %	41 %	59 %
	b) fünf bis sieben Male:	28 %	6 %	26 %	46 %	30 %
	c) acht bis zehn Male:	7 %	78 %	5 %	10 %	10 %
	insgesamt:	98 %	100 %	99 %	97 %	99 %
Z	Von einem der ehrenamtlichen Richter wird darauf hingewiesen, daß in demselben Rechtsstreit auch in mehreren Terminen die Besetzung der ehrenamtlichen Richter nicht wechseln sollte.			!		

b) Wertung und Folgerungen:

Im Strafverfahren darf keiner der Richter — ob Schöffe oder Berufsrichter — im Verlauf der gesamten Hauptverhandlung wechseln[64]. Die Verwaltungsgerichtsordnung kennt kein derartiges Gebot. Sie bestimmt lediglich in Anlehnung an die Zivilprozeßordnung[65], daß die Entscheidung nur von den Berufsrichtern und ehrenamtlichen Richtern gefällt werden darf, die an der der Entscheidung zugrunde liegenden mündlichen Verhandlung teilgenommen haben[66]. Damit ist es zulässig, daß das Gericht in den der letzten mündlichen Verhandlung vorangehenden Terminen gänzlich anders besetzt war[67]. Ein Richterwechsel hat insbesondere keinen Einfluß auf die Verwertbarkeit von Beweisen, die das Gericht in einer anderen Besetzung erhoben hat[68]. Damit entsteht das Problem, daß die Richter der letzten mündlichen Verhandlung ihrer

[64] § 226 StPO.

[65] § 309 ZPO.

[66] § 112 VwGO.

[67] Eyermann-Fröhler § 112 Anm. 1 und 2.

[68] Eyerman-Fröhler § 112 Anm. 2.

Beweiswürdigung nur den Inhalt der Niederschrift des Urkundsbeamten[69] über das Ergebnis der Beweisaufnahme zugrunde legen können. Der unmittelbare Eindruck von den Beweismitteln fehlt diesen Richtern dagegen.

Dieser mißliche Zustand ist in der Praxis der Verwaltungsgerichte jedoch keineswegs die Regel.

Zum einen erfordert nicht jede verwaltungsrechtliche Streitigkeit eine Beweisaufnahme. Nicht selten ist der Sachverhalt bereits im Verwaltungsverfahren abgeklärt worden. Im verwaltungsgerichtlichen Verfahren ist nurmehr die Subsumption im Streit.

Zum anderen trägt die Bestimmung, daß jede mündliche Verhandlung vor dem gesamten Spruchkörper einschließlich der ehrenamtlichen Richter stattzufinden hat[70], zur Konzentration bei. Der Vorsitzende wird in aller Regel bemüht sein, den jeweiligen Verwaltungsprozeß derart gründlich vorzubereiten, daß er in einem einzigen Sitzungstage erledigt werden kann. Läßt sich dieses Ziel aus irgendeinem Grunde nicht verwirklichen, versuchen viele Vorsitzende, die Identität der Besetzung dadurch zu wahren, daß sie die Fortsetzung der mündlichen Verhandlung auf einen Sitzungstag terminieren, für den dieselben ehrenamtlichen Richter eingeteilt[71] sind. Dies schließt jedoch nicht aus, daß sich die Besetzung infolge von Erkrankungen oder anderer Hinderungsgründe trotzdem ändert.

Für die Fälle, in denen die mündliche Verhandlung, in der Beweis erhoben worden ist, nicht mit Sicherheit in derselben Besetzung zu Ende geführt werden kann, sollte eine Lösung gefunden werden, wie auch den Richtern, die erst in der letzten mündlichen Verhandlung mitwirken werden, ein Eindruck von den Beweismitteln gegeben werden könnte.

Den unmittelbarsten Eindruck würde eine *Wiederholung* der Beweisaufnahme erbringen. Dieser Lösung — im Strafverfahren vorgeschrieben[72] — steht vor allem ein schwerwiegendes Bedenken entgegen. Die neuerliche Erhebung der Beweise würde die Beteiligten mit Kosten belasten, deren Ursache sie nicht gesetzt haben.

Keinerlei zusätzliche Kosten würde es verursachen, wenn einer der Richter, die an der Beweisaufnahme mitgewirkt haben, den neu hinzugekommenen Mitgliedern des Gerichts über seine Eindrücke hinsichtlich der Beweismittel *berichten* würde. Dieser Weg — ähnlich der Figur des beauftragten Richters[73] — ist jedoch — abgesehen von verfahrens-

[69] § 105 VwGO.
[70] § 101 Abs. 1 VwGO; Ule, Verwaltungsprozeßrecht, S. 50.
[71] Vgl. § 30 VwGO.
[72] Kleinknecht § 226 Anm. 2.
[73] Vgl. § 96 Abs. 2 VwGO.

rechtlichen Bedenken[74] — nicht immer gangbar. Bei Rechtsstreitigkeiten, deren Behandlung sich über einen längeren Zeitraum erstreckt, ist es möglich, daß von den Richtern der Beweisaufnahme an der letzten mündlichen Verhandlung keiner mehr mitwirkt.

Der nachstehende Vorschlag scheint dem erstrebten Ziel am ehesten dienlich. Diese Lösung verursacht keine zusätzlichen Kosten. Sie läßt sich in jedem Rechtsstreit verwirklichen. Sie bedarf nicht einmal einer gesetzgeberischen Maßnahme.

Üblicherweise wird die Niederschrift über das Ergebnis der Beweisaufnahme dem Schriftführer von dem vorsitzenden Richter diktiert. Der Vorsitzende sollte sich nicht mit einer zusammenfassenden Wiedergabe der Aussagen der Zeugen, der Darlegungen des Sachverständigen oder der Bekundungen der Beteiligten begnügen. Er sollte auch den *Augenschein*, den die Beweismittel bei ihrer Einvernahme dargeboten haben, festhalten lassen. Zu denken wäre dabei z. B. an die Feststellung, daß der Zeuge seine Aussage flüssig und ohne sichtbare Unsicherheit gemacht hat, daß er kurzsichtig ist, daß er bestimmte Fragen nur zögernd beantwortet hat, daß er bei seiner Aussage ständig den Kontakt mit dem Kläger gesucht hat, daß der Beklagte seine Angaben zu bestimmten Punkten im Laufe der Vernehmung wiederholt gewechselt hat, daß er aus bestimmtem Anlaß die Beherrschung verloren hat, daß der Sachverständige auf gezielte Fragen des Prozeßbevollmächtigten der Klägerin Unsicherheit hat erkennen lassen.

Eine derartige Niederschrift über das objektivierbare Ergebnis der Beweiserhebung könnte den Richtern der letzten mündlichen Verhandlung ein annähernd wirklichkeitsgetreues Bild vermitteln. Damit wäre auch diesen Richtern die Möglichkeit gegeben, das Beweisergebnis aus einer Sicht zu würdigen, die dem Eindruck nahekommt, den die unmittelbar beteiligten Richter bekommen konnten.

c) Ergebnis und Ausblick:

1. Ein Wechsel in der Besetzung des Verwaltungsgerichts — ehrenamtliche Richter oder Berufsrichter — ist vor allem dann mißlich, wenn in einem früheren Termin eine Beweisaufnahme stattgefunden hat.
2. Ein annähernd wirklichkeitsgetreues Bild des Beweisergebnisses könnte den Richtern der letzten mündlichen Verhandlung eine Sitzungsniederschrift vermitteln, die nicht nur die Bekundungen der Beweismittel wiedergibt, sondern auch Angaben darüber enthält, welchen Augenschein die Beweismittel bei ihrer Einvernahme geboten haben.

---

[74] Es ist das Gebot der Unmittelbarkeit der Beweisaufnahme zu beachten (Eyermann-Fröhler § 96 Anm. 1).

Anhang

ANHANG I:

Die Fragebogen, wie sie in den Ländern Baden-Württemberg, Bremen, Niedersachsen und Rheinland-Pfalz einheitlich an die jeweiligen Personengruppen versandt worden sind.

Fragebogen 1: an die ehrenamtlichen Richter (damals noch „ehrenamtliche Verwaltungsrichter").

Fragebogen 2: an die Berufsrichter.

Fragebogen 3: an die Rechtsanwälte.

Fragebogen 4: an die Beteiligten (vor Verwaltungsgerichten mit ehrenamtlichen Richtern).

Fragebogen 5: an die Beteiligten (vor dem Verwaltungsgerichtshof Baden-Württemberg und dem Oberverwaltungsgericht Bremen).

Fragebogen 1 = ehrenamtliche Verwaltungsrichter

1. Zum wievielten Male sind Sie nunmehr auf vier Jahre zum ehrenamtlichen Verwaltungsrichter gewählt worden? — Zum .... Male

2. Auf welche Weise sind Sie in die Auswahl-Liste aufgenommen worden?	Auf Ihre Initiative hin?	Auf Drittempfehlung mit Ihrer Zustimmung?	Ohne Ihr Wissen?
a) bei Ihrer ersten Wahl?	○	○	○
b) Bei Ihren späteren Wahlen? (überwiegend)	○	○	○

3. Hätten Sie Ihre Wahl — falls dies möglich gewesen wäre — abgelehnt?	ja	nein
a) Bei Ihrer ersten Wahl:	○	○
b) Bei Ihren späteren Wahlen? (überwiegend)	○	○

Nennen Sie bitte stichwortartig Ihre Gründe für a) und b): ....

4. a) Lassen Ihnen Ihre beruflichen, häuslichen und sonstigen Pflichten die Zeit, einem oder mehreren der nachfolgend aufgeführten Verbände anzugehören?	ja	nein
1) Einer Partei?	○	○
2) Einer Gewerkschaft?	○	○
3) Einem Arbeitgeberverband?	○	○

b) Sind Sie im öffentlichen Leben tätig,		
1) durch aktive Mitwirkung in einem der unter 4.a)1) bis 3) genannten Verbände?	○	○
2) durch Mitgliedschaft in einer Gemeindevertretung oder als ehrenamtlicher Beigeordneter?	○	○
einer Kreisvertretung?	○	○
einer Bezirksvertretung?	○	○
einer kirchlichen Vertretung? (z. B. Synode, Gemeindekirchenrat)	○	○

	ja	nein
5. Hatten Sie, bevor Sie Ihre erste Tätigkeit als ehrenamtlicher Verwaltungsrichter angetreten haben, eine Vorstellung von dem, was in Ihrem neuen Wirkungskreis von Ihnen verlangt werden würde?	○	○
Falls „ja":		
a) Woher hatten Sie diese Vorstellung?	....	
b) Decken sich Ihre praktischen Erfahrungen mit Ihrer Vorstellung?	ja ○	nein ○

	förderlich	nachteilig	Ich konnte keine Auswirkungen feststellen.
6. Wie hat sich Ihrer Erfahrung nach Ihre Tätigkeit als ehrenamtlicher Verwaltungsrichter auf Ihr soziales Ansehen ausgewirkt?	○	○	○

7. a) Zu wie vielen Sitzungstagen werden Sie durchschnittlich im Jahre herangezogen?

Zu .... Sitzungstagen

b) Wie viele Stunden dauert durchschnittlich ein Sitzungstag (Verhandlungen und Beratungen ohne Pausen)?

.... Stunden

c) Welchen Zeitaufwand (einschließlich Pausen, An- und Rückreise) bedeutet für Sie durchschnittlich ein Sitzungstag?

.... Stunden

8. Wie viele Sitzungstage haben Sie benötigt, um sich in Ihrem Wirkungskreis als ehrenamtlicher Verwaltungsrichter zurecht zu finden?

Etwa .... Sitzungstage

9. Was bedeutet die Tätigkeit als ehrenamtlicher Verwaltungsrichter für Sie?
Nennen Sie bitte stichwortartig die wesentlichen Gesichtspunkte:

....
....
....

	Baden-Württemberg	Bremen	Niedersachsen	Rheinland-Pfalz
10. a) In welchem Lande befindet sich das Verwaltungsgericht, an dem Sie zur Zeit tätig sind?	○	○	○	○

b) Seit welchem Jahrzehnt wohnen Sie in dem Raume des Verwaltungsgerichtes, bei dem Sie tätig sind? (z. B. seit den 50er Jahren) — Seit den ......er Jahren

---

11. Sollte ein ehrenamtlicher Verwaltungsrichter den Grundsätzen und Vorstellungen des Verbandes (Kirche, Partei, Gewerkschaft, Arbeitgeberschaft, Landsmannschaft), dem er angehört, im Rahmen seiner verwaltungsrichterlichen Mitwirkung Geltung verschaffen? — ja ○ nein ○

Nennen Sie bitte stichwortartig Ihre Gründe: ....
....

---

12. Haben Sie vor der Aufnahme Ihrer Tätigkeit als ehrenamtlicher Verwaltungsrichter eine Einführung in

	ja	nein
a) Ihre Rechte und Pflichten	○	○
b) den Ablauf des verwaltungsgerichtlichen Verfahrens	○	○

erhalten?

Falls „ja“:

Wer hat Sie Ihnen gegeben? ....
(z. B. ein Berufsrichter des Verwaltungsgerichts)

Falls „nein“:

Würden Sie eine derartige Einführung für erforderlich halten? — ja ○ nein ○

---

13. a) Sind Sie — weiblich: ○ männlich: ○

	1901 bis 1900	1901 bis 1910	1911 bis 1920	1921 bis 1930	1931 bis 1940	1941 bis 1950
b) In welchem Jahrzehnt sind Sie geboren?	○	○	○	○	○	○

c) In welchem Raume haben Sie bis zu Ihrem 20. Lebensjahre überwiegend gelebt? (z. B. im Raume Lüneburg, im Raume Dresden) — Im Raume ....

d) Sind Sie überwiegend in einer	Großstadt (über 100 000)	Mittelstadt (über 20 000)	Kleinstadt (über 5 000)	einem Dorf (unter 5 000 Einwohner)
aufgewachsen?	○	○	○	○

14.	Grundschulbildung	Mittlere Reife	Abitur
a) Welche Schulbildung haben Sie?	○	○	○

b) Welchen Beruf haben Sie erlernt? ....

	ja	nein
c) Haben Sie eine Meisterprüfung?	○	○
d) Haben Sie einen Hochschulabschluß?	○	○

	ja	nein
15. a) Stehen Sie noch aktiv im Berufsleben?	○	○
Ich befinde mich im Ruhestand.	○	○

b) Welche berufliche Tätigkeit üben Sie zur Zeit aus bzw. haben Sie zuletzt ausgeübt? (z. B. gehobener Bundesdienst, höherer Landesdienst, Industrie-Angestellter, Verbands-Angestellter, Unternehmer o. ä.) ....
....
....

(Erinnern Sie sich bitte an die *mündlichen Verhandlungen*, an denen Sie teilgenommen haben.)

	immer	oft	selten	nie
16. a) Genügte Ihnen zum Verständnis des jeweiligen Streitfalles der einleitende Vortrag des Berichterstatters *in* der mündlichen Verhandlung?	○	○	○	○

	ja	nein	in schwierigen Fällen
b) Würden Sie es begrüßen, wenn Ihnen der Vorsitzende bereits *vor* Eröffnung der mündlichen Verhandlung im *Beratungszimmer* eine knappe Einführung in die Problematik des anstehenden Streitfalles geben würde?	○	○	○
c) Haben Sie eine Einführung im Sinne von b) schon einmal gefordert?	○	○	

	erwünscht?	unerwünscht?	gleichgültig?
17. Ist die Mitwirkung ehrenamtlicher Verwaltungsrichter Ihrem Eindruck nach der Mehrzahl der Berufsrichter	○	○	○

Ich konnte bislang keinen bestimmten Eindruck gewinnen. ○

18. Unterstellen Sie bitte, einer der Beteiligten (Kläger, Beklagter, Beigeladener) sei Ihnen von einem Verband oder einer Einrichtung (vgl. Frage 4) her bekannt, der Sie ebenfalls angehören.

	ja	nein	Es würde mich gleichgültig lassen.
a) Würde Sie diese Tatsache unangenehm berühren?	○	○	○
b) Würden Sie sich — falls dies möglich wäre — von der Teilnahme an dieser Sitzung entbinden lassen?	○	○	

19. Stellen Sie in der mündlichen Verhandlung Fragen

	immer	oft	selten	nie
a) an die Beteiligten (Kläger, Beklagte, Beigeladene)?	○	○	○	○
b) an die Zeugen?	○	○	○	○
c) an die Sachverständigen?	○	○	○	○

Falls „immer", „oft" oder „selten":

Stellen Sie Ihre Fragen überwiegend nur dann, wenn der Vorsitzende allgemein auffordert, Fragen zu stellen?	Verlangen Sie überwiegend von sich aus, Fragen stellen zu dürfen?	Das ist von Fall zu Fall unterschiedlich.
○	○	○

Falls „nie":

	ja	nein
Haben Sie schon den Wunsch gehabt, Fragen zu stellen?	○	○

Falls „ja":
Wodurch sind Sie gehindert worden, die Frage zu stellen? ....

Falls „nein":
Nennen Sie bitte stichwortartig ihre Gründe: ....

20. Presse, Rundfunk und Fernsehen haben zu einem bestimmten Vorfall Stellung genommen.
Welche Bedeutung hätte diese Stellungnahme für Sie, wenn Sie wenig später im Rahmen Ihrer verwaltungsrichterlichen Tätigkeit zur Mitentscheidung über diesen Fall herangezogen werden sollten? ....
....
....

21. Berichten Sie — unter Wahrung des Beratungsgeheimnisses —

im Kreise Ihrer Familie:	○
im Kreise Ihrer Verwandten:	○
im Kreise von Freunden und Bekannten:	○
im Kreise von Kollegen:	○
am Stammtisch u. ä. Treffen:	○

	immer	oft	selten	nie
a) von Aufgaben und Tätigkeit der Verwaltungsgerichte?	○	○	○	○
b) von Aufgabe und Tätigkeit eines ehrenamtlichen Verwaltungsrichters?	○	○	○	○
c) von den rechtlichen Regelungen, die Ihnen anläßlich Ihrer Mitwirkung als ehrenamtlicher Verwaltungsrichter bekannt geworden sind?	○	○	○	○

(Nachfolgende Fragen können Sie beantworten, ohne das Beratungsgeheimnis zu verletzen.)

	immer	oft	selten	nie
22. Bemüht sich der jeweilige Berichterstatter *in der Beratung*, Ihnen die von ihm vorgeschlagene Entscheidung verständlich zu machen?	○	○	○	○

	immer	oft	selten	nie
23. Erhalten Sie Gelegenheit, in der Beratung aktiv mitzuarbeiten?	○	○	○	○

Falls „immer", „oft" oder „selten":

a) In welcher Weise beteiligen Sie sich?

	immer	oft	selten	nie
durch Fragen?	○	○	○	○
durch sachkundige Hinweise?	○	○	○	○
durch Einwände?	○	○	○	○
durch den Hinweis auf gleichgelagerte Fälle?	○	○	○	○
in sonstiger Weise?	durch			

b)

Werden Sie überwiegend von den Berufsrichtern zur Mitarbeit angeregt?	Bemühen Sie sich überwiegend von sich aus um Beteiligung?	Das ist von Fall zu Fall unterschiedlich.
○	○	○

Falls „nie":

	ja	nein
Haben Sie schon den Wunsch gehabt, aktiv mitzuarbeiten?	○	○

Falls „ja":

Wodurch sind Sie daran gehindert worden? ....

Falls „nein":

Nennen Sie bitte stichwortartig Ihre Gründe: ....

	immer	oft	selten	nie
24. Haben Sie den Eindruck, daß der jeweilige Vorsitzende bemüht ist, auch bei den ehrenamtlichen Verwaltungsrichtern Verständnis für die von den Berufsrichtern gebilligte Entscheidung zu wecken?	○	○	○	○

25. Demonstranten fordern in einem gerade zur Verhandlung anstehenden Verwaltungsrechtsstreit eine ganz bestimmte Entscheidung. Wie sollten sich die Richter verhalten? ....

....

26.

Unterstellt, eine *Rechtsfrage* bliebe Ihnen unverständlich — würden Sie versuchen, von den Berufsrichtern durch Fragen weitere Erläuterungen zu erlangen?	Würden Sie von Fragen absehen, da Sie die Entscheidung über Rechtsfragen als den rechtskundigen Berufsrichtern überlassen ansehen?	Würden Sie ohne weiteres gegen den Ihnen unverständlichen Entscheidungsvorschlag stimmen?
○	○	○

27. Sind Sie den Breufsrichtern im Einzelfall schon dadurch behilflich gewesen, daß Sie ihnen politische, soziale, wirtschaftliche, betriebliche oder technische Hintergründe, Zusammenhänge, Abläufe oder Interessenlagen erläutern konnten? oft ○ selten ○ nie ○

Falls „oft" oder „selten":
a) Nennen Sie bitte die Sachgebiete: ....
b) Nennen Sie bitte stichwortartig die Gründe, die sie hierzu befähigt haben: ....

---

28. Haben gerade Ihre Fragen oder Ihre sonstigen Beiträge (vgl. Fragen 19, 26 und 27) schon dazu geführt, daß eine andere Entscheidung ergangen ist als diejenige, die von den Berufsrichtern zunächst beabsichtigt war? oft ○ selten ○ nie ○

---

29. Unterstellt, der zur Abstimmung gestellte Entscheidungsvorschlag bedeute Ihrem Gefühl nach ein Unrecht. Würden Sie auch dann gegen den Vorschlag stimmen, wenn die Berufsrichter Ihnen dargelegt hätten, daß das Gesetz keine andere Lösung zulasse? ja ○ nein ○
Nennen Sie bitte stichwortartig Ihre Gründe: ....
....
....

---

30. Halten Sie die derzeitige Besetzung der Verwaltungsgerichte mit *zwei* ehrenamtlichen Verwaltungsrichtern und *drei* Berufsrichtern für: gut? ○ schlecht? ○ Ich habe noch keine Meinung. ○

Falls „schlecht":
Welche Besetzung würden Sie vorschlagen? ....
Nennen Sie bitte stichwortartig Ihre Gründe: ....
....
....

---

31. Haben Sie bei Ihrer Zusammenarbeit mit den Berufsrichtern die Beobachtung gemacht, daß bei den meisten ganz bestimmte weltanschauliche, politische, soziale, sittliche oder wirtschaftliche Vorstellungen hervortreten? ja ○ nein ○

Falls „ja":
Haben Sie diesen Vorstellungen, soweit sie mit den Ihrigen nicht übereinstimmten und soweit sie gerade für den anstehenden Streitfall von Bedeutung waren, widersprochen? immer ○ oft ○ selten ○ nie ○

32. Würden Sie die Tätigkeit eines ehrenamtlichen Verwaltungsrichters erneut freiwillig übernehmen? — ja ○ nein ○
Nennen Sie bitte stichwortartig Ihre Gründe: ....
....
....

33. Würden Sie einem Vorschlag zustimmen, der jedem Bürger das Recht gibt, *von sich aus* sich um das Amt eines ehrenamtlichen Verwaltungsrichters zu bewerben? — ja ○ nein ○

Fragebogen 2 = Berufsrichter

1. a) Seit wieviel Jahren sind Sie an einem Verwaltungsgericht tätig? — Seit rund .... Jahren.

b) Wo waren Sie zuvor tätig?	In der Verwaltung?	In der ordentl. Gerichtsbarkeit?	An dritter Stelle	Das Verw.-Gericht ist meine erste Anstellung.
	○	○	○	○
Wieviel Jahre?	.... Jahre	.... Jahre		

2. a) In welchem Lande befindet sich das Verwaltungsgericht, an dem Sie zur Zeit tätig sind?

Baden-Württemberg	Bremen	Niedersachsen	Rheinland-Pfalz
○	○	○	○

b) Seit welchem Jahre wohnen Sie in dem Lande Ihrer jetzigen Amtstätigkeit? — Seit dem Jahre 19.... — Ich wohne in einem anderen Lande. ○

3. a) Ist es in Ihrem Spruchkörper üblich, daß der Vorsitzende den Laienrichtern *vor Eröffnung* der mündlichen Verhandlung *im Beratungszimmer* eine knappe Einführung in die Problematik des anstehenden Streitfalles gibt?

immer	oft	selten	nie
○	○	○	○

b) Haben die Laienrichter bereits eine Einführung im Sinne von a) gefordert? — ja ○ nein ○

4. Verhalten sich die meisten Laienrichter während der mündlichen Verhandlung —insgesamt gesehen — interessiert? ○ uninteressiert? ○

5\. a) Beteiligen sich die Laienrichter an der mündlichen Verhandlung durch Fragen

	immer	oft	selten	nie
aa) an die Beteiligten? (Kläger, Beklagte, Beigeladene)	○	○	○	○
bb) an die Zeugen?	○	○	○	○
cc) an die Sachverständigen?	○	○	○	○

Falls „immer“, „oft“ oder „selten“:

Stellen die Laienrichter ihre Fragen überwiegend dann, wenn der Vorsitzende allgemein auffordert, Fragen zu stellen?	Verlangen die Laienrichter überwiegend von sich aus, Fragen stellen zu dürfen?	Das ist von Fall zu Fall unterschiedlich.
○	○	○

b) Veranlassen Sie die Laienrichter, Fragen zurückzustellen, die Ihnen ungeeignet erscheinen?

immer	oft	selten	nie
○	○	○	○

6\.

	immer	oft	selten	nie
a) Tragen Fragen der Laienrichter zur Sachaufklärung bei?	○	○	○	○
b) Betreffen Fragen reine Nebensächlichkeiten?	○	○	○	○
c) Veranlassen Fragen der Laienrichter an sich überflüssige Wiederholungen?	○	○	○	○

	Sachaufklärungen?	Nebensächlichkeiten?	Wiederholungen?
Welcher Frageninhalt überwiegt insgesamt?	○	○	○

7\. a) In welchem Jahrzehnte sind Sie geboren?

bis 1900	1901 bis 1910	1911 bis 1920	1921 bis 1930	1931 bis 1940	1941 bis 1950
○	○	○	○	○	○

b) In welchem Raume haben Sie bis zu Ihrem 20. Lebensjahr überwiegend gelebt? (z. B. Im Raume Lüneburg, Im Raume Dresden)

Im Raume ....

c) Sind Sie überwiegend in einer ... aufgewachsen?	Großstadt (über 100 000)	Mittelstadt (über 20 000)	Kleinstadt (über 5 000)	einem Dorf unter 5 000 Einwohner)
	○	○	○	○

---

8. Würden Sie einen Besetzungsvorschlag unterstützen, der den Laienrichtern die Mehrheit einräumt? (z. B. 1 BRi — 2 ea VRi oder 2 BRi — 3 ea VRi)			ja ○	nein ○

	immer	oft	selten	nie
9. Vorausgesetzt, Sie sind zum *Berichterstatter* bestellt, berücksichtigen Sie bei Ihrer Vorbereitung auf die mündliche Verhandlung und die Beratung *bewußt*, daß Sie juristisch ungeschulten Laien Ihre Argumente vortragen und verständlich machen müssen?	○	○	○	○
Falls „immer", „oft" oder „selten": Bedeutet dies für Sie einen ins Gewicht fallenden zusätzlichen Zeitaufwand?			ja ○	nein ○

10. a) Bedeutet die Beteiligung der Laienrichter in der *Beratung* einen ins Gewicht fallenden zusätzlichen Zeitaufwand?	ja ○	nein ○
b) Haben Sie diese Beobachtung gemacht:	als Vorsitzender? ○	als Beisitzer? ○

11. Wie verhalten sich die meisten Laienrichter in der Beratung?

	immer	oft	selten	nie
a) Hören sie nur zu?	○	○	○	○
b) Stellen sie Fragen?	○	○	○	○
c) Geben sie sachkundige Hinweise?	○	○	○	○
d) Erheben sie Einwände?	○	○	○	○
e) Bringen sie Parallelfälle zur Sprache?	○	○	○	○
f) Reden sie an der Sache vorbei?	○	○	○	○

Falls „immer", „oft" oder „selten" (b bis f):

Bedürfen die Laienrichter zur Mitarbeit überwiegend der Aufforderung seitens der Berufsrichter?	Drängen sie überwiegend von sich aus auf Mitarbeit?	Das ist von Fall zu Fall unterschiedlich.
○	○	○

	Auf den unstreitigen Sachverhalt?	Auf das Beweisergebnis?	Auf die Rechtsfragen?
12. a) Worauf erstrecken sich die Fragen, Hinweise und Einwände der Laienrichter vor allem?	○	○	○

---

b) Stellen die Laienrichter insbesondere im Hinblick auf die Rechtsprobleme Fragen?

viele	wenige
○	○

Falls „wenige":
Worauf führen Sie diese Haltung zurück? ....
....
....

c) Ist zu erkennen, daß Laienrichter Grundsätzen und Vorstellungen eines Verbandes (Kirche, Partei, Gewerkschaft, Arbeitgeberschaft, Landsmannschaft) Beachtung zu verschaffen suchen?

immer	oft	selten	nie
○	○	○	○

Trifft dies auf

viele	wenige
○	○

der Laienrichter zu?

---

13. Haben Fragen, Hinweise oder Einwände der Laienrichter schon zur Folge gehabt,

	immer	oft	selten	nie
a) daß neue Aspekte des Sachverhaltes, insbesondere des Beweisergebnisses in Erscheinung getreten sind?	○	○	○	○
b) daß politische, soziale, wirtschaftliche, betriebliche oder technische Hintergründe, Zusammenhänge, Abläufe oder Interessenlagen deutlicher hervorgetreten sind?	○	○	○	○
c) daß die Lösung vor Rechtsfragen gefördert worden ist?	○	○	○	○

---

14. Haben Sie die Erfahrung gemacht, daß Laienrichter sich bei der Entscheidungsfindung durch

	immer	oft	selten	nie
a) die soziale Stellung:	○	○	○	○
b) das äußere Erscheinungsbild:	○	○	○	○
c) das Verhalten:	○	○	○	○

der Beteiligten haben beeinflussen lassen?

---

15. Nennen Sie bitte stichwortartig diejenigen Gesichtspunkte (Sachgebiete, Verfahrensteile), die Ihnen eine Mitwirkung von Laienrichtern
a) besonders erwünscht: ....
....
....
b) überflüssig: ....
....
....
erscheinen lassen.

16. Stimmen die Laienrichter — insgesamt gesehen — dem zur Abstimmung vorgelegten Entscheidungsvorschlag überwiegend zu? ○

Lehnen sie ihn überwiegend ab? ○

Zustimmung und Ablehnung halten sich die Waage. ○

17. Welche Beweggründe überwiegen Ihrer Beobachtung nach,
a) falls die Laienrichter dem von den Berufsrichtern vorgelegten Entscheidungsvorschlag *zustimmen?*

Die in der Diskussion gewonnene Überzeugung von dessen Richtigkeit?	Die Vorstellung, die Berufsrichter „werden es schon richtig machen"?	Gleichgültigkeit?	Das ist von Fall zu Fall unterschiedlich.
○	○	○	○

b) falls die Laienrichter den von den Berufsrichtern vorgelegten Entscheidungsvorschlag *ablehnen?*

Mangelnde Einsicht in die berufsrichterlichen Darlegungen?	Ein dem Gesetz zuwider laufendes Rechtsgefühl?	Sachfremde Erwägungen? (so: Antipathien, die „öffentliche Meinung", der „Druck der Straße")	Das ist von Fall zu Fall unterschiedlich.
○	○	○	○

18. Halten Sie die Zuziehung von Laienrichtern in der allgemeinen Verwaltungsgerichtsbarkeit — insgesamt gesehen — für

richtig?	falsch?	überflüssig?
○	○	○

Nennen Sie bitte stichwortartig Ihre Gründe: ....
....
....

19. Sollte die Mitwirkung von Laienrichtern auch auf

	ja	nein
a) das Bundesverwaltungsgericht:	○	○
b) den Verwaltungsgerichtshof Baden-Württemberg:	○	○
c) das Oberverwaltungsgericht Bremen:	○	○

ausgedehnt werden?

Nennen Sie bitte stichwortartig Ihre Gründe:

zu a)
....
....
....

zu b) c)
....
....
....

Fragebogen 3 = Rechtsanwälte

1. a) Seit wieviel Jahren sind Sie als Rechtsanwalt tätig? Seit rund ...... Jahren.

b) Waren Sie zu irgendeinem Zeitpunkt

	ja	nein	Wie viele Jahre?
in der Verwaltung:	○	○	.... Jahre
in der Verwaltungsgerichtsbarkeit:	○	○	.... Jahre

bedienstet?

2. a) Wie oft (etwa) sind Sie in den letzten fünf Jahren im Jahresdurchschnitt vor einem Verwaltungsgericht aufgetreten? ...... mal

b) Vertreten Sie überwiegend

natürliche Personen?	Gesellschaften, Verbände u. ä.	Öffentliche Verwaltungen?
○	○	○

c) In welchem Lande bzw. welchen Ländern treten Sie überwiegend auf? ....

d) Treten Sie überwiegend vor Verwaltungsgerichten

des ersten Rechtszuges	der höheren Rechtszüge	Das hält sich die Waage.
○	○	○

auf?

e) Erstreckt sich Ihre Tätigkeit überwiegend auf Verwaltungsgerichte, die

mit	ohne	Das läßt sich nicht allgemein sagen.
○	○	○

Laienrichter(n) besetzt sind?

3. Halten Sie die Zuziehung von Laienrichtern in der allgemeinen Verwaltungsgerichtsbarkeit — insgesamt gesehen — für	richtig? ○	falsch? ○	überflüssig? ○

Nennen Sie bitte stichwortartig Ihre Gründe: ....

....

....

	bis 1900	1901 bis 1910	1911 bis 1920	1921 bis 1930	1931 bis 1940	1941 bis 1950
4. a) In welchem Jahrzehnt sind Sie geboren?	○	○	○	○	○	○

b) In welchem Raume haben Sie bis zu Ihrem 20. Lebensjahr überwiegend gelebt? (z. B. Im Raume Lüneburg, im Raume Dresden) — Im Raume ....

c) Sind Sie überwiegend in einer	Großstadt (über 100 000)	Mittelstadt (über 20 000)	Kleinstadt (über 5 000)	einem Dorf (unter 5 000 Einwohner)
aufgewachsen?	○	○	○	○

	immer	oft	selten	nie
5. a) Ist den von Ihnen vertretenen Parteien bewußt, daß an der Entscheidung über ihren Streitfall Laienrichter mitwirken?	○	○	○	○

	ja	nein
b) Machen Sie Ihre Partei auf die Mitwirkung der Laienrichter aufmerksam?	○	○

6. Welchen Einfluß hat das Wissen einer Partei um die Mitwirkung von Laienrichtern Ihrer Erfahrung nach auf deren Erfolgserwartung?

Wird die Erwartung der meisten Parteien gesteigert?	Wird die Erwartung der meisten Parteien verringert?	Läßt das Wissen die meisten Parteien unberührt?	Es läßt sich keine Tendenz feststellen.
○	○	○	○

	immer	oft	selten	nie
7. Interessieren Sie sich vor dem jeweiligen Verhandlungstermin dafür, wer als Laienrichter teilnimmt?	○	○	○	○

	immer	oft	selten	nie
8. Berücksichtigen Sie bei Ihrer Terminvorbereitung und Ihrem Vortrag in der mündlichen Verhandlung *bewußt*, daß Laienrichter mitwirken?	○	○	○	○

	ja	nein
Falls „immer, „oft“ oder „selten“: Bedeutet dies für Sie einen ins Gewicht fallenden zusätzlichen Zeitaufwand?	○	○

9. Wirken die meisten Laienrichter während der mündlichen Verhandlung — insgesamt gesehen —

	interessiert?	uninteressiert?
	○	○

10. Beteiligen sich die Laienrichter an der mündlichen Verhandlung durch Fragen

	immer	oft	selten	nie
a) an Sie?	○	○	○	○
b) an Ihre Partei?	○	○	○	○
c) an die übrigen Beteiligten?	○	○	○	○
d) an die Zeugen?	○	○	○	○
e) an die Sachverständigen?	○	○	○	○

11.

	immer	oft	selten	nie
a) Tragen Fragen der Laienrichter zur Sachaufklärung bei?	○	○	○	○
b) Betreffen Fragen reine Nebensächlichkeiten?	○	○	○	○
c) Veranlassen Fragen der Laienrichter an sich überflüssige Wiederholungen?	○	○	○	○

	Sachaufklärung	Nebensächlichkeiten	Wiederholungen
Welcher Frageninhalt überwiegt insgesamt?	○	○	○

12. Haben Sie bemerkt, daß Laienrichter in irgendeiner Weise

	immer	oft	selten	nie
a) auf die soziale Stellung:	○	○	○	○
b) auf die äußere Erscheinung:	○	○	○	○
c) auf das Verhalten:	○	○	○	○

eines der Beteiligten — sei es positiv, sei es negativ — reagiert haben?

Falls „immer", „oft" oder „selten":
Schildern Sie bitte stichwortartig Ihre Beobachtungen: ....
....
....

13. Ihre Partei bleibt erfolglos.
Haben Sie den Eindruck,

	immer	oft	selten	nie
a) daß Parteien den für sie nachteiligen Ausgang des Rechtsstreites der Mitwirkung der Laienrichter zuschreiben?	○	○	○	○

(Bei Entscheidungen des Verwaltungsgerichtshofes Mannheim, des Oberverwaltungsgerichts Bremen und des Bundesverwaltungsgerichtes)

daß Parteien den für sie nachteiligen Ausgang des Rechtsstreites der *fehlenden* Mitwirkung der Laienrichter zuschreiben?	○	○	○	○
b) daß Parteien im Hinblick auf die Mitwirkung von Laienrichtern eher bereit sind, eine ihnen nachteilige Entscheidung hinzunehmen?	○	○	○	○
(Bei Entscheidungen des Verwaltungsgerichtshofes Mannheim, des Oberverwaltungsgerichts Bremen und des Bundesverwaltungsgerichtes) daß Parteien eher bereit wären, eine ihnen nachteilige Entscheidung hinzunehmen, wenn Laienrichter mitgewirkt hätten?	○	○	○	○

	immer	oft	selten	nie
14. Haben Sie die Erfahrung gemacht, daß sich die Begründungen von Urteilen eines mit Laienrichtern besetzten Gerichtes in besonderem Maße durch Allgemeinverständlichkeit auszeichnen?	○	○	○	○

	ja	nein	Das hängt vom Einzelfall ab.
15. Sie stehen vor der Frage, ob Sie ein Rechtsmittel einlegen sollen. Messen Sie Ihre Erfolgserwartung auch daran, ob das Rechtsmittelgericht mit oder ohne Laienrichter(n) besetzt ist?	○	○	○

Falls „ja" oder „Einzelfall":
Nennen Sie bitte stichwortartig diejenigen Gesichtspunkte (Sachgebiete, Verfahrensteile), die Ihnen eine Mitwirkung von Laienrichtern

a) besonders erwünscht: ....

b) überflüssig: ....

scheinen lassen.

	ja	nein
16. Würden Sie einen Besetzungsvorschlag unterstützen, der den Laienrichtern die Mehrheit einräumt? (z. B. 1 BRi — 2 eaVRi oder 2 BRi — 3 eaVRi)	○	○

17. Sollte die Mitwirkung von Laienrichtern auch auf

	ja	nein
a) das Bundesverwaltungsgericht:	○	○
b) den Verwaltungsgerichtshof Baden-Württemberg:	○	○
c) das Oberverwaltungsgericht Bremen:	○	○

ausgedehnt werden?
Nennen Sie bitte stichwortartig Ihre Gründe — zu a)
....
....
....
zu b), c)
....
....
....

Fragebogen 4 = Beteiligte

1. Wie oft waren Sie schon Beteiligter (Kläger, Beklagter, Beigeladener) in einem Verwaltungsprozeß? ....mal

2. War Ihnen vor Ihrem *ersten* Verwaltungsprozeß bekannt, daß über Ihren Streitfall außer Berufsrichtern auch juristisch nicht vorgebildete Laien (Laienrichter) entscheiden würden? — ja ○ nein ○
Falls „ja":
Von wem hatten Sie Ihre Kenntnis?
a) Von Ihrem Rechtsanwalt? ○
b) Von einem Ihnen bekannten Laienrichter? ○
c) Von Verwandten, Freunden, Bekannten, Kollegen? ○
d) Aus Rundfunk oder Fernsehen? ○
e) Aus dem Schulunterricht? ○
f) Aus welcher anderen Quelle? ....

3. Haben Sie eine Vorstellung, auf welche Weise der Laienrichter sein Amt erhält?

durch Wahl	durch Ernennung seitens eines Ministers, Gerichtspräsidenten u. ä.	Ich habe keine Vorstellung.
○	○	○

Falls „Wahl" oder „Ernennung":
Von wem haben Sie Ihre Vorstellung? ....
(vgl. Frage 2. a) - f))

4. Hat der Laienrichter Ihrer Meinung nach die *gleichen* Rechte und Pflichten wie ein Berufsrichter?	Darf er den Berufsrichter nur beraten?	Hat er kein Mitwirkungsrecht bei der Beratung von *Rechts*fragen?	Ich habe keine Vorstellung.
○	○	○	○

Vorauf begründet sich Ihre Vorstellung? ....
(vgl. Frage 2. a) - f))

5. a) Welchen Einfluß erwarteten Sie *vor* Ihrem ersten Verwaltungsprozeß von der Mitwirkung der Laienrichter?	einen großen ○	einen kleinen ○	gar keinen ○
b) Wie bewerteten Sie insoweit Ihre Erfolgsaussichten?	günstiger ○	ungünstiger ○	unberührt ○
c) Welchen Einfluß messen Sie *heute* der Mitwirkung der Laienrichter zu?	einen großen ○	einen kleinen ○	gar keinen ○

Falls „einen großen" oder „einen kleinen":
Worin sehen Sie diesen Einfluß?

....
....
....

6. a) In welchem deutschen Land befand sich das Verwaltungsgericht Ihres (letzten) Verwaltungsprozesses?	Baden-Württemberg ○	Bremen ○	Niedersachsen ○	Rheinland-Pfalz ○
b) Waren Sie in dieser Gerichtssitzung persönlich anwesend?			ja ○	nein ○

Falls „nein":
Waren Sie anläßlich eines Ihrer früheren Verwaltungsprozesse in einer Gerichtssitzung persönlich anwesend? ja ○ nein ○

Falls „ja":
In welchem Land befand sich dieses Verwaltungsgericht? ....

7. Ist Ihnen in der Gerichtssitzung aufgefallen, daß von den fünf Mitgliedern des Gerichtes zwei Laienrichter waren? ja ○ nein ○

8. Wirkten die Laienrichter während der mündlichen Verhandlung — insgesamt gesehen — interessiert? ○ uninteressiert? ○

		ja	nein
9.	Haben sich die Laienrichter durch Fragen		
	a) an Sie:	○	○
	b) an die übrigen Beteiligten:	○	○
	c) an die Zeugen:	○	○
	d) an die Sachverständigen:	○	○
	an der mündlichen Verhandlung beteiligt?		

10.	a) In welchem Jahrzehnt sind Sie geboren?	bis 1900	1901 bis 1910	1911 bis 1920	1921 bis 1930	1931 bis 1940	1941 bis 1950	1951 bis 1960
		○	○	○	○	○	○	○

b) In welchem Raume haben Sie bis zu Ihrem 20. Lebensjahr überwiegend gelebt? Im Raume ....
(z. B. Im Raume Lüneburg, im Raume Dresden)

	Großstadt (über 100 000)	Mittelstadt (über 20 000)	Kleinstadt (über 5 000)	einem Dorf (unter 5 000 Einwohner)
c) Sind Sie überwiegend in einer ... aufgewachsen?	○	○	○	○

11. Welche Tätigkeit üben Sie aus? ....

	ja	nein	teilweise
12. a) Waren Sie in Ihrem (letzten) Verwaltungsprozeß erfolgreich?	○	○	○

	zu Ihren Gunsten	zu Ihren Lasten	Sie blieb ohne Einfluß.	Ich konnte mir keine Meinung bilden.
b) Hat Ihrer Meinung nach die Mitwirkung der Laienrichter die Entscheidung beeinflußt?	○	○	○	○

	ja	nein	Dazu habe ich keine Meinung.
c) Hätten Sie es begrüßt, wenn die Laienrichter gegenüber den Berufsrichtern die Mehrheit gehabt hätten? (z. B. 2 LaiRi — 1 BRi oder 3 LaiRi — 2 BRi)	○	○	○

	ja	nein
13. Sie stehen vor der Frage, ob Sie ein Rechtsmittel einlegen sollen. Würden Sie von einem *nur* mit Berufsrichtern besetzten Rechtsmittelgericht eher eine für Sie günstige Entscheidung erwarten?	○	○

	ja	nein
14. Nehmen Sie bitte an, Ihnen würde das Ehrenamt eines Laienrichters an einem Verwaltungsgericht angeboten. Sie hätten die erforderliche Zeit; Gesundheit, Familie und Beruf stünden nicht im Wege. Würden Sie das Angebot annehmen:	○	○

Nennen Sie bitte stichwortartig Ihre Gründe: ....
....
....

Fragebogen 5 = Beteiligte (VGH B-W, OVG Br)

---

1. Wie oft waren Sie schon Beteiligter (Kläger, Beklagter, Beigeladener) in einem Verwaltungsprozeß? ....mal

---

2. a) Ist Ihre Klage vor dem Verwaltungsgericht erfolglos geblieben?

	ganz	nur teilweise
	○	○

b) Schreiben Sie der Mitwirkung der Laienrichter einen Einfluß auf den für Sie nachteiligen Ausgang Ihres Verwaltungsprozesses zu?

	ja	nein
	○	○

Nennen Sie bitte stichwortartig Ihre Gründe: ....
....
....

---

3. a) In welchem Jahrzehnt sind Sie geboren?

bis 1900	1901 bis 1910	1911 bis 1920	1921 bis 1930	1931 bis 1940	1941 bis 1950	1951 bis 1960

b) In welchem Raume haben Sie bis zu Ihrem 20. Lebensjahr überwiegend gelebt? (z. B. Im Raume Lüneburg, im Raume Dresden) Im Raume ....

c) Sind Sie überwiegend in einer ... aufgewachsen?

Großstadt (über 100 000)	Mittelstadt (über 20 000)	Kleinstadt (über 5 000)	einem Dorf (unter 5 000 Einwohner)
○	○	○	○

---

4. Welche Tätigkeit üben Sie aus? ....

---

5. a) Über Ihr Rechtsmittel ist durch
den Verwaltungsgerichtshof Mannheim: ○
das Oberverwaltungsgericht Bremen: ○
entschieden worden?

b) Waren Sie nunmehr

erfolgreich?	teilweise erfolgreich?	ebenfalls erfolglos?
○	○	○

---

6. War Ihnen zu dem Zeitpunkt, als Sie Ihr Rechtsmittel eingelegt haben, bekannt, daß der Verwaltungsgerichtshof bzw. das Oberverwaltungsgericht nur mit Berufsrichtern besetzt ist?

	ja	nein
	○	○

Falls „ja“:
Hatten Sie *gerade* von der reinen Berufsrichterbesetzung eine für Sie günstige Entscheidung erwartet?

	ja	nein
	○	○

Nennen Sie bitte stichwortartig Ihre Gründe: ....
....
....

---

	ja	nein	Dazu habe ich keine Meinung.
7. a) Würden Sie einen Vorschlag unterstützen, daß auch am Verwaltungsgerichtshof bzw. am Oberverwaltungsgericht Laienrichter mitwirken sollten?	O	O	O
b) Sollten diese Laienrichter gegenüber den Berufsrichtern die Mehrheit haben? (z. B. 3 LaiRi — 2 BRi)	O	O	O

	ja	nein
8. Nehmen Sie bitte an, Ihnen würde das Ehrenamt eines Laienrichters an einem Verwaltungsgericht angeboten. Sie hätten die erforderliche Zeit; Gesundheit, Familie und Beruf stünden nicht im Wege. Würden Sie das Angebot annehmen?	O	O

Nennen Sie bitte stichwortartig Ihre Gründe: ....

....

....

ANHANG II:

Das Schreiben der Hochschule für Verwaltungswissenschaften Speyer, das allen Befragten einheitlich — zusammen mit dem jeweiligen Fragebogen — übersandt worden ist.

HOCHSCHULE FÜR VERWALTUNGSWISSENSCHAFTEN SPEYER

— Forschungsinstitut —
Prof. Dr. C. H. Ule

6720 Speyer, im Frühjahr 1972
Freiherr-vom-Stein-Straße 2
Postfach 830
Telefon (06232) 60 71

Sehr geehrte Dame! Sehr geehrter Herr!

Das Forschungsinstitut der Hochschule Speyer hat sich u. a. die Aufgabe gesetzt, zu aktuellen Problemen des öffentlichen Lebens wissenschaftlich fundiert Stellung zu nehmen.

In jüngster Zeit ist die Frage aufgeworfen worden, ob die Mitwirkung von Laien als ehrenamtliche Richter in der allgemeinen Verwaltungsgerichtsbarkeit noch zeitgemäß ist. Das Forschungsinstitut hat diese Frage aufgegriffen. Es erwartet von einer Befragung der berufsmäßigen Verwaltungsrichter, der Rechtsanwälte und Beteiligten sowie insbesondere der ehrenamtlichen Verwaltungsrichter selbst wertvolle Aufschlüsse.

Aus diesem Grunde wendet sich das Forschungsinstitut heute auch an Sie mit einem Fragebogen. Wir wissen, daß wir Ihre sicherlich kostbare Zeit in Anspruch nehmen. Selbstverständlich steht es Ihnen f r e i , den Fragebogen insgesamt oder einzelne Fragen unbeantwortet zu lassen. Das Forschungsinstitut wäre Ihnen sehr verbunden, wenn Sie sich trotzdem entschließen könnten, den Fragebogen möglichst vollständig auszufüllen; Ihre Antworten würden uns zu einer sehr wertvollen Arbeitsunterlage verhelfen.

Einem Teil der Fragen sind mehrere Antworten zur Auswahl vorgegeben. Diese Methode ist im Interesse einer rationellen Auswertung unumgänglich. Sollte Ihre Meinung zwischen zwei der angebotenen Antworten liegen, bitten wir, diejenige Antwort anzukreuzen, die Ihrer Ansicht am nächsten kommt.

Halten Sie bitte mit Ihrer Meinung — sei sie auch kritisch — nicht zurück. Die völlige A n o n y m i t ä t Ihrer Antworten ist sichergestellt. Ihre Anschrift ist lediglich dem absendenden Gericht bekannt. Ihre Rückantwort erreicht direkt das Forschungsinstitut. Dieses hat keine Möglichkeit, die Person des Absenders festzustellen.

Wir würden uns sehr freuen, wenn Sie uns den Fragebogen innerhalb der nächsten z w e i W o c h e n wieder zusenden würden.

Das Forschungsinstitut dankt Ihnen im voraus für Ihre Mitarbeit und Ihre Mühe und verbleibt

mit freundlichen Grüßen
gez. Prof. Dr. U l e

Anlagen:

1 Fragebogen

1 Freiumschlag

ANHANG III:

Das Schreiben des Präsidenten des Verwaltungsgerichtshofes Baden-Württemberg in Mannheim, das allen Befragten in Baden-Württemberg einheitlich zusammen mit den Unterlagen der Hochschule übersandt worden ist.

Verwaltungsgerichtshof
Baden-Württemberg
— Der Präsident —
Bd. 132

68 Mannheim 1, den 21. April 1972
Schubertstr. 11
Postfach 5940

Betr.: Forschungsvorhaben der Hochschule für Verwaltungswissenschaften Speyer über das Institut des ehrenamtlichen Verwaltungsrichters

Meine sehr geehrten Damen und Herren!

Das Forschungsinstitut der Hochschule für Verwaltungswissenschaften Speyer unterzieht sich dankenswerterweise der Mühe, eine Untersuchung über das Institut des ehrenamtlichen Verwaltungsrichters anzustellen. Im Rahmen dieser Untersuchung möchte das Forschungsinstitut in vier Bundesländern. u. a. in Baden-Württemberg, eine Fragebogenaktion durchführen, an der Berufsrichter, ehrenamtliche Verwaltungsrichter, Rechtsanwälte und prozeßführende Bürger beteiligt werden.

An dem Forschungsvorhaben der Hochschule Speyer ist die Verwaltungsgerichtsbarkeit im Grundsatz sehr interessiert. Ich wäre Ihnen deshalb dankbar, wenn Sie der Hochschule die erbetenen Auskünfte geben würden. Selbstverständlich wird die Fragebogen-Aktion auf der Basis der Freiwilligkeit durchgeführt; das gilt auch für einzelne Fragen, die Sie nicht beantworten können oder nicht beantworten wollen.

Mit freundlichen Grüßen
Ihr
(Prof. Dr. h. c. Rößler)

ANHANG IV:

Das Schreiben des Präsidenten des Oberverwaltungsgerichts Rheinland-Pfalz in Koblenz, das allen Befragten in Rheinland-Pfalz einheitlich zusammen mit den Unterlagen der Hochschule übersandt worden ist.

Der Präsident
des Oberverwaltungsgerichts
Rheinland-Pfalz
— *311* —

54 Koblenz, den März 1972
Regierungsstraße 7
Telefon (0261) 25 71

Betr.: Forschungsvorhaben der Hochschule für Verwaltungswissenschaften Speyer über das Institut des ehrenamtlichen Verwaltungsrichters

Meine sehr geehrten Damen und Herren!

Das Forschungsinstitut der Hochschule für Verwaltungswissenschaften Speyer unterzieht sich dankenswerterweise der Mühe, eine Untersuchung über das Institut des ehrenamtlichen Verwaltungsrichters anzustellen. Im Rahmen dieser Untersuchung möchte das Forschungsinstitut in vier Bundesländern, u. a. Rheinland-Pfalz, eine Fragebogenaktion durchführen, an der Berufsrichter, ehrenamtliche Verwaltungsrichter, Rechtsanwälte und prozeßführende Bürger beteiligt werden.

An dem Forschungsvorhaben der Hochschule Speyer ist die Verwaltungsgerichtsbarkeit im Grundsatz sehr interessiert. Ich wäre Ihnen deshalb dankbar, wenn Sie der Hochschule die erbetenen Auskünfte geben würden. Selbstverständlich wird die Fragebogen-Aktion auf der Basis der Freiwilligkeit durchgeführt; das gilt auch für einzelne Fragen, die Sie nicht beantworten können oder wollen.

Schon im voraus möchte ich Ihnen herzlich für Ihre Mitwirkung danken, weil hierdurch der rechtsprechenden Gewalt ein großer Dienst erwiesen wird.

Mit freundlichen Grüßen
Ihr
(Dr. Meyer-Hentschel)

Abkürzungs- und Schrifttumsverzeichnis

1. Schriften

Amelunxen	= Amelunxen, Hebung des Ansehens der Richter in der Öffentlichkeit, in Deutsche Richterzeitung, Köln/Berlin 1955, S. 53
Anschütz	= Anschütz, Liegt ein Bedürfnis eines deutschen Reichsverwaltungsgerichtes vor? — Gutachten, in Verhandlungen des Dreißigsten Deutschen Juristentages, Band 1, Berlin 1910, S. 489
Anschütz-Thoma, Staatsrecht	= Anschütz-Thoma, Handbuch des Deutschen Staatsrechts, Band 2, Tübingen 1932
Apelt, Aussprache	= Apelt, Aussprache zu Jellinek, Schutz, S. 110
Apelt, Referat	= Apelt, Referat über Angleichung von Organisation und Verfahren in der Verwaltung von Reich und Ländern, Dresden 1929
Bähr	= Bähr, Der Rechtsstaat, 1864 (Neudruck Aalen 1961)
Bahls, Bericht	= Bahls, Bericht über die Aussprache zu den Referaten von Horst Peters und Johann Schmidt, in Zehn Jahre Verwaltungsgerichtsordnung, Bewährung und Reform, Schriftenreihe der Hochschule Speyer, Band 45, Berlin (1970), S. 96
Bahls, Leserbrief	= Bahls, Leserbrief in der „Rhein-Neckar-Zeitung" vom 24./25. Februar 1973, Heidelberg
Bahmann	= Bahmann, Das Verhältnis des Verwaltungsstreitverfahrens zu den tragenden Gedanken des neuen Staates, in Deutsche Verwaltung, Berlin 1934, S. 51
Baring, Berlin	= Baring, Die Verwaltungsgerichtsbarkeit in Berlin, in Deutsches Verwaltungsblatt, Detmold/Köln/Berlin 1951, S. 265
Baring, Mitteldeutschland	= Baring, Verwaltungsrechtsschutz, in Recht in Ost und West, Berlin 1958, S. 45
Baring, Sachsen	= Baring, Die Verwaltungsrechtspflege in Sachsen, in Aus 100 Jahren Verwaltungsgerichtsbarkeit — Festschrift, Köln/Berlin/Bonn/München 1963, S. 65
Baring, Verwaltungsgerichtsbarkeit	= Baring, Die politische Selbstverwaltung und die Verwaltungsgerichtsbarkeit, in Deutsches Verwaltungsblatt, Köln/Berlin 1955, S. 685

Baur = Baur, Laienrichter — heute?, in Tübinger Festschrift für Eduard Kern, Tübingen 1968, S. 49

Berra = Berra, Im Paragraphenturm, Berlin/Neuwied am Rhein (1966)

Bettermann = Bettermann, Die Unabhängigkeit der Gerichte und der gesetzliche Richter, in Die Grundrechte — Handbuch der Theorie und Praxis der Grundrechte (Herausgeber: Bettermann, Nipperdey und Scheuner), Band 3, 2. Halbband, Berlin (1959), S. 523

Bluntschli, Kommissionsbericht = Bluntschli, Kommissionsbericht, in Verhandlungen der Ständeversammlungen des Großherzogtums Baden 1861/63, 1. Kammer, Beilagenheft 3 (Band 98), Karlsruhe, S. 337

Bluntschli, Staatsrecht = Bluntschli, Lehre vom modernen Staat, Band 2 (Allgemeines Staatsrecht), 6. Auflage, Stuttgart 1885 (Neudruck Aalen 1965)

Bluntschli, Staats-Wörterbuch = Deutsches Staatswörterbuch (Herausgeber: Bluntschli und Brater), Band 11, Stuttgart/Leipzig 1870

Bollmann = Bollmann, Bremisches Staats- und Verwaltungsrecht, Bremen 1904

Bornhak, Geschichte = Bornhak, Preußische Staats- und Rechtsgeschichte, Berlin 1903

Brandl = Brandl, Das Recht der Besatzungsmacht, Ausgabe 1947, Heidelberg

Bredt = Bredt, Der Vorentwurf eines Gesetzes über das Reichsverwaltungsgericht, in Preußisches Verwaltungsblatt, Berlin 1920, S. 201

Brüggemann, Gewalt = Brüggemann, Die Rechtsprechende Gewalt, Berlin 1962

Brüggemann, Richterstand = Brüggemann, Die geistige Orientierung des Richterstandes, in Juristen-Jahrbuch, Band 7, Köln/Marienburg (1966), S. 17

Bühler = Bühler, Aussprache zu Jellinek, Schutz, S. 112

Bull = Bull, Der Richter „königlich", „demokratisch" oder was sonst?, in Zeitschrift für Rechtspolitik, München/Frankfurt am Main 1968, S. 64

Calker = van Calker, Die Entwicklung der hessischen Verwaltungsorganisation im 19. Jahrhundert, in Jahrbuch des öffentlichen Rechts der Gegenwart, Band 2, Tübingen 1908, S. 125

Dahrendorf, OLG = Dahrendorf, Bemerkungen zur sozialen Herkunft und Stellung der Richter an Oberlandesgerichten, in Hamburger Jahrbuch für Wirtschafts- und Gesellschaftspolitik, 5. Jahr, Tübingen 1960, S. 260

Dahrendorf, Richter = Dahrendorf, Zur Soziologie des Richters, in Deutsche Richterzeitung, Köln 1965, S. 5

Dersch-Volkmar = Dersch-Volkmar, Arbeitsgerichtsgesetz, 6. Auflage, Berlin/Frankfurt am Main 1955

Dietz-Nikisch = Dietz-Nikisch, Arbeitsgerichtsgesetz, München/Berlin 1954

Drews, Ausbau = Drews, Vom Ausbau der Preußischen Verwaltungsgerichtsbarkeit, in Zeitschrift für die gesamte Staatswissenschaft, Tübingen 1924, S. 586

Drews, Grundzüge = Drews, Grundzüge einer Verwaltungsreform, Amtliche Ausgabe, Berlin 1919

Dultzig = Dultzig, Zum Vorentwurf eines Gesetzes über das Reichsverwaltungsgericht, in Preußisches Verwaltungsblatt, Berlin 1920, S. 253

Egidi = Egidi, Paul Persius — Der Schöpfer der preußischen Verwaltungsgerichtsbarkeit, in Aus 100 Jahren Verwaltungsgerichtsbarkeit — Festschrift, Köln/Berlin/Bonn/München 1963, S. 18

v. Elbe, Entwicklungslinien = von Elbe, Die Entwicklungslinien der preußischen Verwaltungsreform, in Verwaltungsarchiv, Band 33, Berlin 1928, S. 197

v. Elbe, Länder = von Elbe, Die Verwaltungsgerichtsbarkeit nach den Gesetzen der deutschen Länder, Leipzig 1925 (Dissertation Kiel)

Entwurf Württemberg = Verwaltungsrechtsordnung für Württemberg — Entwurf eines Gesetzes mit Begründung, Stuttgart 1931

Eyermann = Eyermann, Zur Besetzung der Richterbank in der Verwaltungsgerichtsbarkeit, in Festgabe für Theodor Maunz, München 1971, S. 55

Eyermann-Fröhler = Eyermann-Fröhler, Verwaltungsgerichtsordnung, 5. Auflage, München 1971

Fertig = Fertig, Die hessische Verwaltungsrechtspflege, Gießen 1933 (Dissertation)

Foitzick = Foitzick, Die Verwaltungsgerichtsbarkeit im britischen Sektor von Berlin, in Deutsche Verwaltung, Hamburg 1949, S. 607

Forsthoff 8. = Forsthoff, Lehrbuch des Verwaltungsrechts, Band 1 (Allgemeiner Teil), 8. Auflage, München/Berlin 1961

Forsthoff = Forsthoff, Lehrbuch des Verwaltungsrechts, Band 1 (Allgemeiner Teil), 9. Auflage, München/Berlin 1966

Frank = Hans Frank, Deutsches Verwaltungsrecht, München 1937

Friedenthal = Friedenthal, Rede über die Grundgedanken der Kreisordnung, Berlin 1872

Friedenthal, Kommissionsbericht = Friedenthal, Kommissionsbericht, in Stenographische Berichte über die Verhandlungen der beiden Häuser des preußischen Landtages 1871/72, Haus der Abgeordneten, Band 3, Berlin 1872, S. 1277

Friedrichs, Besonderheiten = Friedrichs, Die Besonderheiten des preußischen Verwaltungsstreitverfahrens im Verhältnis zu den Verfahren, welche über andere Rechtsstreitigkeiten stattfinden, und ihre Berechtigung, in Verwaltungsarchiv, Band 6, Berlin 1898, S. 358

Friedrichs, Verwaltungsrechtspflege = Friedrichs, Verwaltungsrechtspflege, Band 1, Berlin 1920

Gerner-Decker-Kauffmann = Gerner-Decker-Kauffmann, Deutsches Richtergesetz, Köln/Berlin/Bonn/München 1963

Glaser = Glaser, Die Verwaltungsgerichtsbarkeit im Saargebiet, Straßburg 1934 (Dissertation)

Glockner = Glockner, Zur Reform der inneren Verwaltung III., in Zeitschrift für badische Verwaltung und Verwaltungsrechtspflege, Heidelberg 1921, S. 1

Gneist, Kreisordnung = Gneist, Die preußische Kreisordnung, Berlin 1870

Gneist, Rechtsstaat = Gneist, Der Rechtsstaat und die Verwaltungsgerichte in Deutschland, 3. Auflage, Darmstadt 1966 (Nachdruck der 2. Auflage von 1879)

Gneist, Verwaltung = Gneist, Verwaltung — Justiz — Rechtsweg, Berlin 1869

Göring = Göring, Die Rechtssicherheit als Grundlage der Volksgemeinschaft, Vortrag vor der 5. Vollsitzung der Akademie für Deutsches Recht am 13. November 1934, in Zeitschrift der Akademie für Deutsches Recht, München 1934, S. 233

Görlitz = Görlitz, Verwaltungsgerichtsbarkeit in Deutschland, Neuwied am Rhein/Berlin (1970)

Goez = Goez, Verwaltungsrechtspflege in Württemberg, Tübingen/Leipzig 1902

v. d. Groeben = von der Groeben, Mitwirkung von Ausschüssen in der staatlichen Verwaltung — Der norddeutsche Raum, in Verwaltungsarchiv, Band 49, Köln/Berlin 1958, S. 231

Gulden = Gulden, Das künftige Reichsverwaltungsgericht, Mannheim/Berlin/Leipzig 1928

Häcker = Häcker, Die experimentelle Methode in der Rechtstatsachenforschung: Empirische Untersuchungen zum Problem Einzelrichter und Kollegium, in Tatsachenforschung in der Justiz (Herausgeber: Rolf Bender), Tübingen 1972, S. 143

Hahn   Wolfram Hahn, Die Entwicklung der Laiengerichtsbarkeit im Großherzogtum Baden unter Berücksichtigung des Laienrichtertums in Württemberg während des 19. Jahrhunderts (Dissertation Heidelberg, im Druck)

Hartung = Hartung, Deutsche Verfassungsgeschichte vom 15. Jahrhundert bis zur Gegenwart, 8. Auflage, Stuttgart (1964)

Haueisen = Haueisen, Die ehrenamtlichen Richter in der Verwaltungsgerichtsbarkeit, in Die Öffentliche Verwaltung, Stuttgart 1962, S. 161

Heiber = Heiber, Die Republik von Weimar, 3. Auflage, München 1968 (dtv-Weltgeschichte des 20. Jahrhunderts, Band 3)

Hensel = Hensel, Aussprache zu Jellinek, Schutz, S. 116

Herold = Herold, Die Bedeutung der Verwaltungsgerichtsbarkeit im Dritten Reich, Gießen 1940 (Dissertation)

Herzog = Roman Herzog, Allgemeine Staatslehre, Frankfurt am Main (1971)

Heupel = Heupel-Hoffmann-Homann-Hubatsch, Deutsche Geschichte, Karten und Stammtafeln, Frankfurt am Main/Berlin/Wien (1972)

v. d. Heydte = von der Heydte, Richterfunktion und „Richtergesetz", in Forschungen und Berichte aus dem öffentlichen Recht, Gedächtnisschrift für Walter Jellinek, München 1955, S. 493

Hohl = Hohl, Gesetz über die Verwaltungsrechtspflege, Stuttgart 1877

Holtz, Laienelement = Holtz, Das Laienelement in der Staatsverwaltung, in Reichsverwaltungsblatt, Berlin 1935, S. 413

Holtz, Problem = Holtz, Das Problem der Verwaltungsgerichtsbarkeit, in Deutsche Verwaltung, Berlin 1934, S. 290

Holtz, Verwaltungsreform = Holtz, Verfassungs- und Verwaltungsreform in Reich und Ländern, Berlin 1928

Huber, Dokumente = Huber, Dokumente zur deutschen Verfassungsgeschichte, Band 1, Stuttgart (1961)

Huber, Quellen = Huber, Quellen zum Staatsrecht der Neuzeit, Band 2, Tübingen 1951

Hübener = Hübener, Zum vorläufigen Entwurfe eines Gesetzes über das Reichsverwaltungsgericht, in Preußisches Verwaltungsblatt, Berlin 1922, S. 339

Jahn = Jahn, Die Vereinheitlichung der Verfahrensordnung im Zuge der Justizreform, Beilage Nr. 6 zum Bundesanzeiger Nr. 35 vom 20. Februar 1970, Köln

Jellinek, Schutz = Jellinek, Der Schutz des öffentlichen Rechts durch ordentliche und durch Verwaltungsgerichte, Bericht anläßlich der Tagung der Deutschen Staatsrechtslehrer zu Leipzig am 10. und 11. März 1925, In Veröffentlichungen der Vereinigung der Deutschen Staatsrechtslehrer, Heft 2, Berlin und Leipzig 1925, S. 8

Jellinek, Verwaltungsrecht = Jellinek, Verwaltungsrecht, 3, Auflage, 1931 (Neudruck Offenburg 1948)

Jellinek, Zone = Jellinek, Die Verwaltungsgerichtsbarkeit in der amerikanischen Zone, in Deutsche Rechtszeitschrift, Tübingen 1948, S. 269

Jung = Jung, Weltgeschichte in Stichworten, Berlin (1965)

Kahr = Kahr, Das bayerische Gesetz über die Errichtung eines Verwaltungsgerichtshofes, Nördlingen 1879

Kalven-Zeisel = Kalven-Zeisel, The american jury, Boston/Toronto (1966)

Kaupen = Kaupen, Die Hüter von Recht und Ordnung, Neuwied am Rhein/Berlin (1969)

Kaupen-Rasehorn = Kaupen-Rasehorn, Die Justiz zwischen Obrigkeitsstaat und Demokratie, Neuwied am Rhein/Berlin 1971

Kelsen = Kelsen, Vom Wesen und Wert der Demokratie, 2. Auflage, Tübingen 1929

Kemper, Bericht = Kemper, Bericht über die Jahrestagung 1962 der Vereinigung der Verwaltungsgerichtspräsidenten für das Bundesgebiet, in Deutsches Verwaltungsblatt, Köln/Berlin 1962, S. 366

Kern, Gerichtsverfassungsrecht = Kern, Gerichtsverfassungsrecht, 4. Auflage, München/Berlin 1965

Kern, Geschichte = Kern, Geschichte des Gerichtsverfassungsrechts, München/Berlin 1954

Kirchenheim = Kirchenheim, Einführung in das Verwaltungsrecht, Stuttgart 1885

Klausa = Klausa, Ehrenamtliche Richter — Ihre Auswahl und Funktion, empirisch untersucht, Frankfurt am Main (1972)

Kleineberg = Kleineberg, Einheitliche Gerichtsverfassung, in Deutsche Juristen-Zeitung, Berlin 1922, Sp. 595

Kleinknecht = Kleinknecht, Strafprozeßordnung, 30. Auflage, München 1971

Klinger = Klinger, Die Verordnung über die Verwaltungsgerichtsbarkeit in der britischen Zone, Göttingen 1953

Knauth = Knauth, Die Gesetzgebung über die Verwaltungsrechtspflege in Thüringen, Berlin 1914

Knauth-Wagner = Knauth-Wagner, Landesverwaltungsordnung für Thüringen vom 10. Juni 1926, Weimar 1927

Knöpfle, bei Bahls = Bahls, Bericht, S. 101

v. Köhler = von Köhler, Aussprache zu Jellinek, Schutz, S. 119

Koellreutter, Aussprache = Koellreutter, Aussprache zu Jellinek, Schutz, S. 110

Koellreutter, Öffentliches Amt = Koellreutter, Öffentliches Amt und Amtsträger im nationalsozialistischen Staate, in Reichsverwaltungsblatt, Berlin 1935, S. 785

Koellreutter, Recht = Koellreutter, Recht und Richter in England und Deutschland, in Verwaltungsarchiv, Band 47, Berlin 1942, S. 208

Koellreutter, Verfassungsschutz = Koellreutter, Verfassungsschutz — Zum Wesen der deutschen völkischen Verfassung, in Reichsverwaltungsblatt, Berlin 1938, S. 302

Koellreutter, Wesen = Koellreutter, Das Wesen des „Politischen" in der öffentlichen Verwaltung, in Reichsverwaltungsblatt, Berlin 1933, S. 481

König = Goode-Hatt, Beispiel für den Aufbau eines Fragebogens, in Das Interview — Formen, Technik, Auswertung (Praktische Sozialforschung 1, Herausgeber: René König), 7. Auflage, Köln /Berlin (1969), S. 115

Konstanzer Juristentag = Der Konstanzer Juristentag vom 2. bis 5. Juni 1947 — Ansprachen, Vorträge, Diskussionsreden, Tübingen 1947

Krais = Krais, Gesetz vom 8. August 1878, die Errichtung eines Verwaltungsgerichtshofes betreffend, Erlangen 1888

Kulcsár = Kulcsár, Sozialer Wandel und die Mitwirkung des Laienelements in der Rechtspflege, in Jahrbuch für Rechtssoziologie und Rechtstheorie, Band 3 (Zur Effektivität des Rechts), Düsseldorf (1972), S. 491

Lassar = Lassar, Der Schutz des öffentlichen Rechts durch ordentliche und durch Verwaltungsgerichte, Mitbericht anläßlich der Tagung der Deutschen Staatsrechtslehrer zu Leipzig am 10. und 11. März 1925, in Veröffentlichungen der Vereinigung der Deutschen Staatsrechtslehrer, Heft 2, Berlin und Leipzig 1925, S. 81

Lautmann = Lautmann, Soziologie vor den Toren der Jurisprudenz, Stuttgart/Berlin/Köln/Mainz (1971)

Leibholz-Rinck = Leibholz-Rinck, Grundgesetz, 3. Auflage, Köln-Marienburg (1968)

Loening = Loening, 36 Jahre Thüringisches Oberverwaltungsgericht, in Aus 100 Jahren Verwaltungsgerichtsbarkeit — Festschrift, Köln/Berlin/Bonn/München 1963, S. 153

Löwenstein = Prinz zu Löwenstein, Deutsche Geschichte, Frankfurt am Main (1950)

Martens, bei Bahls = Bahls, Bericht, S. 97

Mayer/Ule = Mayer/Ule, Staats- und Verwaltungsrecht in Rheinland-Pfalz, Stuttgart 1965

Mayntz = Mayntz-Holm-Hübner, Einführung in die Methoden der empirischen Soziologie, 2. Auflage, Opladen 1971

Merkl	= Merkl, Demokratie und Verwaltung, Wien/Leipzig 1923
Merten	= Merten, Zur Rechtslage Berlins, in Berlin als unternehmerische Aufgabe, Schriftenreihe des Berliner Arbeitskreises für betriebliche Führungskräfte, Band 5, Wiesbaden (1971), S. 71
Meyer	= Ernst Meyer, Die Entwicklung der Verwaltungsgerichtsbarkeit in der Ostzone, in Deutsches Verwaltungsblatt, Detmold/Köln/Berlin 1950, S. 561
Meyer-Hentschel, bei Bahls	= Bahls, Bericht, S. 99
Meyer-Hentschel, bei Kemper	= Kemper, Bericht, S. 367
Meyer-Hentschel, Verwaltungsarchiv	= Meyer-Hentschel, Reform der Verwaltungsgerichtsbarkeit als Teilproblem der Verwaltungsreform, in Verwaltungsarchiv, Band 48, Köln/Berlin 1957, S. 142
Mohl, Encyklopädie	= Mohl, Encyklopädie der Staatswissenschaften, 2. Auflage, Freiburg/Tübingen (1872)
Mohl, Polizeiwissenschaft	= Mohl, Die Polizei-Wissenschaft nach den Grundsätzen des Rechtsstaates, 3. Auflage, Band 1, Tübingen 1866
Hanswerner Müller	= Hanswerner Müller, Der ehrenamtliche Richter, in Deutsche Richterzeitung, Köln 1964, S. 337
Neuaufbau	= Der Neuafbau in Deutschland — Wirtschaft und Verwaltung in den einzelnen Besatzungszonen, Bad Oeynhausen/Minden (1947)
Paul, bei Bahls	= Bahls, Bericht, S. 100
Perels	= Perels, Aussprache zu Jellinek, Schutz, S. 113
Peters	= Peters, Die Besetzung der Richterbank (I), in Zehn Jahre Verwaltungsgerichtsordnung — Bewährung und Reform, Schriftenreihe der Hochschule Speyer, Band 45, Berlin (1970). S. 64
Peters, bei Bahls	= Bahls, Bericht, S. 101
Pölitz	= Pölitz, Die europäischen Verfassungen seit dem Jahre 1789 bis auf die neueste Zeit, 2. Auflage, Band 1, Leipzig 1832
Poppitz, Anfänge	= Poppitz, Die Anfänge der Verwaltungsgerichtsbarkeit, in Archiv des öffentlichen Rechts, (neue Folge) Band 33, Tübingen 1943, S. 158 und Band 34, Tübingen 1944, S. 3
Poppitz, Krieg	= Poppitz, Die Verwaltungsgerichtsbarkeit im Kriege, Hamburg (1941)
Radbruch	= Radbruch, Einführung in die Rechtswissenschaft, 11. Auflage, Stuttgart 1964
Radkau	= Radkau, Das Braunschweigische Gesetz, betreffend die Verwaltungsrechtspflege vom 5. März 1895, in Verwaltungsarchiv, Band 4, Berlin 1896, S. 421

Rapp = Rapp, 100 Jahre badischer Verwaltungsgerichtshof, in Staatsbürger und Staatsgewalt — Jubiläumsschrift, Band 1, Karlsruhe 1963, S. 3

Reuß, Kostenwesen = Reuß, Parteivertretung und Kostenwesen in der Verwaltungsgerichtsbarkeit, in Juristische Wochenschrift, Leipzig 1935, S. 3337

Reuß, Verwaltungsgerichtsbarkeit = Reuß, Die Zukunft der Verwaltungsgerichtsbarkeit, in Reichsverwaltungsblatt, Berlin 1937, S. 649

Reuß, Zukunft = Reuß, Die Zukunft der Verwaltungsgerichtsbarkeit, in Verwaltungsarchiv, Band 41, Berlin 1936, S. 213

Ridder = Ridder, Empfiehlt es sich, die vollständige Selbstverwaltung aller Gerichte im Rahmen des Grundgesetzes gesetzlich einzuführen? — Gutachten, in Verhandlungen des 40. Deutschen Juristentages, Band 1, Tübingen 1953, S. 91

Rosenberg-Schwab = Rosenberg-Schwab, Zivilprozeßrecht, 10. Auflage, München 1969

Rosenthal = Rosenthal, Aussprache zu Jellinek, Schutz, S. 113

Rothenberger = Rothenberger, Der Deutsche Richter, Hamburg (1943)

Rottmann = Rottmann, Verwaltung und Verwaltungsgerichtsbarkeit, München/Berlin/Leipzig 1931

Rüggeberg = Rüggeberg, Zur Funktion der ehrenamtlichen Richter in den öffentlich-rechtlichen Gerichtsbarkeiten, in Verwaltungsarchiv, Band 61, Köln/Berlin/Bonn/München 1970, S. 189

v. Sarwey = von Sarvey, Das öffentliche Recht und die Verwaltungsrechtspflege, Tübingen 1880

Scheer-Niebour = Scheer-Niebour, Sammlung der im Landesteil Oldenburg geltenden Gesetze, Verordnungen und Bekanntmachungen, Band 1, Oldenburg 1927

Schelcher = Schelcher, Um die Verwaltungsrechtspflege des Dritten Reiches, in Reichsverwaltungsblatt, Berlin 1937, S. 569

Schiffer, Justiz = Schiffer, Die deutsche Justiz, 2. Auflage, München/Berlin 1949

Schiffer, Leben = Schiffer, Ein Leben für den Liberalismus, Berlin-Grunewald (1951)

Georg Schmidt, Problem = Georg Schmidt, Das Problem des subjektiven Rechts, in Fischers Zeitschrift für Verwaltungsrecht, Band 73, Leipzig 1936, S. 143

Georg Schmidt, Reich = Georg Schmidt, Reichsverwaltungsgerichtsbarkeit, in Reichsverwaltungsblatt, Band 56, Berlin 1935, S. 405

K. J. Schmitt = K. J. Schmidt, Die Grundlagen der Verwaltungsrechtspflege im constitutionell-monarchischen Staate, Stuttgart 1878

Schmitz = Paul Schmitz, Die Entstehung der Preußischen Kreisordnung vom 13. Dezember 1872, Berlin (1910)

Schneider = Hans Schneider, Die Verwaltungsgerichtsbarkeit in Berlin, in Archiv des öffentlichen Rechts, Band 74 (neue Folge Band 35), Tübingen 1948, S. 239

E. Scholz = E. Scholz, Die Verwaltungsgerichtsbarkeit im amerikanischen Sektor von Berlin, in Deutsche Verwaltung, Hamburg 1949, S. 604

F. Scholz = Franz Scholz, Die Verwaltungsgerichtsbarkeit im Dritten Reich, Köln (o. J.)

Schubert, bei Bahls = Bahls, Bericht, S. 96

Schühly = Schühly, Ursprung und Weg der Verwaltungsrechtspflege in Baden, in Die öffentliche Verwaltung, Stuttgart/Köln 1953, S. 613

Schultzenstein, Gutachten = Schultzenstein, Liegt ein Bedürfnis eines deutschen Reichs-Verwaltungsgerichts vor? — Gutachten, in Verhandlungen des 29. Deutschen Juristentages, Band 2, Berlin 1908, S. 3

Schultzenstein, Laientum = Schultzenstein, Das Laientum in der Verwaltungsgerichtsbarkeit, in Gesetz und Recht, Breslau 1918, S. 81

Schultzenstein, Oldenburg = Schultzenstein, Der Entwurf eines Gesetzes für das Großherzogtum Oldenburg, betreffend die Verwaltungsgerichtsbarkeit, in Verwaltungsarchiv, Band 13, Berlin 1905, S. 329

Schultzenstein, Umschau = Schultzenstein, Die Verwaltungsgerichtsbarkeit im Deutschen Reiche — Eine Umschau und Vorschau, in Deutsche Juristenzeitung, Berlin 1907, S. 144

Schulz-Lüke = Schulz-Lüke, Das Verwaltungsgerichtsverfahren in Berlin, 2. Auflage, Berlin-Schöneberg 1959

Schunck-De Clerck = Schunck-De Clerck, Landesgesetz über die Verwaltungsgerichtsbarkeit für Rheinland-Pfalz, Sieburg/St. Goar 1952

Schwab = Dieter Schwab, Die „Selbstverwaltungsidee“ des Freiherrn vom Stein und ihre geistigen Grundlagen, Frankfurt am Main (1971) (Dissertation 1960)

Seidel = Seidel, Grundsätzliche Gedanken über eine Große Justizreform, in Deutsche Richterzeitung, Köln/Berlin 1956, S. 141

Sellmann, Begründer = Sellmann, Karl Dugend — Der Begründer der oldenburgischen Verwaltungsgerichtsbarkeit, in Aus 100 Jahren Verwaltungsgerichtsbarkeit — Festschrift, Köln/Berlin/Bonn/München 1963, S. 124

Sellmann, Oldenburg = Sellmann, Entwicklung und Geschichte der Verwaltungsgerichtsbarkeit in Oldenburg, Oldenburg 1957

Sellmann, Paulskirche = Sellmann, Zur Entwicklung der Verwaltungsgerichtsbarkeit in Oldenburg, zugleich ein Beitrag zur Bedeutung des § 182 der Paulskirchenverfassung, in Deutsches Verwaltungsblatt, Köln/Berlin 1956, S. 845

Sommer = Walter Sommer, Die Verwaltungsgerichtsbarkeit, in Deutsche Verwaltungsblätter, München/Berlin 1937, S. 425

Speyerer Entwurf = Entwurf eines Verwaltungsgerichtsgesetzes zur Vereinheitlichung der Verwaltungsgerichtsordnung, der Finanzgerichtsordnung und des Sozialgerichtsgesetzes (Herausgeber: C. H. Ule), Schriftenreihe der Hochschule Speyer, Band 40, Berlin (1969)

Staatslexikon = Staatslexikon (Herausgeber: von Rotteck und Welcker), 3. Auflage, Band 10, Leipzig 1864

v. Stackelberg = von Stackelberg, Die Frage und ihre Formulierung, in Empirische Sozialforschung — Meinungs- und Marktforschung — Methoden und Probleme, Frankfurt am Main 1952, S. 172

vom Stein = Botzenhart-Hubatsch-Thielen, Freiherr vom Stein — Briefe und amtliche Schreiben, Band 2, Teil 1, Stuttgart (1959)

L. v. Stein = Lorenz von Stein, Handbuch der Verwaltungslehre, 3. Auflage, Teil 1, Stuttgart 1887

v. Stengel-Fleischmann = von Stengel-Fleischmann, Wörterbuch des Deutschen Staats- und Verwaltungsrechts, 2. Auflage, Band 1, Tübingen 1911

Stier-Somlo = Stier- Somlo, Aussprache zu Jellinek, Schutz, S. 108

Stoerk-Rauchhaupt = Stoerk-Rauchhaupt, Handbuch der Deutschen Verfassungen, 2. Auflage, München/Leipzig 1913

Stuckart = Stuckart, Nationalsozialistischer Staat und Verwaltungsgerichtsbarkeit, in Deutsche Verwaltung, Berlin 1935, S. 161

Suermann = Suermann, Verwaltungsrechtsschutz in der Deutschen Demokratischen Republik, Göttingen 1971 (Dissertation)

Thierfelder = Thierfelder, Mitwirkung von Ausschüssen in der staatlichen Verwaltung — Der süddeutsche Raum, in Verwaltungsarchiv, Band 49, Köln/Berlin 1958, S. 249

Thoma = Thoma, Liegt ein Bedürfnis eines deutschen Reichsverwaltungsgerichts vor? — Gutachten, in Verhandlungen des Dreißigsten Deutschen Juristentages, Band 1, Berlin 1910, S. 51

Ulbricht = Ulbricht, Die Rolle des sozialistischen Staates bei der Gestaltung des entwickelten gesellschaftlichen Systems des Sozialismus — Rede vom 12. Oktober 1968, in Neue Justiz, Berlin 1968, S. 641

Ule, bei Bahls	=	Bahls, Bericht, S. 101
Ule, Besprechung	=	Ule, Buchbesprechung zu Ekkehard Klausa, Ehrenamtliche Richter, in Deutsches Verwaltungsblatt, Köln 1973, S. 389
Ule, Demokratie	=	Ule, Demokratisierung der Verwaltungsgerichtsbarkeit?, in Demokratie und Verwaltung — 25 Jahre Hochschule für Verwaltungswissenschaften Speyer, Schriftenreihe der Hochschule Speyer, Band 50, Berlin (1972), S. 663
Ule, Verwaltungsprozeßrecht	=	Ule, Verwaltungsprozeßrecht, 5. Auflage, München 1971
Vierhaus	=	Vierhaus, Liegt ein Bedürfnis eines deutschen Reichsverwaltungsgerichts vor? — Bericht, in Verhandlungen des Dreißigsten Deutschen Juristentages, Band 2, Berlin 1911, S. 309, 562
Vogelsang	=	Vogelsang, Das geteilte Deutschland, 3. Auflage, München 1969 (dtv-Weltgeschichte des 20. Jahrhunderts, Band 11)
Vorl. Entwurf, Druck	=	Vorläufiger Entwurf eines Gesetzes über das Reichsverwaltungsgericht, Berlin 1921
Waldecker	=	Waldecker, Aussprache zu Jellinek, Schutz, S. 106
Walz	=	Walz, 100 Jahre Verwaltungsgerichtsbarkeit in Baden, in Aus 100 Jahren Verwaltungsgerichtsbarkeit — Festschrift, Köln/Berlin/Bonn/München 1963, S. 102
Wassermann	=	Wassermann, Richter — Reform — Gesellschaft, Karlsruhe 1970
Weber	=	Max Weber, Rechtssoziologie, 2. Auflage, Neuwied am Rhein/Berlin 1967
Weisker	=	Weisker, Der Interviewer und das Interview bei Repräsentativerhebungen, in Empirische Sozialforschung — Meinungs-und Marktforschung — Methoden und Probleme, Frankfurt am Main 1952, S. 181
M. Weiss	=	Manfred Weiss, Die Theorie der richterlichen Entscheidungstätigkeit in den Vereinigten Staaten von Amerika, Gießen 1970 (Dissertation)
Werner	=	Fritz Werner, „Die Verwaltungsrechtspflege hört auf" (§ 182 der Paulskirchenverfassung), in Deutsche Verwaltung, Hamburg 1949, S. 169
Widtmann	=	Widtmann, Verwaltungsrechtspflege in Bayern (von 1863 bis 1963), in Aus 100 Jahren Verwaltungsgerichtsbarkeit — Festschrift, Köln/Berlin/Bonn/München 1963, S. 41
Zinn	=	Zinn, Schöffen und Geschworene in Hessen, in Der Konstanzer Juristentag, Tübingen 1947, S. 129
Zwingmann	=	Zwingmann, Zur Soziologie des Richters in der Bundesrepublik Deutschland, Berlin 1966

2. Entscheidungen

Bundesverfassungsgericht:

a) Beschluß vom 21. Mai 1957, in Entscheidungen des Bundesverfassungsgerichts (BVerfGE), Band 7, Tübingen 1958, S. 1

b) Beschluß vom 23. Februar 1972, in Neue Juristische Wochenschrift, München/Frankfurt am Main 1972 I, S. 860

Bundessozialgericht:

Urteil vom 28. Mai 1965, in Entscheidungen des Bundessozialgerichts (BSozGE), Band 23, Köln/Berlin 1965, S. 105

Bundesverwaltungsgericht:

a) Urteil vom 13. Juni 1959, in Entscheidungen des Bundesverwaltungsgerichts (BVerwGE), Band 8, Berlin 1959, S. 350

b) Urteil vom 9. Juli 1969 — VIII C 101.68 —, (Leitsatz in Neue Juristische Wochenschrift, München/Frankfurt am Main 1969 II, S. 2219)

3. a) Gesetzblätter

Anhalt:

Anh. GS. = Gesetzsammlung für das Herzogtum Anhalt, Band 5, Dessau 1872; Band 13, Dessau 1891

Baden:

Bad. St.- u. RegBl. = Großherzoglich Badisches Staats- und Regierungsblatt, Karlsruhe

Bad. RegBl. = Großherzoglich Badisches Regierungsblatt, Karlsruhe

Bad. GVBl. = Gesetz- und Verordnungsblatt für das Großherzogtum Baden, Karlsruhe

Bad. GVBl. = Badisches Gesetz- und Verordnungsblatt, Karlsruhe
Jahrgänge 1818, 1849, 1863, 1880, 1884, 1933, 1937, 1939

Bad. ABl. = Amtsblatt der Landesverwaltung Baden, Freiburg
Jahrgang 1947

Baden-Württemberg:

B.-W. GBl. = Gesetzblatt für Baden-Württemberg, Stuttgart
Jahrgänge 1953, 1958, 1960

Bayern:

Bay. GBl. = Gesetzblatt für das Königreich Bayern, München

Bay. GVBl. = Gesetz- und Verordnungsblatt für das Königreich Bayern, München
Jahrgänge 1818, 1878, 1879

Bay. GVBl. = Bayerisches Gesetz- und Verordnungsblatt, München
Jahrgänge 1946, 1960

Berlin:

Berl. VOBl. = Verordnungsblatt für Groß-Berlin, Teil 1, Berlin

Berl. GVBl. = Gesetz- und Verordnungsblatt für Berlin, Berlin-Schöneberg
Jahrgänge 1949, 1950, 1951, 1960

Besatzungsrecht:

VOBl. BZ	=	Verordnungsblatt für die britische Zone, Hamburg Jahrgänge 1948, 1949
Journal off.	=	Journal officiel = Amtsblatt des französischen Oberkommandos in Deutschland, Baden-Baden Jahrgänge 1946, 1947
ABl. Kontrollrat	=	Amtsblatt des Kontrollrats in Deutschland, Berlin Jahrgang 1946
ABl. Milt.Reg. amerik. Z.	=	Gesetzliche Vorschriften der amerikanischen Militärregierung in Deutschland, autorisierter Nachdruck des Amtsblattes der Militärregierung Deutschland — Amerikanische Zone Ausgabe A, 1. Juni 1946
ABl. Milt.Reg. brit. KG	=	Amtsblatt der Militärregierung Deutschland — Britisches Kontrollgebiet Jahrgänge 1946, 1947

Brandenburg:

Brdbg. GVBl.	=	Gesetz- und Verordnungsblatt der Landesregierung Brandenburg, Teil 1, Potsdam Jahrgang 1947

Braunschweig:

Braunschw. VOS	=	Verordnungssammlung für die Herzoglich Braunschweigischen Lande, Braunschweig
Braunschw. GVS	=	Gesetz- und Verordnungssammlung für die Herzoglich Braunschweigischen Lande, Braunschweig Jahrgänge 1820, 1832, 1895

Bremen:

Brem. GBl.	=	Gesetzblatt der Freien Hansestadt Bremen, Bremen Jahrgänge 1920, 1924 Jahrgänge 1946, 1947, 1960, 1964

Bundesrepublik Deutschland:

BGBl.	=	Bundesgesetzblatt, Bonn/Köln Jahrgänge 1949, 1950, 1952 I, 1953 I, 1955 I, 1960 I, 1961 I, 1965 I, 1969 I, 1971 I, 1972 I

Deutsche Demokratische Republik:

DDR-GBl.	=	Gesetzblatt der Deutschen Demokratischen Republik, Berlin Jahrgänge 1949, 1952, 1968 I

Hamburg:

Hbg. GVBl.	=	Hamburgisches Gesetz- und Verordnungsblatt, Hamburg Jahrgang 1921 Jahrgänge 1946, 1950, 1960 I

Hannover:

Hann. GS.	=	Sammlung der Gesetze, Verordnungen und Ausschreiben für das Königreich Hannover, Hannover Jahrgang 1819, Abteilung 1, 1833

Hessen:

Hess. RegBl. = Großherzoglich Hessisches Regierungsblatt, Darmstadt
Jahrgänge 1874, 1875, 1879, 1911

Hess. GVBl. = Gesetz- und Verordnungsblatt für Groß-Hessen, Wiesbaden

Hess. GVBl. = Gesetz- und Verordnungsblatt für das Land Hessen, Wiesbaden
Jahrgänge 1946, 1947, 1949, 1962 I

Lindau:

Lind. ABl. = Amtsblatt des bayerischen Kreises Lindau, Lindau (Bodensee)
Jahrgänge 1948, 1949

Lippe:

Lipp. GS. = Gesetz-Sammlung für das Fürstentum Lippe, Detmold
Jahrgang 1898

Lübeck:

Lüb. GV = Lübeckische Gesetze und Verordnungen, Lübeck
Jahrgang 1916 (Band 4, Lübeck 1922)

Mecklenburg:

Meckl. RegBl. = Regierungsblatt für Mecklenburg, Schwerin
Jahrgang 1947

Mecklenburg-Schwerin:

M.-Sch. RegBl. = Regierungsblatt für Mecklenburg-Schwerin, Schwerin
Jahrgang 1922

Mecklenburg-Strelitz:

M.-Str.Amtl.Anz. = Mecklenburg-Strelitzscher Amtlicher Anzeiger, Neustrelitz
Jahrgang 1922

Niedersachsen:

Nds. ABl. = Amtsblatt für Niedersachsen, Hannover

Nds. GVBl. = Niedersächsisches Gesetz- und Verordnungsblatt, Hannover
Jahrgänge 1946, 1947, 1949, 1951, 1960

Nordrhein-Westfalen:

M.- u. VOBl. d. OPr. d. Nord-Rheinprovinz = Mitteilungs- und Verordnungsblatt des Oberpräsidenten der Nord-Rheinprovinz, Düsseldorf
Jahrgang 1946

M.- u. VOBl. d. OPr. d. Provinz Westfalen = Mitteilungs- und Verordnungsblatt des Oberpräsidenten der Provinz Westfalen, Münster (Westf.)
Jahrgang 1946

N.-W. GVBl. = Gesetz- und Verordnungsblatt für das Land Nordrheinwestfalen, Düsseldorf
Jahrgänge 1947, 1949, 1950, 1960

Oldenburg:

Old. GBl. = Gesetzblatt für das Herzogtum Oldenburg, Oldenburg Band 12 (Jahre 1849 bis 1851), Band 13 (Jahre 1852 bis 1853), Band 35 (Jahre 1904 bis 1906)

Old. GBl. = Oldenburgisches Gesetzblatt, Oldenburg
Band 53 (Jahr 1946)

Preußen:

Preuß. GS. = Sammlung der für die Königlich Preußischen Staaten erschienenen Gesetze und Verordnungen, Berlin

Preuß. GS. = Gesetzsammlung für die Königlich Preußischen Staaten, Berlin

Preuß. GS. = Preußische Gesetzessammlung, Berlin
Jahrgänge 1806 - 1810, 1813, 1814, 1850, 1855, 1866, 1872, 1875, 1876, 1880, 1883, 1884, 1885, 1886, 1887, 1888, 1918, 1921, 1922, 1928, 1933

Deutsches Reich:

RGBl. = Reichsgesetzblatt, Berlin
Jahrgänge 1897, 1919, 1920, 1933 I, 1937 I, 1939 I, 1941 I, 1942 I

Rheinland-Pfalz:

AMitt. OPr. H.-Pf. = Amtliche Mitteilungen des Oberregierungspräsidiums Hessen-Pfalz, Neustadt an der Haardt
Ausgaben 1945, 1946

OPr. R.-H.-N. ABl. = Amtsblatt für das Oberpräsidium von Rheinland-Hessen-Nassau und für die Regierungen in Koblenz und Montabaur, Koblenz
Jahrgang 1946

R.-Pf. VOBl. = Verordnungsblatt der Landesregierung Rheinland-Pfalz, Koblenz

R.-Pf. GVBl. = Gesetz- und Verordnungsblatt der Landesregierung Rheinland-Pfalz, Teil 1, Koblenz

R.-Pf. GVBl. = Gesetz- und Verordnungsblatt für das Land Rheinland-Pfalz, Mainz
Jahrgänge 1947, 1949, 1950, 1951, 1954, 1958, 1960, 1962, 1970

Saarland:

Saarl. ABl. = Amtsblatt der Regierungskommission des Saargebietes, Saarbrücken
Jahrgang 1920

Saarl. ABl. = Amtsblatt des Saarlandes, Saarbrücken
Jahrgänge 1951, 1960

Sachsen:

Sächs. GVBl. = Gesetz- und Verordnungsblatt für das Königreich Sachsen, Dresden
Jahrgang 1900

Sächs. Sammlg. = Gesetze, Befehle, Verordnungen, Bekanntmachungen, veröffentlicht durch die Landesregierung Sachsen, Dresden
Jahrgang 1947

Sachsen-Anhalt:

Sachs.-A. GBl. = Gesetzblatt der Provinz Sachsen-Anhalt, Teil 1, Halle (Saale)
Jahrgang 1947

Schleswig-Holstein:

Schl.-H. ABl. = Amtsblatt für Schleswig-Holstein, Kiel

Schl.-H. GVBl. = Gesetz- und Verordnungsblatt für Schleswig-Holstein, Kiel
Jahrgänge 1946, 1949, 1960

Schwarzburg-Sondershausen:

Schw.-S. GS. = Gesetzessammlung für das Fürstentum Schwarzburg-Sondershausen, Sondershausen
Jahrgang 1912

Thüringen:

Thür. GS. = Gesetzessammlung für Thüringen, Weimar
Jahrgänge 1923, 1924, 1926, 1930

Thür. RegBl. = Regierungsblatt für das Land Thüringen, Teil 1, Weimar
Jahrgänge 1946, 1947, 1948

Württemberg:

Württ. RegBl. = Königlich Württembergisches Staats- und Regierungsblatt, Stuttgart

Württ. RegBl. = Regierungsblatt für das Königreich Württemberg, Stuttgart

Württ. RegBl. = Regierungsblatt für Württemberg, Stuttgart
Jahrgänge 1819, 1876, 1906, 1924

Württemberg-Baden:

W.-B. RegBl. = Regierungsblatt der Regierung Württemberg-Baden, Stuttgart
Jahrgänge 1946, 1947

Württemberg-Hohenzollern:

W.-H. ABl. = Amtsblatt des Staatssekretariats für das französisch besetzte Gebiet Württembergs und Hohenzollerns, Tübingen

W.-H. RegBl. = Regierungsblatt für das Land Württemberg-Hohenzollern, Tübingen
Jahrgänge 1945, 1946, 1947

3. b) Gesetzesabkürzungen

ArbGG = Arbeitsgerichtsgesetz vom 3. September 1953 (BGBl. I S. 1267) mit Änderungen

BVerfGG = Gesetz über das Bundesverfassungsgericht in der Fassung vom 3. Februar 1971 (BGBl. I S. 105)

DRiG = Deutsches Richtergesetz vom 8. September 1961 (BGBl. I S. 1665) mit Änderungen

GG = Grundgesetz für die Bundesrepublik Deutschland vom 23. Mai 1949 (BGBl. S. 1) mit Änderungen

GVG = Gerichtsverfassungsgesetz in der Fassung vom 12. September 1950 (BGBl. S. 513) mit Änderungen

HGB = Handelsgesetzbuch vom 10. Mai 1897 (RGBl. S. 219) mit Änderungen

SGG = Sozialgerichtsgesetz vom 3. September 1953 (BGBl. I S. 1239) mit Änderungen

StPO = Strafprozeßordnung in der Fassung vom 17. September 1965 (BGBl. I S. 1374) mit Änderungen

VwGO = Verwaltungsgerichtsordnung vom 21. Januar 1960 (BGBl. I S. 17) mit Änderungen

WRV = Die Verfassung des Deutschen Reiches (Weimarer Verfassung) vom 11. August 1919 (RGBl. S. 1383) mit Änderungen

ZPO = Zivilprozeßordnung in der Fassung vom 12. September 1950 (BGBl. S. 533) mit Änderungen

4. Parlamentsberichte und -drucksachen

Bad. 1.Kammer = Verhandlungen der Ständeversammlungen des Großherzogtums Baden in den Jahren 1861/63, 1. Kammer, Protokolle (Band 95), Karlsruhe; Beilagenheft 3 (Band 98), Karlsruhe

Bad. 2. Kammer = Verhandlungen der Ständeversammlungen des Großherzogtums Baden in den Jahren 1861/63, 2. Kammer, Protokolle (Band 325), Karlsruhe; Beilagenheft 4, 2. Hälfte (Band 330), Karlsruhe 1863; Beilagenheft 6, 2. Hälfte (Band 333), Karlsruhe 1863

Brem. Bürgerschaft = Verhandlungen der Bremischen Bürgerschaft vom Jahre 1923 — Stenographisch aufgezeichnet, Bremen (o. J.)

Bundestag = Verhandlungen des Deutschen Bundestages,

a) 1. Wahlperiode 1949 bis 1953,
Drucksachen, Band 8, Bonn 1952;
Band 15, Bonn (o. J.);
Band 19, Bonn (o. J.);

b) 3. Wahlperiode 1958 bis 1961,
Stenographische Berichte (Verhandlungen),
Band 44, Bonn 1959;
Band 45, Bonn 1960;
Drucksachen,
Band 55, Bonn 1957/58;
Band 58, Bonn 1958;
Band 65, Bonn 1959/60;
Band 74, Bonn 1961

Hess. 2. Kammer = Verhandlungen der Landstände des Großherzogtums Hessen, 21. Landtag 1873/75, 2. Kammer, Beilagen-Band 1, Darmstadt 1875

Preuß. Abgeordnetenhaus = Stenographische Berichte über die Verhandlungen der durch Allerhöchste Verordnung einberufenen beiden Häuser des Landtages, Haus der Abgeordneten,
a) Einberufung vom 21. September 1869, Band 1, Berlin 1870;
b) Einberufung vom 16. November 1871, Band 3, Berlin 1872;
c) Einberufung vom 5. Januar 1875, Band 1, Berlin 1875

Reichsrat = Verhandlungen des Reichsrates, Drucksachen
Tagung 1922, Berlin 1922
Tagung 1930, Berlin 1930

R.-Pf. LT, Aktenstück = Landtag Rheinland-Pfalz, Aktenstück Nr. 434 zu Drucksachen Abteilung 2, betreffend das Gesetz über die Verwaltungsgerichtsbarkeit

R.-Pf. LT, Drucksachen = Landtag Rheinland-Pfalz, Drucksachen Abteilung 2,
a) 1. Wahlperiode, Nr. 434, Mainz 1948
b) 4. Wahlperiode, Nr. 137, Mainz 1959 - 1963
c) 7. Wahlperiode, Band 1, Mainz 1971

Verhandlungen der Nationalversammlung = Verhandlungen der deutschen constituierenden Nationalversammlung, Stenographische Berichte, Band 1, Frankfurt am Main 1848; Band 6, Leipzig 1849

Württ. Abgeordnetenkammer = Verhandlungen der Württembergischen Kammer der Abgeordneten auf dem 35. Landtag in den Jahren 1901/03, Beilagen-Band 5 (Band 89), Stuttgart 1903

Kolibri 360 GmbH
Ferdinand-Jühlke-Straße 7
99095 Erfurt, Deutschland
produktsicherheit@kolibri360.de

Druck:
CPI Druckdienstleistungen GmbH
im Auftrag der
Kolibri 360 GmbH
Ferdinand-Jühlke-Str. 7
99095 Erfurt